The Psychology of Love

사랑의 심리학

인간이 경험하는 세 종류의 사랑에 대하여

권석만 지음

학지사

프롤로그

•

사랑을 알아야 인생이 보인다

사랑은 우리 인생에서 맛볼 수 있는 가장 소중하고 행복한 경험이다. 남녀 간의 사랑이든 부모와 자녀 간의 사랑이든, 사랑은 우리의 삶에서 경험할 수 있는 가장 큰 행복의 원천이다. 프랑스의 대문호 빅토르 위고(Victor Hugo)의 말처럼, "가장 큰 행복은 누군가를 사랑하고 그 사람으로부터 사랑받고 있다는 믿음에서 나온다." 인생의 마지막 순간을 맞이한 사람들 대부분은 사랑하는 사람과 나누었던 추억을 가장 소중한 것으로 떠올린다. 사막에 핀 꽃처럼, 생존경쟁의 삭막한 삶을 아름답고 가치 있게 만드는 것이 바로 사랑이다.

그러나 사랑은 불행의 가장 큰 원천이기도 하다. 심리치료와 상담을 받기 위해 찾아오는 사람들이 호소하는 심리적 문제는 대부분 사랑하는 사람과의 갈등과 연결되어 있다. 사랑이 주는 기쁨과 행복감이 깊은 만큼, 사랑하는 사람과의 갈등은 괴롭고 아프다. 특히 사랑하는 사람의 배신은 가장 쓰라린 고통일 뿐만 아니라 강렬한 미움과 증오를 유발하여 처절한 복수로 이어지는 비극적인 결과를 초래하기도 한다. 인생의 비극은 대부분 사랑하는 사람과의 관계에서 발생한다.

남녀 간의 사랑이든 부모와 자녀 간의 사랑이든, 사랑은 이성적으로 이해하기 어려운 신비의 영역으로 여겨져 왔다. 그러나 지난 50여 년간 심리학을 비롯한 여러 학문 분야의 연구에 의해서 사랑의 신비가 밝혀지고 있다. 이 책은 그동안 이루어진 사랑에 대한 과학적 연구성과를 소개하기 위해서 저술되었다. "사랑이란 어떤 심리적 경험을 의미하는 것일까?" "사랑하게 만드는 심리적·육체적 원동력은 무엇일까?" "사랑은 어떻게 발전하고 심화하는 것일까?" "사랑은 시간의 흐름에 따라 어떻게 변화하는 것일까?" "사랑의 변화에 영향을 미치는 중요한 요인들은 무엇일까?" "사랑이 아픔과 미움으로 변하는 이유는 무엇일까?" "고통스러운 사랑을 어떻게 치유할 수 있을까?" "좋은 사랑을 하려면 어떻게 해야 할까?" 이러한 물음에 답하기 위한 것이 이 책의 목적이다.

사랑을 알아야 인생이 보인다. 사랑을 알려면 인간을 이해해야 하고, 인간을 이해하려면 사랑을 알아야 한다. 이 책에서는 인간의 삶에 가장 강력한 영향을 미치는 세 종류의 사랑, 즉 부모와 자녀 간의 사랑, 남자와 여자 간의 사랑, 그리고 신과 인간 간의 사랑을 소개하고 있다. 이러한 세 종류의 사랑은 서로 밀접하게 영향을 미치면서 우리 인생의 골격을 이룬다. 이 책은 4부 14장으로 구성되어 있다. 제1부에서는 사랑이 우리의 삶에 어떤 의미를 지니며, 사랑에 대한 학문적 연구가 어떻게 진행되었는지를 간략하게 소개하고 있다. 제2부에서는 부모와 자녀 간의 혈연적 사랑에 대해서, 제3부에서는 남녀 간의 낭만적 사랑에 대해서, 그리고 제4부에서는 신과 인간 간의 종교적 사랑에 대해서 소개하고 있다.

누구나 사랑을 꿈꾸지만 좋은 사랑을 하기는 쉽지 않다. 사랑의 소중함을 인식하고 사랑의 원리를 잘 이해하는 사람만이 좋은 사랑을 누릴 수 있다. 이 책은 사랑이라는 인생의 중요한 주제에 대해 깊은 관심을 지닌 독자들을 위해서 저술되었다. 특히 사랑의 문제로 방황하는 사람들에게 도움을 제공하는 심리전문가들이 사랑의 심리적 원리를 이해하는 데 도움이 되기를 바란다. 사랑의 미로에서 방황하는 분들에게도 좋은 사랑으로 나아가는 길잡이가 될 수 있기를 바란다.

2022년 9월
관악캠퍼스 연구실에서
마지막 가을을 보내며
권석만

간략 차례

차례

The Psychology of Love

제**1**부
사랑이란 무엇인가?

The Psychology of
Love

♥

제1장

사랑의 의미

우리는 평생 수많은 사람과 다양한 인간관계를 맺으며 살아간다. 바람처럼 스쳐 지나가는 사람도 있고, 구름처럼 잠시 머물다 흩어지는 사람도 있고, 나무처럼 애정의 뿌리를 내리며 오랜 기간 친밀한 관계를 맺는 사람도 있다. '사랑'은 가장 친밀한 인간관계의 경험을 의미한다. 인간은 세상에 던져진 존재로서 타인과의 연대를 통해서 외로움을 이겨 내는 동시에 나약함을 보완하며 삶을 영위해 나간다. 사랑은 타인과 맺는 가장 강력한 상호의존적 연대를 의미한다. 이러한 상호의존적 관계에서 희로애락의 강렬한 감정이 교차하는 특별한 관계 경험이 바로 사랑이다. 우리 인생의 골격은 어떤 사람을 만나 어떤 사랑을 나누느냐에 의해서 결정된다.

1. 행복의 가장 큰 원천

사랑이 소중한 이유는 행복의 가장 큰 원천이기 때문이다. 누군가를 사랑하고 누군가로부터 사랑받는 것만큼 우리를 행복하게 하는 것은 없다. 동서고금을 막론하고 수많은 문인과 예술가들이 사랑을 예찬(禮讚)한 것은 사랑이 주는 행복감 때문일 것이다. 사랑하는 사람이 행복의 가장 큰 원천이 될 뿐만 아니라 나 역시 그 사람에게 가장 큰 행복의 원천이 되는 것, 그것이 바로 사랑이다. 김춘수(金春洙)의 시「꽃」에서 아름답게 표현되어 있듯이, "내가 그의 이름을 불러 주었을 때 그는 나에게로 와서 꽃"이 되고 "그에게로 가서 나도 그의 꽃"이 되어 "너는 나에게, 나는 너에게 잊혀지지 않는 하나의 의미"가 되는 것이 사랑이다.

꽃

내가 그의 이름을 불러 주기 전에는
그는 다만
하나의 몸짓에 지나지 않았다.

내가 그의 이름을 불러 주었을 때
그는 나에게로 와서
꽃이 되었다.

내가 그의 이름을 불러 준 것처럼
나의 이 빛깔과 향기에 알맞은
누가 나의 이름을 불러 다오.
그에게로 가서 나도
그의 꽃이 되고 싶다.

우리들은 모두
무엇이 되고 싶다.
너는 나에게 나는 너에게
잊혀지지 않는 하나의 의미가 되고 싶다.

사랑이 행복의 가장 큰 원천이라는 점은 개인적 경험뿐만 아니라 실증적 연구를 통해서도 밝혀지고 있다. 행복을 연구하는 긍정심리학자들에 따르면, 사랑은 행복에 영향을 미치는 가장 중요한 원천이다. 여러 국가에서 시행된 방대한 조사 자료를 종합하여 분석한 긍정심리학자 디너(Diener, 2001)에 따르면, 개인의 행복과 가장 밀접한 요인은 긍정적인 인간관계였다. 연애를 하고 있는 대학생들은 그렇지 않은 대학생들보다 행복도가 훨씬 더 높은 것으로 나타났다(Hendrick & Hendrick, 2000).

하버드대학교 졸업생 268명을 포함하여 미국인 700여 명의 삶을 70년 이상 추적한 장기 종단연구(Vaillant, 2012; Waldinger, 2015)에서도 사랑이 행복의 가장 중요한 요인으로 밝혀졌다. 이 연구에 따르면, 행복도가 높은 사람들은 공통적으로 부부관계를 비롯한 사랑의 관계를 오래도록 잘 유지하고 있었다. 또한 어린 시절에 부모로부터 받은 따뜻한 사랑의 경험은 성인기의 행복을 예측하는 중요한 요인이었다. 인간의 행복과 성숙에 대해 깊은 관심을 지녔던 저명한 심리학자들(예: Allport, 1955; Fromm, 1947; Maslow, 1968, 1971; Ryff, 1989) 역시 긍정적인 인간관계를 필수적인 요소로 여기고 있다. 사랑의 연구자인 라이스와 게이블(Reis & Gable, 2003)은 사랑이 행복도와 삶의 만족도를 증진하는 가장 중요한 원천이라고 결론 내리고 있다.

사랑의 경험은 그 자체로 행복감과 만족감을 느끼게 해 준다. 다른 사람과 친밀한 관계를 맺으려는 기본적인 욕구를 충족시키기 때문이다(Deci & Ryan, 1985). 또한 사랑은 자존감을 높여 주고 몸과 마음의 건강을 증진한다. 다른 사람으로부터 사랑받는 경험은 자신이 사랑받을 만한 가치가 있는 존재라는 인식을 심어 주기 때문에 자존감이 향상된다(Aron & Aron, 1986, 1991). 사랑하는 사람과의 관계에서 경험하는 친밀감과 유대감은 심리적 안정감과 정신건강을 증진한다. 사랑하는 사람과의 연결감과 사회적 지지는 전반적인 육체적 기능을 높여 줄 뿐만 아니라 질병으로부터의 회복을 촉진하는 것으로 나타났다(Cohen & Herbert, 1996).

2. 인생의 가장 소중한 가치

"무엇을 위해 어떻게 살 것인가?"는 인생에서 가장 중요한 근본적인 물음이다. 과연 무엇이 우리의 삶에서 가장 소중한 것일까? 사람들이 추구하는 가치는 매우 다양하다. 동서고금을 막론하고, 돈과 재물은 대부분의 사람들이 가장 소중하게 여기는 가치다. 재물은 생존에 필수적인 의식주를 마련하고 능력을 과시할 수 있는 가장 좋은 수단이기 때문이다. 현대인이 바쁘게 생활하고 치열하게 다투는 것은 대부분 돈 때문이다. 개인이든 집단이든 갈등하는 주된 이유는 더 많은 부(富)를 차지하기 위한 것이다. 이 밖에도 권력, 명예, 건강, 아름다움과 같은 다양한 가치가 존재한다.

사람마다 인생관과 가치관이 다르기 때문에 '인생에서 가장 소중한 가치'에 대한 절대적인 견해는 존재할 수 없다. 그러나 "삶은 죽음을 배경으로 할 때 가장 잘 보인다."는 말이 있다. 만약 말기환자의 경우처럼 우리에게 죽음을 앞두고 제한된 시간이 주어진다면 누구와 무엇을 하며 어떻게 시간을 보낼까? 죽음을 앞둔 대부분의 사람들은 사랑하는 사람들과 함께 지내기를 원한다. 사랑하는 사람을 한 번 더 바라보고 한 번 더 따뜻한 체온과 촉감을 느끼면서 사랑의 마음을 나누고자 한다. 2001년 9·11 테러 사건 당시에 테러리스트에 의해 납치된 비행기가 세계무역센터를 향해 진격하는 절박한 짧은 순간에 여러 승객들은 핸드폰을 통해 사랑하는 사람들에게 "사랑해."라는 문자를 남겼다고 한다.

애플사의 CEO였던 스티브 잡스(Steve Jobs: 1955~2011)는 스마트폰을 개발하여 현대인의 삶을 획기적으로 변화시켰을 뿐만 아니라 막대한 재산과 사회적 명예를 누렸던 사람이다. 잡스는 췌장암으로 5년간의 투병생활을 하다가 2011년 사망하기 전에 의미심장한 마지막 말을 남겼다. "나는 비즈니스 세계에서 성공의 최정상에 서 보았다…… 지금 병들어 침상에 누워…… 나는 깨닫는다…… 사회적 인정과 부(富)는 …… 죽음 앞에서 무가치하고 무의미하다는 것을…… 내 인생을 통해 얻은 부(富)를 나는 가져갈 수 없다. 내가 가져갈 수 있는 것은 사랑이 넘치는 기억들뿐이다."

애플사의 CEO였던 스티브 잡스가 암으로 투병하는 모습

🖋 스티브 잡스가 남긴 마지막 말

나는 비즈니스 세계에서 성공의 최정상에 서 보았다.
타인의 눈에 내 인생은 성공의 상징이었다.
하지만 일터를 떠나면 내 삶은 즐겁지 않았다.
부(富)는 나에게 익숙해진 내 삶의 한 가지 '사실'일 뿐이었다.

지금 병들어 침상에 누워
과거의 삶을 회상하는 이 순간 나는 깨닫는다.
내가 그토록 자부심을 가졌던 사회적 인정과 부(富)는
곧 닥쳐올 죽음 앞에서 무가치하고 무의미하다는 것을.

(중략)

내 인생을 통해 얻는 부(富)를 나는 가져갈 수 없다.
내가 가져갈 수 있는 것은 사랑이 넘치는 기억들뿐이다.
그 기억들이야말로 나를 따라 다니고, 나와 항상 함께하며,
나에게 힘과 빛을 주는 진정한 부(富)다.

사랑은 행복의 중요한 원천이기 때문에 그만큼 인생의 소중한 가치다. 사랑의 의미를 확장하면, 사랑은 우주라는 물질세계에서 발생한 신비로운 현상이다. 마치 사막에 피어난 아름다운 꽃처럼, 사랑은 삭막한 물질세계에서 두 사람이 서로를 강렬하게 원하며 황홀한 감정으로 연결되는 매우 특별한 현상이다.

3. 외롭고 고단한 삶의 가장 큰 위안

인간은 근본적으로 고독한 존재다. 어머니의 자궁을 빠져나오는 순간부터 인간은 육체적으로나 심리적으로 세상과 분리된 존재로서 홀로 생명을 유지해 나가야 하는 고독한 존재다. 다른 존재와의 연결이 끊어진 채 수많은 위험이 존재하는 냉혹한 세상에서 홀로 살아가야 하는 인간은 항상 두려움에 시달리는 불안한 존재다. 황량한 벌판에 홀로 버려진 것 같은 고통스러운 감정이 외로움이다. 고독한 존재로서 외롭고 고단한 삶을 살아가는 인간에게 가장 큰 위안이 되는 것은 바로 사랑이다.

사랑은 고난과 역경 앞에서 빛을 발한다. 인생이 성공적으로 잘 풀려 나가고 자신감이 넘칠 때는 사랑의 가치를 알기 어렵다. 삶의 고난과 역경을 겪을 때 비로소 사랑의 소중함을 알게 된다. 힘들고 괴로운 상황에서 가장 큰 위안이 되는 것이 사랑이기 때문이다. 사랑은 고독과 외로움을 극복하는 최고의 묘약이자 실패와 좌절에 대한 가장 큰 위로다. 비참하게 넘어지더라도 사랑하는 사람의 따뜻한 위로가 있기에 다시 일어설 수 있는 것이다. 미국의 가수이자 작곡가인 조쉬 그로반 (Josh Groban)이 부른 노래 〈You Raise Me Up〉(Brendan Graham 작사, Rolf Løvland 작곡)은 고난과 좌절을 극복하게 만드는 사랑의 힘을 감동적인 내용으로 표현하고 있다.

You Raise Me Up

When I am down and, oh my soul, so weary
내가 힘들어 쓰러지고, 내 영혼이 지쳤을 때
When troubles come and my heart burdened be
괴로움이 밀려와 나의 마음을 힘들게 할 때
Then, I am still and wait here in the silence
나는 조용히 침묵 속에서 기다리네
Until you come and sit awhile with me
당신이 내게 와서 내 옆에 잠시 앉을 때까지

You raise me up, so I can stand on mountains
당신이 나를 일으켜 주었네, 내가 산 위에 설 수 있도록
You raise me up, to walk on stormy seas
당신이 나를 일으켜 주었네, 거친 파도를 헤쳐나갈 수 있도록
I am strong, when I am on your shoulders
나는 강해지네, 당신이 나를 떠받쳐 줄 때
You raise me up, to more than I can be
당신이 나를 일으켜 주었네, 내가 더 나은 사람이 될 수 있도록

　사랑은 인생의 도전과 역경을 이겨 내는 용기와 인내의 근원이다. 어린 자녀를 보호하기 위해 커다란 맹수 앞에 담대하게 서서 저항하는 어머니의 용기는 어디에서 나오는 것일까? 가족의 행복을 위해 뼈를 깎는 노동의 고통을 참아 내는 아버지의 인내는 무엇에 근거하는 것일까? 사랑하는 사람을 위해서 자신의 생명마저 기꺼이 희생할 수 있는 헌신적 행위의 근원은 무엇일까? 로마의 시인 베르길리우스(Vergilius: B.C. 70~B.C. 19)는 "사랑은 모든 것을 정복한다(Omnia vincit amor)."라는 유명한 말을 남겼다.

4. 불행과 비극의 가장 큰 원천

인생의 아이러니 중 하나는 행복의 가장 큰 원천인 사랑이 불행의 가장 큰 원천이기도 하다는 점이다. 사랑의 빛이 강렬한 만큼 진한 그림자가 존재하는 것일까? "사랑은 나의 천국, 사랑은 나의 지옥"이라는 가사도 있듯이, 사랑은 가장 커다란 기쁨을 선사하지만 가장 쓰라린 아픔을 주기도 한다.

동서고금을 막론하고 문학과 예술의 가장 중요한 주제는 사랑이다. 그 이유는 사랑이 인간의 삶에서 중요할 뿐만 아니라 기쁨과 슬픔의 쌍곡선을 그리며 우여곡절과 파란만장의 이야기를 만들어 내기 때문일 것이다. 특히 사랑의 아픔, 즉 비극적인 사랑은 모든 문화에서 시, 소설, 영화, 가요의 가장 빈번한 주제다.

많은 사람을 대상으로 실시된 한 연구(Veroff et al., 1981)에서 '최근에 일어난 가장 괴로운 일'이 무엇이냐고 물었을 때 응답자의 50% 이상이 인간관계, 특히 중요한 사람과의 이별이나 갈등을 들었다. 심리치료나 상담의 도움을 청하는 내담자들이 호소하는 가장 흔한 문제는 사랑하는 사람과의 갈등이다(Pinsker et al., 1985). 사랑하는 사람과의 갈등은 우울증을 비롯한 다양한 정신장애를 유발할 수 있을 뿐만 아니라 폭행이나 살인과 같은 범죄행위의 원인이 되기도 한다.

1) 가장 쓰라린 좌절의 원천

소중한 것을 얻지 못할수록 좌절감도 크다. 사랑이 불행을 초래하는 가장 흔한 원인인 이유는 사랑이 행복의 가장 중요한 원천이기 때문이다. 누구나 행복한 사랑을 추구하지만 그러한 사랑을 얻기는 쉽지 않다. 사랑은 두 사람의 상호작용에 의해 발전하기 때문에 한 사람의 의지와 열정만으로는 얻기 어렵다. 부모와 자녀 간의 사랑이든 남녀 간의 사랑이든, 개성이 다른 두 사람이 서로의 욕구를 잘 충족시키며 좋은 사랑을 나누는 것은 결코 쉽지 않다. 많은 사람이 사랑을 갈망하지만 좌절의 아픔을 겪는다. 특히 사랑하는 사람으로부터 거부당한 아픔은 가장 쓰라린 마음의 상처로 남게 된다.

사랑은 가만히 머물지 않는다. 사랑을 성취하더라도 오래도록 유지하는 것은 더 어렵다. 시간의 흐름과 함께 사랑은 조금씩 퇴색되고 사랑의 행복감도 저하되기 때문이다. 비바람에 노출된 꽃처럼, 사랑도 인생의 풍파에 의해서 점차 손상되어 간다. 크고 작은 갈등이 사랑하는 사람들의 친밀감과 유대감을 손상시킨다. 사랑의 뜨거운 감정은 우여곡절 속에 부식되어 차갑게 식어 버리는 경우가 흔하다. 화사한 꽃처럼 아름답던 사랑이 세월의 흐름과 함께 시들어 버리는 것은 슬픈 일이다.

2) 가장 빈번한 갈등의 원천

사랑은 위험하다. 두 사람이 가까워지면 서로의 가시에 상처를 입을 수 있기 때문이다. 개성이 다른 두 사람이 친밀한 관계를 맺게 되면 견해 차이로 인해 필연적으로 갈등을 겪게 된다. 크고 작은 견해 차이를 원만하게 잘 해소하지 못하면 심각한 갈등과 불화로 발전할 수 있다. 또한 부모와 자녀 간의 관계든 남녀 간의 관계든, 자신의 기준에 따라 상대방을 변화시키려는 시도는 갈등을 초래하게 된다.

인간은 누구나 긍정적 측면과 부정적 측면을 지니고 있다. 자신의 긍정적 측면은 드러내지만 부정적 측면은 감추기 마련이다. 그러나 친밀한 관계에서는 서로의 긍정적 측면과 부정적 측면이 적나라하게 드러나게 된다. 인간은 긍정적인 것보다 부정적인 것에서 더 큰 영향을 받는 부정 편향(negativity bias)을 지니고 있다(Baumeister et al., 2001). 상대방의 긍정적 측면을 발견하는 기쁨보다 부정적 측면을 인식하는 실망감이 훨씬 더 크다. 상대방의 긍정적 행동에 의한 즐거움보다 부정적 행동에 의한 괴로움이 훨씬 더 크다. 따라서 상대방을 자신의 기준에 따라 변화시키기 위해서 간섭하고 요구하게 된다. 이처럼 친밀한 관계에서는 상대방의 자율성을 침해하는 간섭과 통제로 인해서 갈등이 발생하게 된다. 이런 점에서 사랑하는 것은 빈번하게 갈등을 겪게 되는 위험한 관계로 들어가는 일이다.

3) 가장 강렬한 배신감과 증오의 원천

사랑, 특히 남녀 간의 사랑은 제3자의 개입을 허용하지 않는 배타성이 특징이다. 사랑하는 사람들은 상대방으로부터 독점적인 사랑을 원한다. 이러한 사랑의 배타적 특성으로 인해서 사랑하는 사람들은 '질투'라는 고통스러운 감정을 경험하게 된다. '사랑의 다른 이름은 질투'라는 말도 있듯이, 사랑을 하게 되면 질투에 빠져들기 쉽다.

사랑의 초기에는 서로에게 집중하지만, 시간의 흐름에 따라서 독점적 사랑의 유대감이 약화된다. 이러한 과정에서 연인이나 부부는 다른 사람에게 관심을 지닐 수 있고 때로는 외도를 할 수도 있다. 질투는 사랑을 잃을지 모른다는 불안과 더불어 사랑을 위협하는 사람에 대한 분노가 복합된 위험한 감정이다. 이러한 질투 감정은 의심과 공격 행동을 유발하여 사랑의 관계를 파국으로 몰아갈 수 있다. 특히 외도는 사랑의 배신을 의미하기 때문에 강렬한 고통과 분노를 유발한다. 사랑의 배신과 그로 인한 분노는 파괴적인 행동으로 이어져 비극적인 결과를 초래할 수 있다.

4) 가장 아픈 상실과 슬픔의 원천

사랑은 열매도 맺기 전에 시들어 버리는 경우가 많다. 연인들은 사랑을 키워 가는 과정에서 상대방에 대한 실망과 갈등으로 인해 헤어지는 경우가 흔하다. 사랑의 상실은 연인에게 커다란 고통과 슬픔을 안겨 준다. 특히 원하지 않는 이별, 즉 실연은 쓰라린 아픔을 유발하여 오랜 기간 깊은 마음의 상처를 남기게 된다.

사랑은 이별로 끝나게 되어 있다. 회자정리(會者定離), 즉 만나면 반드시 헤어지게 된다. 죽음이 사랑하는 사람들을 갈라 놓기 때문이다. 실연이든 이혼이든 사랑하는 사람을 상실하는 것은 커다란 슬픔이자 쓰라린 아픔이다. 특히 사랑하는 사람을 영원히 떠나보내는 사별은 인생에서 겪는 가장 커다란 괴로움 중 하나다. 인간은 유한한 존재이기 때문에, 사랑한다는 것은 언젠가 사랑하는 사람과의 이별을 예약하는 것이다. 이별의 슬픔은 누군가를 사랑한 것에 대해서 반드시 지불해야 하는 대가다(Archer, 1999).

5. 홀로 터득해야 하는 가장 중요한 삶의 기술

사랑은 양날을 가진 예리한 칼과 같다. 잘하면 인생을 아름답게 조각할 수 있지만, 잘못하면 가장 쓰라린 상처를 입을 수 있기 때문이다. 사랑은 아무나 하는 것이 아니다. 좋은 사랑은 아무나 누릴 수 있는 것이 아니다. 좋은 사랑을 나눌 수 있는 기술이 필요하기 때문이다. 사랑을 잘 키워 나갈 뿐만 아니라 사랑의 위기를 잘 해결하는 기술이 필요하다. 사랑의 기술은 행복한 삶을 위한 가장 중요한 기술이다.

우리 사회는 사랑을 가르치지 않는다. 어떤 교육기관도 행복의 가장 중요한 원천인 사랑에 대해서 가르치지 않는다. 그래서 많은 사람이 사랑의 미로에서 길을 잃고 사랑의 함정에 빠져 고통을 겪는다. 사랑의 기술은 수많은 시행착오를 겪어 가며 홀로 터득해야 하는 가장 중요한 삶의 기술이다.

우리 사회의 교육기관이 사랑에 대해 가르치지 않는 이유 중 하나는 사랑이 체계적으로 설명하거나 가르칠 수 있는 주제가 아니라는 믿음 때문이다. 사랑은 이성적으로 이해할 수 없는 신비로운 경험일 뿐만 아니라 사랑을 설명할 수 있는 이론체계가 존재하지 않는다는 생각 때문이다. 그러나 그동안 베일 속에 가려져 있던 사랑의 신비가 벗겨지고 있다. 사랑에 대한 학문적 연구가 진행되면서 사랑의 판도라 상자가 열리고 있다. 심리학을 비롯한 여러 분야의 학자들이 사랑에 대한 많은 사실을 밝혀냈다. 사랑은 심리학의 여러 전문 분야(사회심리학, 발달심리학, 성격심리학, 임상심리학, 상담심리학, 진화심리학 등)를 비롯하여 인류학, 사회학, 생물학, 뇌과학, 정신의학 등 다양한 학문 분야에서 연구되고 있다. 또한 사랑과 관련된 심리적 문제를 해결하고 치유하기 위한 다양한 형태의 커플치료와 부부치료가 개발되어 있다.

모든 것이 그러하듯이, 사랑도 알아야 잘할 수 있다. 사랑도 배우고 공부해야 한다. 그래야 더 좋은 사랑을 나눌 수 있고, 사랑의 함정을 더 잘 피할 수 있다. 우리나라는 경제적 발전 수준에 비해 국민의 행복도가 낮은 대표적인 나라다. 행복도가 낮은 이유 중 하나는 사랑을 소중하게 여기지 않을 뿐만 아니라 좋은 사랑을 나눌 수 있는 지식과 기술이 부족하기 때문이다. 사랑의 원리를 이해하지 못하면 좋은 사랑을 나누기 어렵고, 좋은 사랑을 나누지 못하면 행복해지기 어렵다. 사랑을 알아야 더 좋은 사랑을 할 수 있고 더 행복한 삶을 누릴 수 있다.

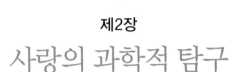

The Psychology of
Love

♥

제2장
사랑의 과학적 탐구

1. 사랑에 대한 과학적 접근

인류의 역사에서 사랑을 과학적으로 연구하기 시작한 것은 최근의 일이다. 사랑이 인간의 삶에 강력한 영향을 미친다는 점은 인류의 역사 이래 수없이 체험되고 지적되었지만, 사랑의 원리를 체계적으로 이해하려는 노력은 부족했다. 우주선을 타고 외계를 넘나들 만큼 과학 문명이 눈부시게 발달한 21세기에도 현대인은 사랑에 대해서 수천 년 전과 다를 바 없는 견해를 지닌 채 살아가고 있다. 사랑은 20세기 중반부터 심리학자들에 의해서 비로소 과학적 연구의 대상이 되기 시작했다.

1) 20세기 이전의 사랑에 대한 이해

사랑은 고대 그리스 시대부터 20세기에 이르기까지 철학자나 신학자에 의해서 추상적으로 논의되거나 문인들에 의해서 문학적으로 묘사되어 왔다. 그리스 신화에 따르면, 사랑의 신인 에로스(Eros)는 눈에 보이지 않는 사랑의 화살을 신이나 인

파르미자니노(Parmigianino: 1503~
1549)의 작품 〈활을 만드는 에로스〉

간의 마음에 쏘아 대는 장난꾸러기 소년으로 묘사
되고 있다. 에로스는 아름다움의 여신인 아프로디
테(Aphrodite)와 전쟁의 신인 아레스(Ares) 사이에
서 태어났다. 아프로디테와 아레스 사이에서 태
어난 여러 명의 자녀가 있는데, 아들로는 포보스
(Phobos, 공포)와 데이모스(Deimos, 근심) 그리고
이들의 누이인 하르모니아(Harmonia, 조화)가 있
다. 이러한 신화는 사랑의 다양한 측면을 상징적
으로 표현하고 있다.

사랑을 최초로 논의한 철학자는 플라톤이다. 그
의 저술로 여겨지고 있는 『향연(Symposium)』에서
플라톤은 소크라테스를 포함하여 7명의 인물이 제
시하는 사랑에 대한 견해를 소개하고 있다. 특히
플라톤은 아리스토파네스의 견해를 인용하면서
인간이 경험하는 사랑의 기원을 소개하고 있다.

그에 따르면, 태초에 인간은 세 종류의 존재, 즉 '남자와 남자' '여자와 여자' '남
자와 여자 양성'으로 이루어진 존재였다. 이러한 최초의 인간은 얼굴이 두 개이고
팔과 다리가 각각 네 개였으며 공처럼 둥근 모양이었다. 머리의 양쪽에는 각각 얼
굴이 있고 성기 두 개가 각각 바깥쪽에 있었다. 모두 여덟 개의 손발을 가진 최초
의 인간은 사방을 볼 수 있었고 힘이 무척 셌으며 이해력도 탁월했기 때문에 신들
에게 도전하기에 이르렀다. 그러자 위협감을 느낀 최고의 신 제우스는 더 이상 힘
을 발휘하지 못하도록 인간을 둘로 갈라놓아 떨어져 지내게 만들어 버렸다. 그러
나 인간은 그렇게 잃어버린 자신의 반쪽을 찾아 하나가 되려는 갈망을 지니게 되
는데, 그것이 사랑이라는 것이다.

『향연』에서는 사랑에 관한 다양한 주장이 제시되고 있지만, 사랑은 아름다운
것을 추구하는 욕망이라고 규정되고 있다. 에로스는 좋은 것을 영원히 소유하려

는 욕망으로서 그 충족 방법은 아름다움 속에서 출산하는 것이며 그 궁극적인 동기는 불사(不死)다. 불사에 이르는 최선의 방법은 육체적 출산보다 정신적 출산을 통해 아름다움에 이르는 것이다.

그 이후부터 20세기에 이르기까지 수많은 철학자, 신학자, 소설가 등에 의해서 사랑에 대한 사변적 논의와 문학적 묘사가 이루어졌다. 예컨대, 프랑스의 소설가인 스탕달(Stendhal: 1783~1942)은 『연애론(De L'Amore)』을 통해서 사랑의 유형을 구분하고 사랑이 발전하는 과정을 7단계로 나누어 각 단계에서 경험하는 감정과 심리적 특성에 대한 분석을 제시하고 있다. 또한 사랑에 대한 여러 나라의 관습을 소개하면서 사랑에 대한 교육의 필요성을 제시하고 있다. 그러나 스탕달의 주장은 개인적인 경험에 근거한 매우 주관적인 견해로서 공감하기 어려운 내용들이 많다.

2) 사랑에 대한 과학적 연구

사랑은 과학적으로 접근할 수 없는 신비의 영역으로 여겨졌기 때문에 오랜 기간 심리학의 연구대상에서 배제되었다. 또한 일부의 사람들은 사랑을 과학적으로 연구하는 것에 대해서 반대하기도 했다. 예컨대, 1970년대에 미국의 심리학자들이 국가과학재단(National Science Foundation)에 사랑에 대한 연구계획안을 신청했을 때, 당시 위스콘신 주의 상원의원이었던 윌리엄 프록스미르(William Proxmire)는 연구비 지원을 강력하게 반대하면서 국가가 사랑의 연구를 지원해서는 안 된다고 주장하여 사회적 논란을 일으키기도 했다. 그러나 사랑은 인간과 인생을 이해하기 위한 핵심적 주제일 뿐만 아니라 많은 사람이 고통받는 심리적 문제와 깊이 연관되어 있기 때문에 사랑에 대한 학문적 연구가 필요했다.

사랑의 심리적 본질에 대해서 최초로 학문적 논의를 시작한 사람은 정신분석학을 창시한 지그문트 프로이트(Sigmund Freud)다. 그는 1900년대 초반부터 성적 에너지가 사랑의 본질이라고 주장했다. 그에 따르면, 인간을 움직이는 기본적인 동력은 리비도(libido), 즉 성적 에너지이며, 리비도가 자신에게 향하면 자기애

(narcissism)가 되고 타자에게 향하면 대상애(object love)가 된다. 아동기의 남자아이는 어머니를 사랑의 대상으로 삼으며 입술, 항문, 성기를 통해서 초보적인 성적 쾌락을 추구한다. 3~5세의 남근기에는 아버지를 경쟁 상대로 여기는 오이디푸스 콤플렉스를 경험하면서 갈등하게 된다. 이처럼 성장과정에서 어머니와의 관계 경험, 그리고 아버지와의 삼각관계 경험이 아이의 무의식과 성격 형성에 깊은 영향을 미칠 뿐만 아니라 성인이 된 후에도 개인의 인간관계와 정신세계에 영향을 미친다.

프로이트 사후에도 정신분석학자들은 사랑에 대한 다양한 주장을 제시했다. 특히 대상관계이론의 입장을 지닌 정신분석학자들은 타자와 관계를 맺으려는 욕구가 인간의 가장 근본적인 욕구이며 생애 초기에 어머니와의 관계 경험과 그에 대한 환상이 개인의 성격을 형성하는 기반이 될 뿐만 아니라 이후의 인간관계와 정신병리에 영향을 미친다고 주장했다. 그러나 이러한 정신분석학자들의 주장은 심리치료 사례의 분석에 근거한 추론적인 주관적 견해로서 과학적인 연구라고 하기는 어렵다.

사랑에 대한 과학적 연구가 본격적으로 시작된 것은 20세기 중반부터다. 가장 대표적인 계기는 영국의 심리학자이자 정신의학자인 존 볼비(John Bowlby)가 사랑의 근원이라고 할 수 있는 부모와 자녀 간의 관계를 과학적으로 연구하기 시작한 것이다. 볼비(1969, 1973, 1980)는 수년간의 연구결과를 정리하여 1969년부터 『애착과 상실(Attachment and Loss)』이라는 제목의 3부작 저서를 발표하여 자녀와 부모 사이에서 펼쳐지는 사랑의 상호작용 과정을 이해하는 기초를 제시했다.

또 다른 중요한 계기는 미국의 사회심리학자인 엘렌 버세이드(Ellen Berscheid)와 일레인 해트필드(Elaine Hatfield)가 성인의 낭만적 사랑에 대해서 과학적 연구를 시작한 것이다. 이들은 성인 남녀가 서로에게 이끌리고 사랑에 빠지는 과정을 연구하여 1969년에 『대인 매혹(Interpersonal Attraction)』이라는 저서를 발표했다. 버세이드와 해트필드(Berscheid & Hatfield, 1969, 1978, 1986)는 낭만적 사랑에 대한 과학적 연구의 개척자로 여겨지고 있다.

낭만적 사랑에 대한 연구를 시작한 엘렌 버세이드(왼쪽)와 일레인 해트필드

　이들의 연구가 계기가 되어 20세기 후반부터 사랑에 관한 많은 과학적 연구가 진행되었다. 사랑에 대한 연구는 두 종류의 사랑, 즉 부모와 자녀 간의 사랑과 성인 남녀 간의 사랑에 초점을 맞추어 진행되었다. 발달심리학자들은 부모와 자녀 간의 애착 관계에 초점을 맞추어 연구하는 반면, 사회심리학자들은 남녀 간의 낭만적 사랑을 중심으로 연인관계가 발전하고 붕괴하는 심리적 과정을 연구해 왔다. 1987년에 하잔과 셰이버(Hazan & Shaver)가 성인의 낭만적 사랑이 어린 시절에 부모와 맺은 애착 경험에 근거한다는 주장을 제시한 이후로 두 가지 유형의 사랑이 밀접하게 연결되어 있음이 밝혀지고 있다. 1992년에 미국의 종교심리학자인 커크패트릭(Kirkpatrick)은 어린 시절의 애착 경험이 종교적 경험, 즉 하나님과의 관계에도 영향을 미친다고 주장했다. 그 이후로 세 종류의 사랑, 즉 부모와 자녀 간 사랑, 남녀 간 사랑, 하나님과 인간 간 사랑의 관계를 탐색하는 많은 실증적 연구가 진행되었다.

　20세기의 과학적 발전은 사랑의 본질에 대한 이해를 확장시켰다. 진화심리학자들은 진화론의 관점에서 사랑의 본질을 제시했을 뿐만 아니라 남자와 여자가 사랑에 대해서 취하는 태도의 차이를 실증적으로 입증하였다. 뇌과학자들은 사랑의 경험에 영향을 미치는 생물화학적 요인들을 제시하고 있다. 또한 사회학자와 인류학자들은 사랑의 경험이 사회문화적 맥락에 따라 현저하게 달라질 수 있음을 밝

히는 많은 연구를 진행했다. 임상심리학자와 정신의학자들은 사랑과 관련된 정신
병리적 현상을 연구하고 그러한 문제를 해결하고 치유하기 위한 다양한 치료방법
을 개발했다.

2. 사랑의 정의와 유형

사랑이란 무엇인가? 사랑은 어떤 심리적 경험을 의미하는 것일까? 사랑은 정의
하기 어렵다. 『엣센스 국어사전』(민중서관, 2000)에 따르면, 사랑은 "아끼고 위하는
따뜻한 인정을 베푸는 일 또는 그 마음" 또는 "마음에 드는 이성을 몹시 따르고 그
리워하는 일 또는 그러한 마음"이라고 정의되어 있다. 이러한 정의는 너무 일반적
이고 모호하다.

사랑에 대한 절대적 정의는 존재하지 않는다. 사람마다 사랑에 대한 개념이 다
르고 사랑을 정의하는 기준이 다르기 때문이다. 사랑을 연구하는 학자들 역시 사
랑을 다양한 방식으로 정의하고 있으며, '사랑'과 '사랑이 아닌 것'을 구분하는 기
준도 다르다. 심리학자들은 사랑이 다양한 관계에서 경험될 수 있으며 그 관계의
속성 역시 매우 다양하다는 것을 인정하고 있다.

1) 사랑의 원형적 경험

'사랑'은 다른 사람과의 관계에서 발생하는 심리적 경험으로서 서로를 좋아하
고 보살피는 마음이나 행위를 의미한다. 우리는 많은 사람과 관계를 맺고 친밀감
과 도움을 주고받지만, '사랑'이라는 단어는 특별한 인간관계에만 적용한다. 사
랑을 연구하는 심리학자들은 짝 유대(pair bond), 즉 '두 사람 간의 심리적 동맹'을
사랑의 핵심적 요소로 여기고 있다. 달리 말하면, 사랑은 두 사람 간의 상호의존
(interdependence)으로서 서로의 생존과 행복이 긴밀하게 연결된 심리적 연합 상

태를 의미한다. 사랑의 대표적 연구자인 아론과 아론(Aron & Aron, 1991)은 사랑을 "특정한 사람과 친밀한 상호의존적 관계로 들어가거나 그러한 관계를 유지하려는 욕구와 그에 관련된 정서·인지·행동의 복합적 경험"이라고 정의했다. 인간이 보편적으로 경험하는 사랑의 원형은 부모와 자녀 간의 사랑과 성인 남녀 간의 사랑이다.

(1) 부모와 자녀 간의 사랑

사랑의 가장 기본적인 원형은 유아-양육자 애착(infant-caregiver attachment)으로서 어린아이와 양육자 사이의 특별한 유대관계를 의미한다. 유아-양육자 애착은 대부분의 경우 자녀와 부모 간의 사랑을 의미하지만, 부모가 아닌 양육자와 어린아이 간에도 사랑의 관계가 형성될 수 있다. 유아-양육자 애착은 어린아이가 양육자로부터 돌봄을 받는 비대칭적 관계이기 때문에 아이와 양육자는 각기 다른 사랑의 감정과 행동을 나타낸다.

어린아이는 양육자에게 매달리며 돌봄을 요청하는 의존적 사랑을 나타내는 반면, 양육자는 어린아이를 돌보며 보호하는 양육적 사랑을 나타낸다. 어린 자녀가 부모에게 나타내는 의존적 사랑은 흔히 치사랑이라고 지칭되며, 자신에게 애정과 돌봄을 제공하는 사람을 좋아하는 심리적 경험을 의미한다. 인간이 세상에 태어나서 처음 만나는 양육자, 즉 어머니에게 느끼는 치사랑이 바로 사랑의 첫 경험, 즉 첫사랑이라고 할 수 있다. 이러한 첫사랑의 경험은 훗날 성인이 되어 맺게 되는 연인, 배우자, 자녀와의 관계뿐만 아니라 신과의 관계에도 영향을 미치게 된다.

부모가 어린 자녀에게 나타내는 양육적 사랑은 내리사랑이라고 지칭되며, 자신의 애정과 돌봄이 필요한 어린아이를 귀여워하고 좋아하는 심리적 경험을 의미한다. 양육자의 내리사랑은 연약한 어린아이에게 애정을 느끼는 동시에 아이를 보호해야 한다는 의무감을 유발하여 돌봄의 헌신적 행동을 하게 만든다. 이러한 내리사랑은 자신보다 약하고 미숙한 사람을 돌보고 보호할 뿐만 아니라 그 사람을 위해 기꺼이 헌신하고 희생하는 다양한 관계의 심리적 기반이 된다. 부모는 자녀가 느끼는 만족과 행복을 자신의 것으로 경험한다는 점에서 내리사랑과 치사랑은 상호의존적이다.

어린아이는 치사랑을 통해서 양육자의 애정과 돌봄을 유도하고, 양육자는 내리 사랑을 통해서 어린아이의 애정과 의존을 강화한다. 이처럼 어린아이의 치사랑과 양육자의 내리사랑이 서로를 촉진하는 선순환의 상호작용이 반복되면 아이는 양육자의 사랑과 돌봄을 신뢰하는 심리적 안정감을 경험하며 양육자와 안정된 애착관계를 형성하게 된다. 그러나 치사랑과 내리사랑이 여러 가지 이유로 인해 원활하게 기능하지 못하면 어린아이는 양육자를 신뢰하지 못하는 불안정한 애착관계를 맺게 된다. 어린 시절에 양육자와 맺은 관계 경험은 자존감과 대인관계를 비롯하여 삶 전반에 심오한 영향을 미친다.

(2) 성인 남녀 간의 낭만적 사랑

인간 사회에서 성인 남녀 간의 사랑은 매우 강렬한 관심과 호기심의 대상이다. 성인 남녀 간의 사랑은 인간이 경험하는 짝 유대의 또 다른 형태로서 성인 애착(adult attachment)이라고 지칭한다. 대부분의 경우, 성인 애착은 남자와 여자가 서로에게 호감과 애정을 느끼며 친밀감, 열정, 헌신을 주고받는 사랑을 의미한다. 그러나 동성애의 경우처럼, 동성인 성인 간에도 짝 유대가 형성될 수 있다.

성인 애착은 유아-양육자 애착과 현저하게 다른 특성을 지닌다. 우선, 성인 애착은 유아-양육자의 비대칭적 관계와 달리 대등한 입장의 성인 두 사람이 서로를 특별한 존재로 여기면서 애정과 돌봄을 주고받는 수평적인 관계의 상호의존이다. 또한 성인 애착의 경우에는 애착의 상대를 선택하고 불만스러우면 관계를 단절할 수 있다는 점에서 유아-양육자 애착과 다르다. 유아-양육자 애착은 대부분의 경우 자녀와 부모의 혈연에 의해 주어지는 관계일 뿐만 아니라 불만스럽더라도 단절하기 어려운 반면, 성인 애착은 만남과 이별이 여러 번 반복될 수 있다. 특히 성인 애착은 강렬한 열정과 성적 욕구가 관여된다는 점에서 다른 인간관계와 다르다. 이처럼 성인 애착은 강렬한 감정과 열정이 개입된다는 점에서 낭만적 사랑(romantic love) 또는 성인의 낭만적 애착(adult romantic attachment)이라고 지칭된다.

진화심리학의 관점에서 보면, 사랑은 인간의 생존과 종족 보전을 위한 필수적 적응기제다. 인간은 진화과정에서 종의 존속을 위해서 세 가지의 도전적 과제를 성공적으로 해결해야만 했다. 첫째, 인간은 동물 중에서 가장 미성숙한 상태로 태어나 가장 오랜 기간 다른 사람에게 의존하면서 살아남아야 했다. 둘째, 인간은 미성숙한 상태로 태어난 자손들이 생존하여 성장할 수 있도록 적절한 보호와 돌봄을 제공해야만 했다. 셋째, 인간은 번식을 위해서 이성 짝을 찾고 그 관계를 충분히 오래 유지하면서 자손을 낳아 양육해야만 했다. 유아와 양육자는 서로에게 애착하며 의존과 양육의 유대관계를 맺어야 했고, 성인 남자와 여자는 서로의 매력에 이끌려 친밀한 관계를 형성하고 자녀를 출산하여 함께 양육을 담당하는 동맹 관계를 맺는 것이 필요했다. 이런 점에서 사랑은 인간이 생존과 번식의 적응과제에 대처하기 위한 진화의 산물로서 타인과의 상호의존적 유대관계를 촉진하는 심리적 기제라고 할 수 있다.

2) 사랑의 유형과 측정도구

과학적 연구의 출발점은 연구대상을 구체적으로 정의하고 측정도구를 개발하는 것이다. 심리학자들은 사랑을 연구하기 위해서 사랑을 조작적으로 정의하고 측정하는 다양한 도구를 개발했다. 1970년대부터 낭만적 사랑에 대한 학문적 관심이 높아지면서 성인 남녀 간의 사랑을 측정하는 다양한 도구들이 개발되었다.

(1) 사랑과 우정
남자와 여자 간의 친밀한 관계는 그 속성에 따라 여러 가지 유형으로 구분된다. 성인 애착은 그 관계의 속성에 따라 크게 사랑과 우정으로 구분된다. 사랑은 우정과 어떤 점에서 다른 것일까? 요즘 '남친(여친)'과 '남사친(여사친)'이라는 용어가 유행하고 있듯이, '연인'과 '친구'는 어떻게 다른가? 미국의 사회심리학자인 지크 루빈(Zick Rubin, 1970)은 '사랑하는 것(loving)'과 '좋아하는 것(liking)'을 구분하고 각각을 측정하는 도구를 개발했다. 그에 따르면, 좋아하는 것, 즉 친구에 대한 우정은 유사성, 친밀감, 상호적 호감과 존중이 핵심적인 구성요소지만 사랑하는 것, 즉 연인에 대한 사랑은 의존, 애착, 돌봄, 배타성이 핵심적인 구성요소다. 이러한 개념적 구분에 근거하여 특정한 사람과의 친밀한 관계를 평가하는 '루빈의 사랑과 우정 척도(Rubin's Loving and Liking Scale)'를 개발했다. 이 척도의 일부 문항을 소개하면 다음과 같다. 당신이 A라는 사람에 대해서 다음의 문항에 대부분 '그렇다'고 인정한다면, 당신은 A를 사랑하고 있다고 할 수 있다.

- 나는 A를 위해서 거의 모든 것을 할 것이다.
- A와 함께할 수 없다면, 나는 비참함을 느낄 것이다.
- 외로움을 느낄 때, 가장 먼저 떠오르는 생각은 A를 만나고 싶은 것이다.
- 나의 가장 중요한 관심사 중 하나는 A가 행복해지는 것이다.
- A 없이 살아가는 것은 나에게 힘든 일이다.

그러나 다음의 문항에 대부분 '그렇다'고 응답한다면, 당신은 A를 친구로 좋아하는 것이라고 할 수 있다.

- A와 나는 서로 비슷한 점이 많다고 생각한다.
- 내가 알고 있는 사람 중에서 A는 매우 마음에 드는 사람 중 한 명이다.
- A와 함께 있으면 나는 A와 유사한 감정을 느끼게 된다.
- 나는 A의 판단력에 깊은 신뢰를 지니고 있다.
- A가 어떤 선거에 나서면, 나는 반드시 A를 뽑을 것이다.

(2) 열정적 사랑과 우애적 사랑

사랑은 우정과 구별되어야 할 뿐만 아니라 사랑의 경험에 따라 여러 유형으로 구분될 수 있다. 서로를 사랑하는 연인으로 인정하는 사람들의 관계 경험은 매우 다양하다. 해트필드와 스프레처(Hatfield & Sprecher, 1986)는 연인들의 사랑을 열정적 사랑(passionate love)과 우애적 사랑(companionate love)으로 구분하고 측정 도구를 개발했다. 이들은 열정적 사랑을 '다른 사람과 하나가 되려는 강렬한 소망 상태'로 정의하고 '열정적 사랑 척도(Passionate Love Scale: PLS)'를 개발했다. 이 척도는 낭만적 사랑의 연구에 가장 널리 사용되는 척도로서 그 일부 문항을 제시하면 다음과 같다. 만약 당신이 A라는 사람에 대해서 다음의 문항에 대부분 '그렇다'라고 인정한다면, 당신은 A에 대해서 열정적 사랑을 하고 있는 것이다.

- A를 보면 때때로 내 몸이 흥분되고 떨린다.
- 나는 그 누구보다도 A와 함께 있고 싶다.
- 만약 A가 다른 사람과 사랑에 빠지는 것을 생각하면, 나는 강한 질투심을 느낄 것이다.
- 나는 A를 영원히 사랑할 것이다.
- 나는 A로부터 끝없는 사랑을 받고 싶다.
- 나는 A와 함께 있을 때 그를 만지고 싶고, 그가 나를 만지기를 원한다.
- 만약 A가 어려움에 빠진다면, 나는 내 이익을 던져 버리고 A를 도울 것이다.
- A가 나를 떠난다면, 나는 깊은 절망감을 느낄 것이다.

이 밖에도 심리학자들은 다양한 측정도구를 개발하여 사랑의 다양한 속성을 연구하고 있다. 예컨대, 헨드릭과 헨드릭(Hendrick & Hendrick, 1986)은 사랑의 6개 스타일을 측정하는 '사랑 태도 척도(Love Attitude Scale)'를 개발하여 실증적 연구의 기반을 마련했다. 또한 스턴버그(Sternberg, 1986, 1990)는 사랑이 친밀감, 열정, 헌신의 세 가지 요소로 구성된다는 사랑의 삼각형 이론을 제시하면서 각 구성요소를 측정할 수 있는 '사랑의 삼각형이론 척도(Triangle Theory of Love Scale)'를 개발했다. 이와 같이 사랑을 개념적으로 구분하고 측정도구를 개발함으로써 실증적인 자료에 근거해 사랑의 다양한 측면을 밝히는 과학적 탐구가 이루어지고 있다.

3. 사랑의 다양한 측면에 대한 과학적 탐구

사랑의 신비를 밝히는 작업은 거대한 프로젝트다. 사랑의 과학적 탐구는 매우 중요한 일이지만 매우 난해한 일이기도 하다. 사랑은 행복과 불행의 가장 중요한 원천이지만 매우 다양한 요인들이 관여하는 복잡계 현상 중 하나이기 때문이다. 사랑에 대학 과학적 탐구가 시작된 것은 1960~1970년대다. 그 이후로 많은 연구가 진행되어 사랑의 다양한 측면에 대한 이해가 깊어지고 있다.

[그림 2-1]에서 보여 주듯이, 사랑의 연구는 자녀와 부모 간 사랑과 성인 남녀 간 사랑에 집중되고 있으며 종교적 사랑으로도 확장되고 있다. 진화심리학자들은 진

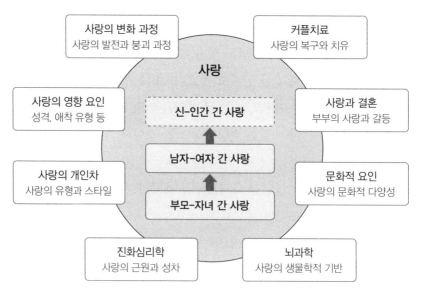

[그림 2-1] 사랑의 통합적 이해를 위한 다양한 접근

화의 맥락에서 사랑의 근원을 탐색할 뿐만 아니라 사랑하는 방식의 성차를 실증적
으로 입증하고 있다. 뇌과학자들은 강렬한 욕망과 감정을 유발하는 사랑에 영향
을 미치는 뇌구조와 신경전달물질을 밝혀내고 있다.

　심리학자들은 사랑의 개인차와 그에 영향을 미치는 다양한 요인을 밝히기 위해
서 노력해 왔다. 사람마다 사랑의 경험이 다를 뿐만 아니라 사랑을 하는 스타일도
다르다. 어떤 개인적 요인(성격, 애착 유형, 신념과 태도 등)과 문화적 요인(연애 방식
이나 결혼에 대한 문화적 규범 등)이 사랑의 개인차에 어떤 영향을 미치는지를 밝히
기 위해 많은 연구가 진행되었다. 또한 두 남녀가 어떻게 서로에게 매력을 느끼고
어떤 과정을 통해 사랑을 발전시키고 심화시키는지, 그리고 사랑이 어떤 이유로
인해 약화되고 붕괴되는지를 밝히는 것은 낭만적 사랑 연구의 핵심적 과제 중 하
나다. 특히 남녀 간의 사랑이 결혼으로 진행되는 과정, 부부관계에서 사랑이 변화
하는 과정, 그리고 부부갈등과 이혼을 유발하는 원인에 대한 많은 연구가 이루어
졌다. 사랑의 갈등과 붕괴는 다양한 심리적 문제와 정신장애를 유발할 수 있다. 연
인관계나 부부관계에서 발생하는 심리적 갈등과 문제를 치유하기 위한 다양한 커
플치료가 개발되었다. 그동안 사랑의 다양한 측면에 대해서 이루어진 과학적 탐
구의 주된 내용을 간략히 소개하면 다음과 같다.

1) 부모와 자녀 간의 사랑: 애착 이론의 발전

　영국의 심리학자이자 정신의학자인 존 볼비는 전쟁으로 고아가 된 아동들이 나
타내는 비행 문제를 조사하는 과정에서 부모와의 유대관계가 아동의 심리적 건강
에 중요함을 발견하게 되었다. 이를 계기로 볼비는 어린아이가 양육자에게 나타
내는 애착 행동을 체계적으로 관찰하여 애착 이론(attachment theory)을 제시했다
(Bowlby, 1969, 1973, 1980). 그에 따르면, 어린아이는 양육자와 가까이 머물려는 근
접성을 추구하고, 양육자를 안전 기지로 삼아 주변을 탐색하며, 위험에 처하면 양
육자에게 돌아와 피난처로 삼고, 양육자와 헤어지게 되면 고통을 느끼면서 저항하

며 재결합을 추구한다. 그의 애착 이론은『애착과 상실』이라는 제목의 3부작 저서를 통해 발표되었다.

1964년부터 볼비의 연구에 합류한 캐나다의 발달심리학자인 메리 에인스워스(Mary Ainsworth)는 '낯선 상황 실험'을 개발하여 아동이 어머니와 분리되고 재회할 때 나타내는 행동을 객관적으로 평가하여 아동이 어머니와 맺는 애착의 유형을 안정 애착, 불안 애착, 회피 애착으로 구분했다(Ainsworth et al., 1978). 이러한 애착 유형은 아동이 다양한 상황에서 나타내는 행동 전반에 강력한 영향을 미치는 것으로 밝혀졌다. 그녀의 기념비적인 연구에 따라 수많은 후속 연구가 진행되었으며, 유아기의 애착 경험이 이후의 삶에 장기적인 영향을 미친다는 것이 밝혀졌다. 메리 메인(Mary Main)은 애착 경험이 어떤 정신적 표상으로 형성되어 여러 가지 삶의 영역에 영향을 미치는지를 밝히는 데 기여했다. 애착 이론은 여러 발달심리학자의 실증적 연구에 의해서 더욱 정교하게 발전되고 확장되었다.

1987년에 미국의 사회심리학자인 하잔과 셰이버(1987)는 성인 애착, 즉 낭만적 사랑의 스타일은 어린 시절에 부모와 맺은 애착 경험에 근거한다고 주장했다. 그 이후로 유아-양육자 애착과 성인 애착의 관계를 밝히는 많은 연구가 진행되었다. 현재 애착 이론은 사랑의 본질과 개인차를 이해하는 가장 중심적인 이론으로 여겨지고 있다. 1999년에는 애착의 다양한 측면에 대한 연구 성과를 집대성한『애착의 핸드북: 이론, 연구 및 임상적 적용(Handbook of Attachment: Theory, Research, and Clinical Applications)』이 발표되었으며, 2016년에는 80여 명의 연구자들이 집필한 총 7부 43장의 방대한 세 번째 개정판(Cassidy & Shaver, 2016)이 출간되었다.

2) 남녀 간의 낭만적 사랑과 개인차

1960년대 후반부터 성인 남녀의 낭만적 사랑에 대한 과학적 연구가 시작되었다. 앞에서 언급했듯이, 1969년에 미국의 사회심리학자인 버세이드와 해트필드는 남녀가 서로에게 이끌리고 사랑에 빠지는 과정을 설명하는『대인 매혹』을 공동으로 저술하여 발표했다. 이들은 1975년부터 10여 년간 미국 국가과학재단으로부터 거액의 연구비를 지원받아 사랑과 매혹에 관한 연구를 수행했다. 1986년에 해트필드는 동료인 스프레처와 함께 낭만적 사랑의 연구에서 가장 널리 사용되고 있는 '열정적 사랑 척도'를 개발했다. 버세이드와 해트필드는 낭만적 사랑에 대한 실증적 연구를 최초로 시작한 심리학자로서 낭만적 사랑의 과학적 연구를 위한 초석을 쌓은 개척자로 여겨지고 있다.

1970년 이후에 사랑의 경험을 측정하는 다양한 도구들이 개발되면서 사랑의 개인차에 관한 많은 연구가 진행되었다. 리(Lee, 1977)는 사랑을 의미하는 다양한 그리스어에 근거하여 사랑을 6가지 유형, 즉 열정적 사랑(Eros), 우애적 사랑(Storge), 유희적 사랑(Ludus), 집착적 사랑(Mania), 실용적 사랑(Pragma), 헌신적 사랑(Agape)으로 구분했다. 스턴버그(Sternberg, 1986, 1990)는 사랑이 친밀감, 열정, 헌신의 세 가지 요소로 구성된다는 사랑의 삼각형 이론을 제시했다. 그는 세 가지 구성요소에 근거하여 사랑을 여덟 가지 유형으로 구분했다.

1987년에 하잔과 셰이버는 낭만적 사랑의 스타일이 어린 시절에 부모와 맺은 애착 경험에 의해 영향을 받는다고 주장했다. 이들은 성인의 사랑도 아동의 애착 유형과 같이 안정형, 불안형, 회피형으로 구분된다고 주장했을 뿐만 아니라 성인의 애착 유형을 평가하는 측정도구를 개발하여 사랑의 개인차를 설명하는 많은 실증적 연구를 실시했다. 1991년에 바돌로뮤와 호로위츠(Bartholomew & Horowitz)는 성인의 애착 유형을 자신과 타인에 대한 긍정성과 부정성에 따라 네 가지 유형(안정-애착형, 불안-집착형, 공포-회피형, 거부-회피형)으로 구분하고 이를 평가하는 측정도구를 개발했다. 이와 같은 많은 연구에 의해서 어린 시절에 경험한 부모와의 애착 경험이 자신과 타인에 대한 정신적 표상을 형성하여 성인의 사랑에 영향을 미친다는 사실이 밝혀지고 있다. 2006년에 미쿨린서와 굿맨(Mikulincer & Goodman)은 애착 이론의 관점에서 낭만적 사랑의 개인차를 설명하는 『낭만적 사랑의 역동: 애착, 돌봄과 섹스(Dynamics of Romantic Love: Attachment, Caregiving, and Sex)』를 발간했다. 이 책에는 낭만적 사랑의 다양한 측면을 애착 이론의 관점에서 탐색한 많은 실증적 연구들이 소개되어 있다. 2010년에 미쿨린서와 셰이버(Mikulincer & Shaver)는 『성인기의 애착: 구조, 역동 및 변화(*Attachment in Adulthood: Structure, Dynamic and Change*)』를 저술하여 발표했다.

3) 사랑의 발달과 붕괴 과정

인간관계가 유지되고 붕괴하는 과정을 설명하는 대표적인 이론 중 하나는 사회교환 이론(social exchange theory: Thibaut & Kelly, 1959)이다. 사회교환 이론은 'give & take' 즉 투자와 보상의 개념으로 인간관계를 설명하고 있다. 이 이론에 따르면, 두 사람 사이의 관계는 각자가 투자하는 것에 비해서 보상이 클수록 그 만족도가 증가하면서 더욱 깊어진다. 그러나 더 중요한 것은 비교수준(comparison level)으로서 현재의 관계 만족도는 다른 관계에서 얻는 보상과 비교하여 결정된다. 더구나 다른 대안적 관계에서 기대되는 대체관계 비교수준(comparison level for alternatives)이 현재의 관계 만족도보다 높으면 현재의 관계를 청산하고 새로운 관계로 옮겨간다.

미국의 사회심리학자인 켈리와 티보(Kelley & Thibout, 1978)는 사회교환 이론에 근거하여 두 남녀가 연인관계로 발전하는 과정을 설명하는 상호의존 이론(theory of interdependence)을 제시했다. 이들에 따르면, 사랑은 두 사람이 서로의 행복에 강력한 영향을 미치는 상호의존적인 관계를 의미한다. 상호의존 관계에 속해 있는 개인은 두 사람 전체의 만족도를 최대화하기 위해서 행동하며 때로는 자신의 보상을 희생하는 행동을 할 수도 있다.

월스터와 동료들(Walster et al., 1978)은 친밀한 관계의 발전과 파탄에는 두 사람이 서로 주고받는 사회적 교환의 형평성이 중요하다는 형평 이론(equity theory)을 제시했다. 인간관계는 기본적으로 교환이며 서로 주고받는 것이 균형을 이룰 때는 관계가 유지되지만, 균형이 깨지면 관계는 해체되기 쉽다. 형평 이론은 연인관계나 부부관계에서 상대방에 비해 손해를 보고 있다고 생각하는 사람들이 형평성을 회복하기 위해 나타내는 다양한 방법을 제시하고 있다.

네덜란드의 심리학자인 러스벌트와 동료들(Rusbult et al., 2001)은 친밀한 관계에서 상호의존과 헌신의 중요성을 강조하는 헌신의 투자 모델(investment model of commitment)을 제시했다. 이 모델에 따르면, 사람들은 관계 의존도와 만족도가 높고, 대안적 관계의 질이 낮으며, 현재의 관계에 많은 투자를 할수록 사랑의 관계에 머물게 되지만, 이러한 요인들의 변화는 관계 파탄에 영향을 미치게 된다. 이밖에도 밀스와 클라크(Mills & Clark, 1982, 1994, 2001)는 사회교환의 결과나 형평성보다 상대방의 행복을 중시하는 공유적 사랑 이론(communal love theory)을 제시했다. 또한 라이스와 동료들(Reis & Shaver, 1988; Reis & Patrick, 1996)은 친밀한 관계의 형성을 위해서는 자기공개와 반응성이 중요하다는 친밀감 이론을 제시했다. 이처럼 사랑의 관계가 유지되고 붕괴하는 이유, 그리고 관계 만족도에 영향을 미치는 요인들을 규명하기 위한 많은 실증적 연구들이 진행되었다. 2006년에 사랑의 관계가 발전하고 붕괴되는 과정을 소개하는 『케임브리지 인간관계 핸드북(The Cambridge Handbook of Personal Relationships)』이 출간되었으며, 최근에 개정판(Vangelisti & Perlman, 2018)이 나왔다.

4) 사랑의 갈등 요인과 커플치료

1970년대부터 세계적으로 이혼율이 증가하면서 심리학자들은 그 원인과 부부관계 개선 방법에 깊은 관심을 갖게 되었다. 이혼율이 증가하는 이유는 맞벌이 부부가 늘어나고 여성의 경제적 능력이 향상되면서 새로운 성역할에 대한 갈등과 긴장이 증가했기 때문인 것으로 추정되고 있다. 이러한 사회적 맥락 속에서 성공적인 부부관계의 특징을 밝히는 많은 연구(예: Bowman & Spanier, 1978; Leslie, 1982)가 진행되었다. 예컨대, 부부의 성격 유사성이 결혼 만족도를 증가시키는 중요한 변인으로 나타났다(Caspi & Herbener, 1990). 또한 배우자의 행동에 대한 귀인이 관계 만족도와 밀접하게 연관되는 것으로 밝혀졌다. 결혼 만족도가 높은 부부들은 배우자의 긍정적 행동에 대해서 배우자의 내면적이고 지속적인 속성에 의한 것으로 여기는 반면, 부정적 행동에 대해서는 배우자의 의도와 관련성이 적은 외부적이고 일시적인 요인에 의한 것으로 생각했다(Bradbury & Fincham, 1990).

부부치료자인 가트맨(Gottman, 1994, 1995)은 부부 갈등의 내용이나 횟수보다 갈등을 다루는 의사소통 방식이 결혼 만족도에 더 중요한 영향을 미친다고 주장했다. 갈등을 적절하게 해소하지 못하는 의사소통 문제가 이혼을 초래하는 가장 중요한 원인으로 나타났다. 게이블과 동료들(Gable et al., 2004)에 따르면, 부부관계가 원만하기 위해서는 긍정적인 반응과 부정적인 반응의 비율이 3:1을 넘어야 한다. 결혼 만족도는 부부의 성격 요인뿐만 아니라 상호작용과 갈등해결 방식에 의해 더 많은 영향을 받는 것으로 밝혀지고 있다.

1980~1990년대부터 커플의 갈등을 해결하고 관계를 개선하는 다양한 커플치료가 개발되었다. 현재 가장 널리 사용되고 있는 대표적인 커플치료로는 인지행동적 커플치료, 정서초점적 커플치료, 정신역동적 커플치료가 있다(Baucom et al., 2006). 인지행동적 커플치료(Cognitive-behavioral couple therapy: Baucom & Epstein, 1990; Rathus & Sanderson, 1999)는 커플의 갈등을 유발하는 역기능적 인지를 변화시키고 긍정적인 행동을 증가시키는 데에 초점을 두고 있다. 정서초점적 커플치료(Emotionally focused couples therapy: Greenberg & Johnson, 1988; Johnson & Greenberg, 1985)는 애착 이론에 근거하여 커플이 파트너의 애착 욕구와 정서적 반응을 민감하게 알아차리는 동시에 친밀감을 증진하고 애착 욕구를 충족하는 좀 더 건설적인 행동을 증진하도록 돕는다. 정신역동적 또는 통찰-지향적 커플치료(Scharff & Scharff, 1991, 2008; Snyder & Wills, 1989)는 커플의 갈등을 유발하는 근원적 원인인 어린 시절의 심리적 상처를 통찰하고 재구성하는 데 초점을 두고 있다.

5) 사랑의 생물학적 기반

1980년대부터 진화심리학(evolutionary psychology)이 발전하면서 사랑의 본질과 성차를 진화의 관점에서 설명하려는 시도가 이루어졌다. 진화의 관점에서 보면, 모든 생명체의 궁극적인 존재 이유는 생존과 번식이다. 사랑도 개체의 생존과 종의 번식을 위한 진화의 산물로 이해할 수 있다. 어린 자녀와 부모의 애착 행동뿐만 아니라 남녀의 성인 애착은 생존과 번식을 위한 진화적 장치로 볼 수 있다.

특히 진화심리학자들은 사랑의 성차에 대한 흥미로운 이론을 제시하고 실증적으로 입증했다. 진화심리학자들은 매력을 느끼는 이성의 특징, 짝을 선택하는 방식, 구애 행위(dating), 짝짓기 행위(mating)에서 남자와 여자가 어떻게 다르며 왜 다른지를 설명하는 이론을 제시했다. 예컨대, 버스(Buss, 1989, 1991)는 이성 관계에서 남자와 여자가 취하는 성적 책략이 다르다는 점을 지적하고 이러한 차이를 진화의 관점에서 설명하고 있다. 여자는 남자에 비해 배우자를 고를 때 더 까다롭고 신중하다. 남자는 단기적인 관계를 추구하는 반면, 여자는 장기적인 관계를 추구한다. 남자는 출산 가능한 여자를 선호하는 반면, 여자는 자신과 자식을 보호하고 양육하기 위한 자원이나 능력을 보유한 남자를 선호한다. 부모투자 이론(parental investment theory)에 따르면, 이러한 성차가 나타나는 이유는 자녀 출산과 양육을 위해서 여자가 남자보다 더 많은 투자를 해야 하기 때문이다. 또한 친자확률 이론(parenthood probability theory)을 통해서 인간은 자신과 같은 유전자를 보유할 가능성이 높은 자녀일수록 더 큰 사랑을 주고 더 많은 투자를 한다는 주장이 제시되었다.

뇌과학이 발전하면서 사랑의 경험에 영향을 미치는 생물학적 요인이 밝혀지고 있다. 인간관계를 뇌과학의 관점에서 설명하려는 사회신경과학(social neuro-science) 분야에서는 사랑의 경험과 관련된 뇌구조와 신경전달물질을 밝히는 연구들이 이루어지고 있다. 예컨대, fMRI를 이용한 연구에서는 사랑의 유형(예: 우애적 사랑, 열정적 사랑, 모성적 사랑)에 따라 활성화되는 뇌의 영역이 다른 것으로 확인되었다(Cacioppo et al., 2012). 또한 사랑의 심리적 경험은 특정한 호르몬이나 신경전달물질에 의해 영향을 받는 것으로 밝혀졌다. 예컨대, 옥시토신이나 바소프레신과 같은 호르몬은 자녀와 부모가 경험하는 친밀감과 유대감에 영향을 미치는 것으로 알려져 있다. 또한 낭만적 사랑에 대한 모호한 갈망과 성적 욕구에는 테스토스테론이나 에스트로겐과 같은 성호르몬이 관련되는 반면, 특정한 이성에게 강렬한 매력을 느끼고 적극적으로 접근하는 행동에는 도파민, 세로토닌, 노르에피네프린과 같은 신경전달물질이 관여하는 것으로 알려지고 있다.

6) 사랑의 문화적 다양성

사회와 문화에 따라 사랑을 경험하고 표현하는 방식이 다르다. 문화(culture)는 특정한 사회의 구성원들이 공유하고 있는 가치, 신념, 행동방식, 관습을 의미하며, 구성원의 경험과 행동 전반에 강력한 영향을 미친다. 문화권에 따른 사랑의 다양성과 문화적 요인이 사랑하는 방식에 미치는 영향에 대한 많은 연구가 진행되었다.

낭만적 사랑의 경우, 남자와 여자는 어떻게 처음 만나 데이트를 하고 사랑에 빠지게 되며, 어떤 과정을 통해 첫 섹스를 하고, 어떤 방식의 결혼생활을 하며, 어떻게 사랑의 관계로부터 빠져나오는가? 우리 사회에서 남녀가 사랑하는 방식은 모든 사회에 보편적인 것인가 아니면 우리 사회에서만 특수한 것인가? 사랑의 어떤 측면이 문화적 요인에 의해 영향을 받으며, 어떤 측면이 생물학적 요인에 의해 결정되는가? 이러한 물음에 답하기 위해서 1980년대부터 사랑에 대한 비교문화연구가 이루어졌다. 예컨대, 1989년에 미국의 사회학자이자 정신분석가인 로버트 엔들맨(Robert Endleman)은 문화인류학적인 자료에 근거하여 12개 문화에서 사랑과 섹스가 어떻게 달리 나타나는지를 소개하는 저서를 출간했다. 1992년에 얀코위악과 피셔(Jankowiak & Fischer)는 열정적 사랑과 우애적 사랑이 여러 문화에서 어떤 방식으로 나타나는지를 분석한 비교문화적 연구결과를 발표했다. 2019년에 미국의 심리학자인 빅터 카란다세프(Victor Karandashev)는 이러한 연구들을 종합하여 『사랑의 경험과 표현에 대한 비교문화적 관점(Cross-Cultural Perspectives on the Experience and Expression of Love)』을 출간했으며, 같은 해에 미국의 인류학자인 세레나 난다(Serena Nanda)는 『사랑과 결혼: 변화하는 세계에서의 문화적 다양성

(*Love and Marriage: Cultural Diversity in a Changing World*)』을 출간했다.

7) 사랑의 통합적 이해

사랑은 매우 복잡한 현상이다. 사람마다 사랑하는 방식과 경험이 각기 다르기 때문이다. 사랑이라는 복잡계 현상을 좀 더 명료하게 이해하기 위해서는 사랑에 영향을 미치는 다양한 요인에 대한 통합적 이해가 필요하다.

(1) 사랑의 삼층 모델

개인의 사랑 경험은 크게 세 수준의 요인에 의해서 영향을 받는다. 첫째, 모든 인간이 공유하는 생물학적 요인으로서 사랑 경험의 밑바탕을 이룬다. [그림 2-2]에서 볼 수 있듯이, 생물학적 요인은 유전자와 뇌의 생화학물질에 의해서 사랑에 대한 갈망, 선호, 감정, 행동에 영향을 미친다. 이러한 사랑의 심리적 경험은 우리가 인간이기 때문에 경험하는 보편적인 것으로서 진화심리학과 뇌과학에 의해서 연구되고 있다.

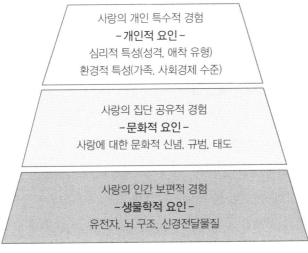

[그림 2-2] 사랑의 삼층 모델

둘째, 문화적 요인으로서 개인의 사랑 경험은 사랑에 대한 문화적 관습과 태도에 의해서 영향을 받는다. 개인은 그가 속한 문화에서 성장하며 사회화 과정을 통해 사랑에 대한 문화적 신념, 규범, 태도를 학습하게 된다. 같은 문화권에서 성장하고 사회경제 수준, 교육 수준, 나이가 비슷한 사람들은 사랑하는 방식과 경험이 유사하다. 이처럼 문화적 요인에 의한 사랑의 경험은 우리가 특정한 문화에 소속한 집단 구성원이기 때문에 경험하는 집단 공유적인 것으로서 인류학이나 사회학의 연구를 통해서 밝혀지고 있다.

셋째, 개인적 요인으로서 개인의 사랑 경험은 그가 지닌 심리적 특성과 환경적 특성에 의해서 영향을 받는다. 심리적 특성은 개인의 기질과 성격, 가치관, 애착유형, 의사소통 기술, 행동 습관 등을 의미하며, 환경적 특성은 개인의 가족관계, 사회경제 수준, 거주지역 등이 포함된다. 사람마다 사랑하는 방식과 경험이 독특한 이유는 이러한 개인적 요인 때문이다. 심리학자들은 사랑의 방식과 경험에 영향을 미치는 개인의 심리적 특성에 초점을 맞추어 연구하고 있으며, 그러한 심리적 요인에 대한 개입을 통해서 좀 더 좋은 사랑을 하도록 돕는 일에 깊은 관심을 지니고 있다.

사랑의 삼층 모델에 따르면, 개인의 사랑 경험은 세 수준의 사랑 경험, 즉 인간 보편적 경험, 집단 공유적 경험, 개인 특수적 경험이 복합된 것이다. 각 수준의 사랑 경험에 영향을 미치는 요인도 각기 다르다. 사랑이라는 복잡계 현상을 좀 더 온전하게 이해하기 위해서는 사랑을 구성하는 세 수준의 경험과 그에 영향을 미치는 요인에 대한 통합적 이해가 필요하다.

(2) 사랑의 피라미드 이론

미국의 임상심리학자인 로버트 고든(Robert Gordon, 2006)은 사랑에 영향을 미치는 다양한 요인의 구조를 설명하는 사랑의 피라미드 이론을 제시했다. 그에 따르면, 개인이 펼치는 사랑의 경험은 [그림 2-3]의 피라미드처럼 다섯 층의 요인에 영향을 받는다.

고든에 따르면, 사랑의 피라미드를 형성하는 가장 밑바닥에는 인간의 종 특성이 존재한다. 이는 인간 행동에 가장 강한 영향을 미치는 종의 본능을 의미한다. 인간이 수백만 년 동안 자연선택의 결과로 갖게 된 본능으로서 생존, 번식, 양육의 행동 패턴과 관련된 것이다. 이러한 종의 특성은 파트너의 신체적·심리적 자극에 매력을 느끼고 이끌리는 선천적 성향을 포함한다. 둘째 층은 개인이 선천적으로 타고나는 성격 특질로서 외향성-내향성, 정서적 불안정성, 공격성, 충동성 등을 의미한다. 성격은 사랑에 영향을 미치는 중요한 개인적 요인으로서 후천적 경험의 영향을 받지만 성격의 기본적 성향은 유전에 의해서 결정된다.

개인의 애착 경험이 사랑 피라미드의 셋째 층을 구성한다. 어린 시절에 부모와의 관계에서 겪은 애착 경험은 자기와 타인에 대한 긍정적 또는 부정적 표상으로 내면화되어 이후의 대인관계를 결정하는 바탕으로 작용한다. 넷째 층은 문화적 신념으로서 개인이 속한 사회와 문화에서 학습한 문화적 규범과 개인적 경험에 의해 습득한 신념을 구성한다. 사랑에 대한 문화적 또는 개인적 신념은 연인을 선택하고 사랑의 관계를 발전시키는 과정에 깊은 영향을 미친다. 사랑 피라미드의 가

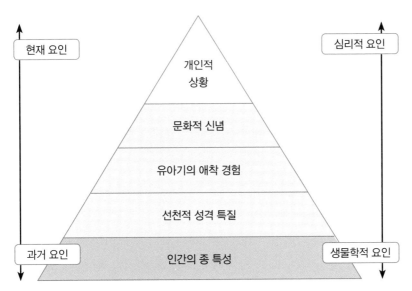

[그림 2-3] 고든이 제시한 사랑 피라미드의 구조

장 높은 층은 개인이 처한 현재의 심리적 상황을 의미한다. 개인적 상황은 개인의 인생에서 특정한 시기(발달단계, 가족 상황, 경제적 또는 직업적 환경 등)나 현재의 정서적 상태(외로움, 성적 욕구, 위로가 필요한 힘든 상황 등)를 의미한다.

사랑 피라미드의 아래층일수록 먼 과거의 진화 과정을 통해 형성된 생물학적 요인들이 위치한다. 이러한 요인들은 유전에 의해서 선천적으로 주어진 것이거나 어린 시절의 경험에 의해 결정되는 과거의 요인들이라고 할 수 있다. 반면에, 사랑 피라미드의 위층일수록 현재의 개인적 특성에 의해 영향을 받는 심리적 요인들로 구성된다. 달리 말하면, 피라미드의 위층에 있는 요인일수록 변화가 용이하다고 할 수 있다.

사랑에 빠지는 것은 본능이다. 사랑의 본능은 상대방을 지나치게 이상화함으로써 번식을 가능하게 하여 종의 생존에 기여한다. 인간은 유전자에 의해서 성욕을 느낄 뿐만 아니라 바람직한 짝을 찾도록 프로그램되어 있지만 한 사람과의 사랑에 계속 머물도록 프로그램되어 있지는 않다. 사랑하는 사람을 이상화하는 일정한 기간이 지나면, 사랑의 관계에서 갈등이 증가하고, 친밀감이 감소하며, 오래된 상처와 감정이 올라온다. 열정으로 시작한 사랑을 심리적 성숙으로 이어 가지 못하면, 사랑은 시간이 지나면서 시들어 버린다.

고든에 따르면, 사랑 피라미드의 다섯 층은 낭만적 사랑의 비합리성에 영향을 미칠 수 있다. 예컨대, 본능에 의한 눈먼 이끌림, 미숙한 성격특성의 부정적 영향, 애착의 상처로 인한 자기와 타인에 대한 부정적 표상, 사랑에 대한 비합리적인 문화적 신념, 상대방과의 상호작용을 왜곡하는 현재의 심리적 상황은 모두 좋은 사랑을 방해하는 요인들이다. 우리는 심리적 성숙을 통해서 더 좋은 사랑을 나눌 수 있다. 심리적 성숙은 자신의 결함에 대한 정서적 통찰, 관계에 관심을 기울이고 반성하는 노력, 건설적인 피드백에 대한 열린 자세, 자신의 행동에 대한 책임의식, 좋은 관계를 유지하려는 헌신적 태도, 더 나은 사람이 되려는 의지를 통해서 성취될 수 있다. 심리적 성숙은 많은 시간과 노력을 통해 이룰 수 있는 어려운 작업이지만 좋은 사랑을 위한 가장 중요한 조건이다.

The Psychology of Love

제2부
부모와 자녀 간의 사랑

제3장

부모와 자녀 간의 혈연적 사랑

1. 가장 깊은 사랑: 부모와 자녀 간의 사랑

인간이 경험하는 사랑 중에서 가장 뿌리가 깊은 것은 부모와 자녀 간의 사랑이다. 부모와 자녀는 혈연으로 연결된 매우 특수한 관계에서 사랑을 나눈다. 부모에게 자녀는 자신의 분신이며, 자녀에게 부모는 자신의 근원이다. 부모와 자녀는 유전자를 공유하는 혈연공동체로서 서로에게 매우 소중한 존재다. 이처럼 부모와 자녀 간의 사랑은 혈연에 바탕을 둔 근원적 사랑으로서 가장 견고한 애정과 헌신을 통해 오래도록 지속된다.

진화의 관점에서 보면, 인류의 존속은 부모와 자녀 간의 사랑에 근거하고 있다. 홀로 생존할 수 없는 어린 자녀는 부모의 사랑을 통해서 돌봄을 받음으로써 생존할 수 있다. 유한한 생명을 지닌 부모는 자녀를 통해서 자신의 유전자를 후속세대에 전달할 수 있다. 따라서 어린 자녀는 부모에게 집요하게 매달려야 생존할 수 있고, 부모는 자녀를 보호하기 위해서 어떤 고난과 위험도 감수하는 강렬한 헌신 의지를 지녀야 한다. 이처럼 부모와 자녀가 상호의존적인 관계를 형성하도록 촉진하는 심리적 접착제가 바로 사랑이다.

부모와 자녀 간의 사랑은 사랑의 근원이다.

　부모와 자녀 간의 사랑은 성인 남녀의 사랑을 비롯한 다른 유형의 사랑과 구별
되는 독특성을 지닌다. 첫째, 부모와 자녀 간의 사랑은 무조건적이다. 부모와 자
녀는 조건에 의해서 서로를 선택한 관계가 아니라 운명적으로 주어진 관계 속에서
서로를 사랑하기 때문이다. 자녀는 부모에게 무조건 매달려야 하고, 부모는 자녀
를 무조건 돌봐야 한다. 부모와 자녀의 관계는 불만스럽다고 해서 관계를 종결할
수 없다는 점에서 영속적이다.

　둘째, 부모와 자녀 간의 사랑은 강자와 약자의 비대칭적인 상호의존적 관계다.
부모는 많은 자원과 능력을 지닌 우월한 존재인 반면, 자녀는 부모의 돌봄 없이 생
존할 수 없는 무력한 존재다. 따라서 수직적인 관계 속에서 부모는 자녀에게 자신
의 자원을 제공하는 반면, 자녀는 부모가 자원을 제공하도록 유도한다. [그림 3-1]
에 제시했듯이, 부모는 자녀에게 내리사랑을 베풀고 자녀는 부모에게 치사랑으로
매달린다.

　셋째, 부모와 자녀 간의 사랑은 시간의 흐름에 따라 많은 변화를 겪게 된다. 유아
기의 자녀는 부모에게 전폭적으로 의존하지만 성장함에 따라 부모에 대한 의존이
감소하고 자율성을 추구하게 된다. 청소년기에는 부모의 통제 욕구와 자녀의 자율

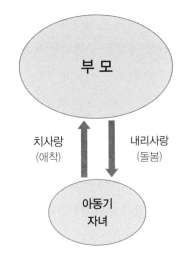

[그림 3-1] 부모의 내리사랑과 자녀의 치사랑

성 욕구가 충돌하면서 사랑의 관계에 균열이 발생할 수 있다. 또한 자녀가 성인으로 성장하면 부모와 대등한 입장에서 관계를 맺게 된다. 부모가 노년기에 접어들어 쇠약해지면 성인 자녀가 부모에게 돌봄을 제공하는 관계로 역전된다. 현재 우리가 직면한 고령사회에서는 부모와 자녀가 50년 이상을 함께 살아가며 세월의 흐름에 따라 상대적 위상이 현저하게 변하는 관계 속에서 사랑을 나누게 된다.

넷째, 부모와 자녀 간의 사랑은 부모의 자녀 사랑과 자녀의 부모 사랑으로 구분된다. 부모의 자녀 사랑은 부모가 어린 자녀에게 일방적으로 돌봄을 제공하는 내리사랑이며, 자녀의 부모 사랑은 자녀가 부모에게 일방적으로 매달리며 의존하는 치사랑이다. 또한 부모와 자녀 간의 사랑은 아버지와 어머니 그리고 아들과 딸로 이루어진 가족 구성원들 사이에서 일어나는 다원적 사랑이다. 달리 말하면, 부모와 자녀 간의 사랑은 아버지와 아들 간의 사랑, 어머니와 아들 간의 사랑, 아버지와 딸 간의 사랑, 어머니와 딸 간의 사랑으로 나누어질 수 있다.

자녀의 부모 사랑은 아버지에 대한 사랑과 어머니에 대한 사랑으로 구분되고, 부모의 자녀 사랑은 여러 명의 자녀에 대한 사랑으로 분산될 수 있다. 낭만적 사랑은 남녀 두 사람 간의 독점적인 배타적 관계를 의미하는 반면, 부모와 자녀 간의 사랑은 여러 가족 구성원 간의 다각적인 관계에서 공유될 수 있다. 이처럼 부모와 자녀 간의 사랑은 남녀의 낭만적 사랑과 구별되는 독특한 관계 경험이다.

2. 부모의 자녀 사랑: 내리사랑

인생의 가장 황홀한 경험 중 하나는 어린 자녀에게 느끼는 부모의 사랑이다. 자녀를 길러 본 모든 부모는 알고 있다. 자신의 자녀가 얼마나 귀엽고 예쁜지를. 그저 바라만 보아도 사랑의 감정이 솟아오른다. 부모의 눈에는 다른 아이들보다 자신의 자녀가 제일 귀엽고 사랑스럽다. 눈을 깜빡이고 입을 오물거리는 어린 자녀의 모습을 바라보는 것만으로도 황홀하고 행복하다. 심지어 자녀가 똥을 싸는 모습조차 대견하고 사랑스럽다. 이처럼 부모의 사랑은 자녀의 존재 자체에 대한 무조건적 사랑이다.

어린아이는 어머니와 아버지의 내리사랑을 받으며 성장한다.

어린 자녀에 대한 부모의 사랑을 가장 잘 나타내는 표현은 '눈에 넣어도 아프지 않을 만큼' 사랑스럽다는 것이다. 눈에 작은 먼지 하나만 들어가도 아프고 불편해서 참을 수가 없다. 즉시 먼지를 눈 밖으로 씻어내야 한다. 이처럼 이물질에 민감한 눈에 넣어도 아프지 않을 만큼, 자녀는 부모에게 사랑스럽고 소중한 존재로 느

껴진다. 부모에게 자녀는 타자(他者)가 아닌 자신의 소중한 일부일 뿐만 아니라 무
조건적 사랑을 경험하고 베풀게 하는 존재다. '눈에 넣어도 아프지 않을 만큼' 사랑
스럽다는 표현에는 자녀를 위해서 커다란 고통도 감내하면서 변함없이 사랑하겠
다는 부모의 헌신 의지가 담겨 있다.

　부모의 자녀 사랑만큼 헌신적인 사랑은 없다. 대부분의 인간관계는 'give &
take'의 교환 원리가 적용된다. 그러나 부모의 사랑은 자녀에게 일방적으로 주는
비대칭적인 사랑이다. 부모는 자녀를 위해서 모든 고통을 감수할 뿐만 아니라 자
신의 생명도 바칠 수 있는 강렬한 헌신 의지를 지닌다. 자녀를 위험에서 구하기 위
해 생명을 바친 부모의 이야기는 모든 문화에 무수하게 많다. 부모에게 자녀의 행
복은 자신의 행복이며 모든 희생에 대한 최고의 보상이다.

◆ 부모의 자녀 사랑에 대한 표현들 ◆

- 금지옥엽(金枝玉葉): 자녀는 금으로 된 나뭇가지와 옥으로 만든 나뭇잎과 같다.
- 장중보옥(掌中寶玉): 자녀는 손 안에 쥐고 있는 보물과 같다.
- 너에 대한 나의 사랑은 하늘보다 높고 우주보다 넓다.
- 네가 태어나는 순간부터 너는 내 삶의 태양이 되었다.
- 네가 어디를 가든, 나의 사랑은 너와 함께할 것이다.
- 너는 내 인생의 최고의 작품이다.
- 너에 대한 나의 사랑은 강철보다 강하고 깃털보다 부드럽다.
- 너와 함께 놀이하는 것은 내 인생에서 가장 행복한 순간이다.
- 네가 많이 성장했다는 것을 머리로는 알지만, 내 가슴은 그것을 알지 못한다. 내 가슴속에
  너는 항상 나의 사랑스러운 아기로 남아 있다.
- 인생에서 많은 실수를 했지만, 내가 결코 후회하지 않는 유일한 일은 너를 이 세상에 태어
  나게 한 것이다.
- 너는 나에게 빚진 것이 없다. 어린 시절에 네가 나에게 선사한 기쁨과 행복만으로도 너를
  키우며 기울인 모든 노고의 충분한 보상이 되었으니까.

　　부모의 자녀 사랑만큼 변함없이 끈질긴 것은 없다. 대부분의 인간관계는 실망과 갈등에 의해 약화되고 해체되는 불안정한 것이다. 그러나 자녀에 대한 부모의 사랑은 우여곡절에도 불구하고 가장 끈질기게 변함없이 지속되는 사랑이다. 자녀가 성인이 되더라도 부모는 끊임없이 자녀의 안위를 걱정하며 잘되기를 기원한다. 심지어 자녀가 흉악한 범죄를 저질러 세상 사람들의 비난을 받더라도 부모에게 자녀는 여전히 세상에서 가장 소중한 존재다. 죽음을 앞둔 대부분의 사람이 인생의 가장 소중한 추억으로 여기는 것은 자녀와 함께했던 행복한 순간이다.

1) 어머니의 사랑

　　어머니의 자녀 사랑만큼 깊고 강렬한 것은 없다. 어머니에게는 자녀가 말 그대로 자신의 일부이자 분신이다. 자신의 몸속에서 10개월간 태동을 느끼며 함께 살아왔고 분만의 극심한 고통을 견디며 세상으로 내보낸 자신의 일부가 바로 자녀이기 때문이다. 또한 어머니는 자신의 품속에서 자녀를 키운다. 어린 자녀와 살을 맞대며 껴안은 채 젖을 먹이고 체온을 함께 나눈다. 자녀가 성장할 때까지 어머니는

어머니의 사랑만큼 깊고 헌신적인 것은 없다.

항상 곁에서 자녀를 보살핀다. 자녀에 대한 어머니의 사랑과 헌신, 즉 모성애(母性愛)만큼 강렬하고 끈질긴 것은 없다. 어머니와 자녀는 가장 깊고 강력한 유대관계를 맺는다. 어머니의 자녀 사랑이 깊고 헌신적인 만큼, 어머니를 향한 자녀의 사랑도 깊고 진하다.

인생에서 가장 감동적인 경험 중 하나는 어머니로부터 받은 사랑이다. 대부분의 사람은 어머니로부터 헌신적인 사랑을 받은 감동적인 기억을 지니고 있다. 사람마다 그 경험이 다르지만, 어머니로부터 받은 사랑의 경험은 인생의 가장 소중한 추억으로 남게 된다.

어머니의 헌신적 사랑에 대한 감동적인 이야기는 무수하게 많다. 인간은 누구나 어머니의 사랑을 먹고 자란다. 어린 시절의 경험이기 때문에 어머니로부터 받은 사랑의 많은 부분은 기억되지 못한 채 잊힌다. 그러나 어머니의 보살핌과 헌신 없이는 누구도 존재할 수 없다. 자녀 한 명을 키우기 위해서 어머니가 들이는 정성과 노력은 가늠하기 어렵다.

매년 5월 8일은 부모의 은혜를 기리기 위한 '어버이날'이다. 그러나 본래는 '어머니날'이었으며 1973년에 '어버이날'로 개명되었다. 어머니날(Mother's Day)의 유래는 1913년에 미국의 필라델피아교회가 5월 둘째 주 일요일을 어머니의 사랑과 은혜를 기리는 날로 제정한 것이다. 이러한 어머니날이 전 세계로 확산되었고, 우리나라에서는 매년 5월 8일로 정해졌으며, 1973년부터 어버이날로 확대되었다. 어버이날에 부르는 〈어머님 은혜〉라는 노래가 있다. 이 노래는 국문학자인 양주동(梁柱東: 1903~1977)의 시에 이흥렬이 곡을 붙인 것으로서 그 가사에 어머니의 사랑과 희생이 잘 표현되어 있다.

양주동은 12세에 어머니를 여의었으며 어머니에 대한 그리움을 지니고 있었는데, 불교 경전인 『부모은중경(父母恩重經)』을 읽고 감동을 받아 〈어머님 은혜〉라는 시를 지은 것으로 전해지고 있다. 『부모은중경』은 부모의 은혜가 얼마나 크고 깊은지를 보여 주는 경전으로서, 특히 어머니 사랑의 열 가지 은혜, 즉 ① 자식을 가슴에 품고 지켜 주시는 은혜, ② 해산의 고통을 감내하시는 은혜, ③ 자식을

🖋 어머님 은혜

나실 제 괴로움 다 잊으시고
기르실 때 밤낮으로 애쓰는 마음

진자리 마른자리 갈아 뉘시며
손발이 다 닳도록 고생하시네
하늘 아래 그 무엇이 넓다 하리오
어머님의 희생은 가이없어라

어려선 안고 업고 얼러 주시고
자라선 문 기대어 기다리는 맘
앓을사 그릇될사 자식 생각에
고우시던 이마 위에 주름이 가득
땅 위에 그 무엇이 높다 하리오
어머님의 정성은 지극하여라

사람의 마음속엔 온 가지 소원
어머님의 마음속엔 오직 한 가지
아낌없이 일생을 자식 위하여
살과 뼈를 깎아서 바치는 마음
인간의 그 무엇이 거룩하리오

낳고 모든 근심을 잊으시는 은혜, ④ 쓴 것은 삼키고 단 것은 뱉어 먹여 주시는 은혜, ⑤ 진자리 마른자리 가려서 누여 주시는 은혜, ⑥ 젖을 먹여 키워 주시는 은혜, ⑦ 깨끗하지 않은 것을 씻어 주시는 은혜, ⑧ 자식이 먼 길을 떠났을 때 걱정해 주시는 은혜, ⑨ 자식을 위하여 나쁜 일까지 감당하시는 은혜, ⑩ 끝까지 자식을 불쌍히 여기고 사랑해 주시는 은혜를 보여 주고 있다.

현대 심리학에서도 어머니의 사랑은 한 사람의 행복과 성장을 위한 핵심적 조건으로 여겨지고 있다. 인간이 태어나서 최초로 경험하는 어머니와의 관계 경험은 개인의 성격을 형성하는 가장 중요한 바탕이 된다. 어머니로부터 받은 사랑의 경험은 자존감과 자신감의 기반이 될 뿐만 아니라 인간관과 인간관계의 골격을 이루게 된다. 몸은 어머니의 젖을 먹고 자라지만, 마음은 어머니의 사랑을 먹고 자란다.

◆ 어머니의 사랑에 대한 표현들 ◆

- 제일 안전한 피난처는 어머니의 품속이다.
- 집이란 어머니가 계시는 곳이다.
- 어머니의 사랑은 평범한 사람이 불가능한 것을 할 수 있게 해 주는 에너지다.
- 신은 모든 곳에 존재할 수 없어서 어머니를 창조했다.
- 어머니는 신이 보낸 특별한 선물이다. 어머니는 돌봄으로 우리에게 은혜를 베풀고 사랑으로 우리에게 충만한 행복을 전해 준다.
- 어머니는 우리의 첫 친구이자, 최고의 친구이며, 영원한 친구다.
- 어머니는 우리를 가장 잘 알고 가장 많이 사랑하는 사람이다.
- 어머니는 다른 모든 사람의 역할을 대신할 수 있지만 누구도 어머니의 역할을 대신할 수 없는 그런 사람이다.

2) 아버지의 사랑

아버지의 사랑은 어머니의 사랑에 비하면 초라하다. 자녀의 입장에서 보면, 아버지의 사랑은 어머니의 사랑에 비해서 체감되지 않는다. 대부분의 사회에서 어머니의 사랑과 은혜를 찬양하는 노래나 예화는 많지만, 아버지의 사랑과 헌신을 찬양하는 경우는 드물다. 진화심리학의 관점에서 보면, 모성애가 부성애보다 강하다. 어머니가 어린 자녀의 양육을 담당했기 때문에 아버지보다 자녀에 대한 어머니의 애착과 헌신이 더 강하다. 따라서 자녀의 마음에는 어머니의 보살핌과 헌신에 대한 기억이 더 깊이 각인되어 있다.

그러나 아버지의 사랑도 어머니의 사랑 못지않게 깊다. 인간은 부성애가 강한 종이다. 일부일처제가 가장 일반적인 인간 사회에서 아버지와 어머니는 서로의 역할을 분담하여 공동으로 자녀를 양육한다. 원시사회에서 아버지는 외부의 적이나 포식동물로부터 자녀를 보호하고 사냥을 통해 가족의 먹거리를 구해 오는 역할을 담당한 반면, 어머니는 집에서 자녀와 함께 지내며 자녀에게 젖을 먹이고 보살피는 역할을 담당했다. 현대사회에서 아버지는 자녀의 양육을 위한 재원을 마련하기 위해 직장생활을 하며 고된 노동을 마다하지 않을 뿐만 아니라 직장에서 겪게 되는 자존심의 상처를 감내한다. 아버지는 가정 밖에서 자녀 양육을 위한 재원을 조달하고 위험을 막아 주는 외호(外護)의 역할을 담당한 반면, 어머니는 가정 안에서 자녀를 돌보며 보호하는 내호(內護)의 역할을 담당했다. 아버지는 가정 밖에서 많은 시간을 보내야 했기 때문에 자녀와 접촉할 기회가 적은 반면, 어머니는 가정에 머물며 자녀 양육을 담당했기 때문에 자녀와 잦은 접촉을 통해서 친밀감을 형성할 수 있었다.

아버지의 사랑은 거대한 산과 같이 든든하다.

가부장적인 문화에서는 '엄부자모(嚴父慈母)', 즉 아버지는 엄격하고 어머니는 자애로워야 한다는 자녀교육관이 널리 퍼져 있다. 아버지는 가정의 기강을 세우는 엄격한 교사로서 자녀를 훈육하고 처벌하는 역할을 담당한 반면, 어머니는 가정의 온기를 불어넣는 자애로운 돌보미로서 자녀를 보살피고 위로하는 역할을 담당했다. 그래서 자녀에게 아버지는 멀리 있는 두려운 존재로 느껴지는 반면, 어머니는 가까이 있는 친밀한 존재로 느껴진다. 어머니의 사랑은 부드러움과 따뜻함으로 느끼지만, 아버지의 사랑은 듬직함과 든든함으로 다가온다. '부애여산 모애여해(父愛如山 母愛如海)', 즉 "아버지의 사랑은 산과 같고, 어머니의 사랑은 바다와 같다."라는 말이 있다. 아버지의 사랑이 항상 그 자리에 변함없이 존재하는 듬직한 거대한 산과 같다면, 어머니의 사랑은 항상 파도치는 변화 속에서도 모든 것을 포용하는 넓은 바다와 같다는 것이다.

◆ 부성애를 감동적으로 보여 주는 영화 〈인생은 아름다워〉 ◆

〈인생은 아름다워(Life is beautiful)〉는 제2차 세계대전 당시, 유대인 수용소의 참혹한 현실로부터 아들을 지키기 위해 눈물겨운 사투를 벌이는 아버지의 이야기를 그린 이탈리아 영화다. 영화의 주인공인 '귀도'는 하는 일마다 어설프고 실수투성이지만 마음만은 어린아이같이 천진난만한 사람이다. 그는 우스꽝스러운 일을 계기로 자신보다 신분이 높은 상류층 처녀인 '도라'의 마음을 얻는 데 성공하여 결혼식을 올리고 '조슈아'라는 귀여운 아들까지 얻는다.

세 식구가 행복한 나날을 보내고 있던 어느 날 시련이 닥친다. 나치가 이탈리아를 점령하면서 귀도와 조슈아는 유대인 수용소로 끌려가고, 도라는 유대인이 아니었지만 스스로 수용소행을 자처한다. 귀도는 어린 아들이 수용소의 실상을 알고 충격받을 것을 염려하여 아들에게 게임을 하는 것이라고 거짓말을 한다. 귀도는 조슈아에게 자신들이 게임을 위해 특별히 선발된 사람이며 1,000점을 먼저 따는 사람이 일등상으로 진짜 탱크를 받는다고 속인다.

귀도는 자신의 거짓말을 그대로 믿는 아들을 지키기 위해 수용소의 참혹한 현실 속에서 눈물겨운 사투를 벌인다. 귀도는 수용소 생활을 하며 온갖 고초를 당하지만 아들에게 너무 재미있어 죽겠다는 표정을 지으며 연기를 한다.

귀도는 조슈아를 숨겨 두고 아내 도라를 구하려다 발각되어 총살을 당할 운명에 처하게 된다. 귀도는 조슈아에게 날이 밝을 때까지 독일군에게 들키지 않으면 1,000점을 채워 게임에서 이긴다고 거짓말을 한 후 독일군에게 끌려간다. 총살을 당하러 가면서도 귀도는 이러한 사실을 알지 못한 채 숨어서 자신을 지켜보는 아들에게 윙크를 보낸다.

사형장으로 끌려가면서도 아들을 배려하여 윙크하는 귀도의 모습

죽음의 공포 앞에서도 아들이 고통을 받지 않도록 윙크를 보내며 웃음을 짓는 귀도의 부성애가 감동적이다. 스스로 희극배우가 되어 아들을 보호하기 위해 안간힘을 썼던 아버지 귀도는 몇 발의 총성으로 허무하게 세상을 떠난다. 다음날 누가 일등상을 받게 될지 궁금해하며 사방을 두리번거리는 조슈아 앞으로 요란한 소리를 내며 연합군 탱크가 다가온다.

3. 부모에 대한 자녀의 사랑: 치사랑

부모가 자녀를 사랑하듯이, 자녀도 부모를 사랑한다. 부모의 사랑이 자녀에 대한 돌봄으로 표현된다면, 자녀의 사랑은 부모에 대한 매달림으로 나타난다. 어린 자녀들은 항상 부모 곁에 머물면서 부모에게 안기려 한다. 부모를 보면 활짝 웃으며 반갑게 다가오고, 부모에게 입맞춤하며 매달린다. 자녀의 부모 사랑은 부모를 좋아하고 친밀감을 느낄 뿐만 아니라 부모 곁에 가까이 머물려는 강렬한 욕망으로 나타난다. 어린 자녀는 부모와 떨어지게 되면 발버둥을 치고 울면서 강력하게 저항한다. 어린 자녀가 나타내는 부모에 대한 '치사랑'은 애착 행동으로 나타난다. 다음 장에서 소개할 애착 이론(attachment theory)은 어린 자녀가 어머니에게 나타내는 사랑의 본질을 설명하고 있다.

어린 자녀는 어머니에 매달리며 사랑을 표현한다.

자녀의 부모 사랑은 부모를 기쁘게 하려는 노력으로 나타난다. 자녀는 부모가 좋아하는 행동을 하면서 부모를 기쁘게 하려고 노력한다. 부모가 즐거워하는 행동을 반복할 뿐만 아니라 부모가 원하면 자신의 욕구를 절제하기도 한다. 유아기의 아이들은 자신이 좋아하는 물건에 집착하며 다른 사람이 달라고 해도 주지 않는다. 그러나 어머니가 우는 모습을 보이면 아이는 자발적으로 좋아하는 물건을 어머니에게 건네 준다. 부모의 고통을 덜기 위한 것이라면 자신의 욕구를 희생하는 것이다. 자녀가 부모에게 나타내는 사랑의 표현을 접하면서 부모는 자녀 양육의 노고에 대한 보상을 얻는다. 부모는 자녀가 만족하는 모습을 보면서 행복을 느끼고, 자녀는 부모가 행복해하는 모습을 보면서 만족을 느낀다.

동북아시아의 유교문화권에서는 부모에 대한 자녀의 사랑을 효성(孝誠, filial love)이라고 지칭했다. 효성은 정성을 다해 부모를 섬기는 마음을 의미하며, 부모를 즐겁게 하기 위해서 부모의 뜻에 순종하는 의무, 즉 효도(孝道, filial duty or

obedience)로 표현된다. 효도의 근본은 부모의 마음을 즐겁게 해 드리고 몸을 편안
히 돌봐 드리며 입신출세하여 가문을 빛내는 것이다. 효성이 깊은 자녀는 반포보
은(反哺報恩), 즉 부모가 길러 준 은혜를 갚으려 노력하고, 혼정신성(昏定晨省), 즉
매일 아침과 저녁마다 부모의 안부를 물어 살피며, 출필곡 반필면(出必告 反必面),
즉 밖에 나갈 때는 가는 곳을 반드시 알리고 되돌아와서는 반드시 얼굴을 보여 드
리며, 망운지정(望雲之情), 즉 객지에 나가면 부모를 그리워하는 마음을 지니고, 동
온하청(冬溫夏淸), 즉 부모에게 겨울에는 따뜻하고 여름에는 시원하게 해 드린다
는 말이 전해지고 있다.

자녀가 성장함에 따라 부모와 자녀의 관계는 변한다. 자녀는 어릴 때 부모의 돌
봄을 받지만, 부모가 노쇠하면 자녀가 부모를 돌봄으로 사랑을 표현한다. 유교문
화권에서는 까마귀를 효성이 깊은 동물로 여겨 효조(孝鳥) 또는 자오반포(慈烏反
哺)라고 불렀다. 까마귀는 어릴 때 자신을 먹여 주던 어미 까마귀가 늙으면 자식 까
마귀가 먹을 것을 물어다 어미를 먹이는 것으로 알려져 있기 때문이다. 또한 늙은
부모에 대한 자녀의 효성을 표현하는 백유읍장(伯兪泣杖)이라는 말이 있는데, 이는
중국 한(漢)나라 때 효성이 지극했던 한백유(韓伯兪)라는 사람이 어머니로부터 종
아리를 맞아도 아프지 않아 울면서 어머니의 노쇠함을 탄식했다는 고사에서 유래
한다.

사랑은 고난과 역경의 시기에 빛을 발한다. 자녀는 부모가 고난과 역경에 처했
을 때 헌신과 희생으로 사랑을 표현한다. 부모를 부양하기 위해 자신의 행복을 희
생하는 자녀도 있고, 불치의 병에 걸린 부모를 위해서 자신의 장기를 기증하는 자
녀들도 있다. 『심청전』은 우리나라에서 가장 널리 회자되는 효녀 이야기다. 장님
인 아버지의 눈을 뜨게 하기 위해서 자신의 몸을 팔아 인당수에 몸을 던졌다는 심
청이의 이야기는 부모를 위한 자녀의 사랑과 희생을 감동적으로 보여 주고 있다.

그러나 치사랑은 내리사랑을 넘어서기 어렵다. 자녀에 대한 부모의 내리사랑이
부모에 대한 자녀의 치사랑보다 강한 것으로 여겨지고 있다. "한 부모는 열 자식을
기를 수 있지만, 열 자식은 한 부모도 모시지 못한다."라는 독일 속담이 있다. 사랑

은 흐르는 물과 같아서 내려가기는 쉬우나 올라오기는 어렵다. 사람은 자신이 부모가 됐을 때 비로소 부모가 베풀어 준 사랑의 깊이를 알게 된다. 뒤늦게 부모의 사랑을 깨닫고 보답하려 하지만 부모는 기다리지 않는다. "나무는 가만히 있고자 하나 바람이 멈추지 않고(樹欲靜而風不止), 자식이 효도하고자 하나 부모는 기다리지 않는다(子欲養而親不待)."라는 문구가 『한시외전(韓詩外傳)』에 소개되어 있다. 물질주의가 가속화되고 고령화로 나아가는 현대사회에서는 부모와 자녀 간의 사랑이 다양한 모습으로 변화하고 있다.

The Psychology of
Love

♥

제4장

부모와 자녀 간의 애착: 애착 이론

1. 사랑의 탄생: 생명을 이어 가는 방식

사랑은 우주의 신비다. 거대한 우주의 물질세계에서 생겨난 두 생명체가 서로에게 뜨거운 유대감을 느끼며 강렬하게 애착하는 것은 신비로운 일이다. 현대의 과학자들에 따르면, 우리가 살고 있는 우주는 138억 년 전 무한질량의 극소물질이 미지의 원인에 의해 대폭발(Big Bang)하면서 시작됐다. 대폭발로 먼지처럼 퍼져 있던 물질들이 결합하면서 행성이 생겨나고, 그 결과 45억 년 전 지구가 생겨났다.

사랑은 거대한 우주에서 두 생명체가 유대감을 느끼는 신비로운 현상이다.

불덩어리였던 지구는 서서히 냉각되면서 물이 생겨났고 무기물이 우연하게 결합되어 유기물이 생성됐다. 지구에 생명의 씨앗이 생겨난 것이다.

1) 번식과 양육방식: 유성생식과 K-전략

유기물은 지구 생명체의 근원이 되었고 점차 다세포 생명체로 진화했다. 유한한 존재인 생명체가 존속하는 방식은 자신과 동일한 유전자를 지닌 분신, 즉 자손을 낳아 릴레이식으로 이어 가는 생식(生殖, reproduction)을 통해서였다. 지구 탄생 초기의 생명체인 단세포 생물은 무성생식(無性生殖, asexual reproduction)을 통해 자손을 번식했다. 그러나 약 10억 년 전부터 지구환경이 급격히 변화하면서 생존을 위한 세포 간의 결합이 유발되었다. 두 세포가 합쳐지면서 더 우수한 생명체인 다세포 생물이 탄생하게 되었다. 지속적인 생존경쟁을 통해 세포 기능이 다양화되면서 생식세포가 형성되고 암컷과 수컷의 분화가 이루어짐으로써 유성생식이 시작되었다. 유성생식(有性生殖, sexual reproduction)은 암컷과 수컷의 생식세포가 유전자를 결합하여 새로운 자손을 생산하는 생식 방법으로서 성(性, sex)의 탄생을 의미한다. 생명체가 솔로의 삶에서 커플의 삶으로 진화한 것이다.

무성생식은 짝짓기 과정 없이 번식하기 때문에 효율적인 것으로 여겨질 수 있으나 유전적 다양성을 확보하기가 어렵고 환경에 대한 적응력이 낮다. 반면, 유성생식은 부모의 다양하고 우수한 유전자를 전달하는 동시에 부모와 똑같지 않은 독특한 자손을 생산함으로써 변화하는 환경에 대한 적응력을 높이게 된다. 대부분의 다세포생명체인 동물과 식물은 유성생식을 통해서 현재까지 이어져 올 수 있었다.

생명체마다 자식을 낳아 기르는 방식이 다르다. 어류나 조류처럼 난생(卵生)을 하는 동물들은 자식을 몸 밖에 알의 형태로 낳아 돌보면서 성장하도록 양육한다. 반면, 포유류는 어미가 자신의 몸 안에서 자식을 성장시킨 후에 몸 밖으로 내보내는 태생(胎生)의 방식을 채택했다. 생명체는 자식을 생산할 뿐만 아니라 자식이 다음 세대를 생산할 수 있는 성숙한 상태로 자랄 때까지 살아남도록 돌보는 양육이 필요하다. 약육강식의 세상은 위험한 곳이므로 부모는 어린 새끼의 생명을 보호하고 성장을 지원하는 양육(parenting)이 필요했다.

모든 생명체는 유한한 시간과 에너지를 갖고 있다. 한 가지 활동에 시간과 에너지를 투자하면, 다른 활동에는 그만큼 투자가 줄어들 수밖에 없다. 생명체는 제한된 에너지를 자신의 육체적 보존, 성적 경쟁과 번식, 그리고 자녀 양육과 같은 다양한 적응과제에 투자해야 한다. 생명체마다 처한 상황에 따라 접근하는 전략이 매우 다르다. 자녀를 이른 나이부터 많이 낳을 것인가 아니면 늦은 나이에 적게 낳을 것인가 하는 선택의 문제다. 생명체는 두 가지의 방식, 즉 r-전략과 K-전략을 선택할 수 있다.

r-전략(r-strategy)은 생명체가 매우 빠른 속도로 성장하여 이른 나이에 첫 자녀를 생산하는 대신 수명이 짧고 많은 수의 자녀를 낳는 번식 전략으로서 양육을 위한 투자가 적어서 자녀 생존율이 낮다. 이러한 r-전략은 자신과 자녀의 생존을 보장할 수 없는 불안정한 환경에서 유리하다. 왜냐하면 일찍부터 많이 낳아서 그 일부라도 생존할 수 있기 때문이다. 반면, K-전략(K-strategy)은 천천히 성장하여 늦은 나이에 첫 자녀를 생산하는 대신 수명이 길며 적은 수의 자녀를 낳지만 오랜 기간에 걸쳐 여러 번 번식하고 자녀에게 투자를 많이 하며 돌본다. 이러한 K-전략은 위험이 적은 안전한 환경에서 유리하다. 자녀 생존율이 높을 뿐만 아니라 오래 살면서 여러 번 자녀를 낳을 수 있기 때문이다. 인간은 자녀를 생산하고 양육하는 K-전략을 채택한 대표적인 동물 종이다. 소수의 자녀를 낳아 돌봄의 투자를 많이 하는 동물이다. 인간도 개인과 상황의 특성에 따라서 K-전략과 r-전략의 선택이 달라질 수 있다. 현대사회에서는 K-전략을 선택하는 사람들이 증가하고 있다.

2) 생존을 위한 부모와 자녀 간의 유대관계

K-전략을 선택한 동물은 부모와 자녀가 가까이 밀착하는 것이 중요하다. 부모는 수많은 위험으로부터 어린 자녀의 생존을 보호하고 어린 자녀는 부모의 돌봄

과 보호를 받기 위해서 부모와 자녀 간의 친밀한 관계가 필수적이다. 동물이든 인간이든 어린 자녀와 부모는 가까이 함께 있으려는 경향이 있다. 동물행동학자인 로렌츠(Lorenz, 1937, 1950)는 알에서 부화된 오리가 처음 접하게 되는 움직이는 대상(대부분의 경우, 어미)을 계속해서 따라다니는 선천적 행동을 발견하고 이를 각인(imprinting)이라고 불렀다.

어미를 졸졸 따라다니는 오리의 각인 행동

어린 자녀는 부모의 돌봄을 유도하는 행동을 나타낸다. 조류의 경우, 어린 새끼는 선명한 색깔을 지닌 입을 크게 벌릴수록 어미가 물어 온 먹이를 많이 받아먹을 수 있다. 인간의 경우, 신생아는 어머니를 꼭 껴안고 매달려야 할 뿐만 아니라 배가 고프면 젖을 먹기 위해서 울고 보채야 한다. 신생아가 선천적으로 행하게 되는 행동 패턴 중에는 부모의 관심을 끌고 보호와 애정을 얻기 위한 것이 많다. 신생아가 나타내는 잡기 반사(grasping reflex)는 양육자를 붙잡고 매달려서 떨어지지 않으려는 의존적 본능을 반영하는 것이다. 태어난 지 얼마 되지 않은 신생아가 사람을 보고 웃음을 짓는 배냇짓도 부모나 양육자의 보호본능을 자극하는 본능적 행동으로 이해되고 있다. 또한 신생아는 선천적으로 두 눈과 여자 목소리에 예민하게 반응하는 선천적 경향을 지닌다.

미국의 심리학자인 할로우(Harlow, 1958, 1962; Harlow & Harlow, 1966)는 원숭이를 대상으로 애착 행동에 관한 연구를 하였다. 새끼 원숭이를 어미 원숭이로부

양육자의 돌봄을 유인하는 어린 자녀의 행동

터 떼어 내서 모조 원숭이와 함께 살도록 하였다. 모조 원숭이 중에는 철망으로 만들어진 몸에 우유병이 달려 있는 것도 있고, 부드러운 털로 만들어진 것도 있었다. 어린 원숭이는 배가 고플 때를 제외하면 대부분의 시간을 털로 만들어진 모조 원숭이의 품에서 지내는 애착 행동을 보였다. 이러한 결과는 신체적인 피부 접촉이 애착 형성에 중요함을 보여 준다.

할로우의 실험에서 모조 어미를 껴안고 있는 새끼 원숭이

인간은 직립보행을 하면서 골반이 좁아져 태내의 자녀를 미숙아 상태로 몸 밖으로 내보내어 오랜 기간의 돌봄을 통해 자녀를 성숙시켜야 했다. 대부분의 동물은 암컷이 자녀 양육을 담당하지만 수컷이 담당하는 경우도 있다. 인간은 일부일처제의 결혼제도를 정착시키면서 어머니와 아버지가 함께 자녀 양육을 하며 역할을 분담하게 되었다. 이처럼 인간은 유성생식을 통해 소수의 자녀를 낳아 오랜 기간 양육하면서 유전자를 이어 나가는 방식을 채택하게 되었다.

우리 몸과 마음에는 지구에 생명체가 탄생한 이후로 수십억 년의 진화과정에서 채택한 생존방식이 담겨 있다. 사랑은 시간과의 싸움, 즉 죽음에 대응하는 생명의 투쟁방식이다. 우리의 몸에는 사랑의 피가 흐르고 있다. 우리의 마음에는 사랑의 프로그램이 내장되어 있다. 어린 시절에는 부모에게 매달리고, 청년기에는 이성에게 매혹되고, 자녀를 낳으면 어린 자녀를 돌보게 하는 프로그램이 우리의 몸과 마음에 내장되어 있다. 어린 자녀와 부모가 오랜 기간 친밀한 관계를 유지하면서 자녀는 부모의 돌봄을 유도하고 부모는 자녀 양육의 고된 일을 수행하도록 촉진하는 심리적 유대가 바로 부모와 자녀 간의 사랑이다. 어린 자녀와 부모 간의 사랑이 작동하는 일차적인 유효 기간은 자녀가 독립적인 존재로 성장할 때까지다.

2. 부모와 자녀 간 사랑의 전개 과정: 애착 이론

인간의 첫사랑은 어머니다. 인간의 사랑은 어머니와의 관계에서 시작된다. 세상에 태어난 신생아가 최초로 관계를 맺는 대상은 어머니다. 신생아는 본능적으로 어머니에게 애착한다. 어머니에게 매달리고 눈을 마주치며 젖을 빨고 어머니에게서 떨어지지 않으려 한다. 그러나 그 첫사랑의 경험은 기억되지 않는다. 과연 우리는 신생아였을 때 어머니를 얼마나 사랑했으며 그 사랑을 어떻게 표현했을까? 우리는 어머니로부터 어떤 사랑을 받았으며 어떻게 반응했을까? 과연 신생아에게 어머니는 어떤 존재일까? 우리의 첫사랑은 어떤 모습이었을까?

인간은 누구나 신생아기의 경험을 기억하지 못한다. 또한 신생아는 어머니에 대한 자신의 경험을 언어로 기술할 수 없다. 어머니에 대한 첫사랑의 경험은 20세기 중반까지 베일에 가려져 있었다. 최초의 사랑 경험을 이해하는 것은 매우 중요하다. 사랑의 기원과 본질을 규명하는 일인 동시에 성인기의 사랑을 이해하는 토대가 되기 때문이다. 어린아이에게 어머니는 어떤 존재이며 어린아이와 어머니가 어떻게 사랑하는지를 밝히는 심리학 이론이 바로 애착 이론이다.

1) 애착 이론의 발전

애착 이론(attachment theory)은 사랑의 기원과 개인차를 설명하는 대표적인 이론으로서 인간이 다른 대상과 정서적 유대(emotional bond)를 형성하여 오랜 기간 친밀한 관계를 유지하는 심리적 현상에 초점을 맞추고 있다. 애착 이론에 따르면, 어린아이는 한 명 이상의 양육자와 유대관계를 형성하려는 애착 욕구를 지니며 이러한 애착 관계가 아동의 정상적인 정서적·사회적 발달의 바탕이 된다. 애착 이론은 자녀와 부모의 사랑을 설명하는 이론으로 시작되었지만, 성인기의 낭만적 사랑은 물론 최근에는 신(神)과의 사랑을 설명하는 이론으로 확장되고 있다.

(1) 애착 이론의 창시자, 존 볼비

애착 이론은 영국의 심리학자이자 정신과 의사이며 정신분석가인 존 볼비(John Bowlby: 1907~1990)에 의해서 발전되었다. 볼비는 학부에서 심리학을 공부하고 의사가 되기 위한 의학 교육을 받았으며, 그 과정에서 정신분석가가 되기 위한 훈련도 받았다. 볼비는 30세가 되던 1936년에 런던 북쪽의 아동·청소년 정신병원에서 일하게 되면서 '절도 문제를 지닌 아동들'에 관심을 갖게 되었다. 이들을 조사하면서 볼비는 부모의 사랑이 아

애착 이론의 창시자 존 볼비

동의 정신건강에 필수적임을 깨닫게 되었으며, 아동과 부모의 관계를 설명하는 애착 이론을 발달시키게 되었다.

볼비는 도벽과 같은 비행을 나타내는 아동 44명을 면밀히 조사하여 정상 아동들과 비교했다. 비행 아동 대다수가 5세 이전의 어린 시절에 부모와 상당히 오랜 기간 떨어져 지낸 경험이 있다는 것을 발견했다. 이러한 연구결과와 임상 경험에 근거하여, 볼비는 양육자와의 관계 경험이 아동의 정신건강과 성격발달에 중요하다는 생각을 굳히게 되었다.

제2차 세계대전 중이던 1939년에 영국에서는 독일군의 공습이 예상되는 도시에서 아이들을 대피시키는 대규모 작전이 진행되었다. 약 300만 명의 아이들이 부모와 떨어져 시골에서 낯선 사람들과 생활하게 되었다. 볼비는 이러한 군사 작전이 예상하지 못한 심각한 문제를 유발할 것이라고 경고했다. 5세 이하의 어린아이들을 부모와 떼어 놓는 것은 '아주 심각하고 광범위한 심리적 문제'와 그 이후에 '청소년 범죄'를 증가시킬 것이라고 주장했다.

전쟁이 끝난 후에, 볼비는 타비스톡 클리닉(Tavistock Clinic)의 부원장이 되었으며 1950년부터 세계보건기구(WHO)의 자문위원으로 활동했다. 세계보건기구는 볼비가 비행 아동에 대한 연구뿐만 아니라 고아원이나 병원에서의 장기간 입원 경험이 아동에게 미치는 영향을 연구한 업적을 인정하고, 그에게 유럽에서 전쟁 이후 부모를 잃은 아이들의 정신건강에 대한 보고서를 작성하도록 의뢰했다. 그 결과가 1951년에 발표된 『모성 돌봄과 정신건강(Maternal Care and Mental Health)』이다. 유럽과 미국에서 이루어진 많은 연구결과를 종합하여 그가 내린 결론은 "어린 아동은 그들의 어머니와 따뜻하고 친밀하며 지속적인 관계 속에서 서로 만족스럽고 즐거운 경험을 해야 한다. 어린 시절에 이러한 경험을 하지 못하는 것, 즉 모성 결핍(maternal deprivation)은 매우 중대하고 회복 불가능한 정신건강 문제를 초래한다"는 것이었다. 이 보고서는 부모가 없는 아동을 보육원에서 양육하는 것이 바람직한지 그리고 보육원에서 양육할 경우에 어떻게 해야 하는지와 관련된 아동 보호 정책에 강력한 영향을 미쳤다.

볼비는 『애착과 상실(*Attachment and Loss*)』이라는 제목으로 3부작 저서를 통해서 애착 이론을 제시했다. 1969년에 '애착'의 본질을 설명하는 1권의 출간을 시작으로 1973년에는 2권을 통해 '분리: 불안과 분노'에 대한 설명을 제시했으며 1980년에는 '상실, 슬픔, 그리고 우울'을 설명하는 3권을 출간했다.

(2) 애착 이론의 어머니, 메리 에인스워스

애착 이론은 볼비에 의해 처음 주장되었지만, 사실상 메리 에인스워스(Mary Ainsworth: 1913~1999)와의 공동 작품이라고 할 수 있다. 발달심리학자인 브레서톤(Bretherton, 1995)은 애착 이론이 부모 두 사람의 작품이며, 볼비는 아버지이고 에인스워스는 어머니라고 언급했다. 볼비가 비정상적인 양육환경에서 성장한 문제 아동에 대한 연구를 중심으로 애착 이론의 골격을 제시했다면, 에인스워스는 정상적인 양육환경에서 성장한 아동의 애착 행동을 규명하고 양육자의 양육 행동에 따라서 아동이 나타내는 애착 행동의 차이를 유형화함으로써 애착 이론을 정교하게 발전시켰다.

애착 이론의 어머니
메리 에인스워스

캐나다 출신의 발달심리학자인 에인스워스는 1950년에 남편과 함께 런던으로 옮겨 가게 되었는데, 그해 말에 볼비가 초기아동기에 어머니와 분리되는 경험의 심리적 영향을 함께 연구할 사람을 구한다는 광고를 보고 지원했다. 이렇게 만나게 된 두 사람은 약 40년간 공동연구를 하며 애착 이론을 발전시켰다. 에인스워스는 애착 이론에서 제시하는 여러 가지 가설을 실증적으로 입증하는 역할을 맡았으며, 우간다와 볼티모어에서 수행한 독창적인 연구를 통해 애착 이론을 발전시켰다.

에인스워스는 1954년에 남편과 함께 우간다로 옮겨 가게 되면서 애착의 정상적인 발달 과정을 이해하기 위해서 어머니와 상호작용하는 유아에 대한 장기적인 연구에 착수했다. 젖을 떼지 않은 어린아이를 키우는 26가구의 가족을 대상으로 유아와 부모의 상호작용 행동을 정밀하게 관찰한 자료에 근거하여 애착이 단계적으로 발달하며, 특히 6개월에서 9개월 사이에 강력한 유대가 형성된다는 것을 발견했다.

1963년에 에인스워스는 미국의 볼티모어에서 임신 중인 26명의 예비 어머니를 모집하여 아기가 태어나는 순간부터 일 년 동안 아기와 어머니의 상호작용을 상세하게 관찰했다. 이러한 관찰 내용이 우간다에서 관찰한 것과 거의 완벽하게 일치한다는 것을 확인함으로써 애착이 인간의 보편적 현상이라는 볼비의 주장을 입증했다.

나아가서 그녀는 유아가 어머니와 일시적으로 분리되었다가 재회하는 '낯선 상황(strange situation)'에서 나타내는 행동을 관찰하여 유아가 어머니와 상호작용하는 세 가지 패턴을 발견했다. 아동이 어머니와 맺은 애착은 어머니의 양육 행동에 따라 달라질 수 있으며, 안정 애착, 불안 애착, 회피 애착의 세 유형으로 구분될 수 있다고 주장했다(Ainsworth et al., 1978).

에인스워스의 기념비적인 연구를 시작으로 수많은 후속 연구가 진행되었으며, 유아기의 애착 유형이 이후의 삶에 장기적인 영향을 미친다는 것이 밝혀졌다. 그녀의 제자인 메리 메인(Mary Main)은 애착 경험이 어떻게 정신적 표상, 즉 내적 작업 모델을 형성하여 삶의 다양한 영역에 영향을 미치는지를 밝혔다. 이후에도 여러 심리학자의 실증적 연구를 통해서 애착 이론은 더욱 정교하게 발전하고 확장되었다.

2) 애착의 발달단계

애착 이론의 핵심적 내용 중 하나는 어린아이가 한 명 이상의 양육자와 유대관계를 형성하려는 애착 욕구를 지닌다는 것이다. 유아는 자신의 욕구에 민감하게 반응해 주는 양육자에게 애착을 형성한다. 어머니가 가장 흔한 일차적 애착 대상이지만, 상당 기간 지속적인 돌봄을 제공하는 사람이면 아버지를 포함하여 누구나 일차적 애착 대상이 될 수 있다. 유아는 일차적 애착 대상 외에 다른 사람들(예: 할

머니, 할아버지, 이모, 삼촌, 누나, 형)과도 애착 관계를 형성할 수 있는데, 애착 대상
은 위계적으로 배열되어 일차적 애착 대상이 가장 높은 위치에 있고 다음의 애착
대상은 그 아래 위치를 차지하게 된다. 애착 대상의 위계적 서열은 유아와 함께 보
내는 시간의 양보다 유아에게 제공하는 돌봄의 질에 의해서 결정된다.

유아가 애착 대상과 형성하는 정서적 유대는 단계적으로 발달한다(정옥분, 정순
화, 황현주, 2009). 갓 태어난 신생아는 자신의 목조차 가누지 못하는 무력한 존재
이지만 생후 2년경에는 서서 걷고 뛸 수 있는 능력이 발달한다. 유아는 신체적·인
지적 능력이 성숙하면서 일차적 애착 대상에게 '미소 짓기'나 '울기'와 같은 소극적
행동에서 벗어나 점차 '매달리기'나 '따라가기'와 같은 능동적이고 적극적인 애착
행동을 나타낸다. 볼비와 에인스워스에 따르면, 애착은 크게 다음의 네 단계를 통
해서 발달한다.

(1) 전 애착 단계

애착 발달의 1단계는 출생에서부터 생후 2개월에 해당하는 시기로서 이 시기의
영아는 주위 사람들과의 사회적 상호작용에 흥미를 느끼고 자발적으로 반응하며
관심을 끄는 행동을 나타낸다. 이 시기의 영아는 주변의 모든 사람에게 손 뻗기,
미소 짓기, 옹알이, 울기와 같은 사회적 신호를 자발적으로 보내면서 접촉을 시도
하고 관심을 끌려고 노력한다. 이 시기의 영아는 모든 사람에게 무분별하게 사회
적 반응을 나타내기 때문에, 볼비는 이 시기를 '무분별한 사회적 반응단계'라고 명
명했다. 그러나 에인스워스는 영아의 이러한 행동들이 애착 행동이라고 볼 수 없
기 때문에 전 애착 단계(pre-attachment phase)라고 지칭했다.

(2) 애착 진행 단계

애착 발달의 두 번째 단계는 생후 2개월부터 6개월경까지 지속되는 시기로
서 이 시기의 영아는 익숙한 사람과 그렇지 않은 사람을 서서히 구별하면서 특정
한 양육자에 대한 선호를 나타내기 시작한다. 영아는 주변 사람들에게 접근하지

만 특별히 익숙한 사람에게는 더 환한 미소를 지으며 소리를 내거나 더 빨리 가까이 가고 따라가거나 매달리는 등 더 친숙하고 적극적인 사회적 행동을 나타낸다. 영아가 선별적으로 친밀한 행동을 나타내기 때문에, 볼비는 이 시기를 '차별적인 사회적 반응단계'라고 명명했다. 그러나 에인스워스는 이 시기의 영아가 아직 일차적 양육자에 대한 애착을 완전하게 형성하지 못해서 낯가림과 같이 낯선 사람에 대한 경계심을 나타내지 않기 때문에 애착 진행 단계(attachment-in-the-making phase)라고 명명했다.

(3) 분명한 애착 단계

애착 발달의 3단계는 특정한 대상에 대한 본격적인 애착 행동이 나타나는 시기로서 일반적으로 생후 6~7개월부터 1세경까지를 포함하지만, 유아에 따라서 2~3세까지 이어질 수도 있다. 이 시기의 아동은 주된 애착 대상에게 능동적으로 접근하고 매달리며 접촉을 추구하는 등 애착 대상과의 근접성 유지를 위한 다양한 행동을 나타낸다. 양육자가 보이지 않거나 옆에 없으면 불안해하거나 울면서 양육자를 찾아다니는 애착 행동을 나타낸다.

아동은 운동능력이 발달하면서 양육자를 안전 기지로 삼아 주변을 탐색하는 행동을 나타내는데, 양육자가 가까이 있으면 아동의 탐색 행동이 증가한다. 또한 애착 대상과의 이별에 저항하는 행동을 나타내고 어머니가 보이지 않을 때는 격렬한 울음으로 분리불안을 나타내며 어머니를 찾아다닌다. 아동은 주된 양육자인 어머니 외에 다른 대상에게 배타적인 행동을 나타내고 낯선 사람에 대해서는 낯가림과 심한 불안을 보인다. 이 단계에서는 애착의 네 가지 핵심적 행동(근접성 유지, 피난처, 안전 기지, 분리 고통)이 주된 양육자에게만 나타나기 때문에, 에인스워스는 이 시기를 분명한 애착 단계(clear-cut attachment phase)라고 지칭했다.

(4) 목표-수정적 동반자 단계

애착 발달의 네 번째 단계는 생후 2년부터 시작되며, 이 시기에는 언어와 인지적 발달로 인해서 아동이 나타내는 애착 행동의 유연성이 증가한다. 이 단계의 아동은 애착 대상과 근접성을 유지하려는 욕구의 절박성이 약화되면서 양육자와 떨어지고 다시 만나는 것에 대해서 양육자와 타협할 수 있게 된다.

에인스워스는 이 시기를 목표-수정적 동반자 단계(goal-corrected partnership phase)라고 지칭했다. 이러한 동반자 관계는 양육자와 유아가 공동의 목표와 계획을 세우고 실행하기 위해 서로 협력하는 관계를 의미한다. 아동은 양육자를 독립적인 존재로 인식하기 시작하면서 양육자의 의견, 계획, 감정, 목표를 고려하여 자신의 애착 행동을 조절할 수 있게 된다. 예컨대, 아동은 시장에 가기 위해서 자신의 곁을 떠나는 어머니의 의도를 인식할 수 있기 때문에 어머니가 잠시 보이지 않아도 불안감을 느끼지 않는다. 어머니와 신체적 근접성을 지속적으로 원하던 이전 단계와 달리, 이 시기의 아동은 심한 불안이나 고통을 느끼는 스트레스 수준이 높아질 때만 어머니와의 접촉을 원한다. 아동과 어머니 두 사람은 서로의 관심사에 대해서 논의하고 협상함으로써 공통의 목표와 실천 방법을 조절할 수 있게 된다.

3) 애착의 네 가지 핵심 조건

애착은 개인이 특정한 사람과 정서적 유대를 형성하고 오랜 기간 친밀한 관계를 유지하려는 다양한 행동을 포함한다. 애착 이론에 따르면, 인간은 특정한 사람과 강력한 정서적 유대를 형성하려는 선천적인 욕구를 지닌다. 이러한 애착 욕구는 모든 인간에게 보편적인 것으로서 유아기에서부터 성인기에 이르기까지 지속된다. 특히 어린아이는 생존을 위해서 본능적으로 양육자에게 강력하게 애착한다. 애착의 생물학적 목표는 생존(survival)이며, 심리적 목표는 안전감(felt security)이다.

볼비(1969)는 애착을 네 가지의 핵심적 행동, 즉 근접성 유지, 피난처, 안전 기지, 분리 고통으로 정의했다. 이러한 애착 행동은 생후 12개월 된 아이가 주된 양육자(대부분 어머니)와의 관계에서 나타내는 행동에서 가장 잘 발견된다.

(1) 근접성 유지

애착의 첫 번째 특징은 애착 대상의 곁에 머물고자 하는 근접성 유지(proximity maintenance)다. 분명한 애착 단계의 아동은 주된 애착 대상인 어머니에게 먼저 다가가고 껴안으며 매달리거나 어머니를 졸졸 따라다니면서 애착 대상과 근접성을 유지하기 위한 다양한 행동을 나타낸다. 양육자가 보이지 않거나 곁에 없으면 불안해하면서 양육자와의 근접성을 추구하기 위해 양육자를 찾아다니는 애착 행동을 나타낸다. 아동은 어머니를 독점하려 하는 동시에 다른 사람에게 배타적 태도를 취하며 낯선 사람에게는 심한 불안을 나타낸다. 사랑의 가장 큰 특징은 사랑하는 사람의 곁에 함께 있고자 하는 강렬한 욕구라고 할 수 있다.

애착의 기본 조건은 사랑하는 사람과 가까이 있는 것이다.

(2) 피난처

애착의 두 번째 특징은 애착 대상이 정서적 위로와 지지를 제공하는 피난처(safe haven)로 기능한다는 점이다. 생후 12개월 된 아동은 특히 아프거나 불안할 때 어머니에게 다가가서 꼭 껴안고 매달리며 더 친밀한 접촉을 원한다. 아동이 어머니에게 다가가서 매달리면, 어머니는 아이를 꼭 껴안고 머리와 등을 쓰다듬으며 위로한다. 어머니의 위로를 받으면 아이는 울음을 멈추고 미소를 되찾는다. 이처럼 애착 대상은 아동이 힘들고 괴로울 때 정서적 위로와 지지를 통해서 고통과 불안을 진정시키며 정서적 안정을 회복하는 피난처의 역할을 하게 된다. 사랑의 중요한 특징은 괴롭고 힘들 때 위로와 지지를 통해 피난처와 같은 안전감을 느낄 수 있는 유대관계라고 할 수 있다.

(3) 안전 기지

애착의 세 번째 특징은 애착 대상이 안전 기지(secure base)의 역할을 한다는 점이다. 생후 12개월 이상이 된 아동은 부모와 근접성을 유지하는 한편 주변 환경을 탐색하는 행동을 나타낸다. 이 시기의 아동은 어머니의 존재를 확인하고 자발적으로 어머니 곁을 떠나 주변을 탐색하다가 다시 어머니 곁으로 되돌아오는 행동을 반복한다. 아동에게 어머니는 어려움에 처할 때마다 돌아가 보호를 받을 수 있는 피난처인 동시에 안전감을 느끼며 심리적 재충전을 통해 세상을 탐색하게 만드는 든든한 안전 기지인 셈이다.

(4) 분리 고통

애착의 네 번째 특징은 분리 고통(separation distress)으로서 애착 대상과 헤어지면 고통을 느낀다는 점이다. 어머니와 분명하게 애착이 형성된 아동은 어머니가 보이지 않거나 어머니와 떨어지게 되면 심한 불안과 고통을 느낀다. 따라서 아동은 어머니와 떨어지지 않기 위해 울거나 발버둥치면서 강력하게 저항한다. 어머니와 헤어져 있을 때는 풀이 죽은 상태로 있다가 어머니와 재회하면 기쁨을 느끼며 심리적 안정감을 회복하게 된다. 애착 대상과 장기간 이별하게 되면 우울감을 경험한다. 애착 대상과의 분리가 예상되는 상황에서는 불안을 느끼고, 애착 대상을 상실했을 때는 슬픔과 우울감을 경험하게 한다.

유아는 주된 양육자와 근접성을 유지하려고 노력하며, 위험을 느끼면 양육자에게 돌아가 피난처로 삼고, 양육자를 안전 기지로 삼아 환경을 탐색하며, 양육자와 헤어지는 것을 고통스럽게 여기며 강력하게 저항한다. 유아는 다른 사람에게도 한두 가지의 애착 행동을 나타낼 수 있지만, 애착으로 규정하기 위해서는 이 네 가지의 애착 행동이 특정한 사람에 대해서만 차별적으로 나타나야 한다.

3. 부모-자녀 애착의 개인차

모든 아동이 어머니와 안정된 애착을 형성하는 것은 아니다. 자녀와 어머니는 개인적 특성으로 인해 매우 다양한 방식으로 상호작용한다. 애착은 아동의 탐색 행동과 밀접하게 연결되어 있다. 아동은 양육자에게 애착하려는 욕구와 동시에 주변 환경을 탐색하려는 욕구를 지닌다. 아동은 양육자를 안전 기지로 삼아 주변을 탐색한다. 불안을 느끼면 안전 기지인 양육자에게로 돌아온다. 양육자를 확실한 안전 기지로 여기는 아동은 애착과 탐색을 균형 있게 할 수 있는 능력을 지닌다. 어머니와 맺는 애착 관계의 질은 아동에 따라 현저하게 다르다. 애착의 개인차는 아동의 애착 행동뿐만 아니라 탐색 행동에도 심각한 영향을 미친다.

1) 애착의 개인차: 애착 유형

에인스워스는 우간다와 볼티모어 연구에 참여한 아동의 행동을 관찰하면서 아동에 따라 애착과 탐색 행동에 차이가 있다는 것을 발견했다. 어떤 아동은 애착 대상이 곁에 있으면 탐색을 시작했고, 그 대상이 보이지 않으면 괴로워하며 갑자기 탐색을 중단했다. 반면, 어떤 아동은 애착 대상이 곁에 있는지와 상관없이 탐색을 계속했다. 에인스워스는 아동이 어머니를 안전 기지로 여기는 것이 선천적인 것인지 아니면 어머니와의 관계 경험에 의한 것인지 궁금해했다. 그래서 아동에게 어머니와 일시적으로 헤어졌다가 재회하는 '낯선 상황'을 제시하고 아동이 어떤 행동을 나타내는지 관찰했다. 에인스워스는 이러한 낯선 상황 실험을 통해서 아동이 어머니에게 나타내는 애착 행동의 개인차를 발견했다.

낯선 상황 실험은 약 20분 동안 실험실에서 지속되는 구조화된 평가 상황이다.

12개월이 된 유아는 어머니와 함께 장난감이 가득 들어 있는 분위기 좋은 방으로 안내된다. 그 후 3분마다 몇 가지 변화가 이어진다. 먼저, 유아가 어머니와 함께 있는 상황에서 실험실을 탐색할 수 있는 시간이 주어진다. 이어서 어머니와 헤어졌다가 다시 만나는 상황이 두 번 반복되며, 유아가 낯선 사람과 함께 있어야 하는 상황이 제시된다. 연구자들은 유아가 낯선 상황에서 어머니와 함께 있을 때 어떤 반응을 나타내며 새로운 상황에 어떻게 대응하는지, 어머니와 분리되었을 때 어떤 반응을 나타내는지, 어머니가 존재하지 않는 상황에서 낯선 사람과 함께 있을 때 어떤 반응을 나타내는지, 어머니가 돌아와 재회했을 때 어떤 반응을 나타내는지에 초점을 두고 관찰했다.

에인스워스의 낯선 상황 실험이 진행되는 장면

에인스워스는 가정에서 안정감 있게 잘 지내는 아이로 평가된 유아들이 낯선 상황에서도 어머니를 안전 기지로 삼아 안정감 있게 행동할 것으로 예상했다. 즉, 어머니가 곁에 있을 때는 주변을 탐색하며 놀이를 하고, 어머니가 곁을 떠나면 불안을 느끼고, 어머니가 돌아오면 안심하면서 탐색을 계속할 것으로 예상했다. 그러나 일부의 유아들은 이러한 예상과 다른 행동을 보여 에인스워스를 놀라게 했다. 그녀는 낯선 상황에서 나타내는 아동의 행동을 면밀하게 분석하여 어머니와의 애착 패턴을 다음의 세 가지 유형으로 구분했다(Ainsworth et al., 1978).

(1) 안정 애착

낯선 상황 실험에 참여한 유아 중 대다수는 에인스워스의 예상과 같이 낯선 상황에서 어머니와 함께 있을 때는 편안해하고 장난감에 흥미를 보이면서 잘 놀았고, 어머니와 분리될 때는 적절한 불안 반응을 보였으며, 어머니가 돌아와 재회하면 불안이 신속하게 완화되었다. 에인스워스는 이러한 유형의 아동들이 나타내는 행동 패턴을 안정 애착(secure attachment)이라고 지칭했다. 안정 애착 유형에 속하는 유아들이 다른 유형의 유아들과 구별되는 가장 중요한 차이는 어머니와 분리되었을 때보다 어머니와 재회했을 때 나타낸 반응이다. 안정 애착의 유아들은 어머니와의 분리로 인해 아무리 심한 불안을 경험하더라도 어머니와 재회하면 거의 즉시 진정되면서 놀이를 재개했다. 중산층을 대상으로 시행한 볼티모어 종단연구에 따르면, 유아의 66%가 안정 애착을 나타냈다.

(2) 회피 애착

두 번째 유형의 유아들은 낯선 상황에서 어머니에게 무관심한 듯 새로운 상황을 계속 탐색했으며 어머니와의 분리에도 무관심했을 뿐만 아니라 어머니와 재회했을 때 회피적 반응을 보여 에인스워스를 놀라게 했다. 이러한 유아들은 낯선 상황임에도 불구하고 어머니와 함께 있을 때 어머니에게 별로 관심을 보이지 않았다. 어머니가 실험실을 떠나도 울지 않았으며, 별로 불안하지 않은 것처럼 보였다. 그리고 어머니가 돌아와 재회했을 때에도 무관심하거나 모르는 척했다. 낯선 사람과 함께 있을 때에도 비슷한 반응을 나타냈다. 이 유형의 아동들은 어머니와의 관계에서 친밀감을 추구하지 않았고 어머니와의 접촉을 회피했다. 어머니가 안아 주어도 어머니를 껴안거나 달라붙는 행동을 나타내지 않고 축 늘어져 있었다. 에인스워스는 이러한 유형의 아동들이 나타내는 행동 패턴을 회피 애착(avoidant attachment)이라고 지칭했다. 볼티모어 종단연구에 참여한 유아의 20%가 회피 애착을 나타냈다.

(3) 불안 애착

세 번째 유형의 유아들은, 회피 애착의 유아들과 대조적으로 낯선 상황에서 어머니 곁에 있는 것에 집착하면서 새로운 상황을 탐색하지 못했다. 이러한 유아들은 낯선 상황에서 어머니와 함께 있을 때에도 불안해했으며, 어머니 곁에 계속 붙어 있으려 했고, 어머니가 곁에 있는지 신경을 쓰느라 놀이에 집중하지 못했다. 어머니와 함께 있을 때에도 낯선 사람을 경계했으며, 어머니가 실험실을 나가면 심한 분리불안을 보였다. 어머니가 돌아와 재회했을 때 유아들은 화를 내며 밀쳐 내는 행동을 보였으며, 어머니가 달래도 불안이 쉽게 진정되지 않았다. 에인스워스는 이러한 유형의 아동들이 나타내는 행동 패턴을 불안 애착(anxious attachment)이라고 지칭했다. 볼티모어 종단연구에 참여한 아동의 12%가 불안 애착을 나타냈다.

한편, 후속 연구에서 메인과 솔로몬(Main & Solomon, 1986, 1990)은 세 가지 유형에 속하지 않는 새로운 애착 유형을 발견했다. 낯선 상황에서 기이하거나 일관성 없는 반응을 보이는 극소수의 아동들이 있었는데, 이들은 어머니와 재회했을 때 어머니에게 등을 돌리거나 그 자리에 얼어붙거나 멍한 혼수상태에 빠진 것처럼 보였다. 이처럼 일관성 없는 행동을 보이는 아동들의 애착 유형은 혼란 애착(disorganized attachment)으로 명명되었다. 에인스워스는 아동의 애착 유형을 크게 안정 애착과 불안정 애착(insecure attachment)으로 구분했다. 그리고 불안정 애착의 하위유형으로 회피 애착, 불안 애착, 혼란 애착을 포함시켰다.

애착의 개인차를 발견하고 애착 유형을 구분한 에인스워스의 기념비적 연구는 이후에 수많은 연구를 촉발하는 계기가 되었다. 유아기의 애착 유형은 다양한 하위유형으로 세분될 수 있으며, 부모와의 관계뿐만 아니라 유아의 생활 전반(자존감, 주도성, 정서 조절, 사회적 관계, 놀이 집중 능력 등)에도 영향을 미치는 것으로 나타났다. 또한 많은 후속 연구에서 유아기의 애착 유형은 아동기뿐만 아니라 성인기까지 장기적인 영향을 미치며, 특히 성인기의 낭만적 사랑에 강력한 영향을 미치는 것으로 밝혀졌다.

2) 애착에 영향을 미치는 부모의 양육 행동

유아의 애착 유형은 어머니의 양육 행동과 밀접하게 연관되어 있다. 어머니가 유아의 욕구를 일관성 있게 잘 충족시키면, 유아는 어머니와 안정 애착을 형성한다. 에인스워스는 낯선 상황에서 유아와 어머니가 나타내는 상호작용을 녹화하여 세밀하게 분석했다. 안정 애착 유형을 나타낸 유아의 어머니들은 아이가 울면 재빨리 들어올려 부드럽고 조심스럽게 안아 주었지만, 아이가 안겨 있고 싶어 하는 동안만 그렇게 했다. 이러한 어머니들은 자신의 의도나 행동 유형을 유아에게 강제하기보다는 유아의 욕구와 잘 조율되도록 조절된 행동을 나타냈다.

(1) 민감성과 반응성

안정 애착을 형성하기 위해서는 유아의 욕구에 대한 어머니의 민감성과 반응성이 중요한 것으로 나타났다. 민감성(sensitivity)이란 유아가 무엇을 원하는지 어머니가 재빠르고 정확하게 인식하는 것을 의미한다. 예컨대, 아이의 울음소리를 듣고 배고픔을 느끼는지 아니면 기저귀의 축축함 때문인지를 신속하게 알아차리는 것이다. 반응성(responsiveness)은 유아의 욕구를 적절한 반응으로 충족시켜 주는 것을 뜻한다. 요컨대, 어머니가 자녀의 욕구를 민감하게 알아차리고 적절한 반응을 통해서 충족시켜 주는 것이 안정 애착의 필수 조건이다.

양육에서 중요한 것은 자녀의 욕구와 어머니의 반응 간의 조율(attunement)이다. 자녀의 애착 행동(울기, 소리 지르기, 붙잡기 등)에 대해서 어머니의 돌봄 행동(젖 먹이기, 안아 주기, 같이 놀아 주기 등)이 시기적절하게 잘 조율되는 것이 중요하다. 어머니가 자녀의 욕구에 잘 조율된 행동을 일관성 있게 나타내면, 자녀는 어머니에 대해서 안정 애착을 형성하게 된다. 안정 애착을 형성한 유아들의 어머니는 가정에서도 유아가 보내는 신호에 민감하고 적절하게 반응했으며, 이러한 어머니들의 행동은 놀라울 만큼 유아의 욕구와 리듬에 잘 맞춰져 있었다. 그 결과, 안정 애착을 형성한 유아는 자신의 욕구와 감정을 표현하면 어머니가 잘 조율된 방식으로 반응해 줄 것이라는 믿음을 지니게 된다.

(2) 회피 애착과 부모의 양육 행동

유아는 양육자의 성격에 적응해야 한다. 유아가 나타내는 애착 행동은 특정한 성격을 지닌 양육자와 최선의 애착 관계를 형성하려는 유아의 욕구를 반영한다. 낯선 상황에서 회피적 행동을 보였던 유아의 어머니는 가정에서 유아의 애착 행동에 대해 거부적인 반응을 보였다. 이들은 유아가 고통을 느낄 때 정서적으로 공감하는 반응을 보이지 않았고, 신체적인 접촉을 불편하게 여겼으며, 유아가 불안해하면 오히려 뒤로 물러나는 경향이 있었다. 이러한 어머니의 거부적 행동에 유아들은 분노 반응을 나타내기도 했다. 이처럼 어머니가 거부적인 반응을 나타내면, 유아는 회피 애착을 형성하여 어머니에게 접근하지 않을 뿐만 아니라 친밀한 관계를 맺으려는 애착 욕구를 표현하지 않는다. 그 이유는 거부당하는 고통을 피하는 동시에 애착 욕구의 좌절에 의한 분노로 인해 어머니와 더 멀어지는 위험을 피하기 위한 것이다. 회피 애착 아동의 어머니들이 나타내는 양육 행동의 특징은 감정 표현을 억제하고, 신체적인 접촉을 회피하며, 아이가 접촉을 시도했을 때 무뚝뚝하게 반응하는 것이다(Main & Weston, 1981).

회피 애착 아동이 어머니에게 애착 행동을 나타내지 않고 무관심한 것은 볼비의 연구에서 부모와 장기간 떨어져 지냈던 2~3세 아동들에게서 관찰된 거리두기(distancing)와 유사한 방어적 적응이라고 할 수 있다. 이러한 아동들은 마치 부모로부터 위로와 돌봄을 받고자 하는 자신의 욕구가 충족되지 않을 것이라고 체념하는 듯했다. 진화의 관점에서 보면, 부모가 존재하지 않거나 돌봐 주지 않는 상황에서 유아가 계속 큰 소리로 울게 되면 포식 동물에게 노출될 위험이 커지기 때문에 어머니와의 연결을 포기하고 주변 환경을 탐색하는 것이 생존에 도움이 되었을 것이다.

(3) 불안 애착과 부모의 양육 행동

어린 자녀의 생존을 위해서 중요한 것은 필요할 때 어머니가 곁에서 기본적 욕구를 충족시켜 주는 것이다. 만약 어머니가 자녀의 곁을 자주 떠나거나 곁에 있더라도 자녀의 욕구를 적절하게 충족시켜 주지 못하면 자녀는 어떻게 반응할까? 어린아이는 배고픔을 느끼면 칭얼거리거나 울음으로 신호를 보낼 것이다. 어머니가 다가와 젖을 먹이면 울음을 그치고 평온을 되찾는다. 그런데 울어도 어머니가 다가오지 않거나 어머니가 오더라도 배고픔을 충족시켜 주지 않으면, 아이는 더 크게 울 것이다. 또한 아이는 위험을 느끼는 경우에도 울거나 소리를 지르면서 어머니를 부른다. 그런데 어머니가 다른 일에 집중하고 있어서 아이를 달래 주지 못하거나 위험을 제거해 주지 않으면, 아이는 더 강한 불안을 느끼며 더 크게 울거나 소리를 질러 어머니의 관심을 끌려 할 것이다. 이처럼 어머니가 아이의 곁을 자주 떠나거나 아이의 욕구를 충족시켜 주지 못하는 일이 반복되면, 아이는 어머니와 떨어지는 것에 대한 심한 분리불안(separation anxiety)을 느낄 뿐만 아니라 욕구 충족을 위해 어머니에게 더 강한 요구를 하게 될 것이다. 특히 어머니가 아이의 욕구에 대해서 일관성 없는 변덕스러운 반응을 보이면, 아이는 어머니를 신뢰하지 못하고 불안 애착을 형성하여 자신의 욕구를 더 강렬하게 표현하면서 어머니가 자신의 욕구를 충족시키도록 더 강하게 요구할 것이다.

3) 부모가 부적절한 양육을 하는 이유

자녀에게 돌봄을 제공하려는 모성애는 선천적인 본능이다. 모든 어머니는 자녀를 건강하게 잘 키우려는 본능적인 욕구를 지니고 있다. 그런데 불안 애착이나 회피 애착을 나타내는 아동의 어머니들은 왜 자녀가 안정 애착을 형성할 수 있는 양육 행동을 제공하지 못하는 것일까?

양육(parenting)은 자녀의 애착 행동이나 곤경 신호에 반응하는 다양한 행동을 의미한다. 양육 행동의 목표는 자녀의 고통을 감소시키거나 성장과 발달을 지원하는 것이다. 이러한 목표를 달성하기 위해서는 어머니가 자녀의 행복을 중요하게 여기면서 자신의 욕구보다 자녀의 욕구에 주의를 기울이는 공감적 태도가 필요하다. 양육은 매우 힘들고 복잡한 과정이기 때문에 좋은 양육을 제공하지 못하는 것이 어머니의 책임만은 아니다. 좋은 양육을 위해서는 어머니와 자녀 간의 긍정적인 상호작용이 필요하다. 자녀가 자신의 욕구를 분명하게 표현하지 못하거나 까다로운 기질로 인해서 어머니의 양육 행동에 저항적 태도를 나타내면 좋은 양육이 이루어지기 어렵다.

(1) 효과적인 양육을 위한 세 가지 조건

자녀에게 좋은 양육을 하기 위해서 어머니는 세 가지의 조건, 즉 기술과 능력, 자원, 동기를 갖추는 것이 필요하다. 우선, 좋은 양육을 제공하기 위해서는 자녀의 욕구를 정확하게 감별하고 다양한 욕구에 유연하게 반응하는 기술과 능력이 필요하다. 좀 더 구체적으로 제시하면, 자녀의 관점에서 공감하는 능력, 자녀의 언어적·비언어적 신호를 정확하게 해독하는 능력, 자녀에게 어떤 유형의 돌봄을 얼마나 적절한 양으로 제공해야 하는지에 대한 지식과 기술, 그리고 스트레스를 경험할 때 자신의 정서를 잘 조절하는 기술이 중요하다.

둘째, 좋은 양육을 위해서는 인지적·정서적·물질적 자원이 필요하다. 볼비(1969)에 따르면, 부모가 민감하고 주의 깊은 양육자가 되기 위해서는 시간적 여유와 편안한 심리상태를 지니는 것이 중요하다. 어머니가 스트레스를 받거나 바쁜 일에 압도되어 시간적 압박을 느낀다면, 효과적인 돌봄을 제공하기 어렵다. 어머니가 심리적 자원을 자신이 당면한 문제의 해결에 투여하기 때문에 자녀에게 충분한 관심과 적절한 양육을 제공하기 어려워진다.

셋째, 적절한 기술과 충분한 자원을 가진 어머니라 하더라도 자녀 양육에 대한 적절한 동기가 있어야만 좋은 양육을 제공할 수 있다. 자녀 양육에는 상당한 자원을 투자해야 할 뿐만 아니라 자녀 양육에 책임감을 느끼고 때로는 기꺼이 개인적 희생을 감수하려는 동기가 필요하다. 좋은 양육을 위해서 어머니는 자녀 양육의 책임을 수용하고, 자신의 행복보다 자녀의 행복을 우선시하는 헌신의 동기를 지니는 것이 중요하다.

(2) 어머니의 애착 유형과 자녀 양육

어머니의 양육 행동은 선천적으로 프로그램되어 있지만, 그 세부적 내용은 후천적으로 학습되는 것이다. 우선, 어머니 자신의 애착 욕구가 잘 충족되어야 관심과 에너지를 자녀 양육에 돌릴 수 있다. 어머니 자신의 애착 욕구가 좌절되거나 안전감을 느끼지 못하면 자녀의 욕구에 민감하고 반응적인 양육 행동을 하기 어렵다. 달리 말하면, 남편이나 가족 구성원들과 안정적인 관계를 맺지 못한 어머니는 자녀를 효과적으로 양육하는 데 어려움을 겪을 수 있다.

어머니 자신의 애착유형은 자녀에 대한 양육 행동에 영향을 미치는 중요한 요인이다. 안정 애착의 어머니는 자신이 다른 사람들로부터 사랑받고 있다고 확신하고 친밀한 관계를 편안하게 여기며 자신의 감정을 효과적으로 조절할 수 있기 때문에 자녀에게 효과적인 돌봄을 제공할 수 있다.

이와 달리, 회피 애착의 어머니는 독립성을 중요하게 여기고 친밀한 관계를 불편하게 느낄 뿐만 아니라 감정을 억제하는 동시에 애정을 표현하는 기술이 부족하기 때문에 자녀에게 효과적인 돌봄을 제공하기 어렵다. 이들은 자녀의 욕구와 감정을 이해하고 공감하는 능력이 부족하고 자녀의 행복을 지원해야 한다는 책임의식도 부족하다. 따라서 자녀의 고통과 욕구에 둔감하고 그 중요성을 평가절하하는 경향이 있으며 자녀를 까다롭고 키우기 힘든 아이로 인식하는 경향이 있다. 또한 이들은 부모로부터 헌신적인 양육을 받지 못했기 때문에 자녀 양육에서도 이기적 동기를 지닐 수 있다. 자신의 개인적 쾌락과 성취를 우선시하거나 자녀에게 보상을 기대하는 이기적 동기를 지니고 자녀 양육에 임하며, 자녀에 대한 사랑과 헌신을 통해 얻을 수 있는 자녀 양육 자체의 즐거움을 느끼지 못할 수 있다. 이러한 이유로 인해서 회피 애착의 어머니는 자녀의 욕구에 무관심할 뿐만 아니라 부적절한 돌봄을 제공할 가능성이 높다.

불안 애착의 어머니는 다른 사람에게 의존하여 행복을 추구할 뿐만 아니라 거부의 두려움으로 다른 사람의 의도를 의심하고 정서 조절의 어려움을 지니기 때문에 자녀에게 효과적인 돌봄을 제공하기 어렵다. 불안 애착의 어머니는 강박적인 양육자가 되기 쉬우며, 자신의 애착 욕구를 충족시키기 위해서 자녀에게 돌봄을 제공하려는 과도한 동기를 지닐 수 있다. 따라서 이들은 자녀에게 과도하게 관여하고 간섭하며 통제적인 돌봄을 제공하게 된다. 또한 불안 애착의 어머니는 자녀의 탐색을 지원하는 안전 기지의 역할을 하기 어렵다. 자신의 곁을 벗어나는 자녀의 탐색행동을 관계의 위협으로 인식하여 자녀의 탐색을 억제할 수 있기 때문이다. 결국 불안 애착의 어머니는 자녀에게 관심은 많지만 부적절한 양육을 제공할 수 있다.

어떤 어머니를 만나는가는 운명이다. 어머니를 선택할 수는 없기 때문이다. 태어날 때부터 주어진 어머니로부터 어떤 양육을 받고 그 결과로 어떤 애착 유형을 지니게 되느냐 하는 것은 인간의 중요한 운명 중 하나다. 어머니의 애착 유형은 자녀에 대한 양육 행동에 강력한 영향을 미친다. 안정 애착의 어머니는 자녀에게 민감하고 반응적인 양육을 통해서 안정 애착을 물려주는 반면, 불안정 애착의 어머니는 자녀에게 부적절한 양육을 통해서 불안정 애착을 물려주게 된다. 부모는 자녀에게 재산만 상속하는 것이 아니라 애착 유형을 비롯한 많은 심리적 특성을 물려줌으로써 자녀의 인생 전반에 강력한 영향을 미친다. 이처럼 애착 유형은 양육 행동을 통해 후속세대로 전달되는 세대 간 전이(intergenerational transmission)가 나타날 수 있다. 그러나 애착 유형은 아동기 이후의 경험을 통해서 수정되고 변화될 수 있다. 어머니와의 관계에서 불안정 애착을 형성했더라도 이후의 삶에서 만나는 중요한 사람들(연인, 배우자, 친구, 스승, 심리치료자 등)과의 관계 경험을 통해서 애착 유형은 현저하게 변화될 수 있다. 우리 인생의 많은 부분은 누구를 만나 어떤 관계 경험을 하느냐에 의해서 결정된다.

4. 유아기의 애착 경험이 인생에 미치는 영향

아이는 사랑을 먹고 자란다. 부모의 사랑은 아이를 성장시키는 가장 중요한 심리적 양식이다. 몸은 어머니의 젖을 먹고 자라지만, 마음은 어머니의 사랑을 먹고 자란다. 아이에게 세상은 낯설고 위험한 곳이다. 그래서 늘 불안하기 때문에 안전감, 즉 심리적 평온을 추구한다. 가장 안전한 평온함을 느낄 수 있는 곳이 어머니의 가슴이다. 따뜻하고 부드러운 촉감을 느낄 뿐만 아니라 맛난 젖까지 먹을 수 있는 어머니의 가슴은 어린아이에게 낙원과 같은 곳이다. 아이가 어머니와의 피부 접촉을 좋아하는 이유는 체온과 피부의 유사성으로 인해 본능적으로 동질감과 안전감을 느끼기 때문이다. 유아기에 어머니와 안정 애착을 형성한 아이는 다양한 삶의 영역에서 여러 가지 혜택을 누리게 된다.

1) 안정 애착의 효과

애착 이론에 따르면, 어머니가 아이의 애착 대상으로서 피난처와 안전 기지의 역할을 잘해 주면 아이는 정서적 안정성을 발달시키게 된다. 어려움에 처해 스트레스를 받더라도 언제든 접촉할 수 있는 어머니로부터 민감하고 적절한 위로를 받기 때문에 신속하게 심리적 안정을 되찾을 수 있기 때문이다. 또한 안전한 피난처와 안전 기지가 되어 주는 어머니가 항상 존재한다는 믿음은 스트레스와 관련된 정서를 조절하는 능력을 향상시킨다. 아울러 자신과 타인 그리고 세상에 대한 긍정적인 관점과 신뢰감을 형성하게 되어 자신이 거부되지 않을 것이라는 확신, 즉 자신감을 느끼게 된다. 따라서 안정 애착의 아동은 새로운 낯선 상황에서 불안을 덜 느끼고 자신감 있게 탐색 활동을 함으로써 지적인 발달과 더불어 더 빠른 심리적 성장을 이루게 된다.

안정 애착의 유아가 불안정 애착의 유아보다 여러 측면에서 건강하게 발달한다는 것은 여러 연구에서 확인되었다. 미국의 발달심리학자인 에겔랜드와 스로우페(Egeland & Sroufe, 1981)는 미네소타에서 임산부 267명을 모집하여 출산 이후부터 아동의 애착과 발달 과정을 장기적으로 추적하는 연구를 실시했다. 이들은 유아원을 만들어 연구대상 아동에게 무료 교육을 실시하며 그들의 행동을 면밀하게 관찰했다. 그 결과, 유아기에 안정 애착을 형성한 아동은 그렇지 않은 아동보다 4~5세가 되었을 때 더 독립적이고 사교적이며 또래들로부터 인기도 많았다. 이들은 다른 아이들에 비해 자제력이 뛰어났을 뿐만 아니라 지능, 자존감, 회복탄력성도 높았고 다른 친구들에 대한 공감 능력도 우수했다.

이에 비해, 회피 애착의 아동은 종종 저항적이거나 거부적인 행동을 나타내어 교사에게 분노와 통제적 반응을 유발하는 경향이 있었다. 불안 애착의 아동은 너무 달라붙고 미숙해 보이는 행동을 나타내어 교사가 응석을 받아 주고 유아 취급을 하는 경향이 있었다. 또한 회피 애착의 아동은 다른 아동을 괴롭히는 행동을 나타낸 반면, 불안 애착의 아동은 괴롭힘의 피해자가 되는 경향이 있었다.

유아기의 애착 경험은 장기적인 영향을 미치는 것으로 나타났다. 불안정 애착의 유아기를 보낸 사람들은 30대가 되었을 때 안정 애착의 경우보다 만성질환을 지닐 확률이 3배 정도 높았다. 유아기의 애착 경험은 성인기의 인간관계, 특히 낭만적 사랑에도 영향을 미치는 것으로 나타났다. 불안정 애착의 성인들은 애인이나 배우자와 갈등을 겪을 때 더 강한 스트레스 반응을 보였다.

유아기의 애착 경험은 개인의 심리적 특성뿐만 아니라 신경생리적 반응에도 영향을 미친다. 미국의 신경과학자인 프랜시스와 미니(Francis et al., 1999; Meaney, 2001)는 애착의 효과를 살펴보기 위해서 쥐를 이용한 실험을 진행했다. 새끼 쥐를 어미 쥐가 있는 우리에 넣으면, 어떤 어미 쥐는 새끼 쥐의 맥박이 차분해질 때까지 핥고 쓰다듬으며 다른 어미 쥐보다 새끼 쥐를 더 빨리 안정시켰다. 이러한 환경에서 100일(사람으로 치면 청소년기 후반)을 지낸 후에 여러 가지 검사를 진행했다. 그 결과, 어미 쥐의 사랑을 듬뿍 받은 쥐들은 새로운 환경에서도 불안함을 덜 느끼고 주변을 탐색하며 먹이를 더 잘 찾는 반면, 어미 쥐로부터 방임을 당한 쥐들은 겁을 먹은 채로 구석에 달라붙어 있었다. 어미 쥐의 사랑을 많이 받은 쥐들은 스트레스를 유발하는 호르몬의 수용체가 더 적었으며, 스트레스 반응을 완화하는 화학물질의 수용체가 더 많았다. 또한 두려움과 관련된 편도체(amygdala)의 활동이 약하게 나타났고, 학습이나 기억과 관련된 해마(hippocampus)의 활동도 더 활발했다. 특히 주목할 만한 결과는 어미 쥐의 사랑을 듬뿍 받고 자란 쥐가 자신의 새끼 쥐들을 잘 보살폈다는 점이다. 이러한 연구는 어린 시절의 애착 패턴이 양육 행동을 통해서 후속 세대에게 전달될 수 있음을 보여 주고 있다.

2) 애착 경험의 내면화: 내적 작동 모델

어린 시절의 애착 경험은 아동의 인간관계뿐만 아니라 성인기의 인간관계에도 영향을 미치는 것으로 밝혀지고 있다. 유아기의 애착 경험이 어떻게 다른 인간관계에 영향을 미치는 것일까? 애착 경험은 아동의 마음속에 내면화되어 여러 상황에 영향을 미치기 때문이다. 그렇다면 애착 경험은 어떤 형태로 내면화되어 이후의 행동에 어떤 방식으로 영향을 미치는 것일까?

미국의 발달심리학자이자 에인스워스의 제자인 메리 메인(Mary Main: 1943~현재)은 이러한 물음에 답하기 위해 많은 연구를 시행했다. 유아기의 애착 경험은 정신적 표상으로 남아 지속적으로 개인의 행동에 영향을 미친다. 볼비는 애착 경험의 정신적 표상이 자신과 타인에 대한 긍정적 또는 부정적 믿음의 형태로 개인의 행동에 영향을 미친다고 주장하면서 이러한 정신적 표상을 내적 작동 모델(internal working model)이라고 지칭했다. 메인은 유아의 애착 경험과 내적 작동 모델의 관계를 실증적으로 입증하고 정교화하는 데 공헌했다.

메인과 동료들(Main et al., 2005)은 중산층 가정의 생후 12개월 된 유아가 6세의 아동기를 거쳐 19세의 청소년기까지 성장해 가는 과정을 장기적으로 추적하는 버클리 종단연구를 통해서 애착 경험과 내적 작동 모델의 관계를 조사했다. 이들은 낯선 상황 실험을 통해서 생후 12개월 된 유아의 애착 유형을 측정하고, 6세가 된 아동에게는 분리를 나타내는 그림을 보여 주며 면담하는 방식의 분리불안 검사 (Separation Anxiety Test)를 통해서 내적 작동 모델을 평가하고, 19세 청소년의 경우에는 성인 애착 면접(Adult Attachment Interview: AAI)을 통해 내적 작동 모델을 측정했다.

연구결과에 따르면, 생후 12개월 된 유아의 애착 유형은 5년 또는 18년 후의 정신적 표상과 높은 상관관계를 보였다. 생후 12개월의 유아가 낯선 상황 실험에서 보여 준 애착 행동은 5년 뒤에 그 유아와의 면담을 통해 평가된 유아의 내적 작동 모델과 매우 높은 유사성을 나타냈다. 이러한 결과는 어머니와 유아 간의 상호작용 경험이 정신적 표상으로 형성되어 아동기에 지속되고 있음을 의미한다. 또한 6세에 평가된 아동의 내적 작동 모델은 19세의 청소년이 되었을 때 AAI로 측정된 내적 작동 모델과 높은 상관을 나타냈다. 이러한 연구를 통해서 메인과 동료들은 유아기에 제한되어 있던 애착 연구를 성인기까지 확장시켜 애착 유형의 안정성을 입증했다.

메인의 커다란 공헌 중 하나는 애착의 내적 작동 모델을 평가하는 측정도구인 성인 애착 면접(AAI; George et al., 1984, 1985, 1996)을 고안하여 실증적인 연구를 진행한 것이다. AAI는 애착의 내적 작동 모델을 토대로 개발된 반구조화된 면접방식의 평가도구다. 〈표 4-1〉에 제시한 바와 같이, AAI는 피면접자에게 어린 시절 부모와의 관계 경험을 여러 측면에서 회상하도록 요청하고, 부모와의 관계를 가장 잘 나타내는 형용사 다섯 개를 선택하게 하여 이 단어들을 어린 시절의 기억과 연결하여 설명하게 한다. AAI는 피면접자가 자신의 양육자와 겪은 아동기 경험에 대한 인지적·정서적 표상을 평정한다. AAI는 성인기 애착을 평가할 수 있는 신뢰할 만한 측정도구라는 것이 입증되었다(Main, 1995).

메인과 동료들(Main et al., 1985)은 AAI를 사용하여 애착의 세대 간 전이를 밝히는 연구를 시행했다. 이 연구에서 유아의 애착 유형과 어머니의 내적 작동 모델 간에 높은 상관관계가 발견되었다. 즉, 어머니가 자신의 어린 시절의 경험을 묘사한 내용이 낯선 상황 실험에서 유아가 나타내는 애착 행동과 밀접하게 관련되어 있었

표 4-1 성인 애착 면접의 요약 내용

1. 우선, 당신 가족에 대해 대략적으로 소개해 주실 수 있을까요? 예를 들어, 당신의 직계가족에는 누가 있었고, 어디에서 살았는지 말해 주세요.
2. 이번에는 어렸을 때 당신과 부모님의 관계가 어떠했는지 말해 주세요. 기억할 수 있는 한 가장 어렸을 때부터 말해 주세요.
3~4. 어린 시절 어머니 또는 아버지와의 관계를 나타내는 5개의 형용사나 문구를 말해 주세요. 5개를 다 말씀하시면 각각의 단어를 선택하게 한 기억이나 경험을 말해 주세요.
5. 부모님 중 어느 분과 더 가깝게 느꼈는지, 그리고 그렇게 느낀 이유는 무엇인가요?
6. 어렸을 때 언제 괴로움을 느꼈고, 그럴 때 당신은 어떻게 행동했으며, 그런 행동을 했을 때 어떤 일이 일어났나요? 괴로움을 느꼈던 구체적인 사건 몇 가지를 이야기해 주실 수 있나요? 특히 몸을 다쳤거나 아팠을 때는 어떠했나요?
7. 부모님과 처음 헤어졌던 경험을 말해 주세요.
8. 어렸을 때 거부당했다고 느낀 적이 있었나요? 그때 당신은 어떻게 했으며, 그 당시 부모님은 당신을 거부하고 있다는 것을 알고 있었다고 생각하나요?
9. 부모님이 훈육의 목적이나 장난을 하기 위해서 당신을 위협한 적이 있나요?
10. 당신의 전반적인 초기 경험이 성인이 된 당신의 성격에 어떤 영향을 미쳤다고 생각하나요? 당신의 발달에 방해가 되었다고 생각하는 경험은 어떤 것들인가요?
11. 당신의 어린 시절에 부모님은 왜 그렇게 행동했다고 생각하나요?
12. 어렸을 때 부모님처럼 당신과 가깝게 지낸 다른 성인이 있었나요?
13. 어렸을 때나 성인이 되어 부모님이나 다른 가까운 사람을 잃은 적이 있나요?
14. 아동기와 성인기 사이에서 부모님과의 관계에 많은 변화가 있었나요?
15. 현재 부모님과의 관계는 당신에게 어떻게 느껴지나요?

다. AAI를 통해 평가된 부모의 애착 유형이 낯선 상황 실험에서 측정된 유아의 애착 유형을 75%의 정확도로 예측할 수 있었다. 또한 낯선 상황 실험에서 평가된 아동의 애착 유형에 의해서 AAI를 통해 평가된 부모의 애착 유형을 예측할 수 있었다(Main et al., 1985). 놀랍게도, 자녀가 태어나기 전에 성인 애착 면접을 통해 평가한 부모의 애착 유형은 나중에 자녀가 태어나서 낯선 상황 실험을 통해서 측정된 자녀의 애착 유형을 유사한 정도로 정확하게 예측할 수 있었다(van IJzendoom, 1995).

이러한 연구는 어머니가 어린 시절에 겪은 애착 경험이 양육 행동을 통해 자녀의 애착 경험에 영향을 미침으로써 애착 유형의 세대 간 전이가 이루어진다는 사실을 보여 주고 있다. 특히 부모의 내적 작동 모델은 어린 자녀와의 상호작용과 양육 행동에 강력한 영향을 미친다. 메인의 성인 애착 연구는 유아기에 국한되어 있던 애착 연구를 성인기까지 확장시켜 애착 유형의 안정성을 지지해 주었을 뿐만 아니라 내적 작동 모델이 애착 행동에 영향을 미친다는 점을 실증적으로 입증했다는 점에서 '애착 연구의 두 번째 혁명'으로 여겨지고 있다(Karen, 1994).

애착 이론은 사랑의 기원과 본질을 제시하는 매우 심오하고 방대한 이론이다. 볼비에 의해서 시작된 애착 이론은 에인스워스와 메인을 비롯한 여러 연구자에 의해서 확장되고 정교해졌으며, 자녀 양육과 아동교육뿐만 아니라 인간관계 전반에 응용되고 있다. 애착 이론은 두 사람 사이의 유대관계를 설명하는 심리학 이론이지만 동물행동학, 인지과학, 신경과학 등 다양한 학문 분야와 연결되어 확장되고 있다.

The Psychology of
Love

제5장
부모와 자녀 간 사랑의 변화 과정

1. 부모와 자녀 간 사랑의 시간적 변화

사랑은 가만히 머물지 않는다. 세월은 모든 것을 변화시킨다. 부모와 자녀 간의 사랑도 세월의 흐름에 따라 변화한다. 자녀가 성장하면서 부모-자녀 관계는 커다란 변화를 겪게 된다. 수명이 길어진 고령사회에서 부모와 자녀는 50년 이상을 함께 생존하면서 관계의 다양한 변화를 경험한다.

1) 아동기 자녀와 부모의 관계

부모의 자녀 사랑은 자녀가 영아일 때 가장 강렬하다. 부모는 영아기의 무력한 자녀를 전폭적으로 사랑하며 지극정성으로 돌본다. 자녀 역시 영아기에는 전폭적으로 부모에게 의존한다. '눈에 넣어도 아프지 않을 것 같은' 부모의 사랑은 이 시기의 자녀에 대한 사랑을 묘사하는 것이다.

3~4세의 아동기에 접어든 자녀는 자아가 발달하면서 자신의 의지대로 행동하기 위해 자기주장을 하기 시작한다. 또한 신체기능이 발달하여 자신이 원하는 대

로 움직일 뿐만 아니라 인지능력의 발달로 인해 자기 생각에 대한 고집이 생겨난
다. 아동기의 자녀는 부모에게 일방적으로 의존하고 순종하는 것에서 벗어나 서
서히 자율적으로 행동하려 할 뿐만 아니라 부모의 뜻에 반하는 행동을 하기 시작
한다.

아동기의 자녀와 부모는 서로의 의도가 충돌하는 갈등을 경험하기 시작한다.
부모는 예전과 달리 자신의 의사를 거역하며 고집을 부리는 자녀에게 미움과 분노
의 감정을 느끼게 되는 반면, 자녀는 자신의 바람을 무시하는 부모에 대해서 저항
감을 느끼게 된다. 특히 기질이 강하고 고집이 센 아동은 자기 뜻대로 되지 않으면
울고불고 드러누워 발버둥을 치는 소위 '땡깡'을 부려 부모를 곤혹스럽게 만들기
도 한다. 그래서 "미운 세 살, 죽이고 싶은 일곱 살"이라는 말이 생겨난 것이다.

아동기의 자녀는 미운 짓을 하기 시작한다.

눈에 넣어도 아프지 않을 것 같던 어린 자녀는 아동기부터 서서히 미운 짓을 하
기 시작한다. 부모와 자녀는 이러한 갈등을 겪으며 서로에 대한 미움의 감정이 싹
트기 시작하면서 부모와 자녀 간의 사랑에 금이 가고 얼룩이 생겨나기 시작한다.
그러나 아동기의 자녀는 자기 정체성이 충분히 발달하지 않았기 때문에 자기주장
이 강하지 않을 뿐만 아니라 저항 행동도 일시적이고 미약하다.

2) 청소년기 자녀와 부모의 관계

자녀가 청소년기에 접어들면 부모–자녀 간의 갈등이 격렬하게 심화된다. '질풍노도의 시기'라고 불릴 만큼, 청소년기는 아동기에서 성인기로 넘어가는 불안정한 전이 단계로서 자기 정체성의 발달과 함께 자신의 생각과 욕구를 강하게 주장하기 때문에 부모와의 갈등이 첨예하게 나타나게 된다.

청소년기는 부모로부터 심리적 독립을 추구할 뿐만 아니라 애착의 중심이 부모로부터 친구에게로 변화하는 시기다. 따라서 청소년기 자녀는 부모와 심리적인 거리를 두면서 친구와의 관계에 몰두하는 경향이 있다. 청소년기 자녀는 사생활을 부모에게 공개하지 않고 비밀로 유지하며 부모의 간섭과 통제에 강력하게 저항하기 시작한다.

청소년기의 자녀는 부모에게 강렬하게 저항하기 시작한다.

청소년기는 대학입학을 위해 공부에 집중해야 하는 중·고등학교 재학 시절에 해당하기 때문에 부모의 통제와 간섭이 가장 많은 시기이기도 하다. 부모가 청소년기 자녀의 사생활을 지나치게 통제하거나 학업에 대한 과도한 압력을 가하게 되면, 부모와 자녀의 갈등이 첨예하게 나타날 수 있다. 이처럼 청소년기 자녀와 부모의 갈등을 지혜롭게 잘 해결하지 못하면 부모–자녀 관계에 커다란 균열이 생겨날 뿐만 아니라 자녀는 심리적 장애를 나타낼 수도 있다. 부모가 자녀를 과도하게 압

박하면, 자녀는 비행과 같은 외현화 장애를 나타내거나 우울증과 같은 내재화 장
애를 나타낼 수 있다.

3) 성인기 자녀와 부모의 관계

자녀가 청년기에 접어들면 부모와 자녀 관계는 상당히 대등한 관계로 변한다.
자녀가 취업하여 경제적 독립을 이루고 결혼을 통해 가정을 꾸리면, 부모와 자녀
는 서로 독립적인 삶을 살게 된다. 비로소 자녀가 부모로부터 완전히 독립하는 것
이다. 이 시기는 부모와 자녀가 서로 대등한 위치에서 애정과 도움을 주고받으며
성숙한 사랑을 나누는 시기이기도 하다. 청년기 자녀가 독립하는 과정에서 부모
가 자녀의 배우자 선택이나 부부관계에 지나치게 간섭하면 심각한 갈등으로 발전
할 수 있다. 이 시기에 심각한 갈등을 겪게 되면 부모와 자녀 관계의 단절이 초래
될 수도 있다.

자녀가 중년이 되면 부모는 노년기에 접어들게 된다. 노년기의 부모는 경제력
이 저하되고 노화 현상이 가속화되면서 자녀의 도움이 필요한 상태가 된다. 이 시
기는 부모가 자녀에게 의존하는 관계로 변화하는 시기로서 부모와 자녀 간의 사랑
이 시험대에 오르는 중요한 시기다. 자녀는 늙어 가는 부모를 안타깝게 여기며 부
모의 은혜에 보답하기 위해 정성껏 부모를 봉양하고, 부모는 자녀의 효성 어린 노
력을 고마워하며 자녀의 사랑을 경험하게 된다. 그러나 늙은 부모를 외면하는 자
녀도 있고 자녀에게 무리한 요구를 하는 부모도 있다. 더구나 고령사회로 변화하
면서 중년기 자녀가 노년기 부모를 지원하거나 부양해야 하는 기간과 부담이 늘어
나고 있다.

부모와 자녀 간의 사랑은 부모의 임종기에 마지막 빛을 발하게 된다. 자녀는 죽
음을 앞둔 부모를 정성껏 간병하면서 부모의 은혜에 감사하고 부모와의 영원한 이
별을 슬퍼하며 부모를 떠나보내게 된다. 부모는 마지막 순간까지 자녀의 사랑과
효성을 느끼면서 편안한 마음으로 생을 마무리하게 된다. 부모의 사망과 더불어

부모와 자녀 관계는 해체되지만, 자녀는 부모와 나눈 사랑의 추억을 마음속에 간직한 채로 부모를 그리워하며 남은 생을 이어 가게 된다.

2. 애착 이론의 확장: 행동체계 이론

부모와 자녀 간의 상호작용은 자녀가 성장함에 따라 더욱 복잡해진다. 유아기 자녀와 부모의 상호작용에 초점을 맞추고 있는 애착 이론은 이스라엘의 심리학자인 마리오 미쿨린서(Mario Mikulincer)에 의해 행동체계 이론(theory of behavior system)으로 확장되어 다양한 인간관계의 심리적 역동을 이해할 수 있는 이론적 기반을 제시하고 있다. 행동체계 이론은 여러 심리학자에 의해서 발전되었으며, 실증적 연구를 통해서 지속적으로 확장되고 있다(Mikulincer, 2006: Mikulincer & Shaver, 2012).

행동체계 이론을 제시한
마리오 미쿨린서

1) 애착 이론과 행동체계 이론

우리 몸과 마음의 많은 부분은 본능적으로 작동한다. 본능이란 어떤 자극이 주어지면 의식하지 않은 상태에서 자동적으로 특정한 행동반응을 나타내는 선천적인 행동체계(behavioral system)를 의미한다. 볼비를 비롯한 애착 이론가들은 유아와 어머니의 애착관계가 형성되는 데에는 본능적인 행동체계가 관여한다고 여겼다.

(1) 부모-자녀 관계와 행동체계

신생아는 본능적으로 부모에게 매달리면서 부모의 돌봄을 유인하는 행동을 나타내는 애착행동체계(attachment behavioral system)를 지니고 태어난다. 반면, 부모는 어린 자녀를 귀엽게 느끼며 항상 곁에 머물며 자녀를 보호하고 돌봄을 제공하는 행동을 하도록 만드는 돌봄행동체계(caregiving behavioral system)를 지니고 있다. 유아의 애착행동체계와 어머니의 돌봄행동체계는 서로를 자극하며 자동적으로 작동한다. 유아는 배가 고프거나 몸이 아프면 애착행동체계가 작동하여 칭얼거리거나 울기와 같은 신호를 보내고, 그러한 신호를 인식한 어머니는 돌봄행동체계가 작동되어 젖 먹이기나 보살피기의 반응을 나타내게 된다. 그러한 행동을 통해서 유아의 욕구가 해소되면 칭얼거리기나 울기와 같은 애착행동은 중단된다.

애착이론가들은 유아의 애착행동과 어머니의 돌봄행동이 자동 온도조절 장치처럼 서로 조율된 형태로 상호작용하는 것으로 여겼다. 예컨대, 실내 온도를 25도로 유지하는 자동 온도조절 장치는 온도가 내려가면 보일러가 작동하여 실내 온도를 높이고, 그 결과로 온도가 올라가면 보일러 작동이 중단된다. 이처럼 우리의 몸도 체온이 36.5도 이상으로 오르면 땀샘 분비를 촉진하여 열을 발산하고 정상체온으로 돌아오면 땀샘 분비가 중단된다. 이와 같이 작동하는 행동체계는 오랜 진화과정을 통해 인간의 유전자에 프로그램된 것으로서 적절한 자극이 주어지면 활성화되어 일련의 행동을 촉발한다. 애착 이론에 따르면, 부모와 자녀 간의 사랑은 어린 자녀의 애착행동체계와 부모의 돌봄행동체계가 작동하는 상호작용 과정에서 나타나는 심리적 현상이다.

(2) 행동체계의 작동 원리

행동체계는 볼비가 동물행동학에서 빌려 온 개념으로서 생존과 번식의 성공가능성을 높이기 위한 개체의 행동을 조직화하는 선천적인 신경 프로그램이다. 행동체계는 개체와 환경의 상호작용에서 긍정적인 결과를 만들기 위해서 일련의 행동을 선택하고 활성화하고 종결하는 일을 조절한다. 새는 둥지에 알을 낳으면 알을 품고 돌리는 행동을 통해 부화를 돕고, 새끼가 부화되면 먹이를 구해 새끼의 입속에 넣어 주고 위험으로부터 보호하는 돌봄행동을 나타낸다. 이러한 일련의 행동은 새의 신경 프로그램에 내장된 행동체계에 의한 것이다. 종마다 다른 행동체계를 지니며 인간도 생존과 번식 가능성을 높이기 위한 여러 가지 행동체계를 지니고 있다.

행동체계는 특정한 촉발 자극에 의해 활성화되면 자동적으로 일련의 행동을 유발한다. 이렇게 나타나는 일련의 행동은 특정한 목표를 성취하기 위한 일차적 방략(primary strategy)이다. 특정한 목표가 성취되면 행동체계의 활성화는 종결된다. 행동체계는 특정한 상황에서 행동의 효과를 관찰하고 평가하여 수정하는 인지-행동 기제(cognitive-behavioral mechanism)를 포함하고 있다. 이러한 인지-행동 기제를 통해서 일차적 방략을 유연하게 수정하여 적절하게 행동하게 된다. 만약 일차적 방략이 목표 성취에 반복적으로 실패하면, 이차적 방략(secondary strategy)을 채택하게 된다.

개인의 행동체계가 유사한 환경에서 반복적으로 작동되면, 중요한 대상에 대한 관계 경험들이 정신적 표상으로 저장되는데, 이것이 바로 내적 작동 모델이다. 내적 작동 모델은 자신과 중요한 타인에 대한 표상으로 구성되며 미래의 목표를 성취하기 위한 행동을 유발하게 된다. 내적 작동 모델은 의식적 또는 무의식적으로 작동될 수 있으며, 개인이 일관성 있게 행동하는 심리적 바탕일 뿐만 아니라 인간관계에서 사람마다 다른 행동을 나타내는 개인차의 근원이다.

요컨대, 행동체계는 특정한 '촉발 자극'에 의해 활성화되어 특정한 '목표'를 성취하기 위한 '일차적 방략'을 실행하며, 그러한 목표 성취에 실패할 경우에는 '이차적 방략'을 실행하게 된다. 행동체계는 생존과 번식의 성공가능성을 높이기 위해 진화적으로 형성된 것이기 때문에, 행동체계의 적절한 기능은 개인의 인간관계, 사회적 적응, 행복과 정신건강에 강력한 영향을 미친다.

행동체계 이론에 따르면, 사랑하는 사람들의 관계에는 애착, 돌봄, 탐색, 권력, 섹스의 다섯 가지 행동체계가 관여한다. 부모와 자녀 간의 사랑은 애착행동체계와 돌봄행동체계에 의해 시작되지만, 자녀가 성장함에 따라 탐색행동체계와 권력행동체계가 관여하면서 복잡한 양상으로 변화하게 된다. 성인 남녀의 낭만적 사랑은 섹스행동체계가 추가적으로 관여되어 더욱 복합한 양상을 나타내게 된다.

2) 애착행동체계: 자녀의 부모 사랑

애착행동체계(attachment behavioral system)의 기능은 어린아이를 위험으로부터 보호하는 것으로서 돌봄을 제공하는 양육자와의 근접성을 유지하게 하는 것이다. 이처럼 애착 대상과 근접성을 추구하려는 욕구는 유아가 무력한 상태에서 맹수나 위험으로부터 자신을 보호할 수 없기 때문에 진화된 것이다. 애착체계는 유아기에 가장 자주 활성화되지만, 평생 지속적으로 기능한다. 성인도 연인과 같은 애착 대상과 근접성을 추구하는 욕구를 지닐 뿐만 아니라 애착 대상을 상실하면 고통을 경험한다.

(1) 애착체계의 일차적 방략

애착체계는 애착 대상과 근접성을 유지하면서 애착 대상을 안전 기지와 피난처로 여기도록 만든다. 애착체계의 목표는 안전감, 즉 안전하다는 느낌 또는 보호받는다는 느낌이다. 위협에 직면했을 때, 특히 애착 대상이 가까이 있지 않아 즉시 보호받을 수 없을 때, 애착체계는 더욱 강하게 활성화되어 안전감을 추구하게 된다.

안전감의 목표가 달성되면, 애착체계의 작동이 종결되어 애착 대상과 근접성을 유지하려는 행동은 중지되고 다른 활동에 주의를 기울이게 된다. 이처럼 애착 대상에 대한 근접성과 지지를 통해 안전감을 추구하고, 그러한 목표가 달성되면 애착행동을 중단하는 것이 애착체계가 작동하는 기본적인 방식, 즉 일차적 애착방략(primary attachment strategy)이다.

애착체계가 원활하게 기능하면 만족스러운 친밀한 관계가 형성된다. 특정한 사람과의 상호작용이 고통을 줄여 주고 안전감을 느끼게 하면 그 사람에 대한 정서적 유대가 강화된다. 이러한 상호작용이 반복되면, 곤경에 처했을 때 특정한 사람이 가까이 다가와서 돌봄을 제공해 줄 것이라는 믿음, 즉 관계-특수적 애착 안전감(relation-specific attachment security)이 형성된다. 어린아이가 어머니의 품 안에 있을 때 가장 편안한 행복감을 느끼는 것은 바로 관계-특수적 애착 안전감 때문이다. 성인도 다른 사람이 아닌 사랑하는 연인과 함께 있을 때 가장 편안하고 행복한 이유가 여기에 있다. 이처럼 애착체계는 고통을 감소시키고 정서적 안정을 돕는 정서 조절의 기능을 지닌다. 애착체계가 원활하게 기능하면, 심리적 불안과 고통이 완화되고 긍정 감정을 경험할 뿐만 아니라 관계의 안정성이 증가한다.

(2) 애착체계의 이차적 방략

애착행동을 통해서 항상 안전감이 성취되는 것은 아니다. 만약 애착행동을 통해 안전감을 느끼려는 시도가 반복적으로 실패한다면 어떻게 대응해야 할까? 외롭고 불안해서 애착 대상을 찾지만 가까이할 수 없거나 애착 대상이 위로와 지지를 제공하지 않아 안전감을 느끼지 못하면, 애착 관계에 불만을 느끼며 마음속으로 다음과 같은 의문을 지니게 된다. "나는 애착 대상에게 사랑받을 자격이 있나?" "애착 대상은 믿을 만한 사람인가?" "내가 힘들 때마다 애착 대상이 나를 도와줄까?" 이처럼 자신과 애착 대상에 대해서 반복적인 회의를 하게 되면, 애착체계는 새로운 반응을 나타내게 된다.

애착체계의 일차적 방략을 통해서 목표 성취에 반복적으로 실패하면, 개인은 이차적 방략을 채택하게 된다. 이차적 방략은 행동 체계의 과잉활성화 또는 비활성화로 나타나게 된다. 과잉활성화(hyperactivation)는 일차적 방략을 강화하여 효과가 나타날 때까지 계속하는 저항적인 행동반응을 뜻하는 반면, 비활성화(deactivation)는 일차적 방략을 억제하는 회피적인 행동반응을 의미한다.

과잉활성화 방략은 애착 대상에게 돌봄과 지지를 더 강하게 요구하는 것이다. 이러한 방략의 목표는 근접성과 돌봄을 충분하게 제공하지 않는 애착 대상으로 하여금 자신에게 주의를 기울이며 돌봄과 지지를 제공하게 만드는 것이다. 이러한 목표는 애착 대상이 자신의 곁에서 적절한 돌봄을 제공한다고 느낄 때까지 애착체계를 지속적으로 작동함으로써 성취될 수 있다. 과잉활성화는 시끄럽게 주의 끌기, 괴로움 과장하기, 더 나은 돌봄 요구하기와 같이 애착 대상에게 의존하는 행동으로 나타난다. 과잉활성화 행동은 가끔 성공적인 결과를 이끌어 내지만, 애착 대상에 대한 불만, 자신의 가치에 대한 회의, 거부당할 것에 대한 걱정과 불안, 과도한 요구로 인해 관계 갈등을 초래하여 관계를 훼손할 수 있다.

이와 대조적으로, 비활성화 방략은 애착 대상에 대한 근접성 추구를 억제하면서 독립성을 추구하는 것이다. 애착체계의 일차적 방략을 억제하는 것이 오히려 더 나은 결과를 가져온다고 판단하기 때문이다. 비활성화의 목표는 애착 관계에서의 좌절과 고통을 회피하기 위해서 애착체계의 작동을 약화시키거나 중지하는 것이다. 이러한 방략은 애착 욕구를 부정하고 친밀함과 의존적 관계를 회피하면서 다른 사람과 심리적 거리를 최대화하는 행동으로 나타난다. 그러나 비활성화 방략은 다른 사람과의 친밀한 관계를 추구하지 않거나 다른 사람과 돌봄을 주고받는 것에 무관심한 행동으로 나타나서 인간관계를 위축시킬 뿐만 아니라 세상으로부터 소외된 재미없는 삶으로 이끌 수 있다.

어린 자녀의 부모 사랑은 애착체계에 의한 것이다. 특히 일차적 애착방략을 통해 부모에게 매달리고 돌봄을 유도함으로써 안전감을 확보하려고 노력한다. 그러나 부모가 자녀에게 안전감을 느끼도록 반응해 주지 않으면 자녀는 이차적 애착방략을 발달시키게 된다. 아동의 불안 애착은 애착체계의 과잉활성화 방략에 의한 것이며, 회피 애착은 애착체계의 비활성화 방략에 의한 것이다. 자녀가 부모에게 나타내는 애착행동에는 애착체계의 일차적 방략과 이차적 방략이 혼합되어 있다. 일차적 애착방략은 선천적인 본능에 의한 것이지만, 이차적 애착방략은 부모와의 관계에서 겪은 후천적 경험에 의해서 변형된 반응이라고 할 수 있다.

3) 돌봄행동체계: 부모의 자녀 사랑

인간은 다른 사람이 곤경에 처했을 때 동정심을 느끼며 도움을 제공하려는 경향성을 지니고 있다. 볼비(1969)에 따르면, 돌봄행동체계(caregiving behavioral system)는 곤경에 처한 사람에게 돌봄과 지지를 제공하도록 진화과정에서 형성되었다. 돌봄체계는 유전자의 포괄 적응도(inclusive fitness), 즉 유전자를 공유한 자녀와 가족 구성원을 돌봄으로써 유전자의 존속 가능성을 증가시키기 위해 진화된 것이다. 이러한 돌봄체계는 다른 모든 사람의 고통을 감소시키는 이타적 행동으로 나타날 수 있다.

(1) 돌봄체계의 일차적 방략

돌봄체계는 다른 사람의 애착행동이나 곤경 신호에 반응하여 다양한 행동으로 표현될 수 있다. 돌봄체계는 다른 사람의 행복에 초점을 맞추고 있으며 자신보다 다른 사람의 고통에 주의를 기울인다. 돌봄체계의 목표는 다른 사람의 고통을 감소시키거나 성장을 지원하는 것이다. 가장 대표적인 예는 부모-자녀 관계에서 부모가 어린 자녀에게 돌봄행동을 통해서 자녀의 고통을 감소시키는 피난처와 성장을 지원하는 안전 기지의 역할을 하는 것이다.

돌봄체계의 일차적 방략은 애착 대상의 욕구를 충족시키고 위로와 지지를 통해서 애착 대상의 고통을 감소시킬 뿐만 아니라 애착 대상이 성장하도록 긍정적인 환경을 제공하는 것이다. 이러한 일차적 돌봄방략의 핵심적 요소는 공감적 관심, 즉 애착 대상의 고통을 감소시키고 성장을 촉진하기 위해서 상대방의 관점을 취하는 것이다.

공감적 관심은 민감성과 반응성을 포함한다. 민감성은 애착 대상이 표현하는 고통에 주의를 기울이고 그 의미를 정확하게 해석하는 것, 그리고 애착 대상이 원하는 돌봄의 구체적인 내용을 파악하는 것이다. 반응성은 애착 대상의 도움 요청 행동에 대해서 적절하게 반응하는 것으로서 그가 느끼는 고통과 감정을 인정해 주고, 그의 욕구와 가치를 존중하며, 애착 대상이 이해받고 돌봄을 받고 있다고 느끼도록 돕는 것이다.

부모의 자식 사랑은 돌봄체계의 발현이다. [그림 5-1]에 제시되어 있듯이, 부모가 어린 자녀의 애착행동에 대해서 민감하고 반응적인 돌봄행동을 제공함으로써 자녀가 안전감을 느끼도록 돕는 것이 내리사랑의 핵심이다. 부모와 자녀의 관계에서 돌봄체계의 원활한 기능은 관계 만족도와 안정성에 매우 중요하다. 어린 자

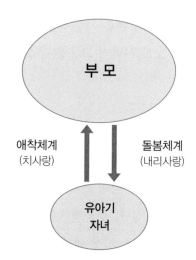

[그림 5-1] 유아기 자녀와 부모의 관계에 관여하는 애착체계와 돌봄체계

녀의 곤경 신호에 민감하게 주의를 기울이고 공감적으로 반응하는 부모는 돌봄을
받는 자녀뿐만 아니라 돌봄을 제공하는 부모 모두에게 긍정 정서를 유발하여 관계
만족도를 증진한다(Feeney, 2004; Feeney & Collins, 2003).

(2) 돌봄체계의 이차적 방략

돌봄체계가 항상 잘 작동하는 것은 아니다. 스트레스가 많고 심리적인 여유가
없는 상황에서는 돌봄체계가 억제될 수 있다. 또한 사회적 기술이 부족하거나 이
기적 동기가 강할 경우에는 상대방의 마음을 정확하게 공감하지 못할 뿐만 아니라
적절한 돌봄을 제공하기 어렵다. 이처럼 돌봄체계가 제대로 작동하지 못하면, 사
랑하는 사람들의 관계에 긴장과 갈등이 유발된다.

돌봄행동을 제공하더라도 상대방의 고통을 완화하고 행복을 증진하는 목표가
항상 달성되는 것은 아니다. 자신의 돌봄행동을 통해서 상대방의 고통이 완화되
지 못할 때 좌절감을 느끼게 된다. 이처럼 돌봄체계가 성공적으로 기능하지 못하
면, 과잉활성화나 비활성화의 이차적 방략으로 전환된다.

돌봄체계의 과잉활성화 방략은 자신이 효과적인 돌봄 제공자라는 것을 확신하

기 위해서 과도한 돌봄행동을 나타내는 것이다. 예컨대, 자녀의 곤경 신호를 과장되게 평가하는 것, 부적절한 시기에 과도하게 개입하는 것, 돌봄을 받아들이도록 강요하는 것, 자신의 곤경을 무시한 채 자녀의 곤경에 집중하는 것이다. 이처럼 과도한 돌봄행동은 자녀에게 부정적인 영향을 미치거나 자녀에 의해 거부되어 오히려 관계를 악화시키게 된다.

반면, 비활성화 방략은 공감과 돌봄행동을 억제하는 것으로 나타난다. 자녀가 위로와 돌봄을 원할 때 충분히 공감해 주지 않고 마지못해 도움을 제공하거나 정서적 거리를 두는 행동으로 나타날 수 있다. 비활성화 방략은 자녀의 곤경에 대한 둔감성과 무반응, 자녀의 고통에 대한 무시나 평가절하, 자녀의 곤경에 대한 생각의 억압을 유발할 수 있다.

부모의 돌봄체계는 애착체계와 상호작용하며 서로에게 영향을 미친다. 안정 애착의 부모는 곤경에 처한 자녀에게 편안하고 효과적인 돌봄을 제공하는 반면, 불안정 애착의 부모는 자녀와의 관계에서 적절한 돌봄을 제공하는 데 어려움을 겪는다. 회피 애착의 부모는 자녀와 거리를 두려고 할 뿐만 아니라 자녀가 보내는 고통의 신호에 둔감하며 적절한 공감과 돌봄을 제공하지 못한다. 반면, 불안 애착의 부모는 자녀의 고통을 심한 스트레스로 받아들이고 과도한 간섭적 행동을 통해서 비효과적인 돌봄을 제공하게 된다. 불안 애착은 돌봄체계의 과잉활성화를 촉진하는 반면, 회피 애착은 돌봄체계의 비활성화와 연관된다.

4) 탐색행동체계: 자녀의 세상 탐색과 성장 추구

신생아는 많은 시간을 어머니 품속에서 지내지만, 스스로 움직일 수 있게 되면 주변을 탐색하려는 선천적인 경향성을 지닌다. 아동은 호기심을 지니고 놀이를 하며 세상을 탐색하고 배우려는 본능적인 동기를 지니고 있다. 탐색행동체계(exploratory behavioral system)는 개인으로 하여금 주변 환경을 탐색하면서 지식과 능력을 발전시키기 위한 다양한 행동을 하도록 촉발한다. 볼비(1969)는 아동의 탐색행동을 선천적인 행동체계에 의한 것이라고 보았다. 이러한 탐색행동은 자기 유능감, 즉 '자신이 원하는 결과를 만들어 내는 유능한 주체가 되는 기쁨'을 느끼게 해 준다. 탐색체계의 목표는 자기 유능감과 더불어 주변 환경에 대한 숙달감을 얻는 것이다.

(1) 탐색체계의 일차적 방략

일차적 탐색방략은 애착 대상의 곁을 떠나서 주변 환경을 탐색하고 새로운 것을 배우며 추구하는 것이다. 아동의 탐색행동은 부모와 일시적으로 떨어지는 위험을 감수해야 하기 때문에 부모와 맺은 안정된 관계의 바탕 위에서 이루어진다. 부모를 안전 기지로 여기는 아동은 주변 환경을 더 능동적으로 탐색할 수 있다. 아동은 탐색행동을 통해서 원하는 지식과 기술을 획득하여 자기 유능감을 느끼게 되면 탐색체계의 활성화 상태가 중단되고 애착 대상에게로 되돌아온다.

탐색체계가 적절하게 기능하면 아동은 자신을 칭찬과 존중을 받을 가치가 있는 유능한 존재로 인식하게 한다. 이러한 인식은 부모의 사랑과 함께 아동의 자존감을 육성하는 기반이 된다. 성공적인 탐색 경험을 지닌 사람은 새롭거나 복잡한 상황에 자신감을 지니고 접근하며 새로운 과제에 효과적으로 대처할 수 있다. 이들은 새로운 경험과 정보를 열린 자세로 받아들이고, 도전적인 상황을 적극적으로 찾아 나서며, 새로운 능력을 구축하고 확장하게 된다.

(2) 탐색체계의 이차적 방략

일차적 탐색방략을 통해서 자기 유능감의 목표를 성취하지 못하면, 아동은 이차적 방략을 채택하게 된다. 탐색체계의 과잉활성화는 탐색이 불필요한 상황에서도 탐색행동에 집착하게 만든다. 탐색체계가 과도하게 활성화된 사람은 주어진 환경을 편안하게 느끼지 못하고 끊임없이 추가적인 정보를 얻으려 하거나, 우유부단하고 결단력이 부족한 상태에서 결정을 내리지 못하고 자신감 있는 행동을 취하지 못하게 된다. 과잉활성화는 새로운 환경이나 과제를 적응하는 자신의 능

력을 의심하거나 걱정을 유발하기 때문에 자신감이 감소하고 실패에 대한 공포가
강화된다.

　반면, 탐색체계의 비활성화는 탐색행동을 억제하거나 회피하게 만든다. 탐색체
계의 비활성화 방략에 익숙해진 사람은 새로움과 불확실성에 대한 인내력이 부족
하며, 새롭고 도전적인 것보다 익숙한 것을 선호한다. 따라서 이들은 탐색이 필요
한 상황에서도 호기심과 흥미를 느끼지 못하고 유능감과 숙달감을 성취하기 전에
탐색 행동을 포기한다.

　[그림 5-2]에서 볼 수 있듯이, 아동은 성장함에 따라 부모에게 애착하는 동시에
탐색행동이 증가한다. 부모를 떠나 가정 밖으로 나가서 또래 친구들을 만나고 놀
이를 하게 된다. 이러한 탐색행동은 아동이 주변 환경을 이해하고 대인관계 능력
을 발달시키는 중요한 기능을 지닌다. 부모 역시 자녀를 돌보는 동시에 가정 밖에
서 여러 가지 사회적 활동에 참여하며 탐색행동을 하게 된다.

　자녀의 탐색행동이 증가하면서 부모의 돌봄행동과 충돌할 수 있다. 예컨대, 돌
봄체계가 과잉활성화된 부모는 자녀의 탐색행동을 위험하다고 여기며 억제할 수
있다. 또한 탐색체계가 과잉활성화된 아동은 과도한 탐색행동으로 인해 부모의
돌봄체계와 충돌하여 갈등이 발생할 수 있다. 예컨대, 집밖에서 노는 것을 좋아하
고 밤늦도록 귀가하지 않은 아동은 걱정이 많은 부모와 충돌할 수 있다. 또한 탐색

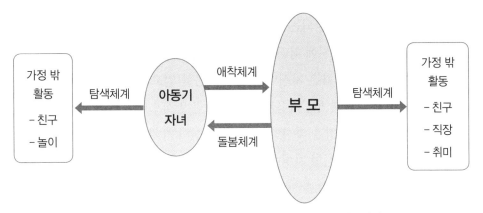

[그림 5-2] 아동기 자녀와 부모의 상호작용에 관여하는 행동체계들

체계가 비활성화된 아동은 유치원이나 초등학교라는 새로운 상황에 대해서 두려움을 느끼며 소극적인 행동을 나타내어 잘 적응하지 못할 수 있다. 이처럼 아동이 성장할수록 부모-자녀 관계는 애착체계와 돌봄체계뿐만 아니라 탐색체계가 추가적으로 개입되어 점점 더 복잡한 양상을 나타내게 된다.

5) 권력행동체계: 자녀의 자기주장과 영향력 추구

인간은 자신의 욕구와 의지에 따라 환경을 통제하려는 선천적인 경향성을 지닌다. 또한 그러한 통제 노력을 방해하는 대상에 대해서 공격적 태도로 반응한다. 권력행동체계(power behavioral system)는 물질적 자원(음식, 주거지 등)이나 사회적 자원(사회적 지위, 추종자, 성적 대상자 등)을 획득하고 통제하기 위해 진화된 행동체계로서 자신의 영향력을 강화하면서 반대 세력에게 공격성을 나타냄으로써 생존과 번식에 기여한다.

(1) 권력체계의 일차적 방략

권력체계의 주된 기능은 자신의 영향력과 통제감을 방해하는 위협이나 장애물을 제거하는 것이다. 권력체계의 목표는 원하는 것을 획득하는 것과 권력감을 느끼는 것이다. 권력감은 자신이 영향력과 통제력을 지닌 존재라는 내면적 느낌을 의미한다. 권력체계가 촉발되는 상황은 다른 사람이 자신의 가치 있는 자원을 빼앗으려 하거나 그러한 자원에 접근하는 것을 방해하려 하는 것이다.

권력체계의 일차적 방략은 자신이 원하는 결과를 얻고 위협을 제거하여 장애를 극복하는 것이다. 권력체계는 다음과 같은 다양한 방식으로 표현될 수 있다. ① 자신의 권리, 지배력, 유능함을 과시하는 것, ② 자신의 가치, 강점, 견해에 대한 자신감을 표현하는 것, ③ 자신의 자원을 다른 사람이 침해하지 못하도록 제지하는 것, ④ 권력감을 느낄 때까지 다른 사람을 언어적 또는 육체적으로 공격하는 것이다.

권력체계가 잘 기능하면, 개인의 주관적 행복과 사회적 적응에 도움이 된다. 권력체계는 목표 추구와 소망 실현을 돕고 자신을 향상시키려는 동기를 자극하기 때문이다. 또한 권력감을 지닌 사람은 자신의 노력에 의해 긍정적인 결과를 얻을 수 있고 다른 사람에 의해서 방해받지 않을 것이라고 생각한다. 연구에 따르면, 권력감이 높을수록 목표와 보상 추구에 더 깊은 관심을 지니고, 긍정 정서를 더 자주 경험하며, 위협과 관련된 걱정이나 불안을 덜 경험했다(Keltner et al., 2003).

(2) 권력체계의 이차적 방략

권력을 추구하는 시도가 반복적으로 좌절되면, 권력체계의 기능이 손상될 수 있다. 권력 추구의 좌절감은 다음과 같은 다양한 상황에서 경험될 수 있다. ① 필요한 자원을 획득하려는 노력이 실패하는 것, ② 자기주장, 분노, 공격성에 대해서 심한 처벌을 받는 것, ③ 순종이나 저자세를 요구하는 굴욕적인 상황에 처하는 것, ④ 경쟁과 도전을 억제하는 사회적·경제적 상황 등이다. 이러한 좌절 경험은 자신의 권력과 영향력에 대한 회의, 자신의 무능력에 대한 우울과 불안, 그리고 자기파괴적이거나 폭력적인 행동을 유발할 수 있다.

권력감을 만족스럽게 경험하지 못하면 권력체계의 과잉활성화나 비활성화가 나타난다. 과잉활성화는 권력에 대한 과도한 욕망으로 표출되거나 권력을 상실하는 것에 대한 과도한 공포를 촉발할 수 있다. 권력체계의 과잉활성화는 목적 추구를 위한 무차별적인 폭력 사용, 경쟁자에 대한 과도한 적대감과 공격성, 도전과 경쟁을 암시하는 행동에 대한 분노와 공격성으로 나타날 수 있다. 극단적인 경우에는 폭력적인 범죄 행동이나 살해 행위로 나타날 수도 있다.

반대로, 권력체계의 비활성화는 자신의 권력을 위협하는 대상에게 저항하려는 일차적 방략을 포기하는 것이다. 이러한 비활성화는 다른 사람의 분명한 공격이나 도발 행위에 대해서 대항하지 않고 무력하게 굴종하거나 자신의 권리와 의견을 주장하지 않는 행동으로 나타날 수 있다. 권력체계의 비활성화로 인해서 위협에 대한 민감성이 감소하는 것은 아니다. 실제로 무력한 사람들은 위협을 암시하는 단서에 민감하며, 그러한 위협에 대해 반추하면서 부정 감정을 경험한다. 달리 말

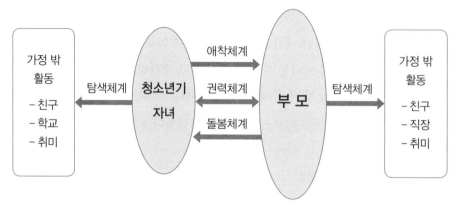

[그림 5-3] 청소년기 자녀와 부모의 상호작용에 관여하는 행동체계들

하면, 권력체계의 비활성화는 마음이 평온한 상태가 아니라 저항을 회피하는 무력 감뿐 아니라 저항하여 패배할 것에 대한 불안이 혼합된 상태라고 할 수 있다.

모든 인간관계에는 권력체계가 관여한다. 부모와 자녀의 관계도 마찬가지다. 아동기 자녀는 부모의 권력체계에 의해 순종하지만, 청소년으로 성장하면 자기주 장이 강해져 부모와 자녀의 권력체계가 자주 충돌하게 된다. [그림 5-3]에서 볼 수 있듯이, 청소년기 자녀와 부모의 관계는 애착체계, 돌봄체계, 탐색체계에 더해 권 력체계가 개입하면서 더욱 복잡하고 갈등적인 관계로 발전할 수 있다.

부모와 자녀의 권력 추구 행동이 적절한 타협점을 찾지 못하고 충돌하게 되면 관계 갈등으로 나타나게 된다. 특히 부모와 자녀가 모두 권력체계의 과잉활성화 방략을 사용하게 되면, 갈등이 심화될 수 있다. 권력체계의 과잉활성화 전략을 사 용하는 부모에 대해서 자녀가 비활성화 전략으로 대응하면 갈등이 표면화되지 않 는다. 그러나 자녀의 권력 욕구가 좌절되는 상태가 지속되면 불만과 분노가 축적 되어 청소년 우울증이나 품행장애와 같은 심리적 장애로 나타날 수 있다. 모든 인 간관계에서 심각한 갈등과 미움이 생겨나는 과정에는 권력체계가 관여되어 있다.

6) 인생의 발달단계와 부모-자녀 관계의 변화

부모와 자녀 간의 사랑은 세월의 흐름에 따라 다양한 패턴으로 변화한다. 유아기의 자녀는 부모에게 일방적으로 의존하며 애착하지만, 아동기로 나아가면서 탐색 행동이 증가하고 애착행동이 감소한다. 아동의 자아가 발달할수록 자신의 욕구를 충족시키려는 자기주장이 강해진다. 특히 자녀가 청소년으로 성장하면 자기정체감의 발달과 함께 권력체계가 활성화되면서 자기주장이 강력해져 부모와의 갈등이 증가하게 된다. 이러한 갈등을 겪으면서 부모와 자녀 간의 사랑이 미움으로 변할 수 있다.

자녀가 청년으로 성장하면, 부모와 자녀는 대등한 입장에서 서로의 요구를 절충해야 하는 수평적인 권력 관계로 발전한다. 청년기에는 자녀의 주된 애착 대상이 부모에서 연인으로 바뀐다. 청년기의 자녀는 부모와의 관계에서 벗어나 활발한 탐색 행동을 통해 사회의 적응 능력을 키울 뿐만 아니라 호감을 느끼는 이성을 만나 연인관계를 형성하게 된다. 이 시기에 부모는 청년기 자녀가 부모의 품에서 벗어나 연인관계를 맺으며 독립적인 존재로 성장하는 과정을 긍정적으로 수용하며 지원하는 것이 중요하다. 이처럼 부모와 자녀의 관계는 애착체계와 돌봄체계의 활성화로 시작하여 세월이 흐름에 따라 탐색체계와 권력체계가 추가적으로 개입하면서 더욱 복잡한 양상으로 변화한다.

특히 부모-자녀 관계에 관여하는 네 가지 행동체계가 원활하게 기능하지 못하면 관계에 대한 불만이 생겨나면서 이차적 방략으로 전환될 수 있다. 네 가지 행동체계의 일부가 과잉활성화나 비활성화로 인해서 역기능적으로 작동하게 되면 부모와 자녀 관계의 갈등이 증폭될 수 있다. 이러한 과정을 통해서 '눈에 넣어도 아프지 않을 것 같은' 자녀와 부모 간의 사랑은 실망과 좌절을 겪으며 조금씩 퇴색될 뿐만 아니라 때로는 미움과 증오로까지 변할 수 있다.

자녀가 중년으로 성장하면 부모는 노년기에 접어들고 부모-자녀 관계에 많은 변화가 생겨난다. 자녀는 강해지고 부모는 약해져서 부모와 자녀의 관계는 역전

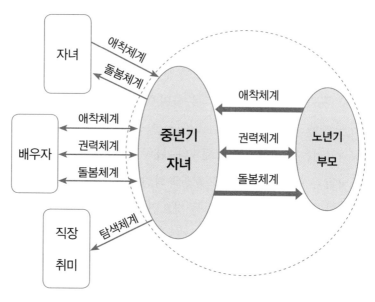

[그림 5-4] 중년기 자녀와 노년기 부모의 상호작용에 관여하는 행동체계들

된다. 노년기 부모는 중년기 자녀에게 애착하며 의존하게 되고, 중년기 자녀는 노
년기 부모에게 돌봄을 제공하는 관계로 전환된다. 중년기는 인생에서 가장 강력
한 권력감을 경험하는 시기이지만 삶의 영역이 확대되면서 스트레스가 가장 많은
시기이기도 하다. [그림 5-4]에서 볼 수 있듯이, 중년기 자녀는 직장생활에 전념해
야 할 뿐만 아니라 배우자와 자녀를 비롯한 많은 사람과의 관계를 유지하면서 노
년기 부모에게 돌봄을 제공해야 한다.

　고령사회로 변화하면서 부모-자녀 관계의 지속 기간이 현저하게 늘어났다. 노
년기 부모를 중년기 자녀가 돌보아야 하는 기간이 길어지면서 부모-자녀 관계에
많은 변화가 일어나고 있다. 특히 노년기 부모와 중년기 자녀 간의 애착과 돌봄이
만족스럽게 이루어지지 않을 경우에는 권력체계가 작동하면서 다양한 유형의 갈
등이 발생하거나 악화할 수 있다.

　세월의 흐름에 따라 부모와 자녀는 서로를 바라보는 관점이 변화한다. 부모의
입장에서 보면, '눈에 넣어도 아프지 않을' 어린아이가 '미운 세 살, 죽이고 싶은 일

곱 살'로 성장하고, 부모에게 도전하는 청소년으로 자라더니, 어느덧 연애를 하는 청년으로 성장하여 가정을 꾸리고 자녀를 낳아 세대를 이어 간다. 노년기가 되면 그런 자녀에게 의지하며 인생의 말년을 보내게 된다. 자녀의 관점에서 보면, 아동기에는 아버지가 산과 같고 어머니는 바다와 같이 커다란 존재로 느껴지지만, 청소년기가 되면 부모의 약점과 한계를 인식하게 되면서 과도한 간섭과 통제를 하는 부모에게 저항감을 느끼게 된다. 청년기에는 부모로부터 심리적으로 독립하면서 이성과의 사랑에 깊은 관심을 갖게 된다. 중년기에 접어들면서 조금씩 늙어 가는 부모의 변화를 가슴 아프게 바라보며 돌봄의 의무감을 느끼게 된다. 거대한 존재로 느껴지던 부모가 점차 작고 나약한 노인으로 변해 가고, 결국 병든 부모를 돌보는 시기를 거쳐 영원히 부모와 이별하게 된다. 부모는 세상에서 사라지지만 자녀의 마음속에 살아남아 자녀의 삶에 오래도록 영향을 미친다.

3. 부모-자녀 관계가 변화하는 과정

자녀를 낳으면 누구나 좋은 부모가 되기를 원한다. 그러나 좋은 부모가 되기는 쉽지 않다. 완벽한 부모가 되기보다 그만하면 좋은 부모(good enough parents)가 되려고 노력하는 것이 바람직하다. 너무 좋은 부모가 되려는 노력이 오히려 자녀의 성장을 가로막고 자녀의 마음에 상처를 남기는 경우가 많기 때문이다. 자녀에 대한 부모의 사랑이 위험한 이유는 '사랑'이라는 이름의 심리적 폭력으로 나타날 수 있기 때문이다.

부모와 자녀 간 사랑의 일차적 유효 기간은 자녀가 성장하여 독립적인 존재가 될 때까지다. 부모의 역할은 자녀를 독립적인 존재로 성장하도록 지원하여 세상으로 떠나보내는 것이다. 부모의 내리사랑은 자녀를 자신이 원하는 상품으로 만드는 것이 아니라 자녀를 잘 키워서 자녀가 원하는 행복한 삶을 살도록 떠나보내는 것이다. 자녀 역시 부모에 대한 의존적 관계에서 벗어나 서서히 독립하는 것이 중요하다. 부모와 자녀 간의 사랑은 세월이 흐름에 따라 변화해야 한다. 부모와 자녀 간의 건강한 사랑을 위해서는 분리-개별화 과정을 잘 이해하는 것이 중요하다.

1) 아동의 심리적 탄생: 분리-개별화 과정

분리-개별화 이론을 제시한
마가렛 말러

자녀는 성장함에 따라 부모에 대한 의존 상태에서 점진적으로 독립하려는 노력을 기울인다. 인생의 모든 발달단계가 그러하듯이, 의존 상태에서 벗어나 홀로 독립하는 과정은 쉽지 않다. 유아가 어머니로부터 심리적으로 독립하는 과정에서 유아와 어머니는 서로 밀고 당기는 미묘한 상호작용을 하게 된다. 헝가리 출신의 아동 정신분석가인 마가렛 말러(Margaret Mahler: 1897~1985)는 아동의 자아가 발달하는 과정을 분리-개별화 과정(separation-individuation process)이라고 지칭했다. 그녀는 38명의 유아와 22명의 어머니를 10년간 관찰한 결과에 근거하여 아동의 자아 발달 과정을 설명하는 분리-개별화 이론을 제시했다.

어머니의 몸에서 분리되는 것이 '육체적 탄생'이라면, 어머니와의 심리적 융합에서 분리되어 개별적인 자아의식을 갖게 되는 것은 '심리적 탄생'이다. 심리적 탄생 과정은 간단하지 않으며 분리와 개별화 과정을 통해 이루어진다. 분리(separation)는 아동이 어머니와의 경계를 인식하고 어머니를 자신과 다른 별개의 존재로 인식하는 것을 의미하며, 개별화(individuation)는 아동이 개체의식과 자아를 형성하고 심리적 독립을 위해 다양한 인지적 능력을 발달시키는 과정을 뜻한다. 1975년에 말러는 동료들과 함께 출간한 『유아의 심리적 탄생(The Psychological Birth of the Human Infant)』을 통해서 아동의 자아가 발달하는 분리-개별화 과정을 제시했다.

2) 아동의 심리적 탄생 과정

인간이 자유의지를 지닌 독립적 존재로 태어나는 심리적 탄생 과정은 간단하지 않다. 신생아는 어머니의 품에서 어머니와 심리적 융합 상태로 삶을 시작한다. 운동기능이 점차 발달하면서 유아는 주변 환경에 대한 탐색 행동을 시작한다. 이러한 탐색 행동은 어머니와의 애착을 기반으로 시작된다. 어머니를 안전 기지로 삼아 주변 세계를 탐색하면서 점진적으로 독립적인 자아를 발달시킨다.

유아가 어머니 곁을 벗어나 흥미로운 세상을 홀로 탐색하는 것은 신나는 일이기도 하지만 불안한 일이기도 하다. 어머니와 같은 애착 대상과 떨어지면서 경험하는 불안을 분리불안(separation anxiety)이라고 한다. 유아는 분리불안을 느끼면 어머니에게 되돌아와 불안을 진정시킨다. 유아가 어머니 곁을 떠나 탐색 행동을 하거나 되돌아올 때, 어머니가 어떤 감정을 느끼며 어떻게 반응하느냐가 중요하다. 이처럼 자아를 발달시키는 과정에서 일어나는 유아와 어머니 간의 상호작용 경험은 자녀의 심리적 세계에 심오한 영향을 미친다. 말러는 유아의 자아가 발달하는 분리-개별화 과정을 다음의 네 단계로 나누어 설명하고 있다.

(1) 자폐 단계와 공생 단계

신생아는 감각기관이 발달하지 않아 외부세계를 명확하게 인식하지 못하는 자폐 상태에서 대부분의 시간을 수면으로 보낸다. 말러는 신생아가 이러한 상태로 지내는 생후 몇 주간의 시기를 자폐 단계(autistic phase)라고 지칭했다. 이 단계에서는 외부의 대상을 인식하지 못하며 선천적인 반사행동에 의해 외부자극에 반응한다.

생후 2개월경부터 유아는 자신의 욕구를 만족시켜 주는 어머니를 희미하게 인식하기 시작한다. 그러나 자신과 어머니를 별개의 존재로 인식하지 못하고 어머니를 자신의 일부로 인식하며 마치 하나의 공동체인 것처럼 느끼고 행동한다. 이러한 상태로 생활하는 생후 2개월부터 6개월까지의 시기가 공생 단계(symbiotic phase)다. 어머니와의 공생 경험은 유아에게 근본적인 만족감을 제공하며 자신과 세상에 대한 신뢰감을 발달시키는 기반이 된다.

(2) 분리-개별화 단계

유아가 어머니와의 공생 상태에서 독립적인 주체로 발달하는 분리-개별화 단계 (separation-individuation phase)가 생후 6개월경부터 본격적으로 시작된다. 생후 6개월부터 24개월 사이에 진행되는 분리-개별화 단계에서는 유아와 어머니 사이에서 미묘한 상호작용이 일어난다. 말러는 분리-개별화 단계를 세 하위단계, 즉 부화 단계, 연습 단계, 재접근 단계로 구분하여 설명하고 있다.

유아는 대략 생후 6개월경부터 자신이 어머니와 다른 개체라는 것을 희미하게 깨닫기 시작한다. 이처럼 유아의 자아의식이 생겨나는 시기가 부화 단계(hatching phase)로서 자아의식이 점차 또렷해지고 주변 세계에 대한 관심이 증가한다. 말러는 마치 새가 알을 깨고 나오듯이 유아가 어머니와의 공생에서 벗어나 독립적인 개체로 세상에 나오는 과정을 분화(differentiation)라고 불렀으며, '심리적 탄생'으로 여겼다. 부화 단계에서 유아는 어머니로부터 분화하는 대가로 분리불안을 경험하기 때문에 여전히 어머니의 주변을 맴돌며 생활한다.

생후 10개월경부터 연습 단계(practicing phase)로 넘어간다. 이 시기의 유아는 기고 걷는 운동능력이 발달하면서 외부세계를 적극적으로 탐색하고 어머니로부터 점차 먼 거리까지 나아간다. 새로운 세상을 발견하면서 유아는 마치 '세상과 사랑에 빠진 것'처럼 기쁨을 느끼며 호기심 속에 탐색 행동에 집중한다.

생후 16개월경부터 시작되는 재접근 단계(re-approach phase)는 분리-개별화 과정에서 가장 중요한 시기다. 이 시기의 유아는 어머니와 떨어져 주변 세계를 탐색하다가 자신이 혼자라는 것을 인식하면서 어머니와의 애착을 추구하는 욕구가 증가한다. 유아는 자신의 나약함과 어머니에 대한 애착 욕구를 새롭게 경험하면서 다시 어머니의 주변을 맴돌며 가깝게 있으려고 노력한다. 이 시기의 유아는 어머니가 눈에 보이지 않으면 어머니가 소멸하는 것으로 인식하기 때문에 어머니에게 집착하며 어머니가 항상 자신의 곁에 머물기를 원한다. 이 경우에 어머니가 유아의 욕구를 오해하고 자녀가 자신의 곁으로 다가오는 것을 밀어내거나 자녀를 혼자 남겨 두고 떠나면 유아는 어머니로부터 버림받는 것에 대한 심한 불안을 경험하게 된다. 말러에 따르면, 이 시기에 겪은 어머니와의 관계 경험은 유아의 정서적 세계뿐만 아니라 성인기의 정서적 성향에 중대한 영향을 미치게 된다.

특히 재접근 단계에서 유아는 어머니와 함께 있는 것과 혼자 돌아다니는 것 사이의 갈등을 경험한다. 어머니와 함께 있으면 마음이 든든해서 좋지만 흥미로운 세상을 탐색하지 못해 답답하고, 어머니 곁을 떠나서 세상으로 나가면 불안하고 두려운 것이다. 이처럼 어머니와 정서적 친밀감을 나누는 것과 독립적인 존재로서 자유롭게 활동하는 것 사이에서 심한 갈등과 불안을 경험하는데, 이를 재접근 위기(reapproachment crisis)라고 한다.

재접근 위기를 잘 극복하는 것은 유아가 어머니와의 공생 상태에서 심리적 독립 상태로 나아가는 전이 과정에서 매우 중요하다. 이 시기의 유아는 흔히 곰 인형이나 익숙한 담요와 같은 특정한 대상에 집착하는 행동을 나타낸다. 이러한 대상은 어머니가 곁에 없을 때 유아가 경험하는 분리불안을 진정시키고 심리적 안전감을 제공하는 기능을 하는데, 영국의 정신분석가인 위니컷(Winnicott, 1953)은 이를 전이대상(transitional objects)이라고 지칭했다.

이 시기에 어머니는 유아의 의존 욕구와 독립 욕구를 적절하게 잘 충족시켜 주는 것이 중요하다. 자신의 곁을 떠나는 유아의 탐색 행동을 흔쾌히 지원할 뿐만 아니라 자신의 곁으로 되돌아오는 유아의 재접근을 따뜻하게 수용하는 것이 중요하다. 어머니가 자녀의 탐색과 재접근 행동에 대해서 부정적이거나 불안정한 정서 반응을 나타내면, 유아는 재접근 위기가 심화되어 심한 정서적 혼란을 경험하게 된다. 이러한 정서적 혼란 경험은 자신과 어머니에 대한 불안정한 정신적 표상을 형성하게 하여 이후의 인간관계에서 불안정한 패턴을 나타내는 성격적 문제로 발전할 수 있다.

(3) 대상 항상성 단계

생후 24개월경이 되면 아동은 어머니에게 다가왔다 멀어지기를 반복하는 재접근 단계의 움직임이 줄어들면서 어머니에 대한 확고한 정신적 표상을 형성하는 대상 항상성 단계(object constancy phase)로 나아간다. 이 단계의 아동은 어머니가 독자적인 정체성을 지닌 분리된 존재라는 것을 이해하는 동시에 어머니에 대한 정신적 표상을 내면화(internalization)함으로써 심리적 안정감을 유지하게 된다. 이러한 내면적 표상은 아동으로 하여금 어머니의 지지와 위로를 느끼는 심리적 기반을 제공하게 된다. 달리 말하면, 마음속에 존재하는 어머니와 함께하면서 분리불안을 극복하고 독립적인 존재로 세상으로 나아갈 수 있는 분리-개별화의 일차적 과정이 마무리된다.

말러의 분리-개별화 이론은 여러 가지 문제점이 제기되어 여러 차례 개정되었다. 그러나 유아가 어머니와의 공생 상태에서 심리적 탄생을 이루는 과정에서 경험하는 심리적 갈등과 어머니와의 미묘한 상호작용을 상세하게 제시하고 있다. 아동의 심리적 탄생은 어머니와의 애착을 기반으로 시작된다. 유아기 자녀와 어머니가 경험하는 사랑은 공생 상태에서 경험하는 일체감과 유대감을 의미한다. 그러나 시간이 흐름에 따라 유아는 어머니를 안전 기지로 삼아 주변 세계를 홀로 탐색하면서 독립적인 자아를 형성하게 된다. 탐색 행동은 호기심을 충족시키지만 분리불안을 유발하기 때문에 유아는 어머니에게 되돌아오는 분리와 재접근을 반복하면서 자아가 발달하는 심리적 탄생을 이루게 된다.

3) 분리-개별화 이론과 애착 이론

인간의 마음에는 두 가지의 상반된 욕구가 존재한다. 다른 사람과 친밀한 유대 관계를 형성하려는 의존 욕구뿐만 아니라 자유와 자율성을 추구하는 독립 욕구가 존재한다. 미국의 심리학자인 데이비드 바칸(David Bakan, 1966)은 이러한 의존성과 독립성을 연대성과 주체성이라고 지칭하면서 인생의 가장 중요한 두 가지 주제 (Big Two)라고 보았다(권석만, 2015). 그에 따르면, 연대성(communion)은 다른 사람과의 친밀한 유대 관계를 통해 삶의 문제에 대처하려는 집단적 성향을 의미하며, 주체성(agency)은 독립적인 존재로서 유능성과 자기실현을 추구하는 개인적 성향을 뜻한다. 우리 인생은 연대성과 주체성이라는 두 가지의 상반된 성향을 추구하는 과정이라고 할 수 있다. 사람마다 두 가지 성향의 개인차로 인해서 인생이 달라진다. 사랑은 연대성과 관련된 관계 경험이다. 그러나 건강하고 성숙한 사랑을 하기 위해서는 연대성과 주체성의 균형과 조화가 필요하다. 인간은 생의 초기에 부모와 의존적 연대를 추구하지만 성장함에 따라 점진적으로 독립적인 주체성을 추구하게 된다.

분리-개별화 이론과 애착 이론은 모두 유아의 심리적 발달 과정을 설명하고 있다. 분리-개별화 이론은 유아의 주체성 발달에 초점을 맞추고 있는 반면, 애착 이론은 유아의 연대성 발달에 초점을 맞추고 있다. 분리-개별화 이론은 유아가 어머니와의 공생 상태에서 자아의식을 발달시키는 과정을 설명하고 있는 반면, 애착 이론은 유아가 어머니와 애착을 형성하는 과정을 설명하고 있다. 달리 말하면, 두 이론은 유아가 주체성과 연대성을 추구하는 두 과정을 설명하는 보완적인 이론으로서 서로 밀접하게 연결되어 있다(Blum, 2016).

부모의 역할은 자녀가 인생의 두 가지 중요한 발달과제를 잘 해결하도록 돕는 것이다. 부모는 민감하고 반응적인 양육 행동을 통해서 자녀와 안정된 애착 관계를 형성함으로써 자녀가 활발하게 세상을 탐색할 수 있는 든든한 안전 기지가 되어야 한다. 또한 자녀가 부모의 곁을 떠나 자유롭게 탐색 행동을 하도록 격려하는 동시에 언제든지 부모의 곁에 돌아와 안정감을 되찾고 에너지를 재충전하도록 지원하는 것이 중요하다. 연대성과 주체성의 발달과제를 원만하게 해결한 아동은 다른 사람과 친밀한 관계를 형성할 뿐만 아니라 혼자만의 활동에도 편안하게 전념할 수 있다. 혼자서도 잘 지내고 다른 사람과도 잘 지내는 건강한 사람으로 성장하게 되는 것이다.

부모는 자녀의 발달단계에 따라 양육 행동을 변화시키며 적절하게 대응하는 것이 중요하다. 선천적으로 내장되어 있는 행동체계가 하나씩 단계적으로 활성화되기 때문이다. 행동체계 이론은 생의 초기뿐만 아니라 성인기에 이르기까지 다양한 인간관계에 영향을 미치는 주요한 행동체계를 제시하고 있다. 유아기는 자녀의 애착체계와 부모의 돌봄체계가 선순환을 이루는 부모와 자녀 간 사랑의 허니문 단계라고 할 수 있다. 그러나 자녀의 운동기능이 발달하면서 탐색체계가 작동하기 시작한다. 이 시기의 자녀는 부모 곁을 떠나 탐색 행동에 집중하면서 사고를 치기도 하지만, 이는 독립적인 존재로 성장하기 위한 노력이다. 아동기 후반부터 권력체계가 작동하면서 부모와의 갈등이 시작되고 청소년기에 접어들면 자기주장이 증가하면서 부모와 자녀 관계에 커다란 변화가 일어난다.

4) 청소년기의 분리-개별화 과정

분리-개별화 과정은 유아기뿐만 아니라 청소년기에 다시 일어난다. 유아기에 어머니와의 심리적 융합에서 벗어나 자아의식을 발달시키는 것이 1차 분리-개별화 과정이라면, 청소년기에는 부모의 가치관과 신념체계에서 벗어나 자아정체성과 독자적인 신념체계를 형성하게 되는 2차 분리-개별화 과정이 나타난다(Blos, 1967). 이러한 분리-개별화 과정을 통해서 청소년은 부모의 정신세계로부터의 심리적 독립을 이루게 된다(Colarusso, 1990).

청소년기의 중요한 발달과제는 부모에 대한 유아적 의존에서 벗어나 심리적으로 독립하는 것이다(Blos, 1979). 청소년은 육체적 성장과 함께 부모와 상호작용하면서 자기주장과 힘겨루기가 증가한다. 이러한 현상은 특히 어머니와의 관계에서 더욱 두드러지게 나타난다. 청소년은 추상적 사고가 가능한 인지적 발달이 이루어지면서 개인적 견해가 생겨나고 부모의 생각과 가치에 저항하기 시작한다. 또래 친구들과의 관계에 집중하면서 부모와 함께 보내는 시간이 급격하게 감소한다. 또한 친구들이 중요하게 여기는 가치를 동일시하면서 부모와의 심리적 분리가 가속화된다. 옷과 헤어스타일은 청소년들이 개별화를 추구하는 상징적 표현이다. 특히 성에 관심이 높아지면서 사생활을 중시하고 부모와 거리를 두려고 노력한다. 이성과 친밀한 관계를 형성함으로써 청소년 자녀는 부모에 대한 정서적 의존에서 벗어나 2차 분리-개별화 과정을 마무리하게 된다.

1차 분리-개별화 과정이 유아가 '나'와 '나 아닌 것'을 구분하는 자아의식을 발달시키는 과정이라면, 2차 분리-개별화 과정은 '나는 이런 사람'이라는 자기정체감을 형성하는 과정이라고 할 수 있다. 청소년기의 분리-개별화 과정에서는 성격의 내면적 재구조화가 일어난다. 청소년은 자기에 대한 책임 의식이 증가하고 부모와 육체적으로나 심리적으로 분리할 뿐만 아니라 성생활에 참여하고 사회적 직업 활동을 준비하게 된다. 아동에서 성인으로 성장하기 위해서는 부모와의 분리-개별화가 필요하다.

청소년의 분리-개별화 과정은 순탄하게 진행되지 않는다. 자녀는 부모의 신념 체계와 가치관에 도전할 뿐만 아니라 부모의 지시에 반항하기 때문에 부모와 자녀 사이에 격렬한 갈등이 발생할 수 있다. 이러한 과정에서 청소년 자녀와 부모는 자신의 의견을 관철하기 위해서 치열하게 힘겨루기와 권력 투쟁을 할 수 있다. 청소년 자녀의 독립 투쟁은 부모와 자녀의 상대적 권력(강한 부모와 약한 자녀, 강한 부모와 강한 자녀, 약한 부모와 강한 자녀)에 따라 다양한 양상으로 진행된다. 부모와 자녀의 강 대 강 힘겨루기는 심각한 갈등을 초래하여 가출이나 비행과 같은 청소년 문제를 유발할 수 있다. 반면, 강한 부모의 통제를 받는 약한 자녀는 심리적 독립을 이루지 못한 채 부모의 뜻에 순종하는 '마마보이'와 같은 미숙한 상태로 남게 된다. 이처럼 자녀의 청소년기는 부모와 자녀 간의 사랑도 질풍과 노도의 변화를 겪게 되는 불안정한 시기다.

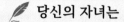 당신의 자녀는

- 칼릴 지브란 -

당신의 자녀는 당신의 소유가 아닙니다.
그들은 당신을 거쳐 태어났지만
당신으로부터 온 것이 아닙니다.

당신과 함께 있지만
당신에게 속해 있는 것은 아닙니다.

당신은 자녀에게 사랑을 줄 수는 있지만
생각을 줄 수는 없습니다.

그들은 자기의 생각을 가지고 있기 때문입니다.
당신은 자녀에게 육체의 집을 줄 수는 있어도
영혼의 집을 줄 수는 없습니다.

그들의 영혼은 내일의 집에 살고 있고
당신은 그 집을 결코,
꿈속에서도 찾아가면 안 되기 때문입니다.

당신이 자녀처럼 되려고 노력하는 건 좋지만
자녀를 당신처럼 만들려고 하지는 마십시오.

삶이란 뒷걸음쳐 가는 법이 없으며,
어제에 머물러 있는 것도 아니기 때문입니다.

5) 성인기의 분리-개별화 과정

미국의 정신분석가인 캘빈 콜라루소(Calvin Colarusso, 1990, 1998, 2000)에 따르면, 분리-개별화 과정은 평생 지속되는 발달과제다. 인생의 단계마다 애착했던 대상과 이별하고 새롭게 개별화하는 작업이 필요하기 때문이다. 콜라루소는 아동기와 청소년기뿐만 아니라 청년기, 중년기, 노년기에서 일어나는 5번의 분리-개별화 과정을 제시하고 있다.

앞에서 살펴보았듯이, 1차 분리-개별화 과정은 인생의 초기에 유아가 자아의식을 발달시키는 과정이고, 2차 분리-개별화 과정은 청소년기에 부모의 신념체계와 분리되어 자기정체감을 형성하는 과정이다.

3차 분리-개별화 과정은 청년기(20~40세)에 부모를 떠나 연인과 새로운 애착 관계를 맺고 가정을 이루면서 자녀와의 애착 관계로 나아가는 과정을 의미한다. 이 시기에는 생의 초기에 형성했던 애착의 일차적 대상인 부모와 물리적으로나 심리적으로 분리된다. 그 대신 이성과의 낭만적 사랑이 주된 관심사로 떠오르면서 연인과의 애착 관계로 옮겨 간다. 이 시기에는 연인, 배우자 또는 자녀와 애착 관계를 형성할 뿐만 아니라 직업, 섹스, 자녀양육과 같은 활동에 전념하면서 새로운 자기정체감을 지닌 존재로 개별화된다.

4차 분리-개별화 과정은 노화가 시작되는 중년기(40~60세)에 일어난다. 중년기에는 과거에 누렸던 많은 것들과의 분리가 시작된다. 우선, 노화가 일어나면서 젊음의 신체상과 분리할 뿐만 아니라 중년기 후반에는 자녀가 독립하면서 부모의 역할과도 이별하게 된다. 자녀의 감독자나 매니저 역할에서 분리되어 자녀와의 관계도 평등한 것으로 변한다. 또한 이 시기에는 은퇴라는 중요한 사건을 겪으면서 직장과 직장 동료들과 분리된다. 나아가서 부모의 죽음을 겪으면서 평생 맺어 온 부모와의 관계로부터 분리된다. 이 시기에는 제한된 시간과 다가오는 죽음을 수용하는 것이 중요하다. 자녀도 떠나고 부모도 떠나 자신만 남겨졌다는 쓸쓸한 느낌 속에서 손자녀와 새로운 친밀한 관계를 맺거나 자유로운 삶을 즐기는 새로운 삶의 단계로 넘어간다.

노년기(60세 이상)에 진행되는 5차 분리-개별화 과정에서는 '남겨지는 것'에서 '떠나는 것'으로의 심리적 전환이 일어난다. 죽음이 가까이 다가왔다는 것을 깨닫고 모든 것과 이별해야 한다는 것을 받아들이면서 떠나갈 준비를 하는 것이다. 이 시기에는 자신이 가진 지혜와 소유물을 다른 사람들에게 대가의 기대 없이 기부하는 행위를 통해서 사랑하는 사람들, 자신이 속한 공동체, 나아가 더 큰 집단과의 연대감을 추구한다.

인생은 만남과 헤어짐의 연속이다. 사랑한다는 것은 이별을 예약하는 것이다. 부모와 자녀 간의 깊은 사랑도 시간의 흐름과 함께 여러 번의 분리-개별화 과정을 통해 다양한 형태로 변하게 된다. 부모와 자녀 간의 사랑을 건강하게 잘 유지하기 위해서는 인간의 단계마다 일어나는 분리-개별화 과정을 잘 이해하고 수용하면서 지혜롭게 대처하는 것이 중요하다.

The Psychology of
Love

♥

제6장
부모와 자녀 간 사랑의 그림자

1. 부모-자녀 관계의 다양성

부모와 자녀 간의 사랑도 시간의 흐름에 따라 다양한 모습으로 변할 뿐만 아니라 문화와 시대에 따라서 다양한 형태로 나타난다. 부모-자녀 관계는 행복의 가장 중요한 원천이지만 불행이 싹트는 주된 근원이기도 하다. 부모-자녀 관계가 안정된 사랑으로 연결되어 있을 때는 가장 중요한 행복의 원천이지만, 갈등과 미움으로 얽혀 있을 때는 가장 고통스러운 불행의 근원이 된다. 불행을 예방하고 행복을 증진하기 위해서는 부모와 자녀 간의 사랑이 변화하는 과정을 이해하고 지혜롭게 대처하는 것이 중요하다.

1) 부모-자녀 관계의 문화적 차이

부모와 자녀 간의 사랑은 보편적인 현상이지만 문화에 따라 다양한 방식으로 표현될 수 있다. 문화는 부모가 자녀를 양육하는 방식에 영향을 미칠 뿐만 아니라 자녀에 대한 양육 목표와 기대에도 영향을 미친다. 예컨대, 아프리카의 어머니들은 자녀와의 신체적 접촉을 중시하는 반면, 미국의 어머니들은 자녀와 언어적 소통을 더 많이 한다(Richman et al., 1992). 일본의 어머니들은 독일의 어머니들보다 자녀의 버릇없는 행동에 대해서 더 허용적일 뿐만 아니라 자녀와의 갈등에서 더 많이 양보하는 경향이 있다(Trommsdorff & Kornadt, 2003). 또한 일본의 청소년들은 독일의 청소년들에 비해 부모가 간섭하지 않는 것을 자신이 거부당한 것으로 받아들이는 경향이 더 강하다(Trommsdorff, 1985).

문화마다 부모-자녀 관계에 부여하는 의미가 다를 뿐만 아니라 자녀 양육의 목표도 다르다. 예컨대, 미국이나 유럽과 같은 개인주의 문화에서는 자녀의 자율성과 독립성을 중시하며 양육하는 반면, 동아시아와 같은 집단주의 문화의 부모들은 자녀의 관계성과 상호의존성을 증진하는 데 초점을 두고 양육한다(Markus & Kitayama, 1991). 개인주의 문화에서는 부모와 자녀가 갈등할 경우에 서로 대등한 입장에서 협상하는 반면, 집단주의 문화에서는 부모의 입장이 자녀보다 우선시되는 경향이 있다.

동일한 문화에서도 사회계층에 따라 부모와 자녀의 관계가 다르다. 경제적 수준과 교육 수준이 높은 상위계층은 하위계층에 비해서 부모-자녀 관계를 더 중요하게 여길 뿐만 아니라 부모가 자녀 양육에 더 많은 관심을 지니고 더 많은 투자를 한다. 또한 부모-자녀 관계는 시대의 변화에 따라서 그 형태가 달라질 수 있다. 유교문화가 지배하던 조선시대에는 부모에 대한 자녀의 순종과 효도가 강조된 반면, 현대사회에서는 부모와 자녀의 상호존중이 중시되고 있다. 문화적 변화가 급격히 이루어지는 사회에서는 신념이나 가치관의 세대차가 증가하기 때문에 부모와 자녀의 갈등이 증가할 수 있다. 또한 여러 세대가 공존하는 고령사회로 진입하면서 부모에 대한 자녀의 부양 부담이 증가할 뿐만 아니라 가치관의 세대차가 확대되어 부모-자녀 관계에 커다란 변화가 나타날 수 있다. 이처럼 부모와 자녀 간의 사랑은 자녀의 발달단계에 따라 달라질 뿐만 아니라 문화와 시대에 따라 다양한 모습으로 나타날 수 있다.

2) 부모-자녀 관계의 개인차

사람마다 부모로부터 받은 사랑의 경험이 각기 다르다. 아버지와 어머니의 사랑을 듬뿍 받고 자란 사람도 있지만, 그렇지 못한 사람도 있다. 또한 어머니의 사랑은 충분히 받았지만 아버지의 애정은 경험하지 못한 사람도 있다. 때로는 아버지나 어머니와의 관계에서 깊은 심리적 상처를 입은 사람도 있다. 부모와의 관계가 어린 시절에는 좋았지만 성장하면서 부정적으로 변한 사람도 있다.

부모-자녀 관계가 항상 사랑으로만 연결되는 것은 아니다. 부모와 자녀 간의 사랑은 세월의 흐름과 상황의 변화에 따라서 다양한 형태로 달라질 수 있다. 발달심리학자들에 따르면, 부모-자녀 관계는 서로 영향을 주고받는 양방향적인 것이다 (Kuczynski et al., 1999). 달리 말하면, 어린 자녀는 부모의 양육 행동을 유인하는 적극적인 행동을 나타낼 뿐만 아니라 부모의 행동을 나름대로 해석하여 자신의 반응을 나타내는 능동적인 존재다.

부모-자녀 관계는 각기 독특한 기질, 성격, 가치관, 행동 습관을 지닌 부모와 자녀가 펼치는 매우 복잡한 역동을 통해서 변화한다. 또한 부모의 부부관계와 형제자매 관계에 따라 부모-자녀 관계는 다양하게 변화할 수 있다. 심각한 불화를 겪는 부모는 자녀를 자기편으로 만들기 위해 과도한 애착 관계를 형성할 수 있고, 자녀들은 부모의 사랑을 차지하기 위해 서로 경쟁하며 질투할 수 있다. 이처럼 부모-자녀 관계는 가족 체계의 관점에서 이해되어야 한다.

[그림 6-1]에서 볼 수 있듯이, 부모-자녀 관계는 가족 구성원 간의 미묘한 심리적 역동에 의해서 영향을 받는다. 예컨대, 아버지와 어머니, 그리고 아들과 딸은 성별에 따라서 각별한 사랑의 관계가 형성될 수 있다. '딸 바보 아버지'나 '아들 바보 어머니'처럼 이성 자녀를 유난히 편애하는 부모가 있는 반면, '마마보이'와 '파파걸'처럼 이성 부모와 유난히 친밀한 관계를 맺는 자녀도 있다. 이와 반대로, 동성 자녀와 각별하게 친밀한 관계를 형성하는 부자와 모녀도 있다. 그러나 지나침은 부족함만 못하듯이, 과도한 사랑도 부모와 자녀 간 갈등의 원천이 될 수 있다.

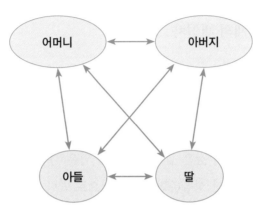

[그림 6-1] 부모-자녀 관계의 가족 역동

자녀에게 집착하면서 자기 뜻대로 조정하고 통제하려는 '간섭형 어머니' 때문에 심리적인 고통과 질식감을 경험하는 자녀들이 많다. 또한 자녀에게 자신의 기대를 일방적으로 강요하는 '독재형 아버지' 때문에 마음에 깊은 상처를 입거나 격렬하게 반항하는 자녀들도 있다.

부모-자녀 관계는 사랑으로 시작되지만 미움과 증오로 변화할 수 있다. 개인의 심리적 문제와 정신병리는 대부분 어린 시절에 경험한 부모와의 갈등에 뿌리를 두고 있다. 부모의 사랑이 과도한 통제와 집착으로 나타나면 자녀의 자율성을 훼손하거나 자녀의 저항 행동을 유발할 수 있다. 대부분의 경우, 부모-자녀 관계에는 강렬한 애증이 존재한다. 부모와 자녀가 서로에게 폭력을 행사하거나 심지어 살해하는 경우도 있다.

부모와 자녀 간의 갈등은 불행과 비극의 주된 원천이다. 동서고금을 막론하고 부모와 자녀 간의 갈등으로 인해 비극적인 결말을 보인 역사적 사례들이 무수하게 많다. 그 대표적인 사례는 아들을 뒤주에 가두어 굶어 죽게 한 영조와 사도세자의 부자 관계다. 부모-자녀 관계에 존재하는 애증을 잘 이해하고 건강한 관계로 발전시키는 것은 부모와 자녀 모두의 행복을 위해서 매우 중요하다.

3) 한국인의 부모-자녀 관계

우리나라는 경제적 수준에 비해 행복도가 낮은 대표적인 국가다. 그 중요한 이유 중 하나는 한국인의 부모-자녀 관계에 있다. 우리나라 아동과 청소년의 행복도는 OECD 가입 국가 중에서 가장 낮다. 2021년에 조사된 자료(염유식, 성기호, 2021)에 따르면, 우리나라 아동과 청소년의 행복도는 OECD 22개국 중 최하위인 것으로 나타났다. 학년이 높아질수록 행복을 위해 '관계적 가치'가 중요하다는 응답은 줄고, '물질적 가치'가 중요하다는 응답이 많아진 점도 주목할 만하다.

2019년과 2020년에 전국 5만 명 이상의 청소년을 대상으로 실시한 '청소년 건강행태 온라인조사'에 따르면, 청소년의 34~40%가 평소에 스트레스를 '대단히 많이' 또는 '많이' 느낀다고 응답했으며, 청소년의 11~13%가 자살 사고를 하고, 2~3%가 자살 시도를 한 것으로 나타났다(이진화, 권민, 2021). 또한 전국 9~17세의 아동과 청소년 4천여 명을 대상으로 실시한 '2018년 아동종합실태조사'(류정희 등, 2018)에 따르면, 스트레스를 받는 이유는 '숙제나 시험 때문에'(64%)가 가장 많았고, 다음으로는 '성적 때문에 부모님으로부터'(56%), '부모님의 지나친 간섭으로'(40.2%), '부모님과의 의견충돌이 있어서'(38.8%)였다.

우리나라 아동과 청소년이 느끼는 학업 스트레스는 부모에 의한 것이다. 부모가 자녀에게 학업 스트레스를 주는 이유는 자녀를 사랑하기 때문이다. 자녀가 행복하려면 좋은 대학에 들어가야 한다는 부모의 생각 때문이다. 자녀의 행복을 위한 부모의 사랑이 자녀를 불행하게 만들고 있는 것은 참으로 역설적인 현실이다.

최근에 1인 가구가 늘고 청년들이 결혼과 자녀 출산을 기피하는 현상도 부모-자녀 관계와 무관하지 않다. 1인 가구가 늘어나는 이유 중 하나는 부모로부터 일찍 독립하려는 미혼 청년들이 늘어났기 때문이다. 부모와 함께 사는 것이 불편하고 괴롭기 때문에 많은 미혼 청년이 경제적 부담에도 불구하고 독립적인 삶을 추구하는 것이다. 안전 기지와 피난처 역할을 해 주어야 할 부모가 오히려 스트레스의 주된 원인이 되고 있다. 또한 결혼에 대한 부정적인 견해를 지닌 청년들이 늘어나고 있을 뿐만 아니라 결혼하더라도 자녀를 낳지 않겠다는 청년들도 증가하고 있다. 이러한 현상의 원인은 경제적인 부담뿐만 아니라 많은 청년이 부모의 행복한 부부생활과 부모와의 건강한 관계를 경험하지 못했기 때문이다.

부모-자녀 관계는 세대 간 전이를 통해 후속세대에게 이어지는 경우가 많다. 우리나라는 일제강점기와 한국전쟁의 극심한 혼란 속에서 가족관계가 불안정해졌다. 한국전쟁 이후에 태어난 베이비붐 세대는 가난과 불안정한 가족관계 속에서 성장하며 부모가 자녀에게 어떤 역할을 해야 하는지를 학습할 기회를 갖지 못했다. 이후의 경제발전과 더불어 물질주의적 가치관이 밀려들면서 관계적 가치의 소중함이 퇴색되었다. 그 결과, 한국의 부모들은 자녀와의 관계에서 학력과 물질적 가치를 강조하면서 자녀에게 학업 스트레스를 주는 존재가 되었다. 후속세대에게 물려주어야 할 소중한 가치는 돈과 재물뿐만 아니라 부모의 사랑과 더불어 자녀와 건강한 관계를 맺는 양육 방법이다.

2. 부모-자녀 간의 상호작용

부모-자녀 관계는 자녀의 기질과 부모의 양육방식이 상호작용하여 결정된다. 자녀의 기질과 부모의 양육방식이 조화를 이루지 못하면, 부모는 자녀 양육에 어려움을 겪게 되고 자녀는 부모와 안정된 관계를 형성하기 어렵다. 부모와 자녀의 상호작용은 다양한 요인(경제적 여건, 부부관계, 생활사건 등)이 작용하는 가족의 맥락 속에서 일어나는 매우 복잡한 현상이다.

1) 부모-자녀 관계의 양방향성

많은 사람이 부모가 일방적으로 자녀에게 영향을 미친다고 생각한다. 특히 어린아이는 무력한 존재이기 때문에 부모의 양육 행동에 의해 일방적인 영향을 받는다고 생각한다. 그래서 자녀가 나타내는 문제행동은 모두 부모의 책임이라고 여기는 경향이 있다. 그러나 발달심리학자들에 따르면, 부모-자녀 관계는 서로 영향을 주고받는 양방향적인 것이다(Kuczynski et al., 1999). 어린아이는 수동적이고 무력한 존재가 아니라 부모의 양육 행동을 유인하는 적극적인 행동을 나타낼 뿐만 아니라 부모의 행동을 나름대로 해석하여 반응하는 능동적인 존재라는 것이 밝혀지고 있다.

발달심리학자인 쿠친스키(Kuczynski, 2003)에 따르면, 부모-자녀 관계는 교환 또는 거래의 상호작용을 통해 서로 영향을 주고받는 순환적 인과관계 속에서 변증법적으로 변화한다. [그림 6-2]에 제시되어 있듯이, 부모와 자녀는 매 순간 서로의 행동에 영향을 미치며 상호작용한다. 부모의 긍정적 행동은 자녀의 긍정적 반응을 유발하고 자녀의 긍정적 반응은 부모의 긍정적 행동을 유발하여 선순환을 이루게 된다. 그러나 부모가 부정적 행동을 나타내면 자녀는 부정적 반응으로 응수하

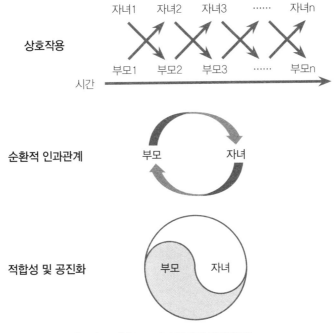

[그림 6-2] 부모-자녀 관계의 양방향성

고 자녀의 부정적 반응은 부모의 부정적 행동을 유발하여 부모-자녀 관계가 악순
환에 빠져들게 된다. 부모와 자녀의 권력은 비대칭적이지만, 약자인 자녀가 일방
적으로 부모에게 끌려가는 것은 아니다. 부모-자녀 관계는 타협과 절충이 이루어
지는 상호의존적 관계 속에서 발전한다.

부모-자녀 관계에 영향을 미치는 중요한 요인 중 하나는 부모와 자녀의 적합성
이다. 부모와 자녀 간에는 심리적 궁합이 중요하다. 부모의 성격이나 양육 태도가
자녀의 기질과 조화롭게 일치하지 않으면 부모-자녀 관계에 갈등이 발생할 수 있
다. 이처럼 부모-자녀 관계는 적합성의 정도에 따라 다양한 방식으로 상호작용하
며 함께 진화해 나가는 유기체적 관계라고 할 수 있다.

◆ 부모-자녀 관계에 대한 진화심리학 ◆

인간의 신생아는 유난히 무력한 상태로 태어나고 성장에 오랜 기간이 걸리기 때문에 부모
의 돌봄을 효과적으로 이끌어 내야 한다. 미국의 진화생물학자인 트리버스(Trivers, 1974)는
'부모-자식 갈등 이론'을 제시하면서 어린아이는 능동적으로 자신의 이익을 추구하는 전략가
라고 주장했다. 신생아는 태어나면서부터 둥근 머리, 통통함, 우렁찬 울음소리를 통해서 자신
이 건강한 아이라는 점, 즉 부모로 하여금 양육할 가치가 있는 아이라는 신호를 보낸다.

어린아이는 어머니의 냄새를 기억하며 어머니의 시선과 다정함을 분석하고 평가한다. 아이
는 어머니의 역할을 조정하는 전문가로서 최대 관심사는 어머니가 계속 곁에서 자신을 보살
펴 줄 것인지를 알아내고 그 가능성을 높이는 것이다. 아이의 입장에서는 부모와 애착을 형성
하는 것이 생존을 위해 매우 효과적인 전략이다.

그러나 어머니가 자녀에게 투자하는 자원의 양과 시간에 대해서 어머니와 자녀 간에 또는 형제자매 간에 투쟁이 벌어진다. 어머니가 새로운 아이를 낳으면 이미 성장한 아이에게서 빨리 젖을 떼고자 하지만 아이는 오래도록 젖을 먹고 싶어 한다. 어린아이는 어머니의 행동을 강요할 수 있는 권력을 가지고 있지 않지만, 약자의 심리적 전략(예: 엄살 부리기, 어리광 부리기, 떼쓰기)을 구사하여 어머니의 자원을 최대한 얻어 낸다(홍숙기, 2011). 아이는 아무것도 모르는 연약하고 천사 같은 존재가 아니다.

미국의 인류학자인 세라 허디(Sarah Hrdy, 1999)는 어머니와 자녀 사이에 벌어지는 암투의 드라마를 관찰한 자료에 근거하여 거룩한 모성애는 신화에 불과하다고 주장한다. 침팬지든 인간이든, 양육해야 할 많은 자녀에 비해 자원이 부족한 어머니는 일부 자녀의 생존을 위해서 다른 자녀를 버리거나 살해하기도 한다. 허디에 따르면, 모든 생명체는 전략가이자 기회주의자이며 생존전문가다. 어린아이도 부모와 대등한 수준의 생존전문가라고 할 수 있다.

2) 자녀의 기질

신생아는 독특한 기질(temperament)을 지니고 태어난다. 같은 부모에게서 태어난 자녀들도 각기 다른 기질을 지닌다. 신생아는 신체적 활동 수준이 다를 뿐만 아니라 먹고 자고 배설하는 규칙성도 다르다. 낯선 자극에 흥미나 두려움을 느끼는 정도와 무언가에 계속 집중하는 끈기도 다르다. 특히 신생아들은 긍정 또는 부정 정서를 느끼는 정도와 그 표현의 강렬함에서도 개인차를 나타낸다. 배고픔을 느낄 때 조용히 칭얼거리는 아이가 있는 반면, 크게 울어대며 발버둥을 치는 아이도 있다. 이러한 신생아의 기질은 부모의 양육 행동뿐만 아니라 부모와의 정서적 유대관계에도 영향을 미친다.

발달심리학자인 토마스와 체스(Thomas & Chess, 1984, 1986)에 따르면, 유아들은 다음과 같은 아홉 개의 측면에서 개인차를 나타낸다. ① 일상생활에서의 신체적 활동량, ② 새로운 자극이나 낯선 사람에 대한 반응 성향, ③ 새로운 변화에 쉽게 적응하는 정도, ④ 긍정적 또는 부정적 정서의 비율, ⑤ 목표 지향적 활동을 지속하는 끈기, ⑥ 외부 자극에 쉽게 방해를 받는 정도, ⑦ 생리적 기능(먹기, 자기, 배변하기)의 규칙성, ⑧ 긍정적 또는 부정적 반응의 강렬함, ⑨ 반응을 유발하는 데 필요한 자극의 정도다. 이러한 여러 가지 기질을 요약하면, 아동은 세 가지 유형의 기질, 즉 순한 기질, 까다로운 기질, 더딘 기질을 지닌 것으로 구분할 수 있다.

순한 기질의 아동(easy child)은 수면, 음식 섭취, 배설 등의 일상생활 습관에 있어서 대체로 규칙적이고 반응 강도는 보통 수준이다. 새로운 음식을 잘 받아들이고, 낯선 대상에게도 스스럼없이 잘 접근하며, 환경의 변화에 대한 적응력도 높다. 대체로 평온하고, 행복한 정서가 지배적이며, 약 40%의 아동이 이러한 유형에 속한다.

까다로운 기질의 아동(difficult child)은 생활 습관이 불규칙하며, 예측하기 어렵고, 환경으로부터의 자극이나 욕구 좌절에 대한 반응 강도가 강하다. 새로운 음식을 받아들이는 속도가 늦고, 낯선 사람에게 의심을 보이며, 환경의 변화에 대한 적응도 늦다. 크게 울거나 웃는 등 강한 정서를 자주 나타내며, 부정 정서도 자주 보인다. 약 10%의 아동이 이러한 유형에 속한다.

더딘 기질의 아동(slow to warm up child)은 상황의 변화에 대한 적응이 늦고, 낯선 사람이나 사물에 부정적인 반응을 보이는 점에서는 까다로운 아동과 유사하다. 그러나 까다로운 아동과 달리 활동이 적고 반응 강도가 약하다. 수면, 음식 섭취 등의 생활 습관은 까다로운 아동보다 규칙적이지만, 순한 아동보다는 불규칙하다. 전체 아동의 약 15%가 이 유형에 속하는 것으로 보고되었다.

유아의 기질과 어머니의 양육방식 간의 조화는 성격 형성에 매우 중요하다. 예를 들어, 깔끔하고 규칙적인 것을 고집하는 성격을 지닌 어머니는 산만하고 충동적인 기질을 지닌 아이를 양육하는 데 어려움을 겪게 된다. 일반적으로, 까다로운 기질을 지닌 아동이 문제행동을 더 많이 나타내는 것으로 보고되고 있다. 아동의 까다로운 기질 자체가 문제행동을 유발할 수 있다. 그러나 까다로운 기질의 아동은 부모를 짜증나게 만들어 부정적인 양육 행동을 촉발함으로써 부모-자녀 갈등으로 인해 문제행동이 나타나는 경우가 많다.

3) 부모의 양육방식

부모가 자녀를 양육하는 방식은 매우 다양하다. 부모는 누구나 자녀에 대한 애정을 지니지만 성격, 애착 유형, 가치관, 상황적 요인에 의해서 자녀를 독특한 방식으로 양육할 수 있다. 부모의 양육방식은 아동의 행동에 영향을 미치는 중요한 요인이다.

(1) 부모의 양육방식과 자녀의 행동 특성

발달심리학자인 맥코비와 마틴(Maccoby & Martin, 1983)에 따르면, 부모가 나타내는 다양한 양육방식은 애정과 통제의 두 차원으로 구분할 수 있다. 애정(affection)은 따뜻하고 지지적인 태도로 자녀의 욕구에 민감하게 반응하는 것을 의미한다. 애정이 많은 부모는 자녀의 삶에 따뜻하고 지지적인 관심을 지니며, 자녀가 원하는 것을 민감하게 알아차릴 뿐만 아니라 적절한 시기에 적절한 방식으로 반응하여 자녀의 욕구를 충족시킨다. 반면, 냉담한 부모는 자녀의 삶에 무관심하고 자녀의 욕구에 둔감할 뿐만 아니라 자녀의 요구를 거부하거나 충분히 충족시켜 주지 않는다.

통제(control)는 부모가 자녀에게 규율과 제약을 제시하며 강압적으로 훈육하는 정도를 뜻한다. 통제적인 부모는 자녀의 감독자나 매니저의 역할을 맡아서 자녀의 행동을 지시하거나 참견하고 자녀의 자율적 행동을 억제한다. 반면, 방임적인 부모는 자녀의 훈육에 무관심한 양육방식을 나타내며 자녀 양육보다 자신의 개인적인 삶(직장생활, 취미활동 등)에 더 많은 관심을 지니거나 우울증 또는 부부 갈등과 같은 자신의 심리적 문제에 몰두하는 경향이 있다. 애정과 통제의 두 차원을 고려하면, 부모의 양육방식은 〈표 6-1〉과 같이 네 가지 유형, 즉 원칙형, 강압형, 허용형, 방임형으로 구분할 수 있다.

부모의 양육방식에 따라 아동의 행동이 달라진다(Baumrind, 1991). 원칙형 방식으로 양육된 아동은 활기차고 다정하며, 자기조절을 잘하고, 스트레스에 잘 대처하며, 또래 친구와 잘 사귀고, 새로운 상황에 흥미와 호기심을 보인다. 반면, 강압

표 6-1 부모의 애정과 통제에 근거한 양육방식의 유형

		부모의 애정	
		많음	적음
부모의 통제	강함	**원칙형 양육** • 애정적이고 반응적임 • 규율을 명확하게 전달함 • 아동의 고집에 굴복하지 않음 • 아동의 의견을 듣고 조정함 • 아동의 연령에 적절한 성숙하고 독립적인 행동을 육성함 • 아동과 함께 하는 문화적 활동이 많음	**강압형 양육** • 지배적이고 강압적임 • 규율을 맹목적으로 강요함 • 나쁜 행동을 즉각 지적하고 처벌함 • 규율을 명확하게 설명하지 않음 • 심한 처벌과 훈육을 가함 • 애정과 긍정적 관여가 낮음 • 아동과 함께 하는 문화적 활동이 적음
	약함	**허용형 양육** • 아동 중심적이고 수용적임 • 규율을 명시하거나 부과하지 않음 • 아동의 울음이나 고집에 굴복함 • 훈육에 일관성이 없음 • 성숙한 행동에 대한 요구가 적음 • 나쁜 행동을 무시하거나 허용함 • 충동이나 욕구의 자유로운 표현을 강조함	**방임형 양육** • 자녀양육에 무관심하고 비요구적임 • 자녀의 요구에 대한 반응이 적음 • 훈육에 대한 의지나 일관성이 없음 • 자녀의 접근에 거부적이며 심리적인 거리를 유지함 • 의사소통이 일방적이고 부족함 • 부모 역할에 대한 자신감이 없거나 무지함

형 부모 밑에서 자란 아동은 불안하고, 우울하며, 스트레스를 잘 느끼고, 적대적이며, 배타적인 경향이 있다. 허용형의 양육을 받은 아동은 충동적이고, 자기 통제력이 낮으며, 어른에게 저항하며, 공격적인 경향이 있다. 방임형 양육을 받은 아동은 부모에게 의존하기를 중단하고, 나이에 비해 조숙하며, 독립적인 행동을 나타내는 경향이 있다. 이러한 아동은 정서적으로 둔감하고, 내면적인 규율 의식이 부족하여 청소년기에 폭력이나 비행을 나타내는 경향이 있다.

자녀 양육은 어머니와 아버지가 함께 하는 것이다. 일반적으로 어머니의 역할이 더 중요하지만 아버지가 중대한 영향을 미치는 경우도 많다. 어머니와 아버지의 양육방식이 유사할 수 있지만 현저하게 다를 수도 있다. 예컨대, 어머니는 자녀

에게 허용형 양육을 하는 반면, 아버지는 강압형 양육을 선호할 수 있다. 엄부자모
(嚴父慈母)라는 말이 있듯이, 우리나라의 전통적인 사회에서 아버지는 훈육을 위
한 권위적인 통제자의 역할을 맡고, 어머니는 애정을 전달하는 따뜻하고 지지적인
양육자의 역할을 맡았다. 자녀가 잘못하면, 아버지는 야단을 치고 어머니는 뒤에
서 달래며 위로해 주었다. 그래서 자녀들은 아버지에게 두려움과 거리감을 느끼
는 반면, 어머니에게는 따뜻함과 편안함을 느끼는 경향이 있다.

(2) 부모의 애착 유형과 양육방식

　부모의 양육방식은 애착 유형과 관련되는 것으로 알려져 있다. 좋은 양육을 위
해서는 애정과 통제의 균형이 필요하다. 부모의 따뜻함과 개방성, 지속적인 지지,
꾸준한 관찰과 감독, 자녀에게 자율성 허용, 자녀의 나이에 맞는 훈육을 위한 명확
한 규칙과 제한의 설정이 필요하다. 애착 이론의 관점에서 보면, 좋은 양육은 부모
가 자녀의 안정된 애착 대상이 되어 주는 것이다. 부모는 자녀의 안전 기지가 되어
자녀가 세상을 활기차게 탐색하도록 격려하는 동시에 피난처가 되어 자녀가 어려
움을 겪을 때마다 따뜻한 위로와 돌봄을 제공하는 것이 중요하다.

　부모의 불안정 애착 패턴은 자녀 양육에 부정적인 영향을 미칠 수 있다. 불안
애착의 부모는 자녀에게 과도한 애정을 베풀며 집착하거나 자녀의 부적절한 행동
에 대해서 적절한 훈육을 하지 못하는 허용형 양육방식을 나타낼 수 있다. 반면,
회피 애착의 부모는 친밀한 관계에 불편함을 느끼기 때문에 자녀에게 거리를 두
거나 냉담한 행동을 통해 방임형의 양육 행동을 나타낼 수 있다. 또한 이들은 좌
절이나 스트레스를 인내하지 못하고 회피하는 경향이 있기 때문에 자녀의 행동을
과도하게 통제하는 강압형 양육방식을 나타낼 수도 있다. 실증적인 연구(Donita
& Maria, 2015)에 따르면, 강압형 양육방식은 회피 애착의 부모에게서 나타나는 경
향이 있다.

　특히 자녀가 고통을 느낄 때 부모가 따뜻하고 민감한 반응을 해 주는 것은 매우
중요하다. 자신의 감정을 잘 조절하지 못하거나 감정 표현에 익숙하지 못한 부모

는 자녀의 고통에 적절한 공감 반응을 해 주기 어렵다(Collins et al., 2011). 이런 점에서 불안정 애착의 부모는 자녀의 정서적 고통에 대한 적절한 돌봄을 제공해 주기 어렵다. 이 밖에도 부모의 양육방식은 성격특성, 부부관계, 상황적 요인에 영향을 받을 수 있다.

3. 역기능적인 부모-자녀 관계

부모와 자녀 간의 사랑이 중요한 이유는 친밀한 관계 속에서 서로의 행복과 성장을 증진하기 때문이다. 부모는 자녀의 성장을 지원하며 행복과 보람을 느끼고, 자녀는 부모의 돌봄 속에 성장하면서 감사와 행복을 경험할 수 있다. 그러나 부모의 양육방식과 자녀의 기질이 서로 잘 맞지 않을 경우에는 역기능적인 관계로 발전할 수 있다. 역기능적인 부모-자녀 관계에서는 사랑이 미움으로 바뀌어 서로 갈등하고 저항하며 부모와 자녀 모두 불행에 빠져든다.

1) 부모-자녀 관계의 위험성

부모-자녀 관계만큼 원만하게 유지하기 어려울 뿐만 아니라 위험한 인간관계도 없다. 많은 사람이 부모-자녀 관계에서 가장 깊은 마음의 상처를 입고 괴로워한다. 대부분의 정신장애는 부모-자녀 관계의 갈등에 뿌리를 두고 있다. 인생의 불행과 비극은 대부분 역기능적인 부모-자녀 관계와 관련되어 있다.

부모-자녀 관계가 위험한 이유는 가장 빈번한 상호작용이 일어나는 관계이기 때문이다. 서로의 욕구와 선호가 충돌하여 갈등이 유발될 가능성이 높기 때문이다. 또한 부모-자녀 관계처럼 서로에게 높은 기대를 지니고 많은 것을 요구하는 관계도 없다. 이러한 관계에서는 필연적으로 서로에게 실망하고 불만을 느끼며 분노를 경험할 가능성이 높다.

　많은 사람이 부모로부터 깊은 마음의 상처를 받는다. 부모-자녀 관계는 권력이 비대칭적이기 때문에 강자인 부모는 약자인 자녀의 자유와 욕망을 제약하게 된다. 부모의 훈육은 기본적으로 자녀의 본능적 욕망을 사회적 규범에 맞도록 제한하는 것이다. 자녀의 관점에서 보면, 부모는 자유를 억압하는 존재다. 특히 강압형 양육방식을 지닌 부모는 무리한 요구와 부당한 처벌을 통해서 자녀의 마음에 깊은 상처를 입힐 수 있다.

　부모-자녀 관계는 고통스럽더라도 벗어날 수 없다는 점에서 위험하다. 사랑하는 연인도 불만스러우면 헤어지고 심지어 부부도 갈등이 깊어지면 이혼할 수 있다. 그러나 부모-자녀 관계는 힘들고 괴롭더라도 떠날 수 없는 관계다. 그래서 자녀는 부모의 부당한 요구와 억압 속에서 지속적인 고통을 받으며 깊은 상처를 입게 된다. 많은 청소년이 부모와의 갈등에서 벗어나기 위해 가출을 꿈꾸거나 시도하지만 독립할 능력이 없기 때문에 가정으로 돌아올 수밖에 없다. 이처럼 자녀는 탈출할 수 없는 관계 속에서 반복되는 부모의 일방적 행동으로 인해 깊은 상처를 입을 수 있다.

　부모-자녀 관계의 특징 중 하나는 세월이 흐르면서 상대적 권력이 변한다는 점이다. 세월의 흐름과 함께 자녀는 성장하고 부모는 쇠락하는 쌍곡선 속에서 부모-자녀 관계는 끊임없이 변화한다. 청소년으로 성장한 자녀는 아동기의 나약하고 순진한 아이가 아니다. 어린 시절에 부모로부터 깊은 상처를 입은 사람들은 성인이 되어 늙은 부모에게 따뜻한 돌봄을 제공하기 어렵다.

　부모-자녀 관계는 가족의 복잡한 역동 속에서 변화한다. 특히 부모의 부부 갈등은 자녀에게 매우 고통스럽다. 대부분의 경우, 갈등하는 부모는 자녀를 끌어들여 삼각관계를 만든다. 예컨대, 어머니와 친밀한 자녀는 어머니를 학대하는 아버지에게 분노를 느끼며 증오할 수 있다. 아버지와 아들의 관계는 특히 위험하다. 남녀로 구성된 가족관계에는 동성 간 경쟁과 이성 간 이끌림이 존재한다. 아들은 어머니에게 각별한 애정을 느끼면서 아버지를 적대시하는 일반적인 경향이 있다. 프로이트는 아들이 어머니의 애정을 얻기 위해 아버지를 적대시하는 삼각관계의 갈등을 오이디푸스 콤플렉스(Oedipus complex)라고 불렀다. 아버지에 대한 아들의 적개심은 매우 강렬한 것이어서 아버지를 죽이려는 살부(殺父) 동기와 연결될 수 있다. 인류의 역사에는 아들이 아버지를 살해한 비극적인 사례가 수없이 많다.

◆ 오이디푸스 콤플렉스: 아버지와 아들의 갈등 ◆

아버지와 아들은 같은 남자로서 동질감을 느끼며 부자지간(父子之間)의 깊은 애정을 느낄 수 있다. 그러나 아버지와 아들 사이에는 갈등으로 발전하기 쉬운 미묘한 긴장이 존재한다. 아버지를 싫어하는 아들도 많고, 아들에게 실망한 아버지도 많다. 부자세습의 전통이 있는 가부장적 사회에서 아버지는 아들에게 높은 기대를 지니고 많은 것을 요구한다. 아들이 이러한 기대에 부응하지 못하면 아버지는 좌절감을 느끼며 아들을 비난하게 된다. 아들은 아버지의 비난을 받으며 저항감과 분노를 느끼게 된다. 이처럼 아버지와 아들의 갈등이 심해지면 살해 충동을 유발할 수 있다. 인류의 역사에는 영조(英祖)처럼 아들인 사도세자를 죽인 아버지도 존재하지만 오이디푸스처럼 아버지를 살해한 아들의 사례가 드물지 않다.

정신분석의 창시자인 프로이트는 자기분석과 임상 사례를 통해서 아들이 어머니의 사랑을 얻기 위해 아버지를 적대시하는 심리적 경향성을 발견했다. 그는 이러한 경향성을 대부분의 부자 관계에서 보편적으로 나타나는 현상이라고 믿었으며 **오이디푸스 콤플렉스**라고 지칭했다. 오이디푸스는 고대 그리스의 비극 작가 소포클레스(Sophocles)의 작품인 『오이디푸스 왕』에서 아버지를 죽이고 어머니와 결혼한 주인공의 이름이다. 『오이디푸스 왕』의 줄거리는 다음과 같다.

도시국가인 테베의 왕인 라이우스(Laius)는 앞으로 태어날 아들이 자신을 죽일 것이라는 신탁의 경고를 받는다. 여왕인 이오카스테(Iocaste)가 아들을 낳자, 왕은 아이를 산에다 버려 죽게 하라고 명령한다. 버려진 아이는 양치기에게 발견되어 다른 도시국가의 왕에게 전해졌으며, 왕은 그 아이를 길렀다. 그 아이가 바로 오이디푸스다.

오이디푸스가 청년으로 성장했을 때, 먼 길을 가다가 우연히 갈림길에서 라이우스를 만나게 된다. 갈림길의 통행 우선권을 놓고 싸움을 벌이다가 오이디푸스는 자신의 아버지인 라이우스를 죽인다. 그 후에 오이디푸스는 테베로 가는 길을 막고 있는 스핑크스(Sphinx)를 만난다. 스핑크스는 모든 여행자에게 수수께끼를 제시하여 그것을 풀면 통과시키고 풀지 못하면 목숨을 빼앗는 괴물이다. 오이디푸스는 수수께끼를 풀었고 스핑크스는 치욕감으로 인해 스스로 목숨을 끊는다. 이 일을 감사하게 여긴 테베 사람들에 의해서 오이디푸스는 왕으로 추대되어 이오카스테와 결혼한다. 평화를 되찾은 테베에 전염병이 퍼지는 일이 발생한다. 신들은 라이우스의 살해자를 찾으면 그 상으로 전염병을 거두겠다는 뜻을 전한다. 오이디푸스는 도시를 구하기 위해 살해자를 반드시 찾겠다고 맹세한다. 그러나 오이디푸스는 결국 자신이 아버지를 죽인 살해자이며 어머니와 결혼했다는 사실을 알게 되면서 자신의 눈을 찔러 실명하고, 이오카스테는 목을 매어 자살하는 비극적 결말로 이야기가 끝난다.

프로이트가 주장한 오이디푸스 콤플렉스는 보편적인 현상이 아니라는 비판이 존재하지만 아버지와 아들의 관계가 어머니를 매개로 하여 극단적 갈등으로 비화할 수 있음을 보여 주고 있다. 프로이트가 오이디푸스 콤플렉스에 주목한 이유는 어린 시절에 경험한 삼각관계의 갈등이 잘 해결되지 않으면 성인기에 신경증을 유발할 수 있기 때문이다.

프로이트는 성(sex) 에너지가 인간의 삶을 움직이는 가장 중요한 원동력이라고 여겼다. 성욕은 사회에서 억압하기 때문에 무의식에 잠복하여 작동하지만 인간의 삶에 강력한 영향을 미친다. 프로이트에 따르면, 쾌락을 추구하는 아동의 성향은 성 에너지와 관련되어 있다. 아동의 정신세계는 쾌락을 제공하는 육체의 세 부위, 즉 입, 항문, 성기에 집중하며 발전한다. 신생아는 주로 입을 통해 어머니의 젖을 빨며 쾌락을 추구하는데, 이 시기가 구강기(oral stage)다. 생후 1년 반경부터 유아는 젖을 떼고 부모로부터 변훈련을 받으며 항문에 관심을 집중하는 항문기(anal stage)를 거쳐 만 3세경부터는 성기에 집중하는 남근기(phallic stage)로 넘어간다.

어머니와의 사랑에 집착하는 남근기의 아동

남근기에 접어든 남자아이는 성기에 대한 깊은 관심을 보이면서 이성 부모인 어머니에게 유혹적인 행동을 나타내며 애정을 독점하려고 노력하는 동시에 동성 부모인 아버지를 경쟁자로 여기며 적대시한다. 이 시기의 아동은 부모와의 삼각관계 속에서 심리적 갈등을 경험하며 마음속으로 활발한 상상을 하게 된다. 남자아이는 어머니와 성적으로 결합하는 동시에 아버지가 죽거나 사라지기를 바라는 상상을 하기도 한다. 이러한 근친상간과 부친살해의 상상에 대해서 아버지로부터 남근이 잘리는 보복을 당할지 모른다는 **거세불안**(castration anxiety)을 경험하게 된다. 어머니의 애정을 독점하려는 어린 아들은 아버지에 대해서 경쟁심, 적대감, 두려움, 존경심, 애정의 복잡한 감정 속에서 갈등을 경험하게 되는데, 이것이 바로 오이디푸스 콤플렉스다.

남근기의 아동이 나타내는 행동에 대해서 부모가 유연하게 대응하면, 아동은 세대가 다른 어머니와의 사랑을 포기하고 아버지를 닮으려는 동일시를 통해서 남자의 성역할을 학습하게 된다. 오이디푸스 콤플렉스의 원만한 해결을 통해서 아동은 건강한 성 정체감을 형성하고 부모의 도덕적 관념을 수용하는 동시에 삼각관계의 복잡한 감정을 처리함으로써 성인기에 건강한 이성 관계를 맺을 수 있는 능력을 발달시키게 된다. 그러나 오이디푸스 콤플렉스를 잘 해결하지 못하면, 아동의 성격 발달과 이후의 삶에 부정적 영향을 받게 된다. 예컨대, 권위적인 인물에게 과도한 두려움이나 저항감을 느끼거나 인간관계에서 지나치게 경쟁적이거나 강한 질투심을 느끼는 성격특성으로 나타날 수 있다. 여자아이의 경우에는 아버지의 애정을 독점하면서 어머니를 경쟁자로 인식하는 현상이 나타날 수 있는데, 이러한 현상을 **엘렉트라 콤플렉스**(Electra complex)라고 한다. 어린 시절에 부모와의 관계에서 경험하는 이러한 갈등은 완전히 해소되는 것이 아니라 무의식 속에 남아 평생 개인의 삶 전반에 영향을 미칠 수 있다.

2) 역기능적 부모-자녀 관계의 유형

부모-자녀 관계에는 갈등을 유발하는 암초가 많다. 특히 청소년기에 자기주장이 강해지는 자녀와 부모의 관계에서 갈등이 증가한다. 청소년 자녀와 부모는 학교 성적, 친구 문제, 귀가 시간, 용돈 사용, 정리 정돈, 청결, 형제자매 갈등, 자질구레한 집안일과 같은 일상적인 일로 갈등을 겪을 수 있다. 일반적으로 부모와 자녀의 갈등은 청소년기에 심화하고, 20대 중반부터 감소하다가, 30대 이후에 해소되는 경향이 있다(Laursen & Ferreira, 1994). 그러나 청소년기에 심화하는 부모-자녀 갈등을 잘 해소하지 못하면 다양한 유형의 역기능적 부모-자녀 관계로 발전할 수 있다.

(1) 투쟁형 부모-자녀 관계

투쟁형 부모-자녀 관계는 부모와 자녀가 서로를 적대시하며 자주 충돌하는 경우를 뜻한다. 강압형 양육방식을 지닌 부모가 까다로운 기질을 지닌 자녀에게 무리한 요구와 제약을 가할 경우에 이러한 유형의 관계로 발전할 수 있다. 강압형 부모는 자녀에 대한 기대 수준과 교육열이 높아서 자녀의 학업과 일상생활을 과도하게 통제하는 경향이 있다. 부모의 요구에 순종하던 자녀가 청소년기에 접어들면 부모에게 저항적 행동을 나타낼 수 있다. 특히 강한 기질을 지닌 자녀는 부모의 강압적 태도에 정면으로 저항하면서 갈등이 증폭된다. 부모는 자녀의 저항을 제압하기 위해서 강압적인 방법(예: 위협, 처벌, 폭행, 지원 중단 등)을 구사하게 되고, 자녀는 이에 굴복하지 않고 불순종, 비행, 자해, 가출과 같은 다양한 방법으로 저항할 수 있다. 이처럼 부모와 자녀가 '강 대 강'의 대결 구도를 이루어 서로를 미워하고 공격하는 악순환에 빠져들면, 투쟁형 부모-자녀 관계로 발전하게 된다. 투쟁형 부모-자녀 관계의 대표적 사례는 아버지가 아들을 뒤주에 가두어 죽게 만든 영조와 사도세자의 부자 관계다.

◆ 영조와 사도세자의 부자 관계: 아버지와 아들 간의 비극적인 사랑 ◆

아버지와 아들의 관계는 애증이 교차하기 쉽다. 프로이트가 오이디푸스 콤플렉스를 제시했듯이, 아버지와 아들 사이에는 미묘한 긴장과 갈등이 존재한다. 역사에는 아들이 아버지를 살해하고 권력을 쟁취한 사례가 무수히 많다. 그러나 영조와 사도세자의 경우처럼, 아버지가 아들을 살해하는 경우는 드물다.

조선의 21대 왕인 영조(英祖: 1694~1776)는 맏아들인 효장세자를 10년 만에 병으로 잃고 7년 뒤 42세에 비로소 아들인 사도세자(思悼世子: 1735~1762)를 얻었다. 영조에게 사도세자는 너무나 귀한 늦둥이 아들이었기 때문에 사도세자를 곧바로 왕세자로 책봉했다. 사도세자는 어렸을 때 매우 영특하여 영조는 유일한 아들이자 후계자인 사도세자를 무척 아끼고 사랑했다.

영조는 사도세자를 성군(聖君)으로 만들어야 한다는 열망과 기대를 실현하기 위해 교육에 심혈을 기울였다. 특히 영조는 당파싸움에 몰두하는 노회한 신하들에게 휘둘리지 않으려면 왕은 끊임없는 공부를 통해 균형을 잡아야 한다고 믿었으며, 사도세자가 열심히 공부하기를 원했다. 그러나 사도세자는 나이가 들면서 점차 공부에 싫증을 내면서 무예에 더 많은 관심을 보였고, 사도세자에 대한 영조의 기대와 사랑은 점점 실망으로 바뀌게 되었다. 영조는 학문을 멀리하는 사도세자를 자주 꾸짖었고, 사도세자는 아버지 영조를 두려워하게 되었다.

영조는 본격적인 후계자 교육을 위해서 사도세자가 15세가 되자 자신을 대신하여 정사를 돌보는 대리청정을 시켰다. 그러나 영조는 사도세자의 대리청정에 대해 칭찬하기보다 잘못한 것을 꾸짖었고, 사도세자는 궁궐 마당에 멍석을 깔고 영조에게 눈물로 사죄하기를 반복하면서 심한 심리적 갈등을 겪게 되었다. 사도세자는 아버지를 대하는 것이 어렵고 두려워서 회피하기 시작했다. 병을 핑계로 1년 가까이 영조에게 문안을 가지 않았다. 사도세자는 마음의 병이 깊어지면서 왕궁을 벗어나 유흥을 즐기거나 동물을 죽이는 것과 같은 비행과 폭력 행동을 나타내게 된다.

사도세자는 영조의 과도한 기대와 엄격한 규제에 커다란 압박감과 저항감을 느꼈을 것이며 영조의 비판과 질책을 받으면서 심한 스트레스를 받았던 것 같다. 사도세자는 아버지 영조의 사랑을 원했지만 영조는 아들을 못마땅해하면서 윽박질렀다. 아버지의 사랑을 원했던 사도세자의 심정을 보여 주는 대화 내용이 『영조실록(英祖實錄)』에 남아 있다.

영조: 왜 동물을 죽였느냐?

세자: 소자는 상처를 받았기 때문입니다.

영조: 어째서 상처를 받았느냐?

세자: 아바마마께서 사랑해 주시지 않아서이옵고, 또 아바마마께서 늘 저를 꾸짖으시니 소자는 아바마마가 무섭사옵니다.

영조는 모계의 천한 신분과 왕이 되는 과정의 콤플렉스로 인해 여러 차례 양위 의사를 표명했다. 대리청정이 시작된 이후에도 영조는 세 번의 양위 파동을 통해서 사도세자를 괴롭혔다. 영조가 양위 의사를 표명할 때마다 세자는 양위 의사를 철회할 것을 애원하는 동시에 머리를 땅에 짓찧으며 자신의 잘못을 비는 석고대죄(席藁待罪)를 해야 했다. 사도세자는 양위 파동 때마다 긴장하고 두려워하며 철회를 애원했다. 영조는 사도세자의 마음을 수용해 주지 못하고 오히려 유약하다며 책망하는 매정한 아버지였다. 청소년기의 사도세자는 영조의 반복되는 비판과 질책을 받으면서 심한 좌절감과 불안과 그리고 분노와 원망을 키워 나갔으며, 점점 더 심한 반항적인 기행을 나타내게 되었을 것이다. 급기야 칼을 휘둘러 내시와 궁녀를 죽이는 엽기적인 행동을 저지르게 된다. 이러한 사실을 알게 된 영조는 크게 분노했으며, 사도세자에게 자진(自盡)하라고 명했지만 따르지 않자 그를 폐위하고 뒤주에 가두었다. 사도세자는 8일 동안 뒤주에 갇혀 발버둥을 쳤으나 결국 28세에 비참한 최후를 맞고 말았다. 영조의 왕위는 이후에 사도세자의 아들인 정조(正祖)에게로 이어졌다.

영조와 사도세자의 부자 관계는 아들에 대한 아버지의 과도한 사랑이 지니는 위험성을 잘 보여 주고 있다. 그 당시 치열했던 정치적 당파싸움으로 인해 사도세자에게 부정적인 태도를 지닌 노론 세력이 영조와 사도세자의 관계를 이간질하며 악화시키는 데 기여했지만, 영조와 사도세자의 사례는 아버지와 아들 간의 사랑이 미움으로 변해 비극적 결과를 초래하게 되는 과정을 잘 보여 주고 있다. 사도세자에 대한 영조의 과도한 기대가 실망과 좌절로 변하면서 공격적 행동으로 이어지고, 그로 인해 사도세자는 불안과 좌절을 경험하며 반항적인 파괴적 행동을 나타내는 악순환을 통해 아버지가 아들을 죽음으로 내모는 비극적인 결과를 초래한 것이다.

부모와 자녀 간의 사랑이든 남녀 간의 사랑이든, 좋은 사랑을 나누기 위해서는 정신분석가인 레온 사울(Leon Saul)의 말에 귀를 기울일 필요가 있다. "사랑에는 두 가지 요소, 즉 열정과 기술이 필요하다. 열정 없는 기술보다 기술 없는 열정이 더 위험하다."

(2) 융합형 부모-자녀 관계

융합형 부모-자녀 관계는 부모와 자녀가 심리적으로 너무 밀착되어 자녀의 자율성 발달을 방해하는 경우를 의미한다. 이러한 유형은 부모와 자녀 사이에 사랑과 애정이 넘치는 이상적인 관계로 여겨질 수 있다. 부모는 자녀 양육에 정성을 다해 헌신하고 자녀 역시 부모의 애정과 지지에 만족감을 느낄 수 있다. 이러한 부모는 자녀의 삶 전반에 깊이 개입하여 자신의 신념체계(종교, 가치관, 생활방식 등)를 주입하는 경우가 많다.

융합형 부모-자녀 관계는 자녀가 청소년기에 접어들어 부모와 거리를 두려 하거나 독립적인 삶을 추구할 때 문제가 발생한다. 부모는 자녀의 자율성 추구에 실망감과 배신감을 느끼며 여러 가지 방식의 위협과 유혹을 통해서 자녀가 자신의 품을 떠나지 못하도록 방해한다. 예컨대, 융합형 부모는 자녀의 연애나 결혼에 부정적 태도를 취하며 자녀가 떠나가는 것을 막는다. 이러한 시도에 자녀가 저항하면 부모는 실망감을 과장하거나 신체적 증상을 호소하면서 자녀의 자율적 선택과 결정을 방해한다.

융합형 부모는 자녀를 자신의 일부로 여기며 자녀의 독립과 성장을 억제한다. 자녀 역시 '효자' 또는 '효녀'라는 윤리적 틀에 갇혀 부모의 기대와 요구에 순종하는 삶을 살게 된다. 자녀는 부모가 만든 사랑의 새장에 갇혀 사는 셈이다. 그러나 자녀는 부모와의 융합적 관계에서 벗어나 자유로운 삶을 추구하기 위해 다양한 방식으로 도전한다. 청소년기의 여성에게 흔히 나타나는 섭식장애는 융합형 부모에게 저항하며 독립하려는 심리적 갈등의 표현으로 알려져 있다.

◆ 섭식장애와 부모-자녀 관계 ◆

섭식장애(eating disorder)는 식사 조절의 어려움과 관련된 정신장애로서 과도한 체중 감소를 유발하는 거식증(拒食症)과 폭식을 반복하는 폭식증(暴食症)으로 구분된다. 특히 거식증은 부모와의 관계에서 갈등을 겪고 있는 청소년기 여성에게서 흔히 나타난다. 신경성 식욕부진증(anorexia nervosa)이라고 불리는 거식증은 체중 증가에 대한 극심한 두려움으로 인해 음식 섭취를 지나치게 줄이거나 거부함으로써 체중이 비정상적으로 저하되는 경우를 말한다. 거식증은 내성적이고 모범적이며 완벽주의적인 청소년기 여성에게 흔히 나타나는데, 음식을 먹지 않겠다는 자녀와 음식을 강제로 먹이려는 부모 간의 갈등으로 나타난다.

정신분석적 치료자들(예: Boris, 1984; Masterson, 1972, 1977)에 따르면, 거식증은 청소년기의 딸과 어머니 사이의 갈등이 상징적으로 표현된 것이다. 거식증 환자의 가족은 구성원 간의 경계가 모호하며 서로 과도하게 관여하고 간섭하는 경향이 있다. 이러한 가정의 딸은 어머니와의 융합적 관계 속에서 양육된다. 딸은 어머니에게 의존하면서 어머니의 의도에 따라 움직이고 어머니를 만족시키기 위해 완벽한 아이가 되려고 노력한다. 이러한 과정에서 딸은 자기정체감을 형성하지 못한 채 어머니가 요구하는 모습의 거짓자기를 발달시키게 된다. 청소년기에 접어들면 딸은 어머니에 의해 강요된 역할에 불만과 분노가 쌓이면서 진정한 자기를 찾기 위한 상징적 표현으로 거식증을 나타낼 수 있다. 거식증은 음식 섭취를 거부함으로써 어머니의 소망을 좌절시키고 진정한 자기를 주장하려는 노력일 뿐만 아니라 굶음으로써 자신의 내면에 존재하는 간섭적인 어머니 표상의 성장을 멈추게 하려는 상징적인 의도가 담겨 있는 것으로 해석되고 있다. 거식증의 치료를 위해서 융합적 부모-자녀 관계를 개선하는 가족치료가 필수적이다.

(3) 분리형 부모-자녀 관계

분리형 부모-자녀 관계는 부모와 자녀가 지나치게 독립적이거나 서로에게 무관심한 경우를 의미한다. 분리형 부모는 방임형 양육방식을 지니며 자녀의 욕구나 필요에 둔감할 뿐만 아니라 자녀에게 적절한 도움과 지원을 제공하지 못한다. 부모가 자녀 양육에 방임적 태도를 취하는 이유는 다양하다. 부모가 경제적 또는 개인적 활동(예: 직업, 학업, 성취, 취미, 종교)에 몰두하느라 자녀에게 시간적 · 심리적 투자를 하지 못할 수 있다. 또는 부모가 심각한 부부 갈등이나 우울증으로 인해 자녀 양육에 관심을 기울일 여유가 없는 경우도 있다. 이 밖에도 가난, 질병, 사업실패, 법적 문제 등으로 인해서 자녀 양육에 관심을 기울이지 못하는 부모들이 있다.

분리형 가족은 대부분 구성원 간의 애정과 응집력이 낮고 의사소통이 부족할 뿐만 아니라 자녀에 대한 훈육과 통제 수준이 낮다. 자녀는 부모로부터 따뜻한 애정과 정서적 지지를 받지 못하기 때문에 애정 결핍과 낮은 자존감 상태에서 가정 밖에서 방황하게 된다. 이러한 청소년 자녀는 우울증, 비행, 품행장애와 같은 부적응 문제를 나타낼 가능성이 높다.

(4) 편애형 부모-자녀 관계

부모가 자녀들에게 균등한 애정을 베풀지 못하고 특정한 자녀를 편애하는 경우가 있다. 편애형 부모-자녀 관계는 부모가 특정한 자녀를 편애하거나 자녀가 부모 중 한 사람과 과도하게 밀착하는 경우를 의미한다. '딸 바보 아버지'와 '아들 바보 어머니'라는 말이 있듯이, 이성 자녀를 편애하는 부모가 있다. 또는 부모는 공부 잘하는 자녀, 애교 많은 자녀, 장애를 지닌 자녀에게 편향적인 애정을 기울일 수 있다.

이러한 부모-자녀 관계에서는 부모의 관심과 애정을 받지 못하는 자녀가 애정 결핍과 열등감을 경험하며 마음의 상처를 입게 된다. 자녀들 사이에서는 부모의 사랑을 독차지하기 위한 형제자매간 경쟁(sibling rivalry)이 존재한다. 부모의 편향적 애정으로 인해 형제자매간 경쟁에서 좌절한 자녀는 깊은 열등감과 낮은 자존감에 시달리거나 반항적인 행동을 나타낼 수 있다.

자녀도 부모 중 한 사람에게 편향된 애정을 느끼는 경우가 있다. '엄친아' 또는 '엄친딸'이라는 말이 있듯이, 어머니와 각별한 애착 관계를 맺는 자녀들이 있다. 부모의 부부 갈등이 심한 경우에는 자녀가 애착 관계의 부모와 동맹 관계를 맺고 다른 부모에게는 적대적 태도를 나타낼 수 있다. 이처럼 모든 가족 구성원과 균형적인 애정을 나누지 못하고 특정한 부모나 자녀를 편애하는 부모-자녀 관계는 가족 갈등을 심화한다는 점에서 역기능적이다.

4. 역기능적 부모-자녀 관계로 인한 자녀의 정신병리

부모-자녀 관계는 자녀의 행복과 정신건강을 지원하는 안전 기지이자 피난처다. 그러나 역기능적인 부모-자녀 관계는 자녀를 불행하게 만들 뿐만 아니라 정신장애를 초래할 수 있다. 대부분의 정신장애는 역기능적 부모-자녀 관계와 관련되어 있다. 아동기와 청소년기의 자녀에서 흔히 나타나는 정신장애를 살펴보면 다음과 같다(권석만, 2013).

1) 분리불안 장애

분리불안(separation anxiety)은 어머니를 비롯한 애착 대상과 떨어지는 것에 대한 불안을 말한다. 대부분의 아동은 정상적으로 분리불안을 경험하지만, 적당한 연령이 되면 어머니와 떨어져도 큰 불안을 느끼지 않을 뿐만 아니라 자발적으로 어머니를 떠나 또래 친구들과 어울린다. 아동의 발달단계를 고려했을 때 부적절하게 과도한 분리불안을 나타낼 경우에 분리불안 장애(separation anxiety disorder)로 진단할 수 있다.

분리불안 장애를 지닌 아동은 부모, 특히 어머니가 옆에 있어야 안심하고, 헤어져 있을 때는 어머니나 자신에게 나쁜 일이 생겨서 서로 만나지 못하게 될 것을 걱정하며 불안해한다. 그래서 자꾸 어머니의 존재를 확인한다. 혼자 집에 있지 못하고, 잠을 잘 때도 어머니가 옆에 있어야 안심하며, 어머니와 헤어지거나 어머니에게 사고가 나는 꿈을 자주 꾼다. 그 외에도 복통이나 두통 같은 잦은 신체 증상을 나타내며 어머니의 관심과 사랑을 구한다.

학령기 아동의 경우에는 분리불안이 등교 거부로 나타나게 된다. 등교 거부는 어머니와 분리되는 것에 대한 강한 두려움과 집에 남아서 받을 수 있는 보살핌의 보상으로 인해서 발생한다. 아동의 약 4%가 분리불안 장애를 나타내며 남아보다 여아에게서 더 흔하다.

분리불안 장애는 부모의 부적절한 양육 행동과 관련되어 있다. 불안 애착 유형에 속하는 아동은 부모와 떨어져 혼자 있는 것에 대한 두려움을 지닐 뿐만 아니라 스스로 나약하다는 인식으로 인해 만성적인 불안을 지닌다. 또한 부모의 과잉보호적 양육 행동은 아동의 독립성을 약화시키고 부모에 대한 의존성을 강화하여 분리불안을 증가시키게 된다(Ehrenreich et al., 2008). 부모가 무의식적으로 자녀와 떨어지는 것을 두려워하거나 불안장애를 지니는 경우에도 자녀가 분리불안 장애를 나타낼 가능성이 높다. 또한 부모의 질병, 동생 출산, 어머니의 직장 출근, 이사, 전학, 부모 갈등과 같은 불안 유발 사건은 아동의 분리불안을 증가시킬 수 있다.

2) 애착 외상 장애

애착 외상(attachment trauma)은 어린 아동이 부모의 방임이나 학대로 인해 입게 되는 심리적 충격을 의미한다. 부모의 이혼이나 가정불화, 어머니의 정신장애, 아동보호시설 생활 등으로 생의 초기에 양육자로부터 충분한 애정을 받지 못하고 학대 또는 방임 상태에서 애착 외상을 겪는 아동들이 있다. 애착 외상을 겪는 아동들은 두 가지 유형의 장애, 즉 반응성 애착 장애나 탈억제성 사회적 접근 장애를 나타낼 수 있다.

반응성 애착 장애(reactive attachment disorder)는 애착 외상으로 인해 아동이 부적절하고 위축된 대인관계 패턴을 나타내는 경우를 말한다. 반응성 애착 장애를 나타내는 아동은 부모를 비롯하여 다른 사람과의 접촉을 두려워하고 회피하며, 고통을 느낄 때에도 부모에게 위안을 구하지 않으며 부모의 위안에 반응하지 않는다.

탈억제성 사회적 접근 장애(disinhibited social engagement disorder)는 애착 외상을 경험한 아동이 낯선 사람에게 과도한 친밀감을 표현하며 무분별한 사회성을 나타내는 경우를 뜻한다. 이러한 장애를 지닌 아동은 낯선 성인에게 주저 없이 접근하며 지나치게 친밀한 언어적 · 신체적 행동을 나타낼 뿐만 아니라 낯선 성인을 아무런 망설임 없이 따라나선다.

동일하게 애착 외상을 경험한 아동들이 서로 다른 유형의 장애를 나타내는 것은 선천적인 기질의 차이 때문인 것으로 추정되고 있다. 내향적이고 억제적인 기질을 지닌 아동은 반응성 애착 장애를 나타내는 반면, 외향적 기질의 아동은 탈억제성 사회적 접근 장애를 나타내는 경향이 있다. 특히 반응성 애착 장애의 경우 까다로운 기질과 관련된 것으로 추정되고 있다(Lemelin et al., 2002; Zeanah, 2004). 까다로운 기질의 아동은 사소한 좌절에도 과도하게 울고 달래도 잘 그치지 않기 때문에 양육자의 학대나 방임을 유발할 수 있고, 애착 결핍에 대해 위축된 회피적 행동을 나타낼 수 있다. 그러나 아동의 기질과 어머니의 양육 태도가 어떻게 상호작용하여 애착 장애를 유발하는지에 대해서는 충분히 알려져 있지 않다.

3) 파괴적 기분조절 곤란 장애

파괴적 기분조절 곤란 장애(disruptive mood dysregulation disorder)는 반복적으로 심한 분노를 폭발하는 행동을 나타내는 경우를 말한다. 주로 아동기나 청소년기에 나타나는 장애로서 자신의 불쾌한 기분을 조절하지 못하고 분노 행동으로 표출하는 것이 주된 특징이다. 이 장애의 핵심 증상은 만성적인 짜증과 간헐적인 분노 폭발이다. 이러한 장애를 지닌 아동은 좌절에 대한 과민반응성을 나타낸다. 목표 달성이 좌절되었을 경우에 이러한 아동들은 정상 아동에 비해서 더 기분이 나빠지고 불안해하며 공격적인 반응을 나타낸다.

가족이나 환경적 요인이 파괴적 기분조절 곤란 장애에 영향을 미치는 것으로 알려져 있다. 역기능적 부모-자녀 관계, 부모의 부부 갈등이나 이혼, 부모의 정신적 문제(특히 물질남용이나 반사회적 행동)는 아동의 파괴적 기분조절 곤란 장애를

파괴적 기분조절 곤란 장애를 가진 아동은 분노 행동을 표출한다.

초래할 수 있다. 특히 일관성 없는 가혹한 처벌을 가하거나 과도한 무관심을 나타
내는 부적절한 양육 행동은 아동의 기분 조절을 저해할 수 있다.

4) 틱 장애

부모와의 관계에서 과도한 불안과 긴장을 경험하는 아동은 틱 장애를 나타낼 수
있다. 틱 장애(tic disorder)는 얼굴 근육이나 신체 일부를 갑작스럽게 움직이거나
이상한 소리를 내는 행동을 반복적으로 나타내는 경우를 말한다. 틱(tic)은 특별한
목적 없이 동일한 행동을 갑작스럽고 재빠르게 반복하는 현상을 말하며, 운동 틱
과 음성 틱으로 구분된다.

운동 틱(motor tic)은 신체 일부를 갑자기 움직이는 특이한 동작이 반복되는 경
우로서 눈 깜빡거리기, 얼굴 찡그리기, 머리 휘젓기, 입 벌리기, 어깨 움츠리기로
나타난다. 음성 틱(vocal tic)은 갑자기 소리를 내는 행동으로서 헛기침하기, 킁킁
거리기, 컥컥거리기, 엉뚱한 단어나 구절을 반복하기, 외설적인 단어를 반복하기
로 나타날 수 있다. 이러한 틱은 스트레스를 받는 동안에 악화되는 반면, 편안한
상태에서 어떤 활동에 집중할 때는 감소하는 경향이 있다.

5) 적대적 반항장애

성인에게 지나치게 적대적이고 거부적이며 반항적인 행동을 나타내는 아동
이나 청소년은 적대적 반항장애로 진단될 수 있다. 적대적 반항장애(oppositional
defiant disorder)는 세 가지의 핵심 증상, 즉 짜증을 잘 내고 쉽게 분노하는 것, 논쟁
적이고 반항적인 행동, 타인의 비난이나 처벌에 보복하는 행동으로 이루어져 있
다. 이러한 장애를 지닌 아동은 화를 잘 내고 성인의 요구나 규칙을 무시하며 성인
에게 말싸움을 통해 도전하고 고의적으로 다른 사람의 기분을 상하게 하거나 귀찮
게 한다. 자신의 실수나 잘못을 인정하지 않고 다른 사람을 비난하며 심술을 잘 부

린다.

적대적 반항장애는 부모-자녀 관계의 갈등과 관련되어 있다. 강압형의 부모가 기질적으로 자기주장과 독립성이 강한 자녀를 힘이나 권위로 과도하게 억압하는 경우, 부모와 자녀 간의 투쟁 과정에서 적대적 반항장애가 나타날 수 있다. 아동기 후기와 청소년기는 자율성과 자기결정권을 강화하는 발달단계에 해당하며 외부적 압력이나 제한에 저항하는 적대적 반항장애를 나타내기 쉬운 시기다.

6) 품행장애

청소년 비행이 심각하고 빈번한 경우에는 품행장애로 진단될 수 있다. 품행장애(conduct disorder)는 다른 사람의 기본적 권리를 해치거나 사회적 규범을 어기는 행동이 반복적으로 나타나는 경우를 말한다. 품행장애는 폭력, 방화, 도둑질, 거짓말, 가출과 같이 난폭하거나 무책임한 행동을 통해 타인을 고통스럽게 하는 행위로 나타날 수 있다. 품행장애의 주된 문제행동은 사람과 동물에 대한 공격, 기물 파괴, 사기나 절도, 중대한 규칙 위반이다.

품행장애의 가장 주된 원인은 부모의 양육 태도와 가정환경이다. 부모의 강압적이고 폭력적인 양육방식이나 무관심하고 방임적인 양육방식은 모두 품행장애를 유발할 수 있다. 또한 부모의 불화, 가정폭력, 아동학대, 결손가정, 부모의 정신장애나 알코올 중독은 품행장애와 밀접한 관련을 맺고 있다. 품행장애가 어린 나이에 시작되고 다양한 문제행동을 나타낼 경우에는 증상이 점점 더 악화되어 성인기에는 반사회성 성격장애로 발전할 수 있다.

이 밖에도 역기능적 부모-자녀 관계로 인해서 자녀에게 여러 가지 정신장애가 나타날 수 있다. 앞에서 살펴보았듯이, 청소년기 여성에게 흔히 나타나는 섭식장애는 융합형 부모-자녀 관계에 의해서 생겨날 수 있다. 부모와의 관계에서 반복적인 좌절감을 경험하는 청소년은 우울증을 나타낼 수 있다. 아동과 청소년이 나타내는 정신장애는 부모-자녀 관계의 개선을 통해서 치유될 수 있다.

5. 역기능적 부모-자녀 관계의 개선과 치유

우리 주변에는 아동기나 청소년기의 자녀와 역기능적인 관계로 인해 고통을 느끼고 있는 부모들이 많다. 자녀 역시 심리적 불안정을 겪으면서 다양한 문제행동을 나타낼 수 있다. 이러한 역기능적 부모-자녀 관계를 어쩔 수 없는 것으로 여기며 방치하는 것은 위험하다. 부모-자녀 관계가 더욱 악화될 수 있을 뿐만 아니라 자녀의 삶에 대한 부정적 영향이 확대될 수 있기 때문이다.

부모와 자녀가 매우 심각한 갈등을 겪고 있거나 자녀가 심리적 장애를 나타낼 경우에는 전문적인 심리치료를 통해 도움을 받는 것이 바람직하다. 역기능적 부모-자녀 관계를 치유하는 방법은 이론적 입장과 치료의 초점에 따라 매우 다양하다. 대표적인 치료방법 중 하나인 부모-자녀 상호작용 치료를 소개하면 다음과 같다.

1) 부모-자녀 상호작용 치료

부모-자녀 상호작용 치료(Parent-Child Interaction Therapy: PCIT)는 아동의 심리적 문제를 부모와 자녀의 상호작용에 초점을 맞추어 치료하는 방법으로서 미국의 아동심리학자인 실라 아이버그(Sheila Eyberg)에 의해 개발되었다. PCIT는 2세부터 6세 사이의 아동이 나타내는 심리적 문제를 치료하기 위해서 부모의 행동 변화에 초점을 맞추는 단기치료다(Eyberg & Calzada, 1998).

PCIT는 애착 이론과 사회학습 이론에 근거하고 있다. 애착 이론은 아동에 대한 부모의 민감하고 반응적인 양육을 중요하게 여긴다. 이러한 양육을 통해서 자녀는 부모가 자신의 욕구를 잘 충족시켜 줄 것이라는 내적 작동 모델을 발달시킨다.

자녀가 나타내는 신호에 부모가 따뜻한 태도로 민감하게 반응해 줄 때, 자녀는 다른 사람과도 긍정적인 관계를 맺을 뿐만 아니라 정서를 조절하는 능력을 발달시키게 된다. PCIT는 부모가 효과적인 양육을 할 수 있도록 자녀와 상호작용하는 기술을 육성하는 데 초점을 맞추고 있다.

사회학습 이론은 아동의 문제행동이 부모와 자녀의 상호작용에 의해서 의도하지 않게 학습되고 유지된다고 본다. 부모가 자녀의 행동을 통제하기 위해서 부정적인 행동을 습관적으로 나타내면 강압적인 상호작용 패턴이 형성된다. 강압적인 상호작용 패턴에서는 부모의 부정적인 행동(소리 지르기, 고함치기)이 자녀의 행동(일시적 순종)에 의해서 강화될 뿐만 아니라 자녀의 문제행동(저항, 논쟁, 공격성 등)은 부모의 행동(굴복, 후퇴, 요구 철회와 같은 일관성 없는 행동)에 의해서 강화된다. 자녀의 문제행동을 개선하기 위해서는 이러한 문제행동을 강화하는 부모의 행동이 변화되어야 한다.

PCIT의 전체 과정은 10~16회기를 통해 한 시간씩 진행되며, 다음과 같은 다섯 가지 치료적 개입이 이루어진다. ① 치료 전에 자녀와 가족 기능 평가하기, ② 자녀-초점 상호작용 기술을 부모에게 가르치고 코칭하기, ③ 부모-초점 상호작용 기술을 부모에게 가르치고 코칭하기, ④ 두 가지 기술을 일상생활에 일반화하도록 가르치기, ⑤ 치료 후에 자녀와 가족 기능 평가하기다. PCIT의 핵심은 부모에게 자녀-초점 상호작용 기술과 부모-초점 상호작용 기술을 가르치는 것이다.

자녀-초점 상호작용 기술은 부모에 대한 아동의 애착을 강화하기 위한 것이다. 치료자는 부모에게 집이나 치료센터에서 자녀와 놀이를 하는 동안 캐묻기, 명령하기, 비판하기를 중단하고 다섯 가지의 긍정적인 행동 기술(PRIDE)을 사용하도록 가르친다. 다섯 가지의 긍정적 행동은 ① 아동이 착하거나 적절한 행동을 할 때마다 칭찬하기(Praise), ② 아동이 한 말을 반복하고 의미를 확대해 주면서 의사소통을 격려하는 반영하기(Reflection), ③ 자녀가 하는 행동을 따라 하면서 가르치고 인정해 주는 모방하기(Imitation), ④ 아동이 하는 행동을 말로 묘사함으로써 자녀의 어휘를 늘려 주고 부모가 자녀의 행동에 주의를 기울이고 있다는 것을 보여 주는 기술하기(Description), ⑤ 아동이 하는 활동에 강한 관심과 흥미를 보여 주는 열광하기(Enthusiasm)다. 이러한 부모의 행동을 통해서 자녀는 부모에게 긍정적 감정을 느끼며 애착이 강화될 수 있다.

부모가 이러한 기술을 어느 정도 숙달하면, 부모-초점 상호작용 기술을 가르친다. 치료자는 부모가 자녀의 나이에 적절하고 직접적인 지시를 분명하게 하도록 가르친다. 또한 자녀가 순종하거나 불순종하는 모든 행동에 대해서 일관성 있는 반응을 하도록 가르친다. 부모는 자녀의 순종 행동에는 칭찬해 주지만 불순종 행동에 대해서는 몇 분 동안 구석에 서 있게 하는 타임-아웃(time-out)과 같은 피드백을 하게 한다. 치료자는 부모가 자녀와 놀이를 하는 상황에서 이러한 기술을 적용하도록 코칭한다.

치료자는 모방하기와 역할 바꾸기 훈련을 통해서 부모에게 두 가지의 상호작용 기술을 습득시킨 후에 매주 1회씩 부모와 자녀가 함께 상호작용하는 치료회기를 진행하면서 부모가 상호작용 기술을 적절하게 적용하도록 코칭한다. 치료회기 사이에는 부모가 가정에서 자녀에게 상호작용 기술을 적용하도록 권장한다. 치료효과를 검증한 연구에 따르면, PCIT는 부모의 상호작용 기술이 현저하게 향상되었을 뿐만 아니라 아동이 가정과 학교에서 나타내는 문제행동이 현저하게 감소했다(Schuhmann et al., 1998).

2) 자녀 양육을 위한 부모교육

누구나 좋은 부모가 되고자 하지만, 자녀와 역기능적인 관계에 빠지는 것은 자녀의 양육 방법에 대한 이해가 부족하기 때문이다. 대부분의 사람은 자녀 양육 방법을 체계적으로 배울 기회도 없이 부모가 된다. 부모는 자녀를 효과적으로 양육할 수 있는 구체적인 방법에 대해서 깊은 관심을 지녀야 한다. 자녀 양육 방법을 가르치는 가장 대표적인 부모교육 프로그램은 효과적인 양육을 위한 체계적 훈련(STEP)과 효과적인 부모역할 훈련(PET)이다.

STEP(Systematic Training in Effective Parenting)는 1996년에 미국 심리학자인 돈 딩크마이어와 게리 맥케이(Dinkmeyer & McKay)가 개발한 구조화된 부모교육 프로그램이다. 이 프로그램은 부모의 역할을 잘 수행하기 위해 필요한 지식과 기술을 교육한다. STEP의 목표는 부모가 인간 행동을 이해하는 실제적인 이론과 지식을 습득하고, 자녀와 효과적인 관계를 형성하는 방식과 효과적인 의사소통 방법을 훈련하며, 자녀의 긍정적 행동을 강화하는 기술을 배우고, 부모 역할에 대한 자신감을 함양하는 것이다. STEP는 9회기에 걸쳐 실시되며, 매회기는 자녀 양육에 관한 강의, 양육 기술의 훈련, 양육 지식과 기술의 적용 및 토론, 자녀 양육의 어려움에 대한 논의, 양육에 관한 책 읽기와 토론의 방식으로 진행된다. 각 회기의 주된 내용은 〈표 6-2〉와 같다.

표 6-2 STEP의 회기별 내용

회기	회기 내용
1회기	자녀의 긍정적 행동과 부정적 행동을 이해하기
2회기	부모로서의 자신을 이해하기: 자녀의 감정과 자신의 감정을 이해하기
3회기	격려하기: 자녀의 자신감을 배양하기
4회기	자녀의 말에 귀 기울이기
5회기	자녀와 대화하기, 자녀와의 갈등 해결하기
6회기	자녀의 행동을 훈육하는 방법 배우기
7회기	자녀의 행동을 훈육하는 방법 적용하기
8회기	가족과 함께하기: 즐거운 활동 계획하기 및 공동 작업하기
9회기	부모로서의 자신감 키우기, 잠재능력 발휘하기

PET(Parental Effectiveness Training)는 1975년에 미국의 임상심리학자인 토마스 고든(Thomas Gordon)에 의해 개발된 부모교육 프로그램이다. 이 프로그램의 목적은 부모와 자녀 간의 의사소통과 관계 개선을 촉진하는 기술을 가르침으로써 부모의 역할을 효과적으로 수행하도록 돕는 것이다. 인본주의 심리학자인 칼 로저스(Carl Rogers)의 긍정적인 인간관에 근거하고 있는 PET는 수용적이고 생산적

인 의사소통 기술, 문제해결을 위한 체계적 절차와 단계, 자녀를 격려하기 위한 기술을 습득시킴으로써 부모가 자녀와의 갈등을 해소하고 관계를 개선하도록 돕는다. PET의 핵심적 요소는 적극적 경청, 나-전달법, 패자 없는 갈등 해결, 행동 창문이다.

적극적 경청(active listening)은 부모가 자녀의 말을 잘 경청하고 있으며 자녀가 의도하는 내용을 잘 이해하고 있다는 것을 자녀에게 전달하는 것이다. 이를 위해서 부모는 자녀가 말하는 동안 집중하며 경청할 뿐만 아니라 자신이 이해한 내용을 언어로 표현해 주고 자녀의 말에 담겨 있는 감정에 대해 공감 반응을 해 주는 것이 중요하다.

나-전달법(I-message)은 자녀의 부정적 행동에 대해서 비난이나 판단을 하지 않고 그러한 행동이 부모에게 어떻게 느껴졌는지를 전달함으로써 자녀가 자신의 잘못을 인식하고 수정하도록 유도하는 소통 방법이다. 이러한 소통 방법은 자녀의 반발심을 완화하면서 부모가 원하는 내용을 전달하여 자녀의 긍정적인 행동 변화를 이끌어낼 수 있다.

패자 없는 갈등 해결(no-lose conflict resolution)은 갈등의 당사자들이 모두 만족할 수 있는 해결책을 찾는 방법이다. 부모와 자녀가 견해 차이로 갈등할 때, 승자와 패자가 있는 싸움이 아니라 서로의 견해를 타협하고 절충함으로써 모두 승자가 될 수 있는 갈등 해결 방법을 가르치는 것이다. 이를 위해서 존 듀이(John Dewey)가 제시한 창조적인 문제해결의 6단계, 즉 ① 서로의 바람 확인하기, ② 가능한 해결책 제시하기, ③ 각각의 해결책 평가하기, ④ 모두가 동의하는 해결책 발견하기, ⑤ 합의한 해결책 실행하기, ⑥ 실행한 해결책 평가하기가 적용된다.

행동 창문(behavior window)은 부모-자녀 관계에서 문제가 발생했을 때, 문제의 소재를 분명히 하여 해결책을 찾기 위한 네 개의 창문(부모와 자녀 × 문제의 유무)으로 구성된 도안을 의미한다. 예컨대, 어떤 행동이 부모에게는 문제로 느껴지지 않지만 자녀에게는 고통스러운 문제로 여겨진다면, 문제의 소재가 자녀에게 있기 때문에 자녀의 고통에 대한 적극적 경청을 통해 해결할 수 있다. 반면, 어떤 행동이 부모에게 문제로 느껴진다면, 문제의 소재는 부모에 있는 경우로서 나-전달법을 통해 자녀에게 행동 개선을 부드럽게 요청함으로써 해결할 수 있다. PET는 이와 같은 다양한 의사소통 방식을 습득시킴으로써 부모와 자녀가 효율적인 관계를 맺도록 돕는다.

　부모와 자녀 간 사랑은 가장 큰 행복의 원천이지만, 가장 깊은 불행의 근원이 될 수도 있다. 어린 시절에 부모로부터 받은 사랑은 자존감의 가장 중요한 바탕이 된다. 자녀가 성장한 모습을 바라보는 것은 부모의 가장 큰 행복이자 보람이다. 그러나 부모와 자녀 간의 사랑은 시간과 함께 무쌍하게 변화할 뿐만 아니라 다양한 요인이 개입하기 때문에 유지하기가 어렵다. 좋은 부모가 되기 위해서는 자녀와 좋은 관계를 키워 나가는 지식과 기술이 필요하다. 부모의 자녀 사랑은 좋은 관계 속에서 자녀를 잘 키워 적절한 시점에 떠나보내는 것이다. 인간은 어린 시절에는 부모의 사랑을 받으며 성장하지만 청년이 되면 부모의 슬하에서 벗어나 이성과의 낭만적 사랑을 추구하는 존재이기 때문이다.

The Psychology of Love

제3부
남자와 여자 간의 사랑

The Psychology of
Love

제7장

남자와 여자 간의 낭만적 사랑

1. 낭만적 사랑이라는 인생의 신비

남녀 간의 사랑은 인생에서 체험할 수 있는 가장 황홀한 경험이다. 남녀 간의 사랑은 강렬한 감정과 욕망이 파도처럼 넘쳐흐르기 때문에 낭만적 사랑(romantic love)이라고 부른다. 낭만적 사랑은 부모와 자녀 간의 사랑과 함께 인생의 가장 소중한 경험이다. 어려서는 부모의 사랑을 먹고 자라고, 커서는 이성과 낭만적 사랑을 나누며 삶의 기쁨을 누린다. 낭만적 사랑은 피 한 방울 섞이지 않은 두 남녀를 강렬하게 결합시키는 신비로운 마력을 지니고 있다.

남녀 간의 낭만적 사랑은 인생에서 경험할 수 있는 가장 강렬한 기쁨과 행복의 원천이지만 가장 깊은 고통과 불행의 근원이기도 하다. 낭만적 사랑에 대한 열망은 강렬하지만, 이성으로부터 사랑을 얻는 일은 결코 쉽지 않다. 이성과 낭만적 사랑을 키워 가는 과정은 미로와 같아서 장애물과 함정이 많다. 그래서 많은 사람이 사랑의 미로에서 길을 잃고 방황하거나 상처를 입고 고통을 겪는다. 낭만적 사랑의 세계에는 천국과 지옥이 존재한다.

낭만적 사랑은 두 남녀를 강렬하게 결합시킨다.

낭만적 사랑은 저절로 찾아오는 것이 아니다. 사랑은 시작하기도 어렵지만, 좋은 사랑을 만들어 가는 것은 더욱 어렵다. 주어진 관계에서 만들어 가는 부모와 자녀 간의 사랑과 달리, 낭만적 사랑은 이성을 선택하고 이성으로부터 선택되어야 할 뿐만 아니라 친밀한 관계를 발전시켜 나가야 하고 언제든지 관계가 무너질 위험성이 존재하기 때문이다. 낯선 두 남녀가 만들어 가는 낭만적 사랑은 가장 난해한 인간관계의 원리가 개입하는 복합적인 경험이다.

낭만적 사랑은 여전히 신비의 베일 속에 가려져 있다. 과학 문명이 눈부시게 발전한 21세기에도 현대인은 낭만적 사랑에 대해서 무지하다. 사랑에 대해서 가르치지도 않고 배우려 하지도 않는다. 드라마, 영화, 소설 등을 통해서 접하는 사랑 이야기는 사랑에 대한 오해와 환상을 키울 뿐이다. 사랑에 무지한 상태에서 사랑을 시작한 많은 사람이 사랑의 미로를 헤매며 상처를 주고받는다. 심리상담 전문가들은 사랑에 대한 무지, 오해, 편견, 환상으로 인해서 얼마나 많은 사람이 고통받는지를 잘 알고 있다. 건강하고 성숙한 사랑을 나누기 위해서는 사랑에 대한 깊은 이해가 필요하다.

2. 인간 사회의 사랑 이야기

남녀 간의 사랑은 동서고금을 막론하고 가장 흥미로운 이야기 주제다. 모든 사회에서 낭만적 사랑은 많은 사람의 관심과 흥미를 끄는 문화 활동의 가장 중요한 주제다. 우리 사회에서도 드라마, 영화, 대중가요, 소설의 가장 빈번한 주제는 사랑이다.

사랑 이야기는 누구에게나 흥미롭다. 대부분의 사랑 이야기는 우여곡절의 과정을 통해 파란만장하게 펼쳐지는 남녀 간의 사랑을 다루고 있기 때문이다. 낭만적 사랑은 다양하고 강렬한 감정이 개입되기 때문에 정서적 몰입과 공감을 유발하는 흡인력을 지닌다.

대부분의 사람은 사랑 이야기를 통해서 사랑을 배운다. 사랑 이야기는 사랑을 간접적으로 경험하는 기회가 될 뿐만 아니라 사람들이 어떻게 사랑을 시작하고 어떤 과정을 통해 사랑이 펼쳐지는지를 배우는 기회가 된다. 사랑 이야기는 간접 경험을 통해 사랑하는 방법과 교훈을 배우는 좋은 기회지만 사랑에 대한 오해와 환상을 심어 주기도 한다.

1) 사랑 이야기

고전적인 사랑 이야기로는 셰익스피어의 『로미오와 줄리엣』과 우리나라의 경우 『춘향전』이 있다. 『로미오와 줄리엣』은 부모의 강력한 반대에도 불구하고 뜨거운 사랑을 이루기 위해 죽음까지 불사하는 젊은 두 남녀의 비극적인 사랑 이야기다. 『춘향전』은 이도령과 춘향이가 애틋한 사랑을 키워 나가다가 역경을 이겨 내고 재회하는 사랑 이야기를 담고 있다. 평범하고 순탄한 사랑은 이야깃거리가 되지 않는다. 대부분의 사랑 이야기는 고난과 역경 속에서 우여곡절을 겪으며 펼쳐지는 남녀의 강렬한 사랑을 다루고 있다.

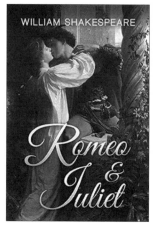

고전적인 사랑 이야기를 담고 있는 『로미오와 줄리엣』과 『춘향전』

사랑 이야기를 다룬 고전적인 로맨스 영화 중 하나는 〈러브스토리〉다. 1971년
에 개봉된 〈러브스토리〉는 에릭 시걸(Erich Segal)의 베스트셀러 소설을 영화화한
것으로 그 당시 많은 사람의 가슴을 울렸다.

◆ 러브스토리 ◆

　미국의 부유한 명문가 출신이자 하버드대학교의 아이스하키 선수인 올리버(Oliver)는 우연
히 도서관에서 가난한 이탈리아 이민자 출신의 여학생 제니(Jenny)를 만나 첫눈에 반해 사랑
에 빠진다. 올리버는 제니에 대한 자신의 열정적 사랑을 소중히 여기며 부모의 극렬한 반대에
도 불구하고 제니와 결혼한다. 올리버의 아버지는 자신의 뜻을 거역한 아들과 의절하고 생활
비도 끊어 버린다. 그러나 올리버는 대학을 졸업한 후 로펌에 취직하고 제니 역시 교사가 되
어 두 사람은 미래에 대한 희망 속에서 행복한 결혼생활을 이어 간다.

　그러나 얼마 뒤 커다란 시련이 다가온다. 몇 년이 지나도록 아이가 생기지 않아 병원을 찾
아 진찰을 받은 결과, 뜻밖에도 제니가 백혈병으로 죽어 가고 있다는 청천벽력 같은 소리를
듣게 된다. 백혈병이 상당히 진행되어 제니가 살 수 있는 날이 얼마 남지 않았다는 것을 알게
된 올리버는 제니에게 최상의 병실을 마련해 주기 위해서 자존심을 꺾고 몇 년째 연락을 하지
않던 아버지를 찾아가 돈을 빌린다.

낭만적 사랑의 기쁨과 슬픔을 감동적으로 표현하고 있는 영화 〈러브스토리〉

제니의 마지막 순간까지 헌신하는 올리버의 사랑은 많은 사람의 눈물을 자아냈다. 〈러브스토리〉는 "Love means never having to say you're sorry."라는 명대사와 OST 〈Snow Floric〉을 남겼다. 특히 하얀 눈이 펑펑 내리는 날 올리버와 제니가 대학 캠퍼스에서 장난을 치며 〈Snow Floric〉의 선율과 함께 서로의 사랑을 확인하는 장면은 낭만적 사랑의 환희를 감동적으로 잘 표현하고 있다. 'snow floric'은 즐겁게 뛰놀며 장난을 친다는 뜻을 담고 있다. 워낙 극적인 사랑 이야기를 다룬 영화와 드라마가 많은 요즘에는 〈러브스토리〉가 진부한 것으로 여겨질 수 있으나 낭만적 사랑의 기쁨과 슬픔, 고난과 위기 그리고 헌신을 보여 주는 명작이다.

2) 사랑 노래

사랑의 감정을 표현하는 가장 중요한 수단은 노래다. 사랑하는 연인들이 경험하는 기쁨과 슬픔을 가장 잘 표현하고 있는 것은 대중가요다. 대부분의 대중가요는 사랑을 노래하고 있다. 특히 대중가요의 가사에는 낭만적 사랑의 다양한 경험이 시적으로 잘 표현되어 있다. 사랑하는 사람에 대한 뜨거운 갈망과 거부의 두려움, 사랑하는 과정에서 겪게 되는 기쁨과 좌절감, 그리고 이별의 슬픔과 사랑의 상처가 감동적인 가사로 잘 표현되어 있다.

사랑하는 사람의 마음을 감동적으로 표현한 대중가요는 무수하게 많다. 특히 사랑하는 사람의 간절한 소망을 잘 표현하고 있는 노래로는 〈영원한 사랑〉(주태영 작사, 이종필 작곡, 핑클 노래)이 있다. 〈내 사람이여〉(김광석 작사/작곡/노래)는 사랑하는 사람에게 모든 것을 다 주고 싶은 헌신의 마음을 잘 표현하고 있다.

🖋 영원한 사랑

이젠 내 사랑이 되어 줘
내 모든 걸 너에게 기대고 싶어
언제나 날 지켜 줄 너라고
변치 않는 영원한 사랑을 약속해 줘

(중략)

지금 네 사랑이면 난 정말 행복해
항상 나의 곁에 있어 줘
꼭 네게만 내 꿈을 맡기고 싶어
들어 봐 언제까지 내 맘에
하나뿐인 소중한 그 사람 너뿐이야
우리 함께 걸어갈 시간들이 어쩌면 힘들지 몰라
하지만 누구보다 너를 믿어 줄 나잖아
이젠 네게 주고픈 소망들을 조금은 알 수 있겠니

(후략)

🖋 내 사람이여

내가 너의 어둠을 밝혀 줄 수 있다면
빛 하나 가진 작은 별이 되어도 좋겠네
너 가는 곳마다 함께 다니며 너의 길을 비춰 주겠네
내가 너의 아픔을 만져 줄 수 있다면
이름 없는 들의 꽃이 되어도 좋겠네

눈물이 고인 너의 눈 속에 슬픈 춤으로 흔들리겠네
그럴 수 있다면 그럴 수 있다면
내 가난한 살과 영혼을 모두 주고 싶네
내가 너의 기쁨이 될 수 있다면
노래 고운 한 마리 새가 되어도 좋겠네
너의 새벽을 날아다니며 내 가진 시를 들려주겠네

(후략)

대중가요에는 사랑의 기쁨보다 사랑의 아픔과 슬픔을 표현한 노래들이 더 많다. 사랑의 아픔을 절절하게 표현한 대표적인 노래 중 하나는 〈총 맞은 것처럼〉(방시혁 작사/작곡, 백지영 노래)이다. 갑작스러운 이별을 하게 된 연인이 가슴으로 느끼는 강렬한 통증을 실감 나는 언어로 잘 표현하고 있다. 〈사랑 그 쓸쓸함에 대하여〉(양희은 작사/노래, 이병우 작곡)는 이루지 못한 사랑의 슬픔을 담담하게 잘 표현하고 있다.

✒ 총 맞은 것처럼

총 맞은 것처럼 정신이 너무 없어
웃음만 나와서 그냥 웃었어, 그냥 웃었어
그냥 허탈하게 웃으며 하나만 묻자 했어
우리 왜 헤어져, 어떻게 헤어져, 어떻게 헤어져 어떻게
구멍 난 가슴에 우리 추억이 흘러 넘쳐
잡아 보려 해도 가슴을 막아도 손가락 사이로 빠져나가
심장이 멈춰도 이렇게 아플 것 같진 않아
어떻게 좀 해 줘 날 좀 치료해 줘
이러다 내 가슴 다 망가져 구멍 난 가슴이
어느새 눈물이 나도 모르게 흘러

이러기 싫은데, 정말 싫은데, 정말 싫은데 정말

(중략)

어떻게 좀 해 줘 날 좀 치료해 줘 이러다 내 가슴 다 망가져
총 맞은 것처럼 정말 가슴이 너무 아파
이렇게 아픈데, 이렇게 아픈데 살 수가 있다는 게 이상해
어떻게 너를 잊어 내가 그런 거 나는 몰라 몰라
가슴이 뻥 뚫려 채울 수 없어서 죽을 만큼 아프기만 해
총 맞은 것처럼

✒ 사랑 그 쓸쓸함에 대하여

다시 또 누군가를 만나서
사랑을 하게 될 수 있을까
그럴 수는 없을 것 같아
도무지 알 수 없는 한 가지
사람을 사랑하게 되는 일
참 쓸쓸한 일인 것 같아
사랑이 끝나고 난 뒤에는
이 세상도 끝나고
날 위해 빛나던 모든 것도
그 빛을 잃어버려
도무지 알 수 없는 한 가지
사람을 사랑한다는 그 일
참 쓸쓸한 일인 것 같아

(후략)

3. 낭만적 사랑이라는 특별한 경험

낭만적 사랑은 인생의 특별한 경험이다. 우리는 평생 수많은 사람과 인간관계를 맺으며 살아간다. 부모와의 사랑을 경험하고, 친구와 우정을 경험하며, 직장 동료와는 동료애를 경험한다. 그러나 낭만적 사랑은 이러한 인간관계에서 결코 경험할 수 없는 매우 특별한 점들을 지니고 있다.

1) 낭만적 사랑의 특징

낭만적 사랑은 만들어 가는 사랑이다. 부모와 자녀 간의 사랑은 운명적으로 주어진 관계 속에서 펼쳐지는 것이지만, 낭만적 사랑은 낯선 두 남녀가 서로를 선택하고 함께 만들어 나가는 것이다. 매혹이라는 특별한 경험을 통해서 두 남녀는 서로에게 이끌려 사랑의 관계로 들어가게 된다. 낭만적 사랑에는 사랑의 상대를 탐색하고 유혹하고 선택하는 일과 더불어 사랑을 발전시키고 유지하는 일이 중요하다.

낭만적 사랑의 중요한 특성 중 하나는 남자와 여자 간의 독점적이고 배타적인 관계 경험이라는 점이다. 두 사람의 연인관계는 다른 사람의 개입을 허용하지 않는다. 부모와 자녀 간의 사랑은 복수의 자녀가 한 어머니나 한 아버지의 사랑을 공유하는 것이 가능하다. 그러나 낭만적 사랑은 오직 한 사람에 대한 사랑이자 오직 한 사람으로부터의 사랑을 의미한다. 이러한 사랑의 관계에 다른 사람이 침입하면 강렬한 질투를 느끼며 그 사람을 배제하려는 강렬한 노력을 기울이게 된다.

낭만적 사랑의 또 다른 특징은 발전 속도가 매우 빠르다는 점이다. 모든 경우에 그런 것은 아니지만, 낭만적 사랑은 매우 신속하게 발전한다. 모든 문화권에는 '첫눈에 반했다'거나 '사랑에 빠진다(fall in love)'는 표현이 있다. 전혀 몰랐던 남녀가 서로를 처음 보는 순간 강렬한 사랑의 감정을 경험하는 경우가 많다. 학연이나 지연처럼 두 사람을 연결할 특별한 이유가 없는 두 남녀가 급속하게 강렬한 사랑의 관계에 빠져든다. 낭만적 사랑이 항상 첫눈에 반해 급속하게 발전하는 것은 아니다. 낭만적 사랑은 두 남녀의 특성에 따라 서서히 발전하기도 하지만 어떤 인간관계보다 그 발전 속도가 빠르다.

낭만적 사랑에는 매우 강렬한 감정이 개입된다. 낭만적 사랑처럼 강렬하고 다양한 감정이 개입되는 인간관계는 없다. 낭만적 사랑은 '열병'이라고 불릴 만큼 다른 인간관계에서 경험할 수 없는 매우 강렬한 열정과 상대방에 대한 강렬한 갈망을 수반한다. 또한 연인관계의 우여곡절에 따라 매우 심한 감정 변화를 경험한다. 연인이 자신을 사랑하고 있다는 것을 확인했을 때는 강렬한 기쁨과 환희를 느끼지만, 연인이 자신을 거부하거나 떠나갈 때는 쓰라린 고통과 불행감을 경험한다. '사랑은 천국과 지옥을 왕복하는 열차의 한 계절 승차권'이라는 말이 있듯이, 낭만적 사랑은 강렬한 긍정 감정과 부정 감정이 교차하는 특별한 경험이다.

낭만적 사랑의 독특한 특징은 성행위를 비롯한 다양한 신체적 접촉이 일어난다는 점이다. 연인은 사랑이 진전되면 다양한 신체적 접촉을 통해서 친밀감을 표현한다. 키스, 포옹, 애무, 섹스와 같은 신체적 접촉은 낭만적 사랑의 관계에서만 나타나는 독특한 특징이다. 부모-자녀 관계에서는 자녀가 어릴 때 뽀뽀나 포옹으로 애정을 표현할 수 있지만, 자녀가 성장하면 이러한 신체적 애정 표현은 억제된다. 그러나 낭만적 사랑은 성적 욕망이 중요한 원동력이며 신체적 접촉을 통해 표현된다. 특히 섹스는 남녀 간의 낭만적 사랑에서만 나타나는 독특한 애정 교환 방법이다.

낭만적 사랑은 불안정해서 언제든지 해체될 수 있다. 상대방에 대한 불만이 쌓이면 언제든지 사랑의 관계를 종결할 수 있다. 부모-자녀 관계는 혈연으로 연결되어 평생 지속되지만, 낭만적 사랑에는 이별이 흔하다. 많은 연인이 이별을 경험하고 그 과정에서 실연의 상처를 받는다. 사랑의 관계를 유지하기 위해 결혼과 같은 사회적 제도가 존재하지만, 현대사회에서는 이혼이 매우 흔한 일이다.

이처럼 낭만적 사랑은 다른 인간관계와 구별되는 여러 가지 특성을 지닌다. 낭만적 사랑은 낯선 두 남녀가 서로에게 매력을 느끼고 친밀한 관계를 발전시키면서 다양한 갈등을 경험하고 이별로 이어지기도 한다. 낭만적 사랑은 우여곡절의 과정을 통해 발전하며, 흔히 파란만장의 드라마를 펼치게 된다.

2) 낭만적 사랑의 체험

우리는 인생의 한 시점, 흔히 청년기의 한 시점에서 낭만적 사랑을 처음 경험한다. 이성을 만나고 나서 과거에 경험해 보지 못한 설렘과 흥분감, 그리고 그 사람에 대한 끝없는 생각과 갈망을 하는 낯선 체험을 하게 된다. 사랑의 발전단계와 연인관계의 특성에 따라 매우 다양한 정서적 체험을 하게 된다. 그러나 낭만적 사랑을 하는 사람들은 상당히 유사한 심리적 경험을 한다. 낭만적 사랑의 공통적 경험을 열거하면 다음과 같다(Pope, 1980).

- 사랑하는 사람에 대해서 강렬하게 집착하고 몰두한다.
- 사랑하는 사람과 늘 함께 있고 싶은 강렬한 욕망을 느낀다.
- 함께 있든 아니든, 사랑하는 사람에 대해서 끊임없이 생각한다.
- 사랑하는 사람을 보거나 생각하면, 강렬한 애정과 더불어 신체적 흥분을 느낀다.
- 사랑하는 사람에게는 모든 것을 다 주어도 아깝지 않을 것 같은 느낌이 든다.
- 사랑하는 사람으로부터 독점적인 관심과 애정을 받고자 한다.
- 사랑하는 사람의 관심이 다른 사람에게 쏠리면 강렬한 질투를 느낀다.
- 사랑하는 사람 없이는 자신의 존재가 불완전하다는 느낌을 갖는다.
- 사랑하는 사람이 자신을 거부할 것에 대한 강렬한 두려움이 생긴다.
- 사랑하는 사람과 이별하게 되면 깊은 슬픔과 절망감을 느끼게 된다.

청년기에는 낭만적 사랑을 경험한다.

'사랑을 하게 되면 영웅호걸도 바보 겁쟁이가 된다'는 말이 있듯이, 낭만적 사랑을 하는 사람들은 매우 독특한 심리적 변화를 경험한다. 우선, 상대방의 반응에 민감해지고 정서적 동요가 심해진다. '그대 앞에만 서면 나는 왜 작아지는가'라는 가사가 있듯이, 사랑을 하게 되면 상대방을 과대평가하는 대신 자신의 열등감이 확대되면서 거부의 두려움이 커진다. '사랑을 하면 눈이 먼다'는 말이 있듯이, 상대방의 단점과 결점은 보이지 않는다. 사랑을 하게 되면 상대방의 사랑을 독점하려는 욕망이 강해져서 질투와 의심이 증가할 뿐만 아니라 사랑하는 사람과 함께하지 못할 때는 외로움과 불완전감을 느낀다. 이처럼 낭만적 사랑은 '열병'이라고 불릴 만큼 평소와 다른 불안정한 심리상태를 유발한다. 물론 개인의 성격과 사랑의 스타일에 따라 낭만적 사랑의 경험은 현저하게 다를 수 있다.

4. 인생의 단계와 낭만적 사랑

모든 사람의 인생은 한 편의 드라마다. 누구나 나름대로 성취와 좌절의 우여곡절을 겪기 때문이다. 인생의 단계마다 누구와 어떤 사랑을 했느냐는 인생 드라마의 가장 중요한 줄거리를 이룬다. 평생 한 사람만을 사랑한 사람도 있지만, 대부분 인생의 단계마다 여러 사람과 다양한 사랑의 경험을 하게 된다.

1) 사춘기의 사랑

인생을 흔히 사계절에 비유한다. 우리 조상들은 봄을 낭만적 사랑이 시작되는 계절로 여겼다. 추운 겨울이 지나고 따뜻한 햇살을 받으며 나무에 물이 올라 파란 싹이 트고 울긋불긋 꽃이 피기 시작하는 봄처럼, 아동기를 지나 이성에 대한 관심이 생겨나는 시기를 사춘기(思春期)라고 지칭했다. 이처럼 인생의 봄기운이 도는 시기를 청춘(靑春) 또는 16세 전후를 뜻하는 이팔청춘(二八靑春)이라고 불렀다. 이성에 대한 관심과 애정을 춘정(春情)이라고 부르기도 했다. 사춘기는 성호르몬이 분비되어 이차성징이 나타나기 시작하는 시기로서 대략 청소년기의 전반부(12~16세)에 해당한다. 많은 사람은 사춘기에 '풋사랑(puppy love)'의 형태로 낭만적 사랑을 살짝 맛보게 된다. 황순원(1915~2000)이 1953년에 발표한 소설 『소나기』는 시골의 아름다운 풍경 속에서 펼쳐지는 사춘기 소년과 소녀의 풋풋한 사랑을 잘 표현하고 있다.

◆ 『소나기』의 줄거리 ◆

수줍음이 많은 순박한 시골 소년은 어느 날 개울가에서 물장난을 하는 소녀를 만나는데 윤 초시네 증손녀라는 것을 알게 된다. 다음 날 소녀는 물속에서 건져낸 하얀 조약돌을 건너편에 앉아 구경하던 소년을 향하여 "이 바보." 하며 던지고는 갈대밭 사이로 달아난다. 소년은 물기가 걷힌 조약돌을 집어 주머니에 넣고는 그 후로 주머니 속의 조약돌을 주무르는 버릇이 생겨난다. 소년과 소녀는 친구가 되어 들길을 함께 달리기도 하고, 허수아비를 흔들기도 하고, 칡꽃을 따다 다친 소녀의 무릎에 소년이 송진을 발라 주기도 한다. 그러다가 갑자기 쏟아지는 소나기를 만나게 된다. 수숫단 속에 앉아 비를 피하고 나서 소년은 소녀를 등에 업어 물이 불어난 개울물을 건네 준다.

그 뒤 며칠 만에 소녀는 핼쑥한 얼굴로 개울가에 나타나는데, 그날 소나기를 맞은 탓으로 앓았다는 것이다. 소녀의 분홍색 스웨터 앞자락에는 소년의 등에 업혔을 때 묻은 검붉은 색이 물들어 있었다. 소녀는 대추를 건네 주며 이사를 가게 되었다고 말한다. 소녀가 이사 가기 전날 밤, 소년은 잠자리에서 아버지가 어머니에게 하는 이야기를 듣는다. "윤 초시댁두 말이 아니여. 그 많던 전답을 다 팔아 버리구. 대대로 살아오던 집마저 남의 손에 넘기더니, 또 악상까지 당하는 걸 보면……. 그런데 참, 이번 기집애는 여간 잔망스럽지가 않어. 글쎄 죽기 전에 이런 말을 했다지 않어? 자기가 죽거든 자기가 입던 옷을 꼭 그대로 입혀서 묻어 달라구."

사춘기의 풋사랑을 잘 묘사하고 있는 황순원의 소설 『소나기』

2) 청년기의 사랑

청년기는 낭만적 사랑의 계절이다. 낭만적 사랑을 가장 강렬하게 경험하는 인생의 시기가 바로 청년기다. 청년기는 대학에 진학한 이후부터 졸업 후 취업하여 경제적인 자생 능력을 확보하는 20~30대 시기에 해당한다. 대학에 진학하면 입시의 중압감에서 벗어나 이성을 만나 교제할 기회가 급증한다. 대학생 시절에 미팅이나 소개팅을 통해 자연스럽게 이성을 만나 낭만적 사랑을 처음으로 경험하는 경우가 흔하다. 청년기는 이성과 낭만적 사랑의 관계를 맺고 성생활을 시작하는 시기이기도 하다.

청년기는 이성과 친밀한 관계를 형성하고 심화시키는 능력을 발달시키는 시기이기도 하다. 연인과 '밀고 당기기'를 통해 사랑의 단맛과 쓴맛을 경험하며 이성에 대한 이해와 관계 조절 능력을 발달시킨다. 낭만적 사랑의 경험은 사람마다 현저하게 다르다. 첫사랑을 안정된 상태로 잘 지속시키는 사람도 있지만, 불안정한 사랑의 폭풍 속에서 이별을 반복하며 방황하는 사람도 있다. 이처럼 청년기에 경험하는 낭만적 사랑은 개인차가 심할 뿐만 아니라 사랑의 발전 과정도 다양하다.

"결혼은 사랑의 열매"라는 말이 있듯이, 낭만적 사랑은 결혼을 통해 완성된다. 청년기는 결혼하고 가정을 꾸리는 시기이기도 하다. 달콤한 신혼생활을 통해 둘만의 사랑을 만끽하며 가장 행복한 인생의 시기를 보내게 된다. 자녀가 태어나면 부모로서 함께 자녀를 양육하며 자녀에 대한 사랑을 경험하게 된다.

그러나 "결혼은 사랑의 무덤"이라는 말도 있듯이, 결혼생활이 늘 행복하고 평탄한 것은 아니다. 성격과 성장배경이 다른 부부는 결혼생활을 하면서 다양한 갈등을 경험하게 된다. 이러한 갈등을 원활하게 해결하지 못하면 서로에 대한 실망과 분노가 축적되면서 사랑이 미움으로 변한다. 부부 갈등이 심화하면 이혼으로 이어질 수도 있다. 우리나라의 경우, 2021년에 19만 3천 커플이 결혼했고, 10만 2천 부부가 이혼했다. 이혼한 부부 중 혼인 기간이 4년 이내인 경우가 1만 9,100건으로 전체 이혼의 18.8%에 해당했다(통계청, 2022).

3) 중년기와 노년기의 사랑

중년기는 40~50대에 해당하는 시기로서 배우자와의 관계가 애정 생활의 중심을 이룬다. 중년기의 부부관계는 매우 다양하다. 중년기에도 여전히 배우자와 열정적인 사랑을 나누는 사람도 있지만, 대부분 오랜 결혼생활을 통해서 배우자에 대한 열정적 사랑은 퇴색되고 우애적 사랑으로 변한다.

'사추기(思秋期)'라는 말이 있듯이, 중년기에는 낭만적 사랑에 대한 욕구가 증가한다. 배우자에 대한 낭만적 사랑이 감퇴하면서 새로운 이성과 낭만적 사랑을 경험하고자 하는 욕구가 은밀하게 생겨난다. 특히 부부관계가 원만하지 않은 경우에는 혼외연애, 즉 외도의 욕구가 증가한다. 또한 중년기는 신체적 노화가 본격적으로 시작되는 시기이기 때문에 중년은 젊음에 대한 상실감과 더불어 더 늙기 전에 한번 더 낭만적 사랑을 경험하려는 욕구가 내면적으로 증가하게 된다.

60대 이후의 노년기에도 사랑은 삶의 중요한 일부를 차지한다. 노년기의 부부는 평생 함께 살아 온 인생의 동반자로서 깊은 우애적 사랑을 경험하며 서로에게 의지하면서 노년기의 삶을 보내게 된다. 존 차디(John Ciardi)의 말처럼, "사랑이 의미하는 것은 젊은이에게는 성적 흥분이고, 중년에게는 습관이며, 노부부에게는 상호의존이다."

노년기의 사랑을 다룬 영화 〈장수상회〉

노년기에도 낭만적 사랑의 욕구는 사라지지 않는다. 과거에 비해 건강 상태가 양호한 노인이 늘어나고 있다. 남녀 노인들이 다양한 취미활동과 동호인 모임을 통해서 사랑의 감정을 경험하는 경우가 드물지 않다. 또한 이혼이나 사별로 인해 홀로 생활하는 노인 중에는 여생을 같이할 반려자를 찾기도 한다. 2015년에 개봉된 영화 〈장수상회〉는 노년기에 펼쳐지는 낭만적 사랑을 잘 그려내고 있다. 노년기에도 애틋한 감정을 느끼며 서로에게 헌신하는 사랑이 가능하다. 인생의 계절마다 각기 다른 색깔의 사랑이 찾아올 뿐이다.

5. 낭만적 사랑의 개인차

낭만적 사랑은 다양한 모습으로 다가온다. 낭만적 사랑의 경험은 사람마다 현저하게 다르다. 사람마다 사랑하는 스타일이 다를 뿐만 아니라 개성을 지닌 남녀 두 사람의 조합이 다양하기 때문이다. 또한 낭만적 사랑은 발전단계에 따라 다양한 형태와 색채를 지닌 경험으로 다가온다.

1) 열정적 사랑과 우애적 사랑

미국의 사회심리학자인 해트필드와 스프레처(Hatfield & Sprecher, 1986)는 낭만적 사랑을 열정적 사랑과 우애적 사랑으로 구분했다. 열정적 사랑은 흔히 '홀딱 반함' '사랑에 빠지는 것' '사랑의 열병' '집착적 사랑'이라고 불리는 경험을 말한다. 열정적 사랑은 처음 사랑에 빠지는 청소년에게 흔히 경험된다. 열정적 사랑을 하는 사람은 환희에서 고뇌에 이르는 강렬한 정서적 경험을 한다. 테노프(Tennov, 1979)는 열정적 사랑의 경험을 지닌 500명 이상의 연인들을 대상으로 면담한 결과, 대부분은 열정적 사랑이 단맛과 쓴맛을 모두 지닌 경험이라는 점을 인정했다.

해트필드와 스프레처는 열정적 사랑을 "다른 사람과 하나가 되려는 강렬한 욕망 상태"라고 정의했다. 이들에 따르면, 열정적 사랑은 인지적·정서적·행동적 측면의 구성요소로 이루어진다. 열정적 사랑의 인지적 구성요소는 파트너에 대한 끊임없는 침투적 생각, 파트너에 대한 이상화, 파트너를 알고 싶고 파트너에게 자신을 알리고 싶은 욕구다. 정서적 구성요소에는 파트너에 대한 성적 이끌림, 사랑을 주는 동시에 받고 싶은 상호성에 대한 갈망, 합일을 이루고자 하는 욕망, 신체적 흥분이 포함된다. 행동적 구성요소로는 파트너의 감정에 영향을 미치려는 행동,

파트너에 대한 탐색, 파트너에 대한 돌봄, 신체적 친밀감의 유지가 있다. 해트필드와 스프레처는 열정적 사랑 척도(Passionate Love Scale: PLS)를 개발하여 많은 실증적 연구를 진행했다(제2장 참조).

우애적 사랑은 여러 측면에서 열정적 사랑과 다르다. 우선, 열정적 사랑은 성적인 매력과 욕망에 의해 이끌리는 반면, 우애적 사랑은 성적인 요소가 약하다. 우애적 사랑도 성적인 욕구를 포함하지만 열정적 사랑에 비하면 그 빈도와 강도는 훨씬 약하다. 우애적 사랑은 친밀감, 존중, 신뢰, 헌신의 견고한 기반 위에서 펼쳐진다. 열정적 사랑에는 강렬한 긍정 정서와 부정 정서가 개입되지만, 우애적 사랑에는 덜 강렬하지만 주로 긍정적인 정서적 경험이 개입된다. 열정적 사랑을 하는 사람은 관계가 잘 풀릴 때는 환희, 황홀함, 성취감을 느끼지만 관계가 악화되면 불안, 공허감, 절망감을 느낀다. 열정적 사랑을 하는 사람은 환희와 절망, 흥분과 공포 사이를 지속적으로 오가지만, 우애적 사랑을 하는 사람은 견고한 관계 속에서 덜 강렬하지만 더 안정된 긍정 정서를 경험한다(Hatfield & Rapson, 1990).

열정적 사랑과 우애적 사랑은 시간의 흐름에 따라 서로 다른 패턴의 변화를 나타낸다. 열정적 사랑은 불안정할 뿐만 아니라 시간과 함께 점진적으로 약화되는 패턴을 나타낸다. 열정을 동반하는 강렬한 정서적 사랑은 빨리 시작되지만 쉽게 부서지는 경향이 있다(Berscheid, 1983). 열정적 사랑은 대부분 일시적인 것으로 경험되지만, 우애적 사랑은 지속적이다. 우애적 사랑은 친밀감이 바탕을 이루기 때문에 시간의 흐름에 따라 증가하는 경향이 있다. 사랑의 연구자들은 우애적 사랑을 더 진실한 사랑의 형태로 여긴다(Hatfield & Rapson, 1993). 낭만적 사랑은 시간의 흐름에 따라 열정적 사랑에서 우애적 사랑으로 진행된다(Coleman, 1977; Sternberg, 1988). 사랑의 경험은 연인관계의 발전단계와 지속 기간에 따라 달라질 수 있다.

2) 사랑의 스타일

사랑이라는 용어는 다양한 인간관계를 지칭하기 위해 사용된다. 캐나다의 작가

인 존 리(John Lee, 1977, 1988)는 사랑의 의미를 내포하고 있는 다양한 그리스어에 근거하여 사랑을 여섯 가지의 스타일(에로스, 스토르게, 루두스, 마니아, 프라그마, 아가페)로 구분했다. 이러한 사랑 스타일은 현재 경험하고 있는 사랑의 다양성을 의미할 뿐만 아니라 이성과 사랑을 나누는 다양한 방식을 반영하고 있다. 미국의 심리학자인 헨드릭과 헨드릭(Hendrick & Hendrick, 1986)은 이러한 여섯 가지의 사랑 스타일을 측정하는 사랑 태도 척도(Love Attitude Scale)를 개발하여 실증적 연구의 기반을 마련한 바 있다.

(1) 에로스: 열정적 사랑

에로스(Eros: romantic love)는 뜨거운 열정과 욕망으로 경험되는 강렬한 사랑을 의미한다. 이러한 사랑은 흔히 이성이 지닌 외모의 아름다움으로 인해 촉발된다. 첫 만남에서부터 파트너에게 강렬한 매력을 느끼면서 사랑의 불꽃이 타오른다. 지속적으로 파트너를 생각하고 하나가 되고 싶은 욕망을 느끼며 강렬한 감정과 집착을 경험한다. 사랑이 영원할 것이라고 믿으며 사랑을 위해선 무엇이든 하려는 충동과 더불어 강렬한 성적인 요소가 개입된다. 열정적 사랑을 하는 사람은 이성과의 사랑이 세상에서 가장 중요하다고 믿는다.

(2) 스토르게: 우애적 사랑

스토르게(Storge: companionate love)는 친밀감과 신뢰감이 주된 요소가 되는 사랑이다. 이러한 사랑은 서서히 발달하고 오래 지속되는 경향이 있다. 두 사람이 가까이 지내면서 서로를 편안하게 느끼고 의사소통도 잘되고 관심과 취향이 비슷하여 서로를 잘 이해하는 친구처럼 여긴다. 이처럼 오랜 기간 친구로 사귀다가 연인으로 발전하는 경우가 있다. 뜨거운 열정은 부족하지만 편안하고 친밀하며 신뢰하는 관계가 우애적 사랑이다. 이러한 사랑에서는 갈등이 생기더라도 부드럽게 타협을 통해 해결하며, 서로 상처를 주면서 관계가 종결되는 경우는 드물다.

(3) 루두스: 유희적 사랑

루두스(Ludus: playful love)는 마치 놀이를 하듯이 재미와 쾌락을 중요하게 여기며 즐기는 사랑을 의미한다. 이러한 사랑에서는 상대방에 대한 강력한 집착이나 관계의 지속을 위한 장기적인 계획이 없다. 유희적 사랑을 하는 사람들은 복수의 연인을 동시에 사귈 수 있으며 고정된 이상적인 연인상을 가지고 있지 않다. 이들은 한 사람과의 사랑을 위해 자신의 평생을 바치려 하지 않으며 상대방과의 관계에서 쾌락과 즐거움이 줄어들면 다른 대상을 찾는다. 돈 환(Don Juan)이나 플레이보이들이 나타내는 사랑이 대표적인 예다.

[그림 7-1]에서 볼 수 있듯이, 리(Lee, 1977)는 에로스, 스토르게, 루두스를 사랑의 세 가지 기본 스타일로 여겼다. 마치 3원색의 혼합을 통해 여러 가지 색깔이 만들어지듯이, 세 가지의 기본적 사랑이 혼합되면 마니아, 프라그마, 아가페의 이차적인 사랑 스타일이 나타날 수 있다. 예컨대, 에로스와 루두스의 혼합은 마니아의 사랑으로 나타나고, 루두스와 스토르게의 결합은 프라그마의 사랑으로 표현될 수 있다.

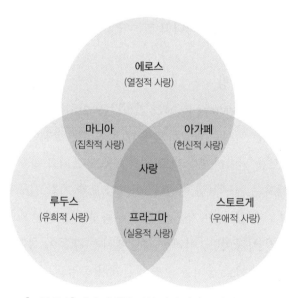

[그림 7-1] 리가 제시한 여섯 가지 사랑 스타일의 구조

(4) 마니아: 집착적 사랑

마니아(Mania: possessive love)는 상대방에 대한 강렬한 소유욕과 의존적 관계를 특징으로 하는 집착적인 사랑을 말한다. 사랑은 상대방을 완전히 소유하거나 상대방에게 소유를 당하는 것이라는 생각에 집착하기 때문에 강한 흥분과 깊은 절망의 극단을 오간다. 마치 사랑의 노예가 된 것처럼, 상대방의 사랑을 확인하기 위해 모든 시간과 에너지를 소모한다. 상대방이 자신을 버리고 떠나가지 않을까 하는 불안과 의심으로 항상 마음을 졸이며 잠을 이루지 못한다. 사랑을 얻기 위해서 헌신적인 노력을 기울이지만, 배신의 기미가 보이면 뜨겁던 사랑이 일순간에 증오로 변한다. 마니아의 사랑 스타일을 지닌 사람은 스토킹을 하거나 절교를 선언한 연인에게 폭력을 행사하는 등의 비이성적인 행동을 할 수 있다. 리는 소유적 사랑을 열정적 사랑과 유희적 사랑이 혼합된 것으로 보았다.

(5) 프라그마: 실용적 사랑

프라그마(Pragma: pragmatic love)는 이성(理性)에 근거하여 현실적인 조건을 고려하는 실용적 사랑을 의미한다. 이러한 스타일의 사랑을 하는 사람들은 연인을 선택할 때도 사랑의 관계가 안정적으로 지속될 수 있는 서로의 조건을 중시한다. 상대방에 대한 감정이나 열정보다 가정 배경, 교육 수준, 재정 상태, 종교 등을 고려하여 자신과 적합한 사람을 선택한다. 이처럼 현실적 조건을 고려하여 연인을 선택하지만, 관계가 맺어지면 강렬한 감정과 열정이 뒤따를 수도 있다. 리는 실용적 사랑을 우애적 사랑과 유희적 사랑이 혼합된 것으로 보았다. 실용적 사랑의 대표적인 예는 결혼중개업체나 중매인을 통해 자신에게 적합한 조건을 갖춘 사람을 만나 사랑하는 경우다.

(6) 아가페: 헌신적 사랑

아가페(Agape: altruistic love)는 무조건적이고 이타적으로 상대방을 위하고 보살피는 헌신적 사랑을 뜻한다. 아가페는 받기보다 주는 사랑으로서 사랑하는 사람으로부터 돌아오는 보상적인 대가에 상관없이 변함없이 주는 헌신적인 사랑이다. 이러한 스타일의 사랑에서는 자기희생이 중요한 요소가 된다. 헌신적 사랑을 하는 사람은 진정한 사랑이란 받는 것이 아니라 주는 것이며, 자신보다 사랑하는 사람의 행복과 성취를 위해서 희생하는 것이라고 믿는다. 리는 헌신적 사랑을 열정적 사랑과 우애적 사랑이 혼합된 것으로 보았다.

낭만적 사랑은 이처럼 다양한 모습으로 나타날 수 있다. 모든 연인은 그들만의 독특한 사랑을 경험한다. 두 남녀의 개성과 상황적 특성에 따라 사랑은 다양한 형태로 발전하기 때문이다. 사랑은 두 남녀가 함께 만들어 가는 공동 작품이다. 특정한 유형의 사랑을 추구하더라도 상대방의 성격과 사랑 스타일에 따라 사랑의 경험은 달라진다. 어떤 사람을 만나 어떻게 관계를 진전시키느냐에 따라 사랑은 각기 다른 모습으로 다가온다. 첫 만남으로 시작되는 사랑은 우여곡절의 미로(迷路)를 따라 다양한 형태로 발전하기 때문이다.

The Psychology of
Love

♥

제8장
낭만적 사랑의 발전 과정

1. 사랑은 어떤 과정을 통해 발전하는가?

낭만적 사랑은 매우 복잡한 과정을 통해 발전한다. 사랑이 이해하기 어려운 이유는 다른 개성을 지닌 두 남녀가 복잡한 상호작용을 통해 펼치는 변화무쌍한 과정이기 때문이다. 그러나 두 남녀가 펼치는 사랑에는 일정한 질서가 존재한다. 서로를 알지 못했던 두 남녀가 어떤 상호작용을 통해 서로를 절실하게 원하는 사랑의 관계로 발전하는 것일까?

1) 사랑의 시작: 첫 만남

낭만적 사랑은 첫 만남으로부터 시작한다. 세상에는 수많은 남자와 여자가 존재한다. 첫 만남은 어떻게 이루어지는 것일까? 가장 대표적인 방법은 미팅이나 소개팅, 즉 두 남녀를 알고 있는 친구나 지인의 소개를 통해 만나는 것이다. 또는 학교나 직장에서 매력을 느끼는 이성에게 데이트를 신청하는 방법도 있다. 최근에는 이성 관계를 중개하는 모바일 앱이나 중개업체를 통해서 첫 만남이 이루어질 수도 있다.

　모든 일에서 첫 단추를 잘 끼우는 것이 중요하듯이, 사랑의 관계로 발전하기 위해서는 첫 만남이 매우 중요하다. 미국의 사회학자인 데이비스(Davis, 1973)에 따르면, 첫 만남이 성공적으로 이루어지기 위해서는 네 개의 관문을 통과해야 한다. 첫 번째 관문은 상대방에게 매력을 느끼는 것이고, 두 번째 관문은 거부당할 위험을 무릅쓰고 데이트를 신청하는 것이다. 세 번째 관문은 첫 데이트에서 상대방의 호감을 얻을 수 있도록 자신을 제시하는 것이며, 네 번째 관문은 신뢰감을 형성하여 지속적인 만남으로 이어지도록 두 번째 데이트를 약속하는 것이다. 각 관문을 통과하기 위한 과제를 잘 인식하고 실행해야만 다음 관문으로 넘어갈 수 있다.

(1) 최초의 이끌림과 연애 동기

　첫 만남은 상대방을 매력적인 존재로 느끼는 이끌림(attraction)에 의해서 시작된다. 이끌림은 이성 관계를 추구하는 연애 동기와 밀접하게 연결되어 있다. 연애 동기에 따라 이끌리는 이성이 달라지기 때문이다. 연애 동기는 크게 낭만적 사랑의 경험, 성 욕구의 충족, 결혼을 위한 배우자 탐색으로 구분할 수 있다.

　연구에 따르면, 단기적 관계 또는 장기적 관계를 추구하는 연애 동기에 따라 상대방에게 이끌리는 특성이 다르다. 단기적 관계를 추구하는 사람들은 외모, 성적 매력, 돈 씀씀이를 중시하지만, 장기적 관계를 추구하는 사람들은 헌신, 신뢰성, 정서적 안정성, 관계 능력을 중요하게 여긴다(Buss & Schmidt, 1993; Shackelford et al., 2005).

　연애 동기에 따라 후보자의 기준(외모, 성격, 사회적 지위, 학력 및 재정 상황, 다른 사람들의 평판 등)이 정해지고 개인의 인간관계 네트워크 안에서 잠재적 후보자들을 탐색하게 된다. 이끌림은 연애 동기와 상대방의 조건 간 비교를 통해서 결정된다. 연애 동기를 충족시킬 수 있는 조건을 잘 갖춘 사람에게 매력을 느끼게 된다. 매력을 느끼는 이성을 발견하면, 데이트 신청을 결정하기 위해서 상대방의 다양한 요인(결혼했는지, 애인이 있는지, 자신을 좋아할 가능성이 있는지 등)을 고려한다. 때로는 제삼자를 통해 상대방에 대한 정보를 수집하기도 한다. 잠재적 후보자가 자신의 연애 동기를 충족시키는 중요한 자격을 갖추고 있고 자신과의 만남을 받아들일 의향이 있다고 판단되면 다음 단계로 진행된다.

(2) 데이트 신청

연애 동기를 충족시키는 이성에게 매력을 느끼게 되면 그 사람에게 데이트 신청을 할 것인지 결정하는 단계로 넘어간다. 데이트 신청의 결정에는 두 가지 요인, 즉 상대방에 대한 이끌림의 강도와 상대방이 데이트 신청을 받아 줄 것이라는 믿음이 영향을 미친다. 강한 매력을 느끼지만 데이트 신청을 하지 못하는 것은 거부의 두려움 때문이다.

상대방이 데이트 신청을 수용할 것인지를 평가하기 위해서는 상당한 기간 정보를 수집하거나 성공적인 데이트 신청을 위한 방법을 고민해야 한다. 데이트 신청의 결정에는 성격 특성이 중요한 영향을 미친다. 안정 애착 유형에 속하는 사람들은 상대방이 보내는 수용과 거부의 신호를 정확하게 포착하여 그 신호에 따라 적절하게 행동한다. 그러나 자존감이 낮고 거부 두려움이 강한 사람은 모호한 자극을 거부의 의미로 받아들이기 때문에 데이트 신청을 하기 어렵다. 이들은 거부당하는 위험을 감수하기보다 소극적인 접근 방법을 택하거나 관계 형성을 위해 많은 것을 투자하지 않는다.

또한 상대방이 자신에게 나타내는 호감과 개방 정도는 데이트 신청에 영향을 미친다. 상대방이 데이트 신청을 수용할 것이라는 자신감이 중간 이상일 경우에 데이트를 신청하게 된다. 데이트 신청 방법은 자신감에 따라 달라질 수 있지만 상대방이 가장 편안하게 수용할 수 있는 자연스러운 방법을 신중하게 모색하는 것이 중요하다. 상대방이 데이트 신청을 수용하면 첫 데이트가 이루어지는 단계로 넘어간다.

(3) 첫 데이트에서의 자기 제시

첫 데이트에서는 상대방의 호감을 얻기 위해 자신을 어떻게 보여 줄 것인가를 고려해야 한다. 첫 데이트에서는 상대방에게 자신을 알리고 싶은 소망과 상대방으로부터 호감을 얻으려는 소망 간의 갈등이 존재한다. 자신을 있는 그대로 알리는 것이 때로는 상대방에게 실망이나 불쾌감을 줄 수 있기 때문이다.

첫 데이트의 목표는 상대방이 자신에게 호감을 느끼도록 만드는 것이다. 상대방의 호감을 이끌어 내기 위해서 흔히 다음의 네 가지 방법이 사용된다. ① 호감을 얻을 수 있도록 자신의 특성과 관심사를 선택적으로 제시하는 것, ② 자신을 유능한 존재로 내보이는 것, ③ 도덕적으로 성실한 모습을 보이는 것, ④ 상대방의 특성에 대한 긍정적인 평가를 통해 상대방을 기분 좋게 만드는 것이다.

자신을 제시하는 방법은 상대방의 반응에 따라 달라질 수 있다. 처음에는 상대방의 호감을 얻기 위해 선택적 자기 제시를 하지만, 상대방이 자신에게 호감을 지닌다는 확신을 하게 되면 자신의 진실한 모습이나 중요한 특성을 더 많이 공개할 수 있다. 그러나 자기 공개가 너무 급격하게 이루어지면 상대방에게 부담을 줄 수 있기 때문에 점진적으로 이루어지는 것이 중요하다.

(4) 첫 데이트에서의 신뢰 형성

성공적인 첫 만남에서는 헤어질 때 두 사람이 다시 만나기를 바란다. 첫 만남이 성공하기 위해서는 서로에 대한 호감과 신뢰 형성이 매우 중요하다. 성공적인 첫 데이트에서는 자연스러운 첫말을 꺼내서 편안한 분위기를 만들고, 서로 흥미를 느낄 수 있는 대화를 이어 나가며 호감과 친밀감을 형성하고, 헤어질 때 두 사람 모두 다시 만나기를 바라며 두 번째 데이트를 약속하게 된다.

신뢰 형성을 위해서 상대방에 대한 호감을 표현하고 상대방의 호감을 이끌어 내는 것이 중요하다. 상대방이 자신에게 호감을 느끼고 있다고 믿을 때, 사람들은 더 많이 자기 공개를 하고 더 긍정적인 태도를 나타내어 더 많은 호감을 이끌어 낸다. 첫 데이트가 항상 성공하는 것은 아니다. 수줍음이 많거나 거부의 두려움이 높은 사람은 첫 데이트를 시작하는 데 어려움을 겪는다. 상대방이 자신을 좋아하지 않을 것이라고 예상하면, 조심스럽고 방어적으로 행동하게 된다. 이러한 부정적인 예상은 소극적인 행동을 하게 만들어 실제로 거부당하는 결과를 초래할 수 있다. 데이트를 신청한 사람이 첫 만남에서 신뢰 형성에 실패하거나 상대방이 사람을 신뢰하지 못하는 심리적 성향을 지니는 경우에는 두 번째 만남으로 이어지기 어렵다.

2) 첫 만남 이후에 사랑이 발전하는 과정

첫 만남이 성공적으로 이루어져야 두 번째 데이트로 이어진다. 그러나 데이트가 계속된다고 해서 두 남녀의 관계가 사랑으로 발전하는 것은 아니다. 지속적인 만남을 통해 두 사람 모두 긍정적인 경험을 할 수 있어야 연인으로 발전할 수 있다. 어색함 속에서 첫 만남을 시작한 두 남녀는 어떤 과정을 통해서 서로를 뜨겁게 갈망하는 깊은 사랑으로 발전하는 것일까?

(1) 사랑의 발전 과정: 사회적 침투

미국의 사회심리학자인 알트만과 테일러(Altman & Taylor, 1973)는 연인처럼 두 사람의 관계가 깊어지는 과정을 사회적 침투(social penetration)라고 불렀다. 낭만적 사랑은 두 남녀가 서로의 방어벽을 뚫고 마음 깊은 곳으로 침투하는 과정이라고 할 수 있다. 알트만과 테일러는 첫 만남 이후 이성 관계가 발전하는 사회적 침투 과정을 [그림 8-1]과 같이 네 단계로 나누어 제시하고 있다.

첫 만남에서 서로 호감을 느낀 두 남녀는 상대방에 대한 호기심과 흥미를 느끼며 데이트를 하게 된다. 사회적 침투의 첫 단계는 지향 단계(orientation stage)로서 서로 피상적인 정보를 교환하며 상대방을 탐색한다. 이 단계에서는 상대방에게 좋은 인상을 주려고 노력하며 상대방이 자신에게 호감을 느끼는지 타진한다. 두 남녀는 다소 긴장된 상태에서 자신의 긍정적인 면을 제시하고 상대방에 대한 비판

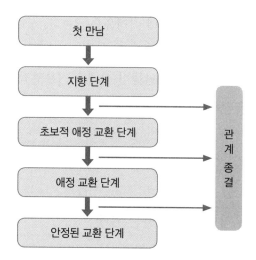

[그림 8-1] 사랑이 발전하는 사회적 침투 과정

은 자제한다. 이 단계에서 교환되는 정보에 근거하여 상대방과 좀 더 친밀한 관계로 진행할 것인지의 여부가 결정된다. 많은 경우, 이성과의 만남이 이 단계에서 중단된다. 이 단계에서는 관계가 종결되더라도 심리적 충격이 그다지 크지 않다.

지향 단계를 통과하면 두 남녀는 초보적 애정 교환 단계(exploratory affective exchange stage)로 넘어간다. 좀 더 친밀한 태도를 취하면서 대화의 내용이 넓어지고 깊어진다. 이 단계에서는 상대방에게 호감 이상의 초보적인 애정을 느끼게 되며, 좋아하는 감정을 상대방에게 알리려고 노력하고, 상대방이 자신을 좋아하는지 확인하려고 노력한다. 그러나 이 단계에서 애정 표현이 지나치면 상대방이 부담을 느낄 수 있기 때문에 초보적이고 형식적인 방식의 애정 교환이 이루어진다. 이 단계는 두 남녀가 불확실성 속에서 만남을 이어 나가는 가장 불안정한 시기로서 상대방의 말과 행동에 매우 예민하고 감정의 변화가 심하다. 이 시기에 상대방보다 사랑의 감정을 빨리 발전시킨 사람은 상대방의 마음을 확인하기 위해 애를 태우게 된다. 좀 더 깊은 수준의 자기공개가 이루어지는 이 단계에서 상대방에게 실망하면 관계가 종결될 수 있다. 이 단계에서는 애정이 개입되기 때문에 상대방의 의사에 의해 관계가 종결될 경우에 상당한 아픔을 경험하게 된다.

이성관계는 사회적 침투 과정을 통해 깊어진다.

초보적인 애정을 교환하며 서로에게 만족하면 애정 교환 단계(affective exchange stage)로 넘어간다. 이 단계에서는 두 남녀가 서로를 좋아하는 연인 사이라는 것을 암묵적으로 인정하고 좀 더 확실한 방법으로 사랑을 표현한다. 빈번한 데이트가 이루어지고, 선물이나 편지가 교환되며, 농담과 장난을 주고받는다. 친밀감이 깊어지면서 좀 더 편안한 마음으로 상대방을 칭찬하거나 비판할 수 있게 된다. 그러나 이 단계에서는 상대방의 사랑을 확신하지 못하기 때문에 여전히 자신의 약점을 보이지 않으려는 조심스러움이 있으며 자신의 깊은 속마음은 털어놓지 않는다. 이 단계는 서로의 사랑을 확인하고 신뢰를 형성해 나가지만, 미래의 관계에 대한 약속과 헌신이 불분명한 상태가 계속되는 시기다.

사랑의 고백과 수용은 연인관계가 발전되는 중요한 전환점이다. 한 사람의 사랑 고백과 상대방의 수용은 안정된 교환 단계(stable exchange stage)로 넘어가는 계기가 된다. 두 사람은 서로를 연인으로 인정하면서 속마음을 털어놓고 이야기하고 서로의 소유물에도 편하게 접근한다. 자신의 단점이나 약점도 두려움 없이 내보일 수 있게 된다. 이 단계에서는 상대방의 사랑을 확신하는 안정된 관계의 바탕 위에서 깊은 수준의 애정 교환이 이루어진다. 친밀감과 신뢰가 깊어지고 육체적인 애정 교환이 이루어질 수 있다. 이 단계에서는 서로를 친구나 가족에게 연인으로 소개하고 장기적 관계에 대한 헌신을 약속하면서 미래의 관계를 계획하게 된다. 결혼은 사랑을 장기적으로 유지하기 위한 사회적 약속으로서 헌신의 가장 중요한 표현이다. 그러나 이 단계의 모든 연인이 항상 결혼으로 이어지는 것은 아니며 여러 가지 이유로 관계가 종결될 수도 있다. 이 단계에서 부모의 반대, 외도, 유학, 질병, 죽음 등의 이유로 결혼에 이르지 못하고 관계가 종결되는 경우에는 매우 강렬한 심리적 고통과 깊은 마음의 상처를 남기게 된다.

(2) 사랑의 발전단계와 대화 내용의 변화

미국의 인간관계 연구자인 냅과 반젤리스티(Knapp & Vangelisti, 2005)는 두 남녀가 나타내는 의사소통 행동을 분석하여 사랑의 발전 과정을 5단계로 구분하고 있다. 이들에 따르면, 사랑의 발전단계마다 특정한 주제의 대화가 이루어진다. 사랑의 단계들은 서로 중첩될 뿐만 아니라 건너뛰거나 후퇴하는 경우도 있지만 일반적인 순서에 따라 진행된다. 〈표 8-1〉에 제시되어 있듯이, 사랑의 발전단계마다 대화의 주제와 내용이 변한다.

사랑의 시작 단계(initiating stage)에서는 두 남녀가 인사를 나누고 서로에 대한 피

표 8-1 사랑의 발전단계와 주된 대화 내용

단계	전형적인 대화 내용
시작 단계	"안녕하세요." "오늘 날씨가 참 좋네요." "처음 뵙는데, 인상이 참 좋으시네요."
탐색 단계	"그 뮤지션을 좋아한다고요! 나도 좋아하는데." "우리 모두 스키를 타는 걸 좋아하네요. 언제 한번 같이 가요." "우리 언제 차 한 잔 해요."
강화 단계	"(머뭇거리며) 당신을 사랑하게 된 것 같아요." "나도 당신을 사랑해요."
통합 단계	"나는 당신의 일부가 된 것처럼 느껴요." "우리가 한 몸처럼 서로 통하나 봐요. 내가 느낀 걸 당신도 느꼈다니!"
견고화 단계	"나는 항상 당신과 함께 있고 싶어요." "우리 결혼해요."

상적인 정보를 교환한다. 여러 사람의 모임이나 파티에서는 상대방의 외모를 훑어보고 옷차림새와 행동을 관찰하면서 자신이 원하는 유형의 사람인지를 판단한다. 매력을 느끼는 경우에는 상대방에게 다가갈 기회를 엿보다가 인사를 나누고 간단히 자신을 소개하며 대화를 이어나갈 수 있다. 이 시기에는 자신을 유쾌하고 배려심이 있는 사람으로 제시하려고 노력한다. 이 단계에서는 "안녕하세요." "처음 뵙는데, 인상이 참 좋으시네요." "오늘 날씨가 참 좋네요."와 같은 내용의 대화가 주로 이루어진다.

일단 대화가 시작되면, 두 번째 단계인 탐색 단계(experimenting stage)로 넘어간다. 탐색 단계에서는 상대방에 대한 추가적 정보를 수집하면서 이름, 소속, 출신 학교, 취미, 관심사와 같은 기본적인 정보를 교환한다. 이 단계의 대화에서는 공통의 화제를 찾는 것이 중요하다. 이 단계에서는 "그 뮤지션을 좋아한다고요! 우와, 나도 좋아하는데." "당신도 스키를 타는 걸 좋아한다고요. 어느 스키장을 자주 가시나요?" "우리 언제 차 한 잔 같이 마셔요."와 같은 대화 내용이 나타난다. 이렇게 처음 대화를 나눈 두 남녀는 대부분 탐색 단계 이상으로 진전하지 못하고 서로 지인(知人)이 된다. 탐색 단계에서 서로에게 호감과 매력을 느낄 경우에는 강화 단계로 넘어갈 수 있다.

강화 단계(intensifying stage)에서는 상대방에 대한 호감을 전달하는 동시에 자기 공개를 하면서 조심스럽게 초보적인 애정을 교환한다. 이 단계에서는 여러 가지 특징이 나타난다. 우선, 두 사람은 상대방에게 좀 더 적극적인 관심을 보이고 관계가 진전되고 있음을 자각하게 된다. 자기 공개의 양이 증가하며 이전에는 숨겼던 비밀을 조금씩 공개하기 시작한다. 이러한 과정에서 두 남녀는 '우리'라는 단어를 사용하기 시작한다. 또한 친밀감을 반영하는 비언어적인 의사소통이 증가하는데, 상대방과의 거리를 좁혀 나가며 옆자리에 앉거나 손을 만지는 등 신체적 접촉을 시도한다. 강화 단계에서는 "당신이 옆에 없으면 허전해서 어떻게 해야 할지 모르겠어." "당신을 정말 많이 좋아하는 것 같아."와 같이 애정의 직접적 표현이 증가하고 결국 "당신을 사랑하게 된 것 같아." "나도 당신을 사랑해요."와 같이 사랑의 고백을 교환하게 된다. 이 단계에서 성관계를 맺을 수 있으며 일상생활에서 도움을 주고받는 일이 빈번해진다.

두 사람은 사랑의 고백을 주고받은 후에 통합 단계(integrating stage)로 넘어간다. 통합 단계에서는 두 남녀가 서로를 커플로 인정할 뿐만 아니라 주변 사람들 역시 이들을 커플로 인정한다. 커플링 반지를 끼거나 같은 스타일의 옷을 입고 자신들만의 활동을 하며 두 사람만의 관계 정체성을 구축한다. 이 단계에서는 두 사람의 여러 측면이 하나로 통합되면서 "나는 당신의 일부가 된 것처럼 느껴요." "우리가 한 몸처럼 서로 통하나 봐요. 내가 느낀 걸 당신도 느꼈다니!"와 같은 대화 내용이 나타나게 된다.

마지막 단계인 견고화 단계(bonding stage)에서는 두 사람이 서로에게 헌신할 것을 약속하고 공식적인 의식을 통해서 주변 사람들에게 공표한다. 헌신을 의미하는 공식적 행위는 약혼, 동거, 결혼으로 나타나게 된다. 이러한 공식적 행위는 사랑을 더욱 견고하게 만들 뿐만 아니라 관계의 해체, 즉 이별을 어렵게 만든다. 이 단계에서는 "나는 항상 당신과 함께 있고 싶어요." "우리 결혼해요."와 같은 대화 내용이 나타나게 된다.

3) 우정이 사랑으로 변화하는 과정

우정과 사랑은 경계가 모호하다. 우정이 사랑으로 변할 수도 있고, 사랑이 우정으로 변하는 경우도 있다. 이처럼 사랑이 발달하는 경로는 매우 다양하다. 친구로 지내던 두 남녀가 어떤 계기를 통해 사랑하는 사이로 변하는 경우도 드물지 않다. '남사친(또는 여사친)'이 '남친(또는 여친)'으로 변하는 경우다.

젊은이들은 대부분 우정을 나누는 이성 친구를 지니고 있다. 미국 대학생을 대상으로 한 연구(Mongeau et al., 2003)에 따르면, 대학생의 55%가 한 명 이상의 이성 친구와 간헐적으로 성관계를 맺고 있다. 이들은 정서적 거리두기, 질투하지 않기, 사랑에 빠지지 않기와 같은 원칙을 통해서 이성 친구와 우정의 관계를 유지한다(Hughes et al., 2005). 이러한 우정이 사랑으로 변하기 위해서는 두 사람 모두 열정을 느끼는 것뿐만 아니라 독점적 관계에 대한 합의가 필요하다.

연인의 40~50%는 우정의 관계에서 어떤 전환점(turning point)이 계기가 되어 사랑으로 진행된 경우다(Baxter & Bullis, 1986). 대표적인 전환점은 열정의 표현(예: 첫 키스, 첫 섹스, "사랑해."라는 말), 헌신의 표현(예: 동거나 결혼의 제안), 서로를 잘 이해하게 된 사건(예: 오해를 풀고 속마음을 이해함), 배타성(예: 서로에게만 집중하기로 결정함, 경쟁상대와 관계를 끊음)이었다. 이처럼 친구나 직장동료의 관계에서 연인의 관계로 전환되는 과정을 낭만적 관계 전이(romantic relationship transition)라고 한다(Mongeau et al., 2006).

이성 친구를 사랑하면서도 거부당하거나 우정이 깨지는 것을 두려워하여 사랑의 감정을 표현하지 못한 채 짝사랑을 하는 경우가 드물지 않다. 짝사랑을 하는 사람은 상대방과의 일상적 접촉을 증가시키면서 은밀하게 상대방의 마음을 탐색하거나 타진한다. 짝사랑을 하는 사람들은 사랑의 갈망과 거부의 두려움 사이에서 마음 고생을 하게 된다. 대중가요인 〈애인 있어요〉(최은하 작사, 윤일상 작곡, 이은미 노래)는 짝사랑하는 사람의 마음을 잘 표현하고 있다.

🪶 애인 있어요

아직도 넌 혼자인거니 물어보네요
난 그저 웃어요
사랑하고 있죠
사랑하는 사람 있어요

그대는 내가 안쓰러운 건가 봐
좋은 사람 있다며 한 번 만나보라 말하죠
그댄 모르죠 내게도 멋진 애인이 있다는 걸
너무 소중해 꼭 숨겨 두었죠

그 사람 나만 볼 수 있어요
내 눈에만 보여요
내 입술에 영원히 담아 둘 거야
가끔씩 차오르는 눈물만 알고 있죠
그 사람 그대라는 걸

나는 그 사람 갖고 싶지 않아요
욕심나지 않아요
그냥 사랑하고 싶어요
그댄 모르죠
내게도 멋진 애인이 있다는 걸
너무 소중해 꼭 숨겨 두었죠

(후략)

2. 매력과 이끌림의 심리학

사랑은 이끌림에서 시작된다. 어떤 이성을 처음 보는 순간 강렬한 호감과 호기심이 솟아오른다. 처음엔 특별한 느낌이 없었지만 호감이 증가하면서 이끌리는 경우도 있다. 사랑의 신비 중 하나는 수많은 사람 중에서 '왜 하필 그 사람에게 매력을 느끼며 이끌리느냐'는 것이다.

1) 낭만적 매혹: 이끌림과 사랑에 빠지는 것

낭만적 사랑의 특징 중 하나는 발전 속도가 매우 빠르다는 점이다. 대부분의 인간관계는 만남의 횟수가 증가하면서 점진적으로 발전한다. '첫눈에 반한 사랑(love at the first sight)'이라는 표현이 있듯이, 낭만적 사랑은 상대방을 처음 보는 순간부터 강렬한 이끌림과 갈망이 솟아오르면서 걷잡을 수 없이 불타오르는 경우가 드물지 않다. 특정한 이성에게 이끌려 급속하게 강렬한 사랑으로 발전하는 경험이 바로 '사랑에 빠지는 것(falling in love)'이다.

이끌림(attraction)은 '매력을 느낀다' '매혹되었다' 또는 '반했다'고 표현되는 심리적 경험을 의미한다. 매력(魅力)이나 매혹(魅惑)이라는 단어에는 '도깨비 매(魅)' 자가 포함되어 있다. 남자와 여자가 서로에게 이끌리는 경험에는 도깨비가 개입하기 때문에 인간의 생각으로는 이해하기 어렵다는 뜻이 담겨 있다.

한 남자와 한 여자가 서로에게 이끌려 연인이 되는 것은 매우 신비로운 일이다. 연인은 수많은 사람 중에서 왜 다른 사람이 아닌 그 사람을 사랑하게 되었을까? 제삼자가 보기에는 전혀 어울리지 않는 두 남녀가 서로에게 이끌려 사랑에 빠지는 경우가 드물지 않다. 때로는 강렬한 이끌림으로 시작된 뜨거운 사랑이 서로에 대한 환멸과 증오로 끝나는 경우도 있다. 남녀의 이끌림에는 우연과 필연의 여러 요인이 영향을 미친다. 심리학자들은 이끌림과 매력의 신비를 밝히기 위한 노력을 기울이고 있다.

2) 이끌림을 결정하는 요인들

두 남녀가 서로에게 이끌려 사랑의 불꽃을 만들어 내는 원리를 밝히는 것은 어려운 일이다. 매우 다양한 요인들이 이끌림에 영향을 미치기 때문이다. 사랑의 연구자인 스프레쳐와 펠리(Sprecher & Felmlee, 2008)에 따르면, 이끌림을 결정하는 요인은 네 가지로 구분될 수 있다([그림 8-2] 참조). 첫째는 개인의 특성(P: person)이고, 둘째는 상대방의 특성(O: other)이며, 셋째는 두 사람의 특성 간 조합(P × O)이며, 마지막 이끌림의 영향은 환경적 요인(E: environment)이다.

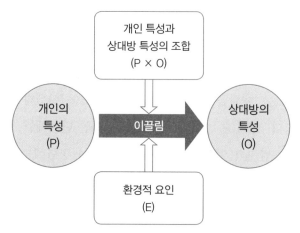

[그림 8-2] 낭만적 이끌림에 영향을 미치는 요인들

(1) 개인의 특성

이끌림은 상대방의 특성에 의해 유발될 수도 있지만 개인의 특성에 의해서 상대방에게 쉽게 이끌릴 수도 있다. 개인의 특성(P)은 이성에게 이끌리는 사람의 개인적 특성을 의미한다. 예컨대, 사랑하고 싶은 욕망, 사랑의 준비 상태, 애정의 결핍이나 외로움과 같은 개인적 특성은 이성에게 이끌리게 되는 과정에 영향을 미친다.

연애 동기는 이끌림에 중요한 영향을 미친다. 연애 동기에 따라 이끌리는 이성이 달라지기 때문이다. 연애 동기는 낭만적인 사랑을 경험해 보고 싶은 욕구, 성욕을 충족하려는 욕구, 결혼할 배우자를 구하려는 욕구로 구분할 수 있다. 예컨대, 섹스 파트너를 찾는 사람은 유혹적이고 성에 대해 개방적 태도를 지닌 사람에게 이끌리지만, 결혼 상대를 찾는 사람은 자신만을 위해 헌신하며 성적으로 보수적인 사람에게 이끌리는 경향이 있다.

애정 결핍을 겪거나 오랜 기간 외로움을 겪은 사람은 이성과 친밀한 관계를 맺으려는 동기가 높기 때문에 이성에게 쉽게 이끌릴 수 있다. 사랑의 관계에 들어가려는 준비 상태도 이끌림에 영향을 미친다. "바쁜 마음에는 사랑이 깃들지 않는다."라는 말이 있듯이, 일과 성취에 너무 몰두하는 사람은 이성 관계에 관심이 적을 뿐만 아니라 호감을 느끼는 이성을 만나도 관심과 시간을 투자하기 어렵다.

이성의 특성(외모, 성격, 사회적 계층 등)에 대한 혐오와 거부감, 즉 사회적 알레르기가 강한 사람들은 이끌림의 대상이 현저하게 축소되어 사랑을 시작하기 어렵다(Cunningham et al., 1997). 여성은 월경주기에 따라 매력을 느끼는 남자의 특성이 달라진다는 연구도 있다. 배란기 여성은 다른 여성에 비해서 박력 있고 경쟁적인 사람이나 남성적인 외모에 대해서 더 매력을 느끼는 경향이 있다(Gangestad et al., 2007).

(2) 상대방의 특성

이끌림은 상대방의 특성에 의해서 유발되는 경우가 많다. 상대방의 특성(O)은 외적 특성(신체적 매력, 재산, 소유물 등)과 내적 특성(성격 특성, 태도, 신념 등)으로 구분할 수 있다. 외모, 즉 신체적 매력은 낭만적 이끌림의 중요한 요인이다. 사람들은 똑똑하고 유능하며 사회적으로 성공한 사람을 좋아한다. 이러한 사람과의 친밀한 관계는 많은 혜택을 주기 때문이다. 신체적 매력, 성격 특성, 유능성은 이끌림을 유발하는 상대방의 주된 특성이다.

플레처(Fletcher, 2002)는 이끌림을 촉발하는 상대방의 특성을 다음의 세 범주로 구분했다. 첫째, 따뜻함과 호의성으로서 사람들은 이해심이 많고 섬세하며 배려심을 갖춘 사람에게 호감을 느낀다. 둘째, 활기와 사교성으로서 재미있고 상냥하며 흥미를 자극하는 사람이 인기가 많다. 셋째, 지위와 능력으로서 좋은 직업과 재력을 지니거나 성공 가능성이 높은 사람에게 이끌린다.

(3) 개인 특성과 상대방 특성의 조합

사람마다 매력을 느끼는 이성의 특성이 다르다. 이끌림에서 가장 중요한 것은 개인의 특성과 상대방의 특성이 서로 잘 연결되는 것이다. '궁합(宮合)'이라는 말이 있듯이, 개인이 중요하게 여기는 특성을 상대방이 잘 갖추고 있어야 이끌림이 유발될 수 있다.

개인 특성과 상대방 특성의 조합(P × O)이 이끌림을 유발하는 원리는 유사성과 상보성으로 구분할 수 있다. 유사성(similarity)은 서로 비슷한 성향을 지닌 사람들끼리 친해지는 것이다. 유사성이 많으면 상대방의 속성을 이해하기 쉽고 두 사람의 관계에서 미래에 일어날 상호작용을 예상하기 쉽다. 또한 가치관이나 태도가 유사한 사람들은 공감과 강화를 주고받으며 긍정적인 경험을 할 가능성이 높다.

이와 대조적으로, 상보성(complimentariness)은 자신이 갖지 못한 특성을 지닌 사람에게 매력을 느끼고 이끌리는 경향을 의미한다. 개인이 갖지 못한 속성을 많이 지니는 보완적인 상대방으로부터 많은 도움을 받을 수 있기 때문이다. 또한 사람들은 자신이 지니지 못한 속성을 더욱 높이 평가하는 경향이 있다.

흔히 '소울메이트(soulmates)'라고 인정하는 커플은 두 사람의 특성들이 조화를 이루는 경우라고 할 수 있다. 소울메이트들은 유사성이 많아서 공통의 관심사가 많을 뿐만 아니라 말하지 않아도 서로의 마음이 잘 통하는 커플일 수 있다. 그러나 상보성이 높아서 자신이 갖지 못한 상대방의 특성에 감탄하고 서로의 부족함을 잘 채워 주는 커플일 수도 있다. 요컨대, 이끌림에는 두 사람의 개인적 특성뿐만 아니라 두 사람이 지닌 특성의 조합(P × O)이 매우 중요하다.

(4) 환경적 요인

이끌림은 두 가지의 환경적 요인(E)에 의해서 영향을 받을 수 있다. 첫째, 사회적 환경으로서 두 사람 주변에 존재하는 가족이나 친구들이다. 가족이나 친구는 두 사람의 관계를 촉진하거나 방해할 수 있다. 둘째, 물리적 환경으로서 긍정적 기분에 영향을 미치는 환경적 조건(기온, 햇볕, 좋은 냄새, 데이트 장소, 만남의 공간 등)과 서로의 접근성에 영향을 미치는 지리적 조건(거주 지역, 거리, 교통편 등)을 포함한다. "안 보면 멀어진다(Out of sight, out of mind)."라는 말이 있듯이, 두 사람이 접촉하기 어려운 상황에서는 이끌림이 발달하기 어렵다.

3) 이끌림을 유발하는 심리적 과정

남자와 여자의 이끌림은 매우 다양한 요인이 관여하는 복잡한 과정이다. 매력적인 외모, 바람직한 성격, 유능성과 같은 상대방의 특성은 왜 이끌림을 유발하는 것일까? 어떤 심리적 과정을 통해서 특정한 속성을 지닌 사람에게 이끌리는 것일까? 이끌림에는 우리가 자각하지 못하는 심리적·신체적 과정들이 관여한다.

(1) 사회교환 이론

인간은 긍정적 경험을 제공하는 사람에게 이끌린다. 매력적 외모, 바람직한 성격, 유능성을 지닌 사람에게 이끌리는 이유는 그 자체가 보상적이기 때문이다. 이러한 특성을 지닌 사람과 상호작용하는 경험 자체가 기분 좋고 즐거운 일이기 때문이다. 긍정 정서는 이끌림을 유발하는 중요한 요인이다.

사회교환 이론에 따르면, 인간은 미래의 관계에서 투자해야 할 비용보다 더 많은 보상과 혜택을 제공할 것으로 예상되는 사람에게 이끌린다. 연인관계에게 교환되는 중요한 보상과 비용은 긍정 정서와 부정 정서다. 사람들은 미래의 관계에서 부정 정서보다 긍정 정서를 경험할 가능성이 높은 사람에게 매력을 느낀다.

이성 관계의 초기에는 사람들이 자신의 긍정적 가치를 제시하여 상대방에게 긍정 정서의 기대를 높임으로써 이끌림을 유도한다. 또한 상대방의 의견에 동조하거나 긍정적인 측면을 칭찬하는 아첨 전략을 사용하면서 상대방의 긍정 정서를 증진하려고 노력한다. 이처럼 상대방에게 긍정 정서를 제공하면 상대방 역시 자신을 좋아하는 이끌림으로 보답할 가능성이 높기 때문이다.

사회교환 이론에 따르면, 이끌림은 우리가 잘 의식하지 못하는 비교 과정을 통해서 영향을 받는다. 인간관계의 만족도는 개인이 관계에 투자한 비용과 보상받은 혜택의 비교에 의해서 결정된다. 많은 혜택을 얻더라도 더 많은 투자와 희생을 요구하는 관계에는 이끌리기 어렵다. 더 중요한 것은 과거에 다른 사람과 맺었던 관계에서 경험한 혜택이다. 현재의 관계가 만족스럽더라도 과거에 받은 혜택에 비해 미흡하다면 실망할 것이다. 이끌림에 영향을 미치는 또 다른 중요한 요인은 대안적 관계에서 얻을 것으로 예상하는 혜택, 즉 대안적 관계와의 비교다. 현재의 관계에서 많은 혜택을 얻더라도 다른 사람과의 관계에서 더 많은 혜택을 받을 수 있다고 생각하면, 현재 관계의 만족도가 감소하면서 다른 사람에게 이끌리게 될 것이다.

(2) 자기 확장 이론

낭만적 사랑의 연구자인 아론과 동료들(Aron et al., 1995; Aron & Aron, 1996)은 사랑이 자기 확장 경험이라고 주장한다. 자기 확장 이론(theory of self-expansion)에 따르면, 인간은 자기를 확장하려는 욕구를 지니며, 그것을 위한 중요한 방법은 친밀한 관계를 통해서 다른 사람을 자기 안에 포함시키는 것이다. 사랑은 여러 가지 긍정적 특성과 자원을 지닌 사람을 자기 안에 포함시키는 과정으로서 자기가 확장되는 긍정 정서를 유발한다.

사랑에 빠지는 경험이 황홀한 이유는 상대방과의 관계가 급속하게 발전하면서 자기 확장이 빠른 속도로 이루어지기 때문이다. 이끌림은 상대방의 두 가지 요인에 의해서 결정된다. 첫째는 바람직성(desirability)으로서 상대방과의 친밀한 관계를 통해서 가능한 자기 확장의 정도를 의미한다. 우리는 자기 확장에 도움이 될 잠재력이 높은 사람에게 이끌린다. 바람직한 특성을 지닌 사람에게 이끌리는 것은 친밀한 관계 형성을 통해서 그 사람의 자원과 지위를 자기 안에 포함시켜 자기확장을 할 수 있기 때문이다.

둘째는 가능성(probability)으로서 실제로 상대방과 친밀한 관계를 형성하여 자기 확장을 성취할 확률을 뜻한다. 아무리 바람직성이 높은 사람이라도 현실적으로 관계 형성이 어려운 사람이라면 이끌리기 어렵다. 자기 확장 이론에 따르면, 자신과 유사한 특성을 지닌 사람보다 다른 특성을 지닌 사람과 친밀한 관계를 맺는 것이 자기 확장에 도움이 된다.

한 실증적 연구(Jones et al., 1972)에서는 상보성보다 유사성이 높은 사람들에게 더 이끌리는 것으로 나타났다. 그러나 상대방이 자신을 좋아한다고 믿는 상황에서는 유사성을 지닌 사람에 대한 이끌림이 감소했다. 달리 말하면, 유사성은 관계형성의 가능성을 증가시키기 때문에 이끌림 요인으로 작용하지만, 상대방이 자신을 좋아한다고 믿는 상황에서는 자기 확장을 증가시키기 위해 바람직성, 즉 자신과 다른 특성을 많이 지닌 사람에게 더 이끌리는 것이다.

(3) 이끌림의 진화심리학

인간의 심리적 성향은 오랜 진화의 산물이다. 이성에게 이끌리고 사랑에 빠지는 것은 오랜 진화 과정에서 번식을 위해 발달시킨 신경 프로그램의 발현이다. 진화심리학자인 버스(Buss, 1989, 1991)에 따르면, 이성 관계에서 남자와 여자가 취하는 성적 책략이 다르다. 왜냐하면 남자와 여자는 자녀를 낳을 때 투자하는 양이 다르기 때문이다.

여자는 사랑의 상대를 고를 때 남자보다 더 까다롭고 신중하다. 남자는 단기적 관계를 추구하는 반면, 여자는 장기적 관계를 선호한다. 남자는 임신 가능한 여자를 선호하는 반면, 여자는 자신과 자녀를 보호하고 양육하기 위한 자원이나 능력을 보유한 남자를 찾는다. 남자는 자녀 생산이 가능한 젊고 건강하며 아름다운 여성에게 이끌리는 반면, 여자는 지위와 재력을 지닌 유능하고 근면하며 신뢰를 주는 남자에게 이끌린다.

또한 남자는 자녀 생산 능력을 보여 주는 여자의 애정 행위에 이끌리는 반면, 여자는 자원을 과시하는 남자의 애정 행위에 이끌린다. 즉, 남자는 여자가 육체적 건강미나 아름다움을 과시하는 행동에 이끌리는 반면, 여자는 남자의 재력이나 비싼 선물에 의해 이끌리는 경향이 있다.

이러한 주장은 진화의 관점에서 남자와 여자의 일반적인 차이를 설명하는 것이다. 그러나 이성 관계에서 나타나는 남자와 여자의 행동은 개인에 따라 커다란 차이가 있다. 더구나 현대사회에는 남자와 여자의 성역할이 급격하게 변화하고 있기 때문에 진화심리학자들의 주장을 신중하게 받아들여야 할 것이다.

이끌림은 우연과 필연의 요인들이 뒤얽혀 나타나는 복잡한 현상이다. 사랑에 빠진 사람들에게 왜 상대방에게 이끌리게 되었는지 물으면 그 이유를 정확하게 인식하지 못하거나 피상적인 이유를 제시하는 경우가 많다. 이끌림에는 다양한 요인과 심리적 과정이 관여하기 때문이다. 대부분의 사람은 상대방의 어떤 특성이 자신의 어떤 측면을 자극하여 어떤 심리적 과정을 통해 상대방에게 이끌리게 되었는지 이해하지 못한다. 우리의 무의식 세계에서 영향을 미치는 심층적인 요인일수록 더욱 그러하다. 때로는 이성에 대한 강렬한 매력이 실망과 환멸의 낭떠러지로 이끌 수 있다.

위험한 이끌림을 보여 주는 영화
〈위험한 정사(Fatal Attraction)〉

4) 위험한 이끌림: 환멸로 변화하는 매력

매력에 이끌려 강렬한 사랑에 빠지는 것은 황홀한 경험이다. 사랑에 빠졌을 때는 모든 것을 다 주고 싶을 만큼 상대방에 대한 뜨거운 열정과 헌신의 마음이 솟아오른다. 그러나 시간이 흐르면서 상대방에게 실망하게 되고, 때로는 상대방에 대한 환멸과 미움으로 관계가 종결되기도 한다. 이끌림은 역설적 측면을 지니고 있어서, 처음에 이끌림을 유발한 상대방의 특성이 문제가 되는 경우가 많다.

(1) 위험한 이끌림

불꽃을 향해 몰려드는 나방처럼, 사람들은 결과적으로 싫어하게 될 특성을 지닌 사람에게 이끌릴 수 있다. 처음에 느꼈던 매력이 나중에 환멸로 변하는 현상을 위험한 이끌림(fatal attraction)이라고 한다(Felmlee, 1995). "사랑에 눈이 멀었다."라거나 "눈에 콩깍지에 씌었다."라는 말이 있듯이, 매력이라고 느꼈던 상대방의 특성이 나중에 눈을 뜨고 보면 혐오스럽게 느껴질 수 있다. 한 실증적 연구(Felmlee, 1995)에 따르면, 대학생과 청년뿐만 아니라 오랜 결혼생활을 한 부부를 포함하여 45% 내외의 사람들이 위험한 이끌림의 경험을 보고하고 있다.

처음에는 그토록 매력적으로 느껴졌던 사람이 왜 그리고 어떻게 혐오스러운 존재로 느껴지게 되었을까? 초기의 매력이 나중에 결점으로 느껴지는 경우는 세 유형으로 구분할 수 있다. 첫째, 강인한 성격 특성이 지배적인 행동으로 나타나는 경우다. 자신감 있고 고난과 위험에 굴하지 않는 강인한 성격이 매력적으로 느껴질 수 있지만, 이런 사람은 고집이 세고 자기주장이 강해서 상대방을 무시하거나 지배하려는 행동을 통해 반복적인 좌절감과 분노를 유발할 수 있다. 둘째, 재미있음이 진지함의 결여로 여겨지는 경우다. 장난기가 많아 재미있고 상대방을 즐겁게 해 주는 사람은 경솔하고 천박하며 진지하지 못한 미숙한 행동을 나타낼 수 있다. 셋째, 즉흥성이 예측 불가능성으로 나타나는 경우다. 즉흥적 이벤트로 상대방에게 감동을 선사하는 사람은 예측 불가능하고 무책임한 행동을 나타낼 수 있다.

(2) 매력이 환멸로 변하는 이유

강렬한 매력일수록 환멸로 변할 가능성이 높다. 강렬한 매력은 어떤 위험성을 지니기에 환멸로 변하는 것일까? 매력이 환멸을 유발하는 이유는 다양하다(Felmlee, 1995, 1998). 첫째, 개인의 강점과 약점은 동전의 양면처럼 함께 존재할 수 있다. 빛이 강할수록 그림자도 짙듯이, 강렬한 열정은 소유욕을 의미하고 자상한 배려는 과도한 통제 욕구를 반영한다. 상대방의 강점에 이끌린 사람은 그 사람의 약점에도 직면하게 된다.

둘째, 위험한 이끌림은 개인의 문제이기보다 두 사람의 관계를 통해 발생한다. 연인은 두 가지의 상반된 욕구(자율성 대 연결성, 새로움 대 익숙함, 편안함 대 긴장감)를 추구한다. 위험한 이끌림이 나타나는 이유는 개인이 두 가지의 욕구 중 하나의 극단적 욕구(예: 연결성, 편안함)를 충족시키기 위해 파트너를 선택했기 때문이다. 관계가 지속되면서 그와 상반된 욕구(예: 자율성, 긴장감)의 좌절감을 경험하게 된다.

셋째, 극단적이거나 자신과 차이가 많은 상대방의 매력은 환멸로 변하기 쉽다. 처음에는 상대방의 극단적인 특성이나 과장된 행동 방식(예: 자신감에 넘치는 행동)에 매력을 느끼지만, 이러한 매력은 이후의 관계에서 갈등을 유발하는 원인이 될 수 있다.

넷째, 위험한 이끌림은 시간의 흐름에 따라 상대방의 특성에 대한 의미 부여가 변화하기 때문에 나타날 수 있다. 상대방의 특성에 대한 의미 부여는 항상 변할 수 있는 것이다. 여러 가지 이유로 관계의 불만족이 증가하면 상대방의 특성에 대한 의미가 부정적인 것으로 변화될 수 있다. 특히 갈등으로 관계가 종결되거나 이혼한 사람들은 처음에 매력을 느꼈던 파트너의 특성에 대해서 혹평하는 경우가 많다. 이들은 '사랑에 눈이 멀어서' 또는 '눈에 콩깍지가 씌어서' 파트너의 부정적인 면을 보지 못했다고 탄식한다.

사랑이 미움으로 변하는 것은 대부분 위험한 이끌림 때문이다. 상대방의 매력에 이끌려 사랑에 빠지지만 매력의 부정적 측면이 나타나면서 갈등과 분노를 경험하게 된다. 매력은 사랑의 출발점이지만 종착점이 될 수도 있다. 좋은 사랑을 하기 위해서는 상대방의 어떤 특성에 이끌렸으며 그러한 매력이 시간의 흐름에 따라 어떻게 나타나고 있는지에 대한 자각과 성찰이 필요하다.

3. 뇌과학에서 본 사랑의 발전 과정

양성생식을 하는 동물은 교미 상대에 대한 선호를 지니며 특정한 교미 상대에게 구애 행동을 한다. 뇌는 성욕을 촉발할 뿐만 아니라 특정한 교미 상대에게 변별적으로 접근하도록 만드는 사랑의 신경체계를 지니고 있다. 사랑의 신경체계가 활성화되는 정도는 대상과 상황에 따라 다르다.

1) 사랑의 생물학적 이해

조류나 포유류 동물은 특정한 교미 상대에게 매력을 느끼며 흥분하여 접근한다. 이러한 흥분 상태는 매우 짧아서 몇 분 혹은 몇 시간 동안 지속되거나 길어야 몇 주 이내에 중단된다. 그러나 인간의 경우에는 이끌림의 신경구조가 발달하여 특정한 이성에게 상당히 오랜 기간 강렬한 애정을 느끼는 열정적 사랑의 생리적 기반이 되었다. 이러한 열정적 사랑은 특정한 신경전달물질과 연관되어 있다.

열정적 사랑의 특성은 특정한 이성에 대한 주의 집중, 강렬한 접근 동기, 목표지향적 행동, 고양된 에너지, 수면 감소, 식욕 감소, 황홀한 감정, 연인에 대한 지속적 생각, 관계의 장애에 오히려 증가하는 이끌림이다. 이러한 특성은 도파민과 노르아드레날린의 증가, 그리고 세로토닌의 감소와 관련된다(Cacioppo et al., 2012).

여러 연구에 따르면, 열정적 사랑은 뇌 보상체계의 도파민 경로와 관련되어 있다. 사랑하는 사람의 사진을 보여 주었을 때, 대뇌반구 기저부에 존재하는 미상핵(caudate nucleus)의 활동이 증가했다. 미상핵은 뇌의 보상체계로서 보상을 얻기 위해 목표지향적 행동을 하도록 동기를 강화하는 기능을 담당한다. 세로토닌의 감소는 열정적 사랑을 하는 사람들이 구애 대상에 대해 끊임없이 생각하거나 강박적으로 집착하는 경험을 유발하는 것으로 알려지고 있다.

우애적 사랑은 강렬한 감정을 경험하지는 않지만 상대방에 대한 애착과 유대감을 의미한다. 우애적 사랑은 자녀를 함께 키우는 수컷과 암컷, 부모와 자녀, 집단의 구성원 사이에서 경험된다. 우애적 사랑에는 옥시토신과 바조프레신이 관여하는 것으로 보고되었다.

2) 사랑의 세 단계와 신경전달물질

미국의 생물인류학자인 헬렌 피셔(Helen Fisher, 1991, 1998, 2004)는 『사랑의 해부(Anatomy of Love)』와 『우리는 왜 사랑하는가: 낭만적 사랑의 본질과 화학(Why

We Love: The Nature and Chemistry of Romantic Love)』이라는 저서를 통해서 동물과 인간의 사랑에 관여하는 신경과학적 기반을 제시했다. 피셔에 따르면, 낭만적 사랑은 세 단계의 경험, 즉 갈망(lust), 매혹(attraction), 애착(attachment)으로 구분된다. 갈망은 이성에게 접근하게 만들고, 매혹은 특정한 교미 상대에게 에너지를 집중하도록 촉진하며, 애착은 자녀가 성장할 때까지 배우자와 함께 지내도록 유도한다.

(1) 갈망의 단계

낭만적 사랑의 첫 단계에서는 배고픔이나 목마름과 같이 막연한 결핍감의 갈망을 경험한다. 갈망은 성적 욕망과 관련된 모호한 충동으로서 사랑의 대상을 찾아 돌아다니도록 만든다. 이러한 갈망은 성호르몬인 테스토스테론과 에스트로겐에 의해서 촉발된다. 성호르몬은 성적 관심과 욕망을 증가시킬 뿐만 아니라 잠재적인 교미 상대를 찾아다니게 만든다.

(2) 매혹의 단계

낭만적 사랑의 두 번째 단계에서는 특정한 대상에게 매혹을 느끼며 강렬하게 이끌린다. 갈망은 막연한 성적 충동이지만, 매혹은 특정한 교미 상대에 대한 개인적인 이끌림으로서 적극적인 접근 행동을 유발한다. 이 단계가 바로 '사랑에 빠진 상태'이며, 특정한 이성에게 열정적 사랑을 경험하면서 적극적인 구애 행동을 하게 된다. 매혹의 단계에서 뇌는 도파민, 노르에피네프린, 세로토닌을 포함하는 화학물질 세트를 지속적으로 분비한다. 이러한 화학물질은 뇌의 쾌락 중추를 자극하여 몽롱하고 황홀한 행복감을 유발할 뿐만 아니라 심장박동 증가, 식욕과 수면 감소, 강렬한 흥분감을 촉발한다. 이러한 호르몬은 계속 분비되지 않기 때문에 갈망과 매혹은 대부분 일시적인 현상으로서 어느 정도의 시간이 흐르면 그 강도가 약화된다. 매혹의 단계는 일반적으로 1년 반에서 3년 정도 지속된다.

(3) 애착의 단계

낭만적 사랑의 세 번째 단계는 애착의 단계로서 사랑하는 사람과 정서적 유대감을 통해 장기적인 관계를 이어나가게 된다. 갈망과 매혹은 일시적인 경험이지만, 애착은 장기적인 사랑의 경험이다. 애착은 두 사람의 관계를 견고하게 만드는 유대감으로서 여러 해 동안 관계가 지속되도록 해 준다. 이러한 애착의 경험은 옥시토신과 바소프레신에 의해 영향을 받는다. 이러한 화학물질은 특정한 대상에게 친밀감과 애정을 느끼며 그 대상과 접촉을 할 때 편안함과 안전감을 경험하고 헤어지면 분리불안을 느끼게 만든다. 특히 옥시토신은 어머니와 아이 간의 유대감뿐만 아니라 남녀의 낭만적 유대감에 영향을 미친다. 특히 서로 포옹하며 느끼는 긍정적 감정을 유발하여 포옹 호르몬(cuddle hormone)이라고 불리기도 한다.

인간의 뇌는 낭만적 사랑을 지원하는 두 유형의 신경체계로 이루어져 있다. 그중 하나는 사랑의 초기에 특정한 이성에게 강렬한 매혹을 느끼며 뜨거운 열정으로 구애 행동을 하게 만드는 신경체계이며, 다른 하나는 지속적인 관계 속에서 자녀를 양육하도록 애착과 친밀감을 지원하는 신경체계다. 인간의 뇌는 사랑이 시작되는 초기 단계에서는 미상핵의 도파민 분비를 통해 열정적 사랑을 촉발한다. 그러나 시간이 흐르면 옥시토신의 분비를 통해 우애적 사랑으로 변화시켜 남녀가 공동으로 자녀 양육을 위해 노력을 하도록 진화되었다. 낭만적 사랑은 열정적 사랑으로 시작되지만 시간이 흐르면 우애적 사랑으로 변한다. 이런 점에서 낭만적 사랑은 열정적 사랑과 우애적 사랑의 조합이라고 할 수 있다.

The Psychology of
Love

♥

제9장
낭만적 사랑의 심화 과정

1. 낭만적 사랑의 세 구성요소

로버트 스턴버그

사랑은 매우 미묘하고 복잡한 심리적 경험이라서 그 실체를 파악하기 어렵다. 미국의 저명한 심리학자인 로버트 스턴버그(Robert Sternberg)는 사랑의 실체를 밝히기 위해 여러 연령층의 사람들을 대상으로 설문조사와 심층 면접을 실시하여 그들의 사랑 경험을 정밀하게 분석했다. 이러한 연구자료에 근거하여, 스턴버그(Sternberg, 1986; Sternberg & Grajek, 1984)는 사랑의 삼각형 이론(triangular theory of love)을 제시했다.

1) 사랑의 삼각형 이론

스턴버그에 따르면, 사랑은 친밀감, 열정, 헌신의 세 구성요소로 이루어진다. [그림 9-1]에 제시되어 있듯이, 사랑은 친밀감, 열정, 헌신의 세 구성요소를 변으

[그림 9-1] 사랑의 삼각형

로 하는 삼각형과 같다. 각 구성요소의 크기와 세 구성요소의 비율에 따라 사랑의 삼각형은 모양이 달라진다. 사랑의 삼각형 이론은 사랑이라는 다양하고 복잡한 경험을 좀 더 명료하게 이해할 수 있는 이론적 바탕을 제시하고 있다.

(1) 친밀감

친밀감(intimacy)은 사랑의 '따뜻함'을 구성하는 정서적 요소로서 편안한 느낌, 서로를 잘 이해함, 원활한 의사소통, 정서적 돌봄과 지지, 소유물을 공유하는 것을 의미한다. 사랑하는 사람이 따뜻하고 편안하게 느껴지는 것은 이 친밀감 때문이다. 친밀감은 상대방과 만나는 횟수가 많아지고 교제 기간이 늘어나면서 점진적으로 증가한다. 그러나 친밀감은 어느 수준 이상 깊은 상태에 이르면 더 이상 증가하지 않으며, 친밀하다는 것을 의식하지 않는 상태로 변화한다.

(2) 열정

열정(passion)은 사랑의 '뜨거움'을 반영하는 동기적 요소를 의미한다. 열정은 사랑하는 사람과 함께 있기를 원하고 일체가 되려는 강렬한 욕망을 불러일으킨다. 열정은 성적인 욕구와 관련되어 있으며 신체적 흥분과 들뜬 기분을 유발한다. 연인들이 강렬한 감정을 경험하며 천국과 지옥 사이의 정서적 동요를 겪는 것은 열정 때문이다. 친밀감과 달리, 열정은 급속하게 발전한다. 상대방을 처음 만난 순간부터 강렬한 열정을 느끼는 경우가 흔하다. 그러나 열정은 오래 지속되기 어렵다. 사랑하는 사람과의 교제 기간이 길어짐에 따라 열정의 강도가 감소하는 것이 일반적이다.

(3) 헌신

헌신(commitment)은 상대방을 사랑하겠다는 결심과 행동적 표현을 의미한다. 헌신은 연인과의 관계에 계속 머물겠다는 판단이자 결정으로서 사랑하는 사람에 대한 충성과 책임감을 뜻한다. 헌신은 사랑의 인지적 구성요소로서 사랑의 '차가운' 측면을 반영하며 다양한 행동을 통해 표현된다. 가장 대표적인 사랑의 헌신 행위는 약혼과 결혼이다. 연인은 사랑의 발전 과정에서 사랑을 고백하거나 맹세하는 일, 사랑의 징표나 선물을 교환하는 일, 가족이나 친구에게 연인을 소개하는 일, 연인의 고난과 역경을 함께 겪거나 돕는 일을 통해서 헌신을 표현한다.

〈표 9-1〉에 제시되어 있듯이, 사랑의 세 구성요소는 여러 가지 속성에서 다르다. 예컨대, 친밀감은 의식적인 노력으로 어느 정도 조절할 수 있지만, 열정은 의

표 9-1 사랑의 삼각형을 구성하는 세 요소의 속성

속성	구성요소		
	친밀감	열정	헌신
안정성	상당히 높음	낮음	상당히 높음
의식적 조절 가능성	보통	낮음	높음
단기관계에서의 중요성	보통	높음	낮음
장기관계에서의 중요성	높음	보통	높음
연인관계에서의 보편성	높음	낮음	보통
생리적 반응의 관여도	보통	높음	낮음
의식적으로 인식하는 정도	상당히 낮음	높음	상당히 높음
강렬하게 체험되는 정도	불안정함	높음	불안정함

식적으로 조절하기 어렵다. 반면, 헌신은 의식적인 선택과 결정에 의한 것이기 때문에 조절 가능성이 높다. 단기적 관계에서는 열정이 중요하지만 장기적 관계에서는 친밀감과 헌신이 중요하다.

2) 사랑의 다양성과 유형

사랑의 경험이 다양한 이유는 세 구성요소의 배합이 다르기 때문이다. 사랑의 삼각형 이론에 따르면, 사랑은 세 구성요소의 존재 여부에 따라서 여덟 가지의 유형으로 구분할 수 있다. 〈표 9-2〉는 사랑의 다양한 유형과 구성요소의 존재 여부를 제시하고 있다.

표 9-2 **사랑의 유형과 구성요소**

사랑의 유형	구성요소		
	친밀감	열정	헌신
비사랑	−	−	−
우정	+	−	−
짝사랑	−	+	−
공허한 사랑	−	−	+
성급한 사랑	−	+	+
낭만적 사랑	+	+	−
우애적 사랑	+	−	+
온전한 사랑	+	+	+

- 비사랑(nonlove): 사랑의 세 요소 중 아무것도 갖추지 않은 관계는 사랑이 아니다. 우리가 일상적으로 만나고 지나치게 되는 많은 사람과의 사소한 인간관계가 이에 해당한다.
- 우정(liking): 친밀감만 존재하는 경우로서 친구에게 느끼는 다정한 감정과 친

숙함을 의미한다.

- 짝사랑(infatuation): 열정만 존재하는 상태로서 사랑의 초기 단계에서 경험할 수 있다. 첫눈에 반해 뜨거운 열정을 경험하지만 말 한 번 건네 보지 못하고 혼자 가슴앓이를 하는 경우가 이에 해당한다.

- 공허한 사랑(empty love): 헌신만 존재하는 경우로서 애정 없이 형식적인 부부 관계를 유지하는 사람들이 이에 해당한다. 또는 열정이나 친밀감 없이 많은 재물과 높은 사회적 지위를 지닌 늙은 남자와 형식적인 결혼생활을 하는 젊은 여성도 이러한 유형에 속한다.

- 성급한 사랑(fatuous love): 친밀감을 형성할 시간적 여유 없이 급속하게 발전한 열정에 의해 약혼이나 결혼을 하는 경우를 의미한다. 헐리우드식 사랑이라고 불리기도 하며, 만난 지 며칠 만에 열정을 느껴 약혼하고 보름 만에 결혼하는 식의 사랑을 말한다.

- 낭만적 사랑(romantic love): 친밀감과 열정은 느끼지만 명확한 헌신이 부족한 경우로서 미래에 대한 분명한 약속 없이 사랑을 나누는 연인이 이에 해당한다. 휴가나 여행에서 만난 매력적인 이성과 급속하게 친해져 뜨거운 사랑을 나누는 경우도 이러한 유형에 속한다.

- 우애적 사랑(companionate love): 친밀감과 헌신은 있으나 열정이 없거나 식어 버린 경우를 말한다. 우애적 사랑의 대표적인 예는 오랜 기간 결혼생활을 한 부부가 경험하는 사랑이며 연인도 교제 기간이 길어지면 이러한 사랑으로 변할 수 있다.

- 온전한 사랑(consummate love): 사랑의 세 구성요소를 모두 갖춘 이상적인 사랑을 의미한다.

사랑의 삼각형 이론이 흥미로운 점은 사랑이라는 미묘한 경험을 삼각형의 크기와 형태로 시각화할 수 있기 때문이다. [그림 9-2]에서 볼 수 있듯이, 사랑의 세 구성요소를 골고루 균형 있게 충분히 갖춘 사랑일수록 커다란 정삼각형으로 표현할

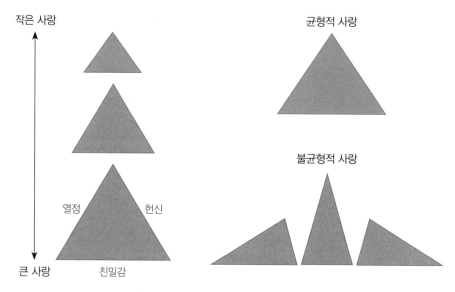

[그림 9-2] 사랑 삼각형의 다양한 모습

수 있다. 또한 친밀감, 열정, 헌신의 정도에 따라 사랑은 다양한 형태의 삼각형으로 구체화할 수 있다. 사랑의 크기는 삼각형의 넓이에 의해서 반영되며, 사랑의 유형은 삼각형의 모양에 의해서 표현된다.

스턴버그(1990)는 사랑의 세 구성요소를 측정할 수 있는 사랑의 삼각형 척도 (Triangle Theory of Love Scale)를 개발하여 많은 흥미로운 연구를 진행했다. 누구나 친밀감, 열정, 헌신을 모두 충만하게 갖춘 커다란 정삼각형의 온전한 사랑을 꿈꾼다. 스턴버그에 따르면, 온전한 사랑을 성취하는 것은 마치 살을 빼는 노력처럼 불가능하지는 않지만 매우 어렵다. 더욱 어려운 점은, 살을 뺀 후의 체중을 유지하기 어렵듯이, 온전한 사랑을 성취한 후에 그 사랑을 잘 지키는 일이다.

2. 사랑의 심화 요인(1): 친밀감

친밀감은 편안하고 익숙하며 자유로운 관계의 질을 의미한다. 친밀감은 거부당하거나 무시당할 것이라는 두려움 없이 자신을 있는 그대로 자유롭게 표현하고 상대방을 받아들일 수 있는 관계의 속성을 의미한다. 친밀한 연인은 서로를 잘 알기 때문에 상대방의 반응을 예측하기 쉽다. 또한 서로를 수용하고 허용하는 행동의 범위가 넓기 때문에 자유로움과 편안함을 느낀다. 친밀한 연인은 어린아이처럼 장난치고 놀리고 때로는 유치한 행동을 주고받으며 서로의 솔직한 감정과 욕구를 자유롭게 표현하고 허용하면서 새로운 관계 경험을 하게 된다.

친밀감은 낭만적 사랑의 바탕이다.

1) 친밀감의 의미와 구성요소

인간은 친밀한 관계를 형성하려는 기본적인 동기를 지닌다. 친밀감의 동기는 다른 사람과 우호적이고 친숙한 관계를 통해서 서로의 생각과 감정을 나누는 상호작용 경험을 원하는 것이다. 청소년은 10대 초반부터 사람에 대한 일반적인 관심을 넘어서 '특정한 사람'과의 특별히 친밀한 관계를 추구하며 '절친'을 만들려고 노력한다. 친밀감은 이성 관계뿐만 아니라 동성 간의 친구 관계를 통해서 경험할 수 있다.

인간은 본능적으로 낯선 사람을 경계할 뿐만 아니라 혼자만의 공간적 경계를 지닌다. 낯선 사람이 자신의 경계 안으로 들어오는 것을 허용하지 않는다. 그러나 친밀한 사람에게는 경계 안으로 가까이 들어오는 것을 허용한다. 친밀감은 어떤 사람이 자신의 공간적·심리적 경계 안으로 들어오는 것을 허용하는 호감과 애정을 의미한다. 심리학자들은 친밀감을 '개인이 상대방에게 내보일 수 있는 자기 측면의 수와 깊이' '자신에 관한 정보를 상대방에게 공개하고 공유하는 정도' 또는 '자신의 약점을 기꺼이 내보일 수 있는 마음 자세'로 정의하고 있다.

(1) 친밀감의 다양한 표현

친밀감은 연인관계에서 다양한 방식으로 표현될 수 있다. 모스와 슈웨벨(Moss & Schwebel, 1993)은 친밀감을 '상대방과의 관계에서 경험하는 밀착감과 유대감의 수준'이라고 정의하면서 다섯 가지 측면에서 표현될 수 있다고 주장했다. 이들에 따르면, 연인관계의 친밀감은 정서적 친밀감, 인지적 친밀감, 육체적 친밀감, 상호적 교류, 헌신적 행동으로 표현된다.

정서적 친밀감은 자신의 감정을 자유롭게 표현하고 상대방의 감정을 따뜻하게 수용하는 것을 의미한다. 정서적으로 친밀할수록 정서를 표현하는 폭과 깊이가 증가할 뿐만 아니라 상대방의 정서를 더 깊이 수용하고 공감하며 지지하게 된다. 인지적 친밀감은 정보, 지식, 생각, 태도, 가치관과 같은 인지적 내용을 공개하고 수용하는 수준을 뜻한다. 자기 공개의 폭과 깊이가 증가하면서 인지적 친밀감이 깊어진다. 육체적 친밀감은 다양한 행동으로 신체적 접근을 표현하고 수용하는 정도를 말한다. 육체적 친밀감은 연인관계에서만 나타나는 특수한 측면으로서 손을 잡는 것, 팔짱을 끼는 것, 키스나 포옹을 하는 것, 애무나 성행위를 하는 것과 같은 다양한 행동으로 표현될 수 있다.

친밀감에는 상호적 교류가 중요하다. 연인의 친밀감은 다양한 자원을 주고받는 상호적 교류를 통해서 친밀감이 증진된다. 상호적 교류가 없는 일방적 사랑이 바로 짝사랑이다. 사랑은 두 사람이 서로 주고받는 상호적 교류 경험이다.

마지막으로, 친밀감은 서로에 대한 헌신적 행동을 통해 표현된다. 헌신은 연인관계를 장기적으로 지속하려는 의지로서 상대방의 행복과 관계 유지를 위한 다양한 행동과 희생적 노력을 통해 표현될 수 있다.

(2) 친밀한 관계의 세 구성요소

미국 심리학자인 카렌 프레이저(Karen Prager, 1995)는 친밀한 인간관계에 깊은 관심을 지니고 많은 연구를 한 대표적인 연구자다. 그녀는 1995년에 저서인 『친밀감의 심리학(*The Psychology of Intimacy*)』을 발표하면서 친밀한 관계는 세 가지의 요소, 즉 지속적 애정, 상호적 신뢰, 공유성으로 구성된다고 주장했다.

친밀한 관계의 가장 중요한 요소는 지속적 애정으로서 서로에 대한 호감과 애정을 계속 유지하는 것이다. 지속적 애정은 두 사람이 신체적 접촉을 하면서 눈 맞춤과 미소를 주고받는 친밀한 상호작용을 하게 만든다. 친밀한 상호작용은 애정과 친밀감을 증가시키고, 애정과 친밀감이 증가하면 상호작용도 친밀한 방식으로 하게 된다.

다음으로, 상호적 신뢰는 상대방으로부터 피해를 받지 않을 것이라는 기대를 의미한다. 상대방이 자신을 속이거나 공격하거나 배신하지 않을 뿐만 아니라 자신에게 긍정적인 행동을 할 것이라는 기대를 뜻한다. 상대방을 신뢰할 수 있어야 자신의 약점을 공개하며 자유롭게 친밀한 상호작용을 할 수 있다.

끝으로, 친밀한 관계는 공유성, 즉 '함께함(togetherness)'을 의미한다. 친밀한 연인은 일상생활에서 다양한 활동과 시간을 함께하는 동반자가 된다. 친밀한 관계는 두 사람이 다양한 영역의 경험을 공유하는 것이다. 친밀감이 증가할수록 공유하는 활동 영역이 확대되어 정서적·지적·사회적 영역뿐만 아니라 성생활과 여가생활까지 공유하게 된다.

2) 친밀감의 발달 과정

두 남녀는 데이트가 반복되면서 서로에게 친밀감을 느끼게 된다. 어색하던 첫 만남과 달리 친밀감이 발전하면서 대화가 더 활발해지고 웃음도 많아진다. 친밀감이 증가하면서 두 사람의 공간적 거리가 줄어들고 신체적 접촉이 늘어난다. 두 사람은 첫 만남 이후 어떤 상호작용을 통해서 이처럼 친밀해지는 것일까?

(1) 자기 공개

친밀감을 발달시키는 가장 중요한 요인은 자기 공개(self-disclosure)다. 자기 공개는 상대방에게 자신에 관한 정보와 더불어 자신의 생각과 감정을 내보이는 의도적인 행위로서 인간관계를 심화시키는 중요한 요인으로 알려져 있다(Greene et al., 2006; Jourard, 1964, 1971). 상대방에게 호감을 느끼는 사람은 친밀감 동기가 높아지면서 자신에 관한 개인적 정보를 상대방에게 공개하기 시작한다. 사랑이 깊어진다는 것은 두 남녀가 서로 어떤 사람인지를 더 잘 알고 서로를 소중한 존재로 여기는 과정이라고 할 수 있다. 사랑하는 연인은 자신을 상대방에게 알리려 노력할 뿐만 아니라 상대방이 어떤 사람인지를 궁금해한다.

사회적 침투 이론(Altman & Talyor, 1973)에 따르면, 자기 공개는 친밀감 증진에 매우 중요하며 피상적인 정보에서 점점 더 사적인 정보를 공개하는 점진적 과정을 통해서 이루어진다. 자기 공개의 수준은 화제의 폭과 깊이에 의해 결정된다. 화제의 폭이 넓을 뿐만 아니라 사적이고 비밀스러운 정보를 상세하게 공개할수록 서로의 이해와 신뢰감이 증가한다. 연인은 자기 공개를 통해서 서로의 심리적 세계를 공유하는 사회적 침투가 이루어지면서 서로에게 특별한 존재가 된다.

자기 공개는 상당히 섬세한 과정과 규칙을 통해 이루어진다. 자기 공개에는 여러 수준이 있으며 친밀해질수록 자기 공개의 수준이 깊어진다. 관계의 초기에는 개인의 기본적 정보(나이, 학력, 가족관계, 직업, 출생지 등)를 알리는 피상적인 자기 공개가 이루어진다. 관계가 진전될수록 개인적인 취향이나 태도(관심사, 취미, 성격, 사회적 이슈에 대한 의견 등)가 공개된다. 그리고 더 깊은 수준의 자기 공개에서는 사생활과 관련된 비밀스러운 정보(고민, 가족 갈등, 열등감, 신체적 결함, 재정 상태, 성생활 등)가 공개된다.

자기 공개는 상호교환적인 방식으로 이루어진다. 자기 공개의 수준은 상대방과 균형을 이루며 점진적으로 깊어진다. 한 사람이 좀 더 깊은 수준의 자기 공개를 하면, 상대방도 유사한 수준의 사적인 정보를 공개한다. 조금씩 깊은 수준의 자기 공개를 주고받으면서 서로에 대한 이해가 깊어지고 애정과 신뢰감이 증가한다.

자기 공개가 유사한 수준으로 교환되지 않으면 더 깊은 수준으로 진행되지 않는다. 상대방이 자기 공개에 호응하지 않으면 더 깊은 수준의 자기 공개가 중단되고 피상적인 수준의 대화가 진행된다. 또한 자기 공개가 너무 빠르게 깊은 수준으로 진행되면, 상대방이 불편감을 느낄 수 있다. 자신도 유사한 수준의 깊은 공개를 해야 하는 심리적 부담을 느끼기 때문이다. 따라서 자기 공개는 상대방과의 균형을 이루며 점차 깊은 수준으로 나아가는 것이 바람직하다.

상호적 자기 공개가 깊어짐에 따라 연인은 서로를 잘 이해하고 친숙하게 느끼면서 친밀감이 증가한다. 자기 공개는 신뢰감을 증가시키고, 신뢰감이 증가하면 자기 공개 수준이 깊어진다. 연인은 서로의 비밀스러운 정보를 공유함으로써 깊은 유대감을 형성하게 된다. 예컨대, 자신의 약점이나 고민을 공개하는 것은 상대방이 자신을 비웃거나 무시하지 않고 잘 이해하고 공감해 줄 것이라는 믿음에 근거하고 있다. 깊은 수준의 자기 공개는 상대방에 대한 신뢰를 전달하는 방법이기도 하다.

(2) 자기 공개에 대한 반응

자기 공개와 더불어 반응성도 친밀감 발달에 중요하다. 반응성(responsiveness)은 한 사람의 자기 공개에 대해서 상대방이 반응하는 방식을 의미한다. 친밀감이 발달하기 위해서는 상대방의 자기 공개에 대해서 즉각적이고 진실한 태도로 반응할 뿐만 아니라 자기 공개의 내용을 잘 파악하고 상대방의 욕구를 충족시킬 수 있는 반응을 하는 것이 중요하다. 특히 상대방의 자기 공개에 대해서 이해, 수용, 공감, 존중을 전달하는 지지적 반응을 하는 것이 매우 중요하다(Reis & Patrick, 1996; Reis & Shaver, 1988). 이러한 지지적 반응은 상호적 자기 공개를 촉진하여 서로에 대한 호감과 친밀감을 증가시킨다.

그러나 상대방이 지지적인 의도로 나타낸 반응이 개인에게 그대로 전달되는 것은 아니다. 상대방의 반응은 개인의 주관적 평가 과정을 통해서 전달되기 때문이다. 친밀감의 발달에 가장 중요한 것은 상대방의 반응에 대한 개인의 지각이다. 즉, 자기 공개에 대해서 상대방이 수용과 지지를 보내 주고 있다고 지각하는 것이다. 상대방이 실제로 어떤 반응을 하느냐는 것보다 그러한 반응을 개인이 어떻게 지각하고 판단하느냐가 더 중요하다.

상대방의 수용과 인정은 자존감을 보호하고 강화하는 기능을 지닌다. 자신의 말과 행동에 대해서 상대방이 수용, 공감, 지지를 나타내는 것으로 지각하는 것이 친밀감의 발달에 가장 중요한 요인이다(Reis & Shaver, 1988). 자기 공개에 대해서 상대방이 긍정적인 반응을 해 주지 않거나 상대방의 반응을 긍정적인 것으로 느끼지 못하면 자기 공개가 억제되면서 친밀감은 발달하지 않는다.

(3) 친밀감의 발달 속도

대부분의 경우, 친밀감은 서서히 발달한다. 데이트 횟수가 늘어나고 자기 공개 수준이 깊어지면서 점진적으로 발달한다. 자기 공개 수준이 점진적으로 깊어질 뿐만 아니라 상대방과 자기 공개 수준의 균형을 맞추어야 하기 때문이다.

그러나 첫눈에 반해 사랑에 빠지는 경우처럼, 사랑이 급속하게 진전되는 경우도 많다. 급속 진전 이론(clicking model: Berg & Clark, 1986)은 이처럼 급속하게 발전하는 사랑의 과정을 설명하고 있다. 급속 진전 이론에 따르면, 연인은 초기의 데이트에서 상대방이 자신의 이상형에 잘 맞는지를 평가한다. 상대방이 자신의 이상형에 잘 맞는다고 평가하게 되면, 자기 공개의 폭과 깊이를 급속하게 증가시킨다. 이러한 연인은 상대방과 많은 시간을 보내고 관계에 많은 투자를 하면서 급속하게 관계를 발전시킨다. 상대방의 요구에 순순히 응하면서 친밀감 증진 행동을 통해 서로를 '연인'으로 인정하는 관계로 급속하게 진전시킨다. '사랑에 빠지는 것'은 이처럼 급속하게 발전하는 사랑의 경험을 의미한다.

대부분의 경우, 연인은 자기 공개 과정에서 '밀당'을 하면서 점진적으로 공개 수준을 증가시킨다. 사적 정보 조절 이론(privacy regulation theory: Altman et al., 1981)은 연인이 자기 공개의 수준을 조절하며 서로 밀고 당기는 과정을 설명하고 있다. 이 이론에 따르면, 연인은 자기 공개 과정에서 두 가지의 상반된 욕구 사이를 오간다. 하나는 자기 공개를 떠미는 세력으로서 상대방에게 자신이 어떤 사람인지를 빨리 알리고 싶은 욕구를 의미한다. 빠른 자기 공개를 통해서 상대방의 공감과 인정을 받아 빨리 친밀한 관계로 나아가고 싶은 욕구다. 다른 하나는 자기 공개를 말리는 세력으로서 상대방의 무시나 거부를 회피하려는 욕구를 의미한다. 섣불리 자기 공개를 하여 상대방으로부터 거부당하거나 상대방의 감정을 상하게 할 것에 대한 걱정과 두려움을 의미한다. 달리 말하면, 연인은 상대방으로 인정받기 위해 자신을 열어 보이려는 욕구와 부정적 평가를 회피하기 위해 자신을 숨기려는 욕구 사이를 오가게 된다.

연인은 대부분 두 욕구 사이를 오가며 나름대로 적절한 균형을 유지하려고 노력한다. 두 욕구의 상대적 중요성은 개인의 성격에 따라 다를 뿐만 아니라 관계의 발전단계에 따라 달라진다. 연인은 상대방이 열어 보이는 만큼 자신도 열어 보인다. 자신이 열어 보인 만큼 상대방이 열어 보이지 않으면 자기 공개를 중단한다. 이처럼 밀고 당기는 과정을 통해서 조금씩 자기 공개 수준을 증가시킨다. 연인관계를 비롯한 모든 대인관계에서는 상대방에게 자신을 열어 보이는 것과 숨기는 것을 잘 조절하는 것이 중요하다.

3) 친밀감 발달의 개인차와 유동성

친밀감의 발달에는 개인차가 존재한다. 쉽게 친해지는 사람이 있지만, 그렇지 않은 사람도 있다. 자기 공개를 잘하고 상대방에게 긍정적인 피드백도 잘해 주는 사람이 있는 반면, 자신의 속마음을 내보이지 않는 조심스러운 사람도 있다.

친밀감 형성에는 친밀감 동기가 영향을 미친다. 사람마다 친밀한 관계를 맺고자 하는 동기가 다르다. 친밀감 동기가 높은 사람일수록, 하루 중 많은 시간을 다른 사람에 대해 생각하고 다른 사람과 이야기를 나누는 데 사용하고 다른 사람에게 더 긍정적인 감정을 표현한다(McAdams & Constantian, 1983). 친밀감 동기가 높은 사람일수록 새로운 대인관계에 잘 적응하고 대인관계 만족도도 높은 것으로 알려져 있다(McAdams & Vaillant, 1982).

또한 애착 유형도 친밀감 형성에 중요한 영향을 미치는 것으로 알려져 있다. 친밀감은 자기 공개와 그에 대한 반응을 주고받는 과정을 통해 발전한다. 회피 애착 유형에 속하는 사람들은 다른 유형의 사람들보다 이성과의 관계에서 자기 공개를 덜 했다(Tidwell et al., 1996). 또한 회피 애착과 불안 애착의 사람들은 안정 애착의 사람들에 비해 상대방의 자기 공개에 대해서 긍정적으로 반응하지 못했다(Collins & Feeney, 2004).

친밀감은 연인관계를 심화시키는 핵심적 요인이지만 사람마다 친밀감을 형성하는 능력이 각기 다르다. 연구자들(Scharf & Mayseless, 2001)에 따르면, 연인관계에서 친밀감을 형성하는 능력은 세 가지의 구성요소로 이루어진다. 첫째, 연인관계에서 친밀감이 중요함을 인식하고 친밀감을 형성하려는 지속적인 노력을 기울이는 것이다. 둘째, 친밀한 관계에서 필연적으로 경험하게 되는 강렬한 감정들을 감당하고 수용하며 조절하는 능력이다. 셋째, 자기 공개, 상호성, 상대방의 감정에 대한 민감성과 배려를 포함하는 능력이다.

친밀감 형성 능력은 매우 중요한 사회적 능력으로서 부모와의 안정된 애착 경험 뿐만 아니라 부모의 원만한 부부생활을 보고 배우는 경험을 통해 길러진다. 연인관계를 오랜 기간 안정되게 유지할 수 있는 성숙한 친밀감을 발달시키기 위해서는 혼자 지낼 수 있는 능력이 필요하다. 혼자 지내는 능력은 자율성과 독립성을 유지하는 능력을 의미한다. 친밀감이 상대방에 대한 집착과 구속으로 변질되지 않도록 서로의 자율성과 독립성을 존중하는 것이 중요하다. 성숙한 친밀감은 '함께 또 따로'의 관계, 즉 함께 있으면 든든해서 좋고 혼자 있으면 자유로워서 좋은 관계라고 할 수 있다.

친밀감은 시간의 흐름에 따라 점진적으로 발달하는 대신 쉽게 변하지 않는 안정성을 지닌다. 친밀감이 높은 연인일수록 그 관계는 오래 안정적으로 유지된다. 친밀감은 두 사람을 연결하는 접착제 역할을 할 뿐만 아니라 두 사람의 관계를 오래도록 유지하는 기둥 역할을 한다. 그러나 친밀감은 영원한 것이 아니다. 친밀감은 두 사람의 상호작용 속성에 따라 끊임없이 변화하는 것이다. 친밀감은 안정성을 지니지만 유동적인 것으로서 두 사람의 갈등에 의해서 훼손될 수 있다.

3. 사랑의 심화 요인(2): 열정과 섹스

열정은 낭만적 사랑의 중요한 구성요소다. 사랑이 뜨겁고 강렬한 이유는 열정 때문이다. 열정(passion)은 특정한 대상이나 활동에 대한 강렬한 흥미를 의미할 뿐만 아니라 특정한 목표를 성취하려는 행동적 추진력을 포함한다. 열정은 사람뿐만 아니라 다양한 대상이나 활동을 향할 수 있다. 재물, 권력, 성취 또는 취미에도 열정을 느낄 수 있다. 이러한 열정과 구별하기 위해서, 사랑하는 사람에 대한 강렬한 감정과 욕망은 낭만적 열정(romantic passion)이라고 한다.

1) 낭만적 열정

사랑하는 사람들의 공통적인 경험 중 하나는 사랑에 빠지는 경험, 즉 상대방에 대한 강렬한 집착과 열정이다. 미국의 심리학자인 도로시 테노프(Dorothy Tennov, 1979)는 사랑에 빠진 경험이 있는 500여 명을 대상으로 심층 면접을 통해서 그들의 경험을 조사하고 '낭만적 몰입(limerence)'이라고 지칭했다. 그녀에 따르면, 낭만적 몰입의 핵심적 요소는 상대방에 대해서 끊임없이 떠오르는 침투적인 생각, 상대방으로부터 사랑의 응답을 받고 싶은 낭만적 상호성에 대한 갈망, 상대방의 사랑이 불확실할 때 느끼는 고통, 상대방의 사랑을 얻었을 때의 황홀함, 한 시점에서는 오직 한 사람에게만 몰두하는 것이다.

사랑하는 사람과 하나가 되기를 갈망하는 열정적 사랑

열정적 사랑은 '사랑하는 사람과 하나가 되고 싶은 강렬한 갈망 상태'로서 상대방에 대한 끊임없는 생각에 빠져들고 관계의 진전 여부에 따라서 강렬한 감정을 경험하게 된다. 사랑이 천국 또는 지옥으로 느껴지는 것은 열정 때문이다. 사랑하는 사람과의 관계가 잘 풀려 나갈 때는 황홀한 행복감에 빠져들지만, 관계가 악화되면 쓰라린 고통을 느끼게 된다. 이처럼 강렬한 긍정 감정과 부정 감정을 유발하는 것은 낭만적 사랑이 열정을 포함하고 있기 때문이다.

열정은 사랑하는 사람에게 강렬하게 집착할 뿐만 아니라 사랑을 얻기 위해 고난과 역경을 견디도록 만든다. 부모의 강렬한 반대나 현실적인 위험을 무릅쓰고 사랑을 추구하는 것은 열정 때문이다. 많은 사람은 열정을 사랑의 핵심적 가치로 여긴다. 사랑의 열정은 인생의 중요한 결정에 영향을 미치기도 한다. 때로는 무모한 행동을 유발하여 사랑을 위험한 것으로 만들기도 한다.

2) 열정의 원천

낭만적 열정의 원천은 무엇일까? 무엇이 사랑을 그토록 뜨겁고 강렬하게 만드는 것일까? 그리스 신화에서는 큐피드(에로스의 영어식 표현)의 화살에 맞으면 사랑에 빠진다. 큐피드의 화살을 맞은 왕자는 공주의 아름다움에 홀딱 빠져 정신을 차리지 못하고 공주의 사랑을 얻기 위해 무모한 행동을 불사한다.

낭만적 열정은 성욕과 밀접하지만 같은 것은 아니다. 열정을 느끼지 않는 사람에게 성욕을 느낄 수 있고, 성욕을 느끼지 않지만 낭만적 열정을 경험할 수 있다. 성욕은 성호르몬에 의해 영향을 받지만, 낭만적 열정은 뇌의 보상체계와 더 밀접하게 연결되는 것으로 알려져 있다. 열정의 불길은 어떤 심리적 연료에 의해서 타오르는 것일까?

(1) 불확실성

테노프(1979)에 따르면, 열정의 일차적 원천은 불확실성(uncertainty)이다. 사랑하는 사람이 자신에게 사랑의 응답을 해 줄지가 불확실한 상황은 사랑하는 사람에 대한 호감과 갈망을 증가시킬 뿐만 아니라 사랑하는 사람에 대해 끊임없이 생각하고 사랑을 얻기 위해 위험을 감수하는 행동을 증가시킨다. 열정은 상대방으로부터 사랑의 확신을 얻을 때까지 강도가 증가한다. 이후에 열정은 고원 상태를 유지하다가 결국은 감소한다. 낭만적 열정이 지속되는 기간은 18개월에서 3년 사이였으며 평균은 2년이었다. 결혼을 통해 불확실성이 극적으로 감소하면서 열정도 함께 감소한다. 테노프는 연인들에게 충고하고 있다. "낭만적 열정은 일시적이라는 것을 잊지 말라. 사랑의 맹세는 애정의 진실한 표현이지만 애정이 변하면 지킬 수 없는 것이다."

사람들은 사랑의 응답을 해 줄지가 불확실한 잠재적 연인에게 더 이끌리는 경향이 있다. 한 실험연구(Whitchurch et al., 2011)에서 여성 참여자들은 자신을 좋아할 것이 확실한 남자보다 불확실한 남자에게 더 큰 매력을 느꼈다. 그러나 다른 연구(Montoya et al., 2015)에서는 참여자들이 자신을 사랑할 것이 확실한 사람에게 더 매력을 느끼기도 했다.

불확실성이 열정에 미치는 영향은 개인의 성향에 따라 다르다. 개인의 애착 유형에 따라 사랑의 응답을 할지가 모호한 잠재적 연인에 대한 호감이 달랐다. 불안 애착 유형에 속하는 사람들은 사랑의 응답이 확실한 사람에게 성적 매력을 느끼는 반면, 회피 애착의 사람들은 사랑의 응답이 불확실한 사람에게 성적 매력을 느끼는 경향이 있었다(Birnbaum & Reis, 2012). 여자는 불확실성이 낮은 상황에서 상대방에 대한 성적 욕망이 증가했다. 또한 불확실성은 상대방의 신체적 매력에 따라 달라지는 것으로 나타났다. 신체적 매력이 높은 상대방에 대해서는 불확실성이 낮을수록 성적 욕망이 증가했지만, 상대방의 신체적 매력이 낮은 경우에는 불확실성이 중간 수준일 때 성적 욕망을 증가시켰다(Grietemeyer, 2009).

(2) 급격한 친밀감 증가

열정은 친밀감의 파생물이라는 주장이 제기되었다. 친밀감 변화 속도 모델(the rate of change in intimacy model: Baumeister & Bratslavsky, 1999)에 따르면, 열정은 친밀감의 급격한 증가에 의해 생겨나는 것이다. 열정은 친밀감이 급속하게 발달할 때 높아지지만, 친밀감이 더 증가하지 않는 정체 상태에서는 열정이 감소한다.

상호적 자기 공개, 친밀한 감정, 애정 표현과 같이 친밀감을 증가시키는 행위는 열정도 증가시켰다(Rubin & Campbell, 2012). 그러나 친밀감이 정점을 찍고 나면 열정이 감소할 것이라는 예측은 입증되지 않았다. 상대방에 대해서 알아야 할 정보가 존재할 때는 열정이 유지되었다. 또한 오랜 결혼생활을 한 부부들은 성적 친밀감이 높은 경우에는 높은 수준의 성적 열정을 보고했다.

친밀감과 열정의 관계에 애착 유형이 영향을 미치는 듯하다. 불안 애착 유형에 속하는 사람들은 친밀감의 증가에 따라 상대방에 대한 열정이 증가했지만, 회피 애착 유형의 소유자는 친밀감이 증가하면 열정이 감소하는 경향을 나타냈다(Davis et al., 2004).

(3) 자기 확장

자기 확장 이론(Aron & Aron, 1996)에 따르면, 연인들은 상대방의 자원과 능력을 자기 안에 포함시키는 급속한 자기 확장감이 열정을 증가시킨다. 일심동체(一心同

體)라는 말이 있듯이, 사랑하는 사람들은 서로의 자원과 능력을 공동의 소유로 경험한다. 연인이 항상 의식하는 것은 아니지만 자기 확장이 가능하도록 많은 자원과 유능성을 지닌 사람에게 매력을 느낀다.

연인관계를 통해서 상대방이 소유한 많은 것들을 자신의 것으로 포함시키는 자기 확장 경험은 연인을 즐겁고 신나게 만든다. 관계 초기에는 데이트를 하면서 자기 공개가 이루어지고 친밀감이 증가하면서 상대방의 자원을 인식하고 자신의 일부로 여기는 급속한 자기 확장감을 경험하게 된다. 이처럼 자기 확장이 빠르게 일어날 때는 강렬한 즐거움과 열정을 유발한다. 낭만적 사랑의 초기에 강렬한 열정을 경험하는 이유는 관계 형성을 통해 급속한 자기 확장감을 경험하기 때문이다. 한 실증적 연구(Aron et al., 1995)에 따르면, 사랑의 관계가 발전함에 따라 자신을 기술하는 단어와 범주의 수가 현저하게 증가했다. 사랑에 빠지는 경험은 자기개념을 급속하게 확장시켰을 뿐만 아니라 자존감과 자기효능감을 증가시켰다.

일단 연인의 자원이 자기 안에 통합되고 나면, 자기 확장의 속도가 느려지면서 열정이 감소한다. 자기 확장 이론에 따르면, 열정이 감소하는 속도를 늦추기 위해서는 연인이 지속적으로 자기 확장감을 경험할 수 있는 활동을 함께 하는 것이다. 특히 새롭고 흥미로운 도전적인 활동은 자기 확장감을 증진하여 관계 만족도를 높이는 데 도움이 된다.

(4) 열정의 신경과학적 기반

열정은 뇌의 생물화학적인 기제에 의해 영향을 받는다. 피셔(Fisher, 1998, 2004)에 따르면, 낭만적 사랑은 세 단계의 경험, 즉 갈망, 매혹, 애착으로 구분된다. 특히 두 번째의 매혹 단계에서는 특정한 교미 대상에게 매력을 느끼며 에너지를 집중한다. 열정은 매혹의 단계에서 경험되는 강렬한 이끌림과 접근 행동을 의미한다.

앞 장에서 살펴보았듯이, 매혹의 단계에서 뇌는 도파민, 노르에피네프린, 세로토닌을 포함하는 화학물질 세트를 지속적으로 분비한다. 이러한 화학물질은 뇌의 쾌락 중추를 자극하여 몽롱하고 황홀한 행복감을 유발할 뿐만 아니라 심장박동 증가, 식욕과 수면 감소, 강렬한 흥분감을 촉발한다. 이러한 호르몬은 지속적으로 분비되지 않기 때문에 갈망과 매혹은 대부분의 경우 일시적인 경험으로 어느 정도의 시간이 흐르면 그 강도가 약화된다. 연구에 따르면, 이러한 단계는 일반적으로 1년 반에서 3년 정도 지속된다.

3) 성적 열정: 사랑과 섹스의 관계

열정은 사랑하는 사람에 대한 갈망과 신체적 흥분을 유발한다. 흥분은 연인과의 관계를 통해서 충족할 수 있는 여러 욕구(자존감, 의존, 양육, 친애, 지배)와 연결되어 있는데 그중 성적 욕구와 가장 밀접하다. 성적 열정(sexual passion)은 상대방과의 육체적 접촉을 통해 성적 욕구를 충족시키려는 강렬한 갈망을 의미한다.

(1) 연인관계에서 섹스의 중요성

낭만적 사랑에 있어서 섹스는 매우 중요한 요소다. 섹스(sexuality)는 연인 간의 육체적 친밀감으로서 키스, 애무, 성교를 포함하는 육체적 상호작용을 의미한다. 사랑하는 성인 남녀는, 다른 인간관계와 달리, 섹스라는 행위를 통해서 사랑을 교환하고 강화한다. 이러한 점에서 섹스는 성인 남녀의 관계에서만 나타나는 독특한 현상이다.

섹스의 즐거움은 연인관계에서만 경험할 수 있는 커다란 보상이자 혜택이다. 사랑하는 사람과의 섹스를 통해 육체적 친밀감을 나누는 것만큼 커다란 즐거움도 없다. 섹스는 낭만적 관계가 발전하는 과정에서 매우 중요한 역할을 한다.

첫 섹스는 연인관계를 심화시키는 매우 중요한 전환점으로 알려져 있다. 섹스는 연인관계를 강화하고 지속시키는 중요한 접착제의 역할을 한다. 연인관계가 더욱 발전하면, 섹스는 쾌락을 즐기면서 긴장과 스트레스를 풀고, 위로와 화해를 표현하는 통로가 될 뿐만 아니라, 의존성과 지배력을 협상하는 수단이 된다. 이처럼 섹스는 연인이 서로에게 영향을 미치는 매우 중요한 수단으로서 관계 만족도와

구스타프 클림트(Gustav Klimt)의 1908년 작품 〈키스〉

헌신에 영향을 미칠 뿐만 아니라 연인관계가 발전하고 유지되는 데에 다양한 기능을 담당한다.

(2) 열정 전환점: 첫 섹스

연인과의 섹스는 열정을 촉진한다. 연인관계가 발전하는 과정에는 전환점이 존재한다. 미국의 인간관계 연구자인 백스터와 불리스(Baxter & Bullis, 1986)에 따르면, 연인은 서로를 탐색하는 단계에서 뜨거운 애정을 느끼는 단계로 도약하게 되는 열정 전환(passion turning point)을 경험하게 된다. 이러한 열정 전환점은 네 가지 구성요소, 즉 첫 키스, 첫 섹스, 사랑의 고백("사랑해요."), 홀딱 빠지는 경험으로 이루어진다. 이러한 열정 전환점이 일어나는 전통적인 순서는 먼저 '첫 키스'가 이루어지고, 다음에 '사랑의 고백'이 일어나며, 그 이후에 '첫 섹스'를 하게 된다. '홀딱 빠지는 경험'은 파트너에게 격렬한 열정을 느끼는 현상으로서 다른 전환점과 연결되어 나타날 수 있지만, 모든 연인에게 공통적으로 나타나는 것은 아니다.

연인이 첫 데이트를 한 후에 첫 섹스로 진행하는 과정에서 네 가지의 경로가 존재한다(Christopher & Cate, 1985). ① 매우 짧은 기간 내에 첫 섹스를 하는 신속 진행형, ② 점진적으로 친밀감을 발전시키며 적절한 단계에서 첫 섹스를 하는 점진 진행형, ③ 오랜 기간 교제를 한 후에 첫 섹스를 하는 지연 진행형, ④ 결코 결혼 전에는 섹스하지 않는 섹스 회피형이 있다. 첫 섹스를 하게 되는 경로는 매우 다양한 요인에 의해서 영향을 받는다. 첫 섹스를 포함하여 연인관계를 빠르게 진행시키는 사람이 있는 반면, 매우 신중하게 천천히 발전시키는 사람도 있다. 첫 섹스로 진행되는 속도는 관계의 발전 단계뿐만 아니라 개인의 성격적 요인과 관련된다. '사랑은 첫눈에 반하는 것'이라는 믿음을 지닌 사람들은 파트너에게 강렬하게 이끌려 급속하게 성관계를 맺는 것으로 나타났다.

애착유형은 관계 발전 속도에 영향을 미친다. 일반적으로, 불안 애착 유형에 속하는 사람들은 연인에게 집착하며 성적인 매력을 느끼지만 연인을 신뢰하지 못하는 경향이 있으며, 신뢰할 수 없는 사람과는 섹스하지 않는다. 반면, 회피 애착의 소유자는 친밀감이나 헌신이 없는 상태에서 우발적인 섹스를 선호하는 경향이 있다. 특히 불안 애착의 남자와 회피 애착의 여자로 구성된 연인은 섹스에 이르기 어렵다.

◆ 낭만적 열정과 섹스행동체계 ◆

낭만적 사랑에는 성욕과 섹스가 중요한 영향을 미친다. 특히 우리의 몸과 마음에 프로그램되어 있는 섹스행동체계가 낭만적 사랑에 강력한 영향을 미친다. 제5장에서 부모와 자녀의 관계에 영향을 미치는 네 가지 행동체계, 즉 애착체계, 돌봄체계, 탐색체계, 권력체계를 살펴보았다. 남녀 간의 낭만적 사랑에는 이러한 네 가지 행동체계에 더해서 섹스체계가 개입하게 된다.

진화의 관점에서 보면, **섹스행동체계**(sexual behavior system)는 이성과 성교를 함으로써 개인의 유전자를 다른 세대에 전달하기 위한 것이다. 섹스체계의 목표는 매력적인 사람과 성교를 하여 임신시키거나 임신하는 것이다. 그러나 인간은 임신과 무관하게 성적 쾌락을 추구하기 때문이며 성적 쾌락과 임신은 별개의 것으로 여겨지게 되었다. 섹스체계의 목표를 성취하기 위한 중요한 행동은 임신 가능한 파트너에게 접근하는 것, 성교를 하기 위해 파트너를 설득하는 것, 성기를 접촉하는 성교를 하는 것이다.

섹스체계의 일차적 방략은 이성 파트너의 임신 가능성 신호에 대한 민감성을 높이는 것, 성적 파트너로서 자신의 매력을 증진하는 것, 잠재적 파트너를 유혹하기 위해 효과적으로 설득하는 것을 통해서 임신 가능한 파트너와 함께 성교를 하는 것이다. 성적인 열정은 개인이 잠재적 성적 파트너와 짝짓기를 하도록 만드는 동기가 된다. 섹스체계와 애착체계는 기능적으로 별개의 체계이기 때문에, 섹스는 정서적 애착 없이 일어나며, 애착은 성욕을 수반하지 않을 수 있다.

섹스체계가 원활하게 기능하기 위해서는 두 파트너의 동기와 행동이 잘 조율되어야 한다. 상대방을 유혹하는 능력뿐만 아니라 상대방의 성적 요구와 선호를 민감하게 알아차리고 적절하게 반응하는 능력이 필요하다. 잘 조율된 성적인 상호작용은 삶에 활기와 에너지를 제공하고 자기가치감과 사회적 효능감을 증가시킬 뿐만 아니라 파트너에 대한 애정, 감탄, 감사, 유대감을 높여 준다. 이처럼 사랑의 관계에서 파트너로부터 효과적인 돌봄을 받을 뿐만 아니라 자신과 파트너의 성적 욕구가 잘 충족되면 관계 만족도와 안정성이 증가하게 된다(Sprecher & Cate, 2004).

사랑하는 사람과의 관계에서 섹스체계가 항상 잘 기능하는 것은 아니다. 파트너 중 한 명이 성에 대한 과도한 걱정과 억제를 나타내거나 성적 욕구가 부족할 수 있으며, 파트너 간의 성적인 욕구와 행동이 잘 조율되지 못하면 섹스체계의 기능장애가 나타날 수 있다. 섹스체계의 일차적 방략이 지속적으로 실패하면, 과잉활성화나 비활성화의 이차적 방략으로 전환된다.

섹스체계의 과잉활성화 방략은 파트너가 섹스에 응하도록 집요하게 설득하거나 강요하는 것이다. 이러한 과정에서 개인은 섹스의 중요성을 과장하거나 파트너의 성적 욕구를 과도하게 평가할 수 있다. 또한 파트너의 성적 흥분, 이끌림 또는 거부의 신호에 대해 지나치게 민감한 반응을 나타낼 수 있다. 섹스체계의 과잉활성화는 파트너에게 섹스를 강요하는 공격적 행동을 유발하여 파트너로부터 거부당하는 결과를 초래함으로써 성적 불만을 악화시킨다.

반면, **섹스체계의 비활성화**는 성적 욕구를 억제하거나 그 가치를 폄하하면서 섹스를 회피하는 행동으로 나타난다. 성생활에 무관심하거나 성적인 환상과 생각을 억제하고 성적인 흥분을 차단할 수 있다. 또는 오르가슴의 중요성을 무시하거나 파트너의 성적 접근을 거부하는 행동으로 나타날 수 있다.

(3) 섹스 동기의 다양성

섹스는 다양한 동기와 목적을 위해서 이루어진다. 미국의 임상심리학자이며 섹스 연구자인 신디 메스톤(Cindy Meston)과 진화심리학자인 데이비드 버스(David Buss)는 17~52세의 남자 203명과 여자 241명의 미국인을 대상으로 섹스를 하는 이유를 물었다(Meston & Buss, 2007). 그 결과 715개의 응답을 얻었으며, 유사한 대답을 통합하여 237가지의 이유로 단축했다. 이러한 자료에 근거한 섹스 이유 척도(Why Have Sex Questionnaire)를 만들어 1,549명의 대학생에게 응답하게 했다. 그 결과, 가장 흔한 이유는 다음과 같은 순서로 나타났다. ① 상대방에게 매력을 느껴서, ② 육체적 쾌락을 경험하기 위해서, ③ 사랑을 표현하기 위해서, ④ 상대방이 나를 원하기 때문에, ⑤ 더 깊은 관계로 나아가기 위해서, ⑥ 호기심과 새로운 경험을 위해서, ⑦ 특별한 기회에 축하하는 기념으로, ⑧ 단지 기회가 생겨서, ⑨ 통제할 수 없는 상황으로 인해서였다.

섹스는 현재의 관계를 강화하기 위한 동기로 이루어질 수 있다. 섹스는 '짝 지키기(mate guarding)'의 수단이 될 수 있다. 파트너를 성적으로 만족시키는 것은 다른 사람에게서 성적 만족을 얻는 것을 방지할 수 있기 때문이다. 또한 섹스는 현재 진행 중인 관계를 강화하고 헌신 수준을 높여서 단기적 관계를 장기적 관계로 전환하기 위한 동기에 의해서 이루어질 수 있다.

섹스는 다른 자원을 얻기 위해 교환될 수 있다. 여자는 정서적 친밀감, 유대감, 헌신, 사랑, 애정, 수용과 같은 보상을 얻기 위해서 섹스에 참여한다. 일반적으로 남자는 성적 욕구의 충족을 위해서 섹스를 하는 반면, 여자는 정서적 친밀감을 위해서 섹스를 하는 경우가 더 많다. 남자는 여자보다 스트레스를 풀고 지배력을 높이기 위해서 섹스를 하는 경향이 더 강하다. 남자는 다양한 성 경험을 하려는 욕구, 우연한 섹스 기회, 파트너의 신체적 매력에 의해서 섹스에 이끌린다. 반면, 여자가 섹스하는 이유는 사랑의 표현이나 심리적 헌신 강화와 같은 정서적 요인이 더 많다.

로댕의 조각 작품 〈키스〉

(4) 섹스 만족도

섹스 만족도는 관계 만족도에 영향을 미친다. 부부관계와 연인관계를 대상으로 한 여러 연구(예: Edwards & Booth, 1994; Sprecher, 2002)에서, 섹스 만족도는 관계 만족도뿐만 아니라 관계 지속성과 연결되는 것으로 나타냈다. 섹스 만족도는 섹스 빈도, 섹스의 유형과 다양성, 오르가슴의 빈도와 규칙성, 섹스 의사소통, 섹스 갈등과 같은 다양한 요인에 의해서 영향을 받는다(Sprecher & Cate, 2004).

섹스를 자주 하는 커플일수록 섹스 만족도가 높다. 그러나 섹스 만족도는 섹스를 얼마나 자주 하느냐는 것뿐만 아니라 섹스를 어떻게 하느냐에 의해서 영향을 받는다. 섹스의 유형과 다양성은 섹스 만족도에 중요한 영향을 미친다. 섹스는 다양한 방식의 애무와 전희뿐만 아니라 다양한 체위에 의해서 이루어질 수 있다. 미국에서 시행된 한 연구(Blumstein & Schwartz, 1983)에 따르면, 구강–성기 섹스가 섹스 만족도에 긍정적인 영향을 미치는 것으로 나타났다. 특히 구강–성기 섹스는 여자보다 남자의 섹스 만족도에 더 중요한 영향을 미쳤다. 일반적으로 새롭고 실험적인 다양한 방식의 섹스를 하는 커플일수록 섹스 만족도가 높았다(Greeley, 1991).

섹스에서 경험하는 가장 큰 쾌락은 오르가슴이다. 오르가슴의 빈도와 규칙성, 즉 섹스하면서 자주 그리고 규칙적으로 오르가슴을 경험할수록, 섹스 만족도가 높다. 오르가슴의 경험은 남자보다 여자에게 있어서 더 다양한 차이가 있다. 오르가슴의 경험은 개인의 신체적 특성, 심리적 성향과 행동, 파트너와의 관계의 질에 의해서 영향을 받는다. 사람마다 오르가슴을 경험하는 신체적 민감성이 다를 뿐만 아니라 섹스에 대한 태도, 섹스 체위, 섹스에 대한 적극성이 다르다. 특히 오르가슴의 경험은 파트너와 맺고 있는 관계의 질과 밀접하게 연결되어 있다. 파트너에 대한 사랑, 파트너와의 유대감, 관계 만족도가 높을수록 오르가슴을 더 자주 경험하는 것으로 알려져 있다.

섹스와 관련된 주제에 대해서 의견을 교환하는 것은 연인관계에서 중요하다. 섹스에 관한 대화를 많이 나누는 커플일수록, 관계 만족도가 높다. 파트너가 섹스 제안을 잘 수용할수록, 섹스 만족도와 관계 만족도가 증가한다. 반면, 파트너가 자주 거부할수록 섹스 만족도와 관계 만족도가 저하된다. 섹스와 관련된 의사소통이 중요한 이유는 섹스할 때 좋아하는 것과 싫어하는 것을 파트너에게 공개함으로써 섹스의 즐거움과 만족도를 증가시킬 수 있기 때문이다. 섹스와 관련된 자기 공개의 범위가 넓을수록 섹스 만족도가 높아지는 것으로 나타났다(Byers & Demmons, 1999).

4. 사랑의 심화 요인(3): 헌신

연인관계는 첫 만남에서 시작하여 '간헐적 데이트 단계'를 거쳐 '규칙적 데이트 단계'로 나아간다. 이러한 단계에서 자기 공개가 이루어지고 친밀감이 형성되면서 서로에 대한 호감과 애정이 발전한다. 관계 불확실성이 해소되어 서로를 연인으로 인정하게 되면 '독점적 데이트 단계'로 진행되는데, 이 단계에서 열정적 사랑은 최고조에 달한다. 연인의 일상적 삶이 점점 더 밀접하게 연결되면서 '공생적 연합 단계'로 진행되는데, 이 단계에서 서로에 대한 의존도가 증가하면서 동거를 하거나 결혼의 단계로 나아간다(Hatfield & Sprecher, 1986). 이처럼 건강한 사랑은 여러 가지 위기를 극복하는 일련의 과정을 거쳐 '안정 애착'의 상태를 이루는 것이다. 안정된 애착 상태에 이르기 위해서 가장 중요한 것이 상호의존과 헌신이다.

1) 상호의존과 헌신

사랑은 두 남녀가 상호의존 관계를 형성하는 것이다(Berscheid, 1983). 연인관계의 발달 정도는 두 사람이 일상생활에서 얼마나 상호의존적인지에 의해서 알 수 있다. 사랑하기 전 단계에서는 각자 자유롭게 일상생활을 하지만 연인관계로 발전하면 파트너를 자신의 일상생활에 연결하며 통합한다. 이처럼 연인은 서로의 일상생활에 참여하며 중요한 영향을 미치는 상호의존 관계로 나아간다.

상호의존(interdependence)은 두 사람이 행복을 위해서 서로를 필요로 하는 상태를 의미한다. 사랑이 깊어진다는 것은 두 사람의 상호의존 영역이 확대될 뿐만 아니라 상호의존 정도가 강화되는 것이다. 사랑하는 사람과의 관계를 통해서 여러 가지 중요한 욕구들이 만족스럽게 충족될 뿐만 아니라 자신의 이익보다 파트너의 이익 또는 공동의 이익을 더 중요하게 여기게 된다.

사랑은 인지적 상호의존의 내면적 과정을 통해서 심화된다. 인지적 상호의존(cognitive interdependence)은 개인이 자신의 정체성을 파트너와 연결된 형태로 재구성하는 것을 의미한다. 연인은 파트너를 자신의 일부로 생각할 뿐만 아니라 자신도 파트너와 연결된 공동체의 일부로 여기게 된다. 또한 관계가 진전됨에 따라 커플-중심적 자기 정체성을 발달시키게 된다. 인지적 상호의존의 상태에서는 '우리'라는 용어의 사용이 증가할 뿐만 아니라 파트너를 자신의 중요한 일부로 인식하게 된다. 사랑이 깊어지면서 삶의 다른 영역들(직업 활동, 친구나 가족과의 관계,

취미나 여가활동, 운동과 같은 일상적 활동)보다 연인과의 관계가 더 중요하고 의미 있는 핵심적 영역이 된다(Agnew et al., 1998). 상호의존이 깊어지면 '헌신'이라는 새로운 변화가 나타난다.

2) 헌신의 투자 모델

네덜란드의 심리학자인 케릴 러스벌트(Caryl Rusbult)는 친밀한 관계에서 상호 의존과 헌신이 중요하다는 점을 강조하는 헌신의 투자 모델(investment model of commitment)을 제시했다(Rusbult, 1983; Rusbult et al., 2001). 러스벌트에 따르면, 헌신(commitment)은 상호의존 관계에서 생겨나는 심리적 경험으로서 관계 안에 계속 머물면서 관계를 발전시키려고 노력하는 것이다. 헌신은 의지적·인지적·정 서적 요소를 포함한다. 헌신의 의지적 요소는 관계를 계속 유지하겠다는 의도를 의미하며, 인지적 요소는 장기적 관점에서 관계를 생각하며 미래의 결과를 위해 현재의 행동을 선택하는 것이다. 정서적 요소는 심리적인 애착을 뜻하며 파트너 와의 관계에 의존하여 행복감을 경험하는 것이다.

헌신의 투자 모델에 따르면, 헌신은 관계 만족도, 대안의 질, 투자 크기의 세 가 지 요인에 의해 영향을 받는다. 관계 만족도가 높을수록 헌신은 증가한다. 즉, 관 계를 통해서 중요한 욕구들(친밀감, 성생활, 동반자에 대한 욕구)이 충족되는 정도에 비례해서 헌신은 증가한다. 또한 헌신은 대안적 관계의 질이 낮을수록 증가한다. 달리 말하면, 개인의 중요한 욕구들이 다른 인간관계(다른 이성 관계, 친구나 가족과 의 관계 등)에서 충족되지 않을수록 현재의 연인관계에 대한 헌신이 증가한다. 그 리고 현재의 관계에 대한 투자가 많을수록 헌신이 증가한다. 여러 가지 중요한 자 원(예: 시간, 노력, 공동 재산, 공유하는 관계 네트워크)이 현재의 연인관계에 직간접적 으로 연결되어 있을수록 헌신은 증가한다.

여러 실증적 연구에서, 헌신이 관계 만족도, 대안의 질, 투자 크기에 비례하여 증가하는 것으로 입증되었다. 헌신의 투자 모델은 관계 파탄(relationship breakup)

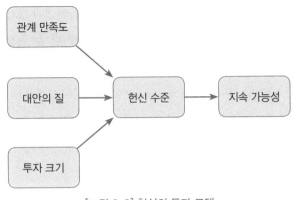

[그림 9-3] 헌신의 투자 모델

에 대한 설명도 제시하는 셈이다. 현재의 관계는 관계 만족도가 낮고, 대안의 질이 높으며, 투자 크기가 적을수록 파탄에 이를 가능성이 높다(Le & Agnew, 2003).

　　헌신의 투자모델은 인간관계가 보상과 비용에 의해 결정된다는 사회교환 이론에 근거하고 있다. 이러한 관점에서 보면, 헌신은 현재의 관계에 계속 머묾으로써 얻게 되는 세 가지의 이익에 근거한다. 첫째, 보상적 헌신('want to' commitment)으로서 현재의 관계가 만족스럽기 때문에 계속 머물려는 것이다. 파트너에 대한 긍정 감정과 그러한 감정으로 인한 보상 때문에 현재의 관계에 머물기로 선택하는 것이다. 둘째, 의무적 헌신('ought to' commitment)으로서 관계를 유지해야 한다는 의무감을 뜻한다. 자신이 한 약속이나 파트너의 기대 또는 파트너에 대한 의무를 저버렸을 때 짊어지게 될 죄책감이나 불명예와 같은 예상되는 비용 때문에 관계에 머무르는 것이다. 셋째, 대안 부재의 헌신('have to' commitment)으로서 더 큰 만족을 얻을 수 있는 대안이 없기 때문에 현재의 관계에 머물기로 선택하는 것을 의미한다.

　　헌신 수준이 높을수록 현재의 관계를 유지하고 발전시키기 위한 다양한 관계 유지 행동(relationship maintenance behavior)을 나타내게 된다. 대표적인 관계 유지 행동은 대안적 관계를 무시하거나 유혹적인 대안적 파트너를 멀리하고 폄하하는 것, 관계의 이익을 위해 기꺼이 자신을 희생하는 것, 파트너가 부적절하거나 공격

적인 행동을 했을 때 보복하기보다 순응하는 것이다. 연인관계가 깊어지면 파트
너의 행복과 불행을 점점 더 자신의 것으로 동일시하게 된다. 헌신은 개인적 이익
보다 관계 전체의 이익을 우선시하는 동기의 변화를 의미한다. 연인은 자기 정체
성을 상실하지는 않지만 '우리 의식(we-ness)'이나 '커플 정체성(couple identity)'을
발달시킨다. 미래에도 파트너와 함께 있고자 하는 소망과 커플 정체성을 유지하
려는 욕구가 결합하여 '미래를 함께할 우리(us with a future)'라는 인식이 생겨나는
데, 이것이 바로 헌신이다.

3) 헌신의 두 구성요소: 투신과 구속

연인은 자주 다투고 갈등을 겪으면서도 관계를 유지해 나간다. 파트너로부터
부당한 행동을 당하거나 심지어 폭행을 당하면서도 관계를 떠나지 못하는 사람들
도 있다. 부부관계와 같은 상호의존 관계에서 여러 가지 불만과 갈등을 겪으면서
도 관계에 계속 머무는 이유는 무엇일까? 그 이유는 관계 안으로 끌어들이는 힘과
관계 밖으로 벗어나지 못하게 만드는 힘이 동시에 작용하기 때문이다. 헌신의 2요
인 모델(two-component model of commitment: Stanley & Markman, 1992)에 따르면,
헌신은 투신과 구속의 두 요인으로 구성된다.

투신(dedication)은 파트너와의 관계를 유지하고 발전시키려는 자발적인 욕구로
서 개인을 관계 안으로 끌어들이는 힘으로 작용한다. 투신 수준은 관계 만족도가
높을수록 증가한다. 투신 수준이 높으면 개인은 현재의 관계를 위해 희생할 뿐만
아니라 관계를 자신의 목표와 연결시키고 파트너의 행복을 증진하려는 행동을 나
타낸다. 이처럼 투신은 공동의 이익을 위해서 관계를 유지하거나 개선하려는 욕
구를 의미한다.

구속(constraint)은 개인이 관계에 계속 머물도록 압박하는 강제력으로서 관계에
서 벗어나지 못하게 만드는 힘으로 작용한다. 관계에서 벗어날 경우에 개인이 감
수해야 하는 여러 가지 부담을 뜻한다. 만족스럽지 못한 결혼생활을 계속하는 이

유는 이혼할 경우에 짊어져야 하는 경제적·사회적·심리적 부담이 크기 때문이다. 이러한 부담은 현재의 관계에 계속 머물도록 압박하는 구속으로 작용한다.

구속이 강한 경우에는 불행한 관계에서 벗어나지 못하고 계속 머물게 된다. 이 경우에 불행을 감내해야 하는 대가를 치러야 하지만 개인은 관계 만족도가 더욱 저하되어 관계를 떠나려는 결심을 할 때까지 구속을 반드시 부정적인 것으로 여기지 않는다. 왜냐하면 공유하는 재산, 자녀, 친구와 같은 구속 요인이 다른 한편으로는 그동안의 투자로 인한 혜택이자 행복의 원천이기 때문이다.

구속은 일시적인 불만을 느낄 때 충동적인 행동을 하지 않도록 제동을 거는 역할을 한다. 만약 구속이 없다면 대부분의 커플은 관계를 유지하지 못하고 헤어져야 할 것이다. 충분히 만족하기 때문에 관계를 계속 유지하는 커플은 드물다. 이처럼 구속은 일시적인 갈등을 겪는 시기에 관계를 유지하고 강화하는 역할을 한다. 또한 구속은 자신이 과거에 선택하고 헌신하여 얻은 소중한 것들을 인식하게 함으로써 관계를 유지하도록 만든다. 이처럼 구속은 헌신을 유발하고 강화하는 힘을 지닌다. 그러나 구속으로 인해서 개인이 고통스러운 관계에 계속 머문다면 파괴적인 결과를 초래할 수 있다.

헌신은 연인관계를 안정적으로 유지하는 기능을 한다. 투신은 관계의 안정성을 높이는 반면, 구속은 관계의 파탄 가능성을 낮춘다. 특히 투신은 개인의 자발적인 선택을 의미하기 때문에 연인 간의 신뢰를 증가시킨다. 투신 행동의 대표적인 예는 현재의 관계를 가장 소중한 것으로 여기는 것, 다른 사람과의 대안적 관계를 평가절하하는 것, 커플 정체감과 일치되는 행동을 하는 것, 미래에도 파트너와 함께하고 싶다는 소망을 표현하는 것, 관계를 위해 희생적 행동을 하는 것이다(Stanley et al., 2010).

진화심리학자인 버스(Buss, 2003)에 따르면, 구체적인 행동으로 헌신을 표현하는 것은 낭만적 사랑의 심화를 위해 매우 중요하다. 특히 여자는 남자의 헌신을 매우 중요하게 여긴다. 여자는 남자의 헌신 행동을 통해서 자신이 임신하거나 자녀를 출산할 경우에 남자가 필요한 자원을 장기적으로 제공할 의도가 있는지를 확인할 수 있기 때문이다. 연인관계에서 헌신은 양방향적으로 발달한다. 연인은 파트너가 헌신 행동을 나타낼 때 정서적 안정감을 느낄 뿐만 아니라 파트너에 대한 헌신 행동을 더 많이 하게 된다.

4) 사랑과 헌신의 관계

사랑은 친밀감, 열정, 헌신을 통해서 깊어진다. 사랑을 심화하는 세 구성요소는 서로에게 영향을 미치며 밀접하게 연결되어 있지만 항상 그러한 것은 아니다. 특히 헌신은 친밀감이나 열정과 다른 독특한 속성을 지니는 것으로 여겨지고 있다.

(1) 낭만적 애착과 헌신의 관계

낭만적 애착(romantic attachment)은 사랑하는 사람들이 파트너에 대해서 느끼는 친밀감과 열정을 의미한다. 일반적으로 낭만적 애착이 강할수록 헌신도 증가한다. 그러나 파트너에게 뜨거운 사랑의 감정을 느끼면서도 관계의 지속을 위해 헌신하지 않는 사람들(예: 유희적 사랑을 하는 사람)이 있다. 낭만적 애착은 연인이 파트너와의 관계를 미래에 계속 유지할 의도가 있음을 의미하지 않는다. 현대사회에서는 사랑과 헌신의 관계가 약화되었다. 현대의 연인들은 헌신의 약속 없이 서로에게 친밀감을 느끼고 성관계를 맺으며 낭만적 사랑을 경험한다.

낭만적 사랑은 헌신의 필요조건일 뿐 충분조건이 아니다. 낭만적 사랑이 반드시 헌신으로 연결되는 것은 아니다. 그래서 불안 애착 유형에 속하는 사람들은 사랑이 깊어지면 파트너가 관계 지속을 위한 분명한 의도와 헌신을 나타낼 때까지 분리불안을 경험한다. 달리 말하면, 헌신을 구체적 행동으로 표현하는 것은 불안 애착의 파트너가 경험하는 분리불안을 감소시키는 데 도움이 된다. 특히 과거에 다른 인간관계에서 이별의 상처가 있는 사람들에게는 헌신의 표현이 더욱 중요하다.

헌신의 표현에는 두 가지 특성, 즉 명료성(clarity)과 상호성(mutuality)이 중요하다. 헌신의 의도를 분명하게 표현하는 동시에 연인이 상호적으로 표현하는 것이 중요하다. 헌신이 모호한 방식으로 표현되거나 일방적일 경우에는 사랑의 관계를 안정적으로 유지하기 어렵다. 헌신의 대표적인 문화적 표현은 약혼과 결혼이다. 약혼은 미래의 헌신을 명료하고 상호적으로 표현하는 문화적 의식이다. 결혼은 가장 강력한 헌신의 문화적 표현이다. 결혼은 두 사람이 평생 사랑의 관계를 유지하겠다는 의지를 주변 사람들에게 표현하는 것으로서 강력한 구속의 역할을 해 왔다. 그러나 현대사회에서는 높은 이혼율로 인해서 결혼의 가치가 떨어지고 있을 뿐만 아니라 결혼을 평생의 헌신으로 여기는 사회적 견해도 감소하고 있다.

(2) 애착 유형과 헌신 요구

애착 유형은 헌신에 중요한 영향을 미치는 것으로 알려져 있다. 사랑과 애착 유형의 관계를 조사한 연구(Feeney et al., 2000; Zeifman & Hazan, 2008)에 따르면, 불안 애착 유형에 속하는 사람들은 사랑의 안정성을 추구하는 욕구가 강할 뿐만 아니라 파트너가 분명하고 확고한 헌신을 표현해 주기를 원한다. 그러나 불안 애착의 연인들은 거부의 두려움 때문에 파트너에게 헌신을 요구하지 못하고 고민한다. 따라서 이들은 사랑의 안정성을 원하면서도 연인관계의 모호성을 감내해야 하는 심리적 갈등을 겪게 된다. 특히 현대사회에서는 결혼과 같은 헌신의 문화적 장치가 효력을 발휘하지 못하기 때문에 연인관계의 지속에 대한 모호성이 증가하고 있다.

이와 대조적으로, 회피 애착 유형에 속하는 사람들은 어느 수준 이상의 친밀감과 의무감을 회피하려는 욕구를 지니기 때문에 헌신에 저항하는 경향을 나타낸다. 이들은 파트너가 과도하게 애착하는 것에 대해 불안을 느끼는 동시에 연인관계에 구속되는 헌신을 회피하려 한다. 불안 애착의 소유자와 회피 애착의 소유자가 연인관계를 맺을 경우, 두 사람 모두 헌신과 관련된 불안을 경험할 수 있다. 불안 애착의 연인은 회피 애착의 파트너가 헌신을 표현하지 않는 것에 대해서 불안해하는 반면, 회피 애착의 연인은 불안 애착의 파트너가 나타내는 과도한 집착과 헌신 행동에 대해서 불안을 느끼게 될 것이다.

불안정 애착은 불안정한 연인관계로 인도할 수 있다. 왜냐하면 불안정 애착은 연인관계에서 더 많은 갈등을 유발할 뿐만 아니라 헌신의 발달을 저해하기 때문이다. 그러나 헌신을 증가시킴으로써 불안정 애착과 관계된 문제들이 감소할 수 있다. 불안정 애착의 소유자라 하더라도 관계를 유지하겠다는 헌신의 의지를 통해서 자신의 부정 감정을 조절하면서 건설적인 방식으로 갈등을 해결한다는 연구결과가 보고되고 있다. 예컨대, 한 실증적 연구(Tran & Simpson, 2009)에서 불안정 애착의 연인들은 헌신의 수준이 높을수록 갈등을 해결하기 위해 더 건설적인 의사소통 방식을 나타냈다. 이러한 연구 결과는 불안정 애착의 소유자라 하더라도 헌신 수준이 높으면 파괴적인 의사소통을 억제할 수 있음을 보여 준다.

헌신은 사랑을 심화시키는 매우 중요한 요인이다. 헌신은 사랑을 안정화하는 기능을 지니며 불확실성이 존재하는 연인관계를 안정된 상태로 발전시키는 중요한 역할을 한다(Stanley et al., 2010). 성인기에 경험하는 깊은 사랑은 안정 애착의 경험과 매우 유사하다. 성인 남녀의 사랑은 '충만한 애착(full-blown attachment)'의 관계로 발전할 수 있다(Zeifman & Hazan, 2008). 충만한 애착은 부모와 자녀의 애착에서 나타나는 핵심적 특성, 즉 근접성 유지, 피난처, 안전 기지, 분리 고통이 모두 나타나는 것을 의미한다. 연인이 충만한 애착을 형성하는 데에는 2년 정도의 시간이 걸리는 것으로 알려져 있다.

The Psychology of
Love

♥

제10장
낭만적 사랑의 붕괴 과정

1. 사랑이 미움으로 변하는 이유

사랑은 가만히 머물러 있지 않는다. 시간의 흐름과 함께 사랑은 시들해지고 미움으로 변하기도 한다. 연인들은 상처를 주고받으며 이별하고, 한때 사랑했던 연인을 증오하기도 한다. 헌신을 약속한 부부도 여러 가지 갈등으로 서로를 미워하며 이혼에 이르는 경우가 늘고 있다. 사랑이 왜 미움으로 변하는 것일까? 그토록 뜨겁게 사랑했던 사람을 미워하며 이별하는 이유는 무엇일까? 두 사람 사이에 어떤 일들이 일어나 사랑을 붕괴시키는 것일까?

1) 연인관계의 관계 갈등과 관계 조절

사랑한다는 것은 두 사람이 친밀한 관계를 맺고 서로의 삶에 밀접한 영향을 미치는 상호의존 관계로 들어감을 의미한다. [그림 10-1]에서 볼 수 있듯이, 독립적인 생활을 하던 두 남녀가 연인관계를 맺게 되면, 두 사람의 삶이 밀접하게 연결되어 서로에게 영향을 미치게 된다. 가까워지면 서로의 가시에 찔리는 고슴도치와

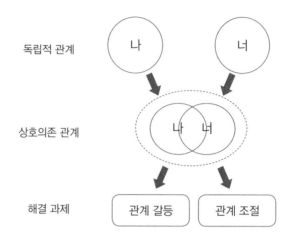

[그림 10-1] 상호의존 관계에서의 두 가지 해결 과제

마찬가지로, 사람도 가까워지면 부딪히는 일이 많아진다. 연인관계를 맺게 되면, 관계 갈등과 관계 조절의 두 가지 문제에 부딪히게 된다.

(1) 관계 갈등: 의견 불일치의 해결 실패

상호의존 관계에서는 공동의 활동을 위해 선택하거나 결정해야 할 일이 많다. 예컨대, 데이트를 위한 시간과 장소를 선택해야 하고, 데이트하면서 어떤 활동을 할 것인지를 함께 결정해야 한다. 동거나 결혼을 하면, 두 사람의 삶은 더 밀접하게 얽혀 함께 결정해야 할 일이 늘어난다.

연인은 어떤 선택을 하거나 결정하는 과정에서 의견이 다를 수 있다. 두 사람은 성장배경, 성격, 가치관, 선호가 다르기 때문에 필연적으로 선택과 결정 과정에서 의견 불일치가 나타난다. 서로 다른 의견 중 하나를 선택해야 할 때, 관계 갈등 (relational conflict)이 발생한다. 관계 갈등보다 그러한 갈등을 어떻게 해결하느냐가 관계 만족도에 더 중요한 영향을 미친다. 건설적인 대화와 타협을 통해 두 사람이 모두 만족할 수 있는 방식으로 관계 갈등을 해결하지 못하면 실망과 불만이 누적되면서 관계 만족도가 떨어진다. 더구나 관계 갈등을 해결하는 과정에서 파괴적인 의사소통을 하며 심리적 상처를 주고받으면 사랑은 미움으로 변하게 된다.

(2) 관계 조절: 파트너의 간섭과 저항

연인관계가 깊어지면 서로에게 요구하는 것이 많아진다. 연인은 누구나 자신의 파트너와 연인관계에 대한 기대, 즉 이상적 기준(ideal standard)을 지니고 있다(Fletcher et al., 1999). 예컨대, 파트너가 좀 더 애정 표현을 많이 하거나 시간 약속을 잘 지키기를 원할 수 있다. 또는 좀 더 로맨틱하거나 서로의 자유를 허용하는 연인관계가 되기를 바랄 수 있다. 파트너와 연인관계가 이상적 기준에 미치지 못할 때, 실망과 불만을 경험할 뿐만 아니라 파트너의 행동을 통제하고 변화시키려는 시도를 하게 된다. 불만스러운 관계를 좀 더 만족스러운 것으로 변화시키려는 노력을 관계 조절(relation regulation)이라고 한다. 이상적 기준이 높은 사람일수록 파트너에 대한 불만이 많고 파트너를 변화시키기 위한 통제 노력을 많이 기울인다. 파트너에게 강압적인 방식으로 변화를 요구하거나 이러한 요구에 파트너가 강력하게 반발하게 되면, 정서적 충돌로 인해 연인관계가 손상될 수 있다.

(3) 연인관계의 파괴적 의사소통

관계 갈등과 관계 조절은 그 자체로 연인관계를 손상시키지 않는다. 연인관계에 영향을 미치는 것은 갈등 자체가 아니라 갈등을 해결하는 방식에 있다. 갈등을 해결하기 위한 의사소통 방식이 연인관계에 강력한 영향을 미친다. 갈등을 해결하거나 파트너의 변화를 요청하는 과정에서 비효과적이고 파괴적인 의사소통 방식을 사용하면, 부정 감정이 축적되면서 친밀감이 감소하고 관계 만족도가 저하된다. 특히 파트너를 무시하거나 비난하고 경멸하는 파괴적인 의사소통 방식은 연인관계를 손상시키는 가장 중요한 원인이다.

인간은 누구나 자신이 원하는 선택과 결정을 관철하려는 권력 의지를 지닌다. 권력은 선택과 결정 과정에 미치는 개인의 영향력을 의미한다. 연인관계에서 두 사람은 자신이 원하는 선택을 관철하기 위한 힘겨루기, 즉 권력 투쟁(power game)을 할 수 있다. 두 사람의 권력이 비슷한 경우에는 각자의 주장이 팽팽하게 대립하면서 쉽게 합의에 이르지 못하고 갈등이 지속될 수 있다. 연인의 권력이 불균형적

이어서 한 사람의 의견이 반영되는 일방적인 결정이 이루어지면 상대방의 불만이 누적되어 관계가 손상될 수 있다(Felmlee, 1995). 이처럼 불만스러운 관계가 지속되거나 악화되면 연인들은 관계 종결을 고려하거나 대안적인 관계를 추구하게 된다.

　연인관계의 특징 중 하나는 해체되기 쉽다는 점이다. 연인관계는 실망과 불만이 누적되면 언제든 해체될 수 있다. 관계 갈등과 관계 조절의 과정에서 두 사람이 힘겨루기와 파괴적 의사소통을 하면 부정 감정이 축적되고 관계 만족도가 저하된다. 관계가 악화되면 더 많은 불만을 경험하는 사람이 관계를 떠나겠다며 관계 위협(relation threat)을 하게 된다. 연인 모두가 불만스러운 관계를 유지할 의사가 없는 경우에는 관계가 해체된다. 그러나 연인 중 한 사람이 관계 유지를 원할 경우에는 문제가 복잡해진다. 관계 유지를 원하는 사람에게는 관계 위협이 파트너로부터

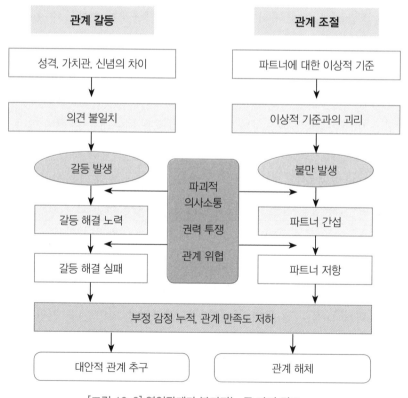

[그림 10-2] 연인관계가 붕괴되는 두 가지 경로

버림받음을 의미하기 때문에 불안과 고통을 주게 된다. 연인관계를 떠나려는 사람과 유지하려는 사람의 갈등은 두 사람 모두에게 심리적 고통을 줄 수 있으며 때로는 데이트 폭력의 원인이 되기도 한다.

　[그림 10-2]는 연인관계가 붕괴되는 두 가지 경로를 제시하고 있다. 관계 갈등과 관계 조절은 상호의존 관계에서 필연적으로 발생하는 문제다. 이러한 문제에 대처하는 과정에서 파괴적인 의사소통, 권력 투쟁, 관계 위협을 하게 되면 부정 감정이 누적되고 관계 만족도가 저하된다. 실망과 불만을 경험하는 연인은 다른 사람과의 대안적 관계를 추구하거나 현재의 관계를 종결하고자 한다. 이러한 과정에서 연인은 서로 상처를 주고받으며 고통을 겪게 된다.

　상호의존 관계의 장점 중 하나는 한 사람에 의한 결정보다 두 사람의 의견을 통합한 결정이 더 현명할 수 있다는 점이다. 또한 서로의 부족한 점을 교정하고 보완하면서 개인적인 삶보다 상호의존적인 삶을 통해서 두 사람 모두가 더 발전하고 성숙할 수 있다. 관계 갈등과 관계 조절은 더 나은 결정과 성장을 위해 두 사람이 서로에게 영향을 미치는 과정에서 발생하는 문제다. 관계 갈등과 관계 조절은 두 사람이 서로의 차이를 인식하고 조율하면서 더 건강하고 성숙한 관계로 나아가도록 촉진할 수도 있다.

2) 연인관계에서 사회적 교환의 불균형

　연인은 서로 많은 것을 교환한다. 밝은 미소와 눈빛을 주고받을 뿐만 아니라 선물을 교환하고 실제적인 도움과 정보를 주고받으며 신체적 접촉을 통해 성적인 즐거움을 교환한다. 이처럼 다양한 교환이 만족스러울 때는 파트너에 대한 사랑이 깊어진다. 그러나 주는 것보다 받는 것이 적다고 생각될 때 파트너에 대한 불만이 생겨나고 사랑에도 균열이 생겨나기 시작한다.

　사회교환 이론(social exchange theory: Thibaut & Kelly, 1959)은 인간관계의 유지와 해체를 설명하는 대표적인 심리학 이론이다. 연인은 다양한 자원을 교환한다. 이러한 교환이 만족스러우면 관계가 지속되지만, 불만족스러우면 관계는 해체된다. 특히 파트너에 대한 기대가 좌절되었을 때 실망과 불만이 커진다. 더구나 다른 사람과의 대안적 관계에서 더 많은 것을 얻을 수 있다고 생각될 때, 연인관계는 무너지게 된다.

(1) 연인이 교환하는 다양한 자원

연인은 상호작용을 하며 많은 것을 주고받는다. 과연 연인은 무엇을 주고받는 것일까? 사회교환의 자원이론(resource theory of social exchange)을 제시한 포아(Foa, 1971; Foa & Foa, 1980)에 따르면, 연인은 다음과 같은 여섯 가지 유형의 자원을 교환한다.

첫째, 연인이 교환하는 가장 중요한 것은 애정과 지지다. 파트너를 좋아하고 사랑하고 그러한 호감과 사랑을 표현하는 것이다. 사랑의 표현은 파트너의 자존감을 강화하고 스트레스를 감소시키는 위로 기능을 지닌다. 자신을 변함없이 사랑해 주는 사람이 존재한다는 믿음만큼 고난과 역경의 시기에 큰 위로가 되는 것은 없다. 낭만적 사랑은 파트너로부터 독점적인 사랑을 받는다는 점에서 특별하다. 애정과 지지는 연인관계를 통해서만 얻을 수 있는 가장 큰 보상이다.

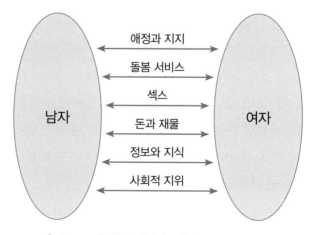

[그림 10-3] 연인관계에서 교환되는 다양한 자원

둘째, 연인은 일상생활에서 편안함을 느낄 수 있는 여러 가지 돌봄 서비스를 주고받는다. 요리하거나 청소하는 것과 같이 일상생활에 필요한 여러 가지 일거리를 해 주면서 파트너의 삶을 지원한다. 부부의 경우, 가사 활동이나 자녀 양육과 관련된 다양한 일거리를 분담함으로써 일상생활의 부담을 덜 뿐만 아니라 서로의 욕구를 충족시켜 편안함과 행복감을 증진하게 된다.

셋째, 연인은 성생활을 하면서 다른 관계에서 얻을 수 없는 육체적·심리적 쾌락과 만족을 주고받는다. 섹스는 연인관계에서만 얻을 수 있는 가장 중요한 보상이다. 만족스러운 성생활은 연인의 관계 만족도에 영향을 미치는 매우 중요한 요인이다.

넷째, 연인 사이에서 교환되는 중요한 자원 중 하나는 돈과 재물이다. 자본주의 사회에서 돈은 사랑을 표현하는 중요한 수단이다. 맛난 음식을 사고, 선물을 주고, 비싼 콘서트 티켓을 제공하는 것은 파트너에 대한 애정의 표현이 될 수 있다. 함께 공유할 수 있는 파트너의 소유물(예: 자동차, 아파트) 역시 중요한 자원이 된다.

다섯째, 연인관계에서는 대화를 통해 중요한 정보와 지식을 교환한다. 현대사회에서는 정보와 지식이 매우 중요한 자산이다. 연인은 다른 사람들에게 공개하지 않는 매우 중요하고 비밀스러운 정보를 주고받는다. 남자와 여자는 서로의 인간관계나 삶의 영역이 다르기 때문에 연인은 매우 광범위하고 다양한 정보를 서로에게 제공할 수 있다.

여섯째, 연인은 서로의 사회적 지위를 공유한다. 사회적 지위는 직업과 직위, 사회적 신분과 명예뿐만 아니라 개인의 외모나 아름다움을 포함한다. 연인이나 부부는 파트너가 지니는 사회적 지위를 자신의 것으로 동일시할 뿐만 아니라 다른 사람들로부터 파트너의 지위에 걸맞은 대우를 받는다. 탁월한 외모나 미모는 파트너의 사회적 지위를 높여 주는 사회적 자원이 될 수 있다.

이처럼 연인은 애정과 지지, 돌봄 서비스, 섹스, 돈과 재물, 정보와 지식, 사회적 지위를 교환한다. 연인은 파트너와 다양한 자원을 주고받는 교환의 손익을 계산한다. 이러한 사회적 교환의 결과는 연인관계의 만족도에 영향을 미친다.

(2) 사회적 교환의 결과 평가: 관계 불만족

사회교환 이론에 따르면, 두 사람의 관계는 각자가 투자하는 것에 비해 보상이 클수록 만족도가 증가한다. 연인들은 파트너와의 사회적 교환, 즉 투자한 것과 보상받는 것을 의식적 또는 무의식적으로 계산한다. 자신이 투자한 것에 비해 보상이 적다고 판단될수록 관계 만족도는 감소한다.

연인관계의 만족도에는 두 사람이 실제로 주고받는 객관적 손익계산서보다 각자가 지각하는 주관적인 손익계산서가 더 중요하게 작용한다. 주관적 손익계산서와 객관적 손익계산서의 차이가 나타나는 이유는 다양하다. 우선, 사람들은 자신이 투자한 것은 높이 평가하는 반면, 자신이 받은 보상은 낮게 평가하는 경향이 있다. 자신이 준 것은 잘 기억하지만 파트너로부터 받은 것은 잘 기억하지 못하는 경향이 있다. 또한 특정한 자원의 가치와 중요성에 대한 평가는 사람마다 다르다. 예컨대, 연인 중 한 사람은 애정과 지지를 가장 소중한 것으로 여기지만, 파트너는 그보다 돈과 재물을 더 중요한 것으로 여길 수 있다.

현재 관계의 만족도는 과거에 다른 인간관계에서 받았던 보상 경험과의 비교를 통해서 결정된다. 현재의 관계에서 얻는 보상이 많더라도 비교 수준(comparison level)에 비해 적을 경우에는 관계 만족도가 저하된다. 연인관계의 비교 수준은 크게 네 가지 원천, 즉 부모로부터 받은 보상 경험, 일반적인 연인들이 주고받는 사회적 교환에 대한 정보, 과거의 연인으로부터 받은 보상 경험, 현재의 연인으로부터 과거에 받은 보상 경험에 의해 영향을 받을 수 있다.

현재 관계의 만족도를 결정하는 더 중요한 요인은 대체 관계의 비교 수준(comparison level for alternatives), 즉 미래의 다른 인간관계에서 받을 것으로 예상되는 보상 수준에 의해서 결정된다. 현재의 연인관계가 만족스럽더라도, 대체 관계의 비교 수준이 더 높은 경우에는 현재의 관계를 청산하고 다른 사람과의 연인관계로 옮겨 갈 수 있다.

(3) 5개 행동체계의 사회적 교환

행동체계 이론의 관점에서 보면, 연인관계에는 애착, 돌봄, 탐색, 섹스, 권력과 관련된 5개의 행동체계가 관여한다. [그림 10-4]에서 볼 수 있듯이, 연인은 애착체계와 돌봄체계를 통해서 서로 애정과 돌봄을 주고받을 뿐만 아니라 섹스체계를 통해서 성생활을 하게 된다. 두 사람 모두 애착체계·돌봄체계·섹스체계가 적절하게 활성화되어 서로의 욕구가 잘 충족되면 친밀감과 열정을 느끼며 연인관계가 원만하게 유지된다.

공동의 생활을 위해서 어떤 선택과 결정을 해야 하는 상황에서 의견이 일치하지 않으면, 권력체계가 작동하면서 힘겨루기가 발생할 수 있다. 이때 건설적인 대화와 타협을 통해서 모두 만족할 수 있는 합리적인 선택과 결정을 하는 것이 중요하다. 또한 연인은 각자의 생활영역에서 독자적으로 탐색 행동을 하게 된다. 친구도 만나고 직장생활도 해야 하고 자기개발과 취미생활을 위한 개인적 활동을 하게 된다. 두 사람의 탐색체계가 적절하게 활성화되면, 개인적 활동과 연인의 공동 활동이 균형을 찾게 된다. 이처럼 5개의 행동체계가 적절하게 작동하면서 서로의 욕구가 잘 충족될 때, 연인은 관계에 만족하면서 사랑을 강화하게 된다.

연인관계에서 행동체계의 일차적 방략이 적절하게 기능하지 못할 때 실망과 불만이 발생한다. 이러한 실망과 불만이 반복되면, 연인은 이차적 방략을 채택하여

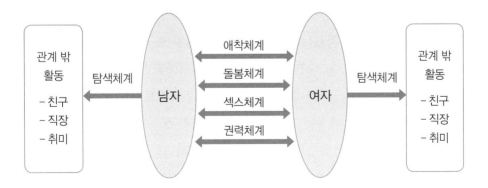

[그림 10-4] 연인관계에 관여하는 5개의 행동체계

행동체계의 과잉활성화 또는 비활성화를 나타내게 된다. 행동체계의 일차적 방략과 이차적 방략에 대해서는 제5장에서 자세하게 살펴보았으며, 섹스체계는 제9장 3절에서 살펴보았다. 〈표 10-1〉은 5개 행동체계의 과잉활성화 또는 비활성화로 인해 개인이 나타내는 행동 특성과 그에 대한 파트너의 반응을 보여 준다.

표 10-1   5가지 행동체계의 이차적 방략과 파트너의 반응

행동체계	이차적 방략	개인의 행동 특성	파트너 반응
애착	과잉활성화	파트너에게 과도한 애정과 돌봄 요구	피로감과 회피
	비활성화	파트너에 대한 무관심과 거리 유지	애정의 결핍감과 요구
돌봄	과잉활성화	파트너의 필요에 대한 과도한 돌봄과 개입	부담감과 회피
	비활성화	파트너의 필요에 대한 무관심과 무성의	돌봄의 결핍감과 요구
섹스	과잉활성화	섹스에 대한 과도한 관심과 요구	섹스 부담과 회피
	비활성화	섹스에 대한 무관심과 회피	섹스 불만과 요구
탐색	과잉활성화	사회적 활동에 과도한 시간과 에너지 사용	외로움
	비활성화	사회적 활동에 대한 자신감 부족과 위축	불안과 신뢰 저하
권력	과잉활성화	자기주장이 지나치게 강하고 지배적임	우울과 내면적 분노
	비활성화	자기주장이 부족하고 순종적임	무시와 경멸

예컨대, 애착체계가 과잉활성화되면 파트너에게 과도하게 애정과 돌봄을 요구하게 된다. 이에 대해서 파트너는 연인의 과도한 애정 요구에 피로감을 느끼며 회피 행동을 나타낼 수 있다. 반면, 애착체계가 비활성화되면 파트너에게 무관심하거나 거리를 두는 행동을 나타내게 된다. 이에 대해서 파트너는 애정의 부족을 경험하며 더 많은 관심과 애정을 요구할 수 있다. 어떤 경우든, 연인은 파트너에 대한 실망과 불만을 경험하면서 애정을 요구하거나 회피하는 행동을 하게 되는데, 이러한 행동은 오히려 파트너의 부정적 행동을 촉발하는 악순환에 빠지게 한다.

특히 권력체계는 연인의 갈등을 악화시킬 수 있다. 두 사람 모두의 권력체계가 과잉활성화되면, 자신의 의견을 관철하기 위해 강력하게 자기주장을 하면서 파트너의 의견을 묵살하거나 비난할 수 있다. 그 결과, 연인은 격렬한 언쟁을 벌이면서 상대방에 대한 분노와 미움의 감정에 휩싸이게 된다. 두 사람의 권력체계가 비대칭적으로 활성화되면, 한 사람의 강력한 자기주장에 의해 의견이 묵살되는 파트너는 좌절감을 느낄 뿐만 아니라 내면적으로 분노를 경험하면서 연인관계에 대한 불만이 누적될 수 있다. 권력체계의 불균형으로 인한 좌절과 분노는 다른 행동체계에 영향을 미쳐 연인관계의 불만을 확대시킬 수 있다. 예컨대, 파트너에게 불만을 지닌 연인은 돌봄체계나 섹스체계를 억제하여 파트너의 욕구를 좌절시킬 수 있다. 이처럼 연인관계에 관여하는 5개의 행동체계가 조화롭게 기능하지 못할 때, 연인은 욕구좌절을 경험하면서 관계의 균열이 생겨나기 시작한다.

2. 질투의 심리학

질투는 연인이 처음으로 다투게 되는 가장 흔한 이유로 알려져 있다. 낭만적 사랑은 두 남녀의 독점적 관계에서 이루어지는 것이다. 그러나 사랑은 경쟁이다. 언제든지 다른 사람에게 연인을 빼앗길 수 있다. 연인은 더 큰 만족을 얻을 수 있는 대안적 관계가 있는 경우에 현재의 관계를 청산하고 옮겨 갈 수 있기 때문이다. 사랑의 성채를 굳건하게 지키기 위해서는 질투라는 경계병을 세우고 감시해야 한다. 사랑을 하면, 의심과 질투가 늘어난다. 파트너의 외도 가능성이 항상 존재하기 때문이다.

1) 낭만적 질투

낭만적 질투(romantic jealousy)는 사랑하는 두 사람 사이에 제삼자가 개입되어 사랑이 위협받고 있다는 생각과 감정을 의미한다. 질투는 '파트너로부터 이미 얻고 있거나 얻고 싶은 것(애정, 돌봄, 돈, 섹스 등)'을 '파트너가 다른 사람에게 주었다는

사랑을 하면 질투가 강해진다.

인식'에 의해서 생겨난다. 연인의 사랑을 다른 사람에게 빼앗길지 모른다는 위협에 대한 반응이다.

낭만적 질투는 다양한 형태로 나타날 수 있다. 낭만적 질투는 실제적 또는 상상적 경쟁상대가 연인관계를 위협하고 있다고 느낄 때 발생한다. 질투는 관계 위협의 상상에 근거한 상상적 질투(imaginative jealousy)와 실제로 발생한 외도 사건에 대한 반응적 질투(reactive jealousy)로 구분될 수 있다. 애인이 과거에 친밀하게 지냈던 사람에 대해서 불쾌감을 경험하는 회고적 질투(retrospective jealousy)도 있다.

질투는 매우 복잡하고 다면적인 심리적 경험이다. 낭만적 질투는 '사랑의 관계에 대한 위협이 발생했을 때 나타나는 인지, 정서, 행동의 복합체'라고 정의되고 있다(White & Mullen, 1989). 낭만적 질투는 인지, 정서, 행동의 세 측면에서 나타나는 다면적 경험이다(Pfeiffer & Wong, 1989).

(1) 인지적 질투

인지적 질투(cognitive jealousy)는 파트너가 다른 사람과 애정을 나누지 않았을까 하는 걱정과 의심을 의미한다. 파트너가 관계에 소홀하거나 다른 이성과 즐겁게 대화하는 것을 목격하는 것과 같은 연인관계에 대한 위협이 감지되면 의심이 일어난다. 위협은 실제적인 것일 수도 있고 상상적인 것일 수도 있다. 어떤 경우든 위협을 감지한 사람은 그러한 위협으로 인해서 연인관계와 자존감이 손상되는 정도를 평가하며 복잡한 생각에 휘말리게 된다. 인지적 질투는 개인의 내면적 경험으로서 파트너의 충성과 헌신에 대한 불신을 의미한다.

(2) 정서적 질투

정서적 질투(emotional jealousy)는 관계를 훼손할 수 있는 실제적 또는 상상적 위협에 대한 정서적 반응을 의미한다. 정서는 대부분 인지의 결과로 유발된다. 정서적 질투에는 다양한 부정 정서(불쾌감, 불안, 분노, 우울, 혼란 등)가 포함된다. 질투 감정의 강도는 현재의 관계를 소중히 여기는 정도뿐만 아니라 관계가 위협받는 정도의 평가에 의해서 결정된다.

불안과 분노는 질투의 핵심적 감정이다. 불안은 위협에 대한 정서적 반응으로 제삼자의 개입으로 인해 연인관계가 손상될 수 있다는 인지적 평가에 의해서 유발된다. 분노는 좌절과 손상에 대한 정서적 반응으로서 관계의 위협을 초래한 파트너나 경쟁상대에게 향할 수 있다. 연인관계의 위협에 파트너와 경쟁상대 중 누가 더 적극적인 역할을 했느냐에 따라 분노의 대상이 달라진다. 또한 연인관계가 위협받을 수 있다는 미래의 위험 인식은 불안을 유발하는 반면, 연인관계가 이미 손상되었다는 과거의 피해 인식은 분노를 촉발한다. 이렇듯, 질투는 상황 인식에 따라 불안과 분노 감정의 배합이 달라지는 복합적인 불쾌 감정이다.

(3) 행동적 질투

행동적 질투(behavioral jealousy)는 관계의 위협에 대한 대처 행동을 의미한다. 연인관계의 경쟁상대가 나타났음을 인식했을 때 개인이 취하는 행동적 수단을 뜻한다. 달리 말하면, 행동적 질투는 인지적 질투의 걱정에 대처하고 정서적 질투의 불쾌감을 해소하기 위한 행동적 반응이다.

질투 행동은 조사 행동과 보호 행동으로 구분할 수 있다. 조사 행동(detective

behavior)은 관계 위협의 실상을 파악하기 위한 노력으로서 캐묻기, 파트너를 감시하기, 파트너의 소유물을 조사하기 등이 포함된다. 보호 행동(protective behavior)은 연인관계를 보호하기 위해서 파트너와 경쟁상대 사이에 애정이 발생하지 않도록 방해하는 행동을 말하며, 경쟁상대의 가치를 폄하하거나 파트너와 경쟁상대의 접촉을 금지하는 행동이 포함된다.

질투는 다양한 행동으로 표현된다. 미국의 인간관계 연구자인 로라 게레로(Laura Guerrero)는 연인들이 나타내는 다양한 질투 행동을 조사하여 분석했다. 게레로와 동료들(Guerrero & Afifi, 1993; Guerrero et al., 1993)에 따르면, 질투 행동은 크게 다음의 세 가지 유형으로 구분될 수 있다.

첫째 유형은 파트너에게 불쾌감을 전달하는 여러 가지 행동이다. 흔히 소극적으로 표현하기(불쾌감을 우회적 또는 간접적으로 표현하기)로 나타나지만 때로는 적극적으로 표현하기(불쾌감을 언어적으로 표현하며 따지기), 신체적 폭력 행사하기(파트너 폭행하기) 또는 관계 위협하기(파트너와의 만남 거부하기, 매력적인 다른 이성 만나기)로 표현될 수 있다.

둘째 유형은 연인과의 관계를 보호하는 질투 행동으로서 흔히 감시와 제한하기(파트너와 경쟁상대의 관계를 감시하거나 조사하고 경쟁상대에 대한 연인의 접근을 제한하기), 자기 공개하기(자신의 질투 감정을 파트너에게 공개하면서 파트너의 행동 변화를 촉구하기), 애정 강화하기(파트너와의 관계를 개선하기 위해서 더 적극적으로 애정을 표현하기)로 나타날 수 있다. 때로는 조종하기(파트너에게 죄책감이나 질투심을 유발함으로써 잘못을 깨닫고 경쟁상대에 대한 접근을 중지하도록 유도하기)나 소유 과시하기(파트너가 자신의 소유라는 것을 다른 사람들에게 보여 주기 위해서 연인관계를 공개적으로 과시하기)로 표현될 수도 있다.

셋째 유형은 경쟁상대에게 초점을 맞추는 질투 행동이다. 파트너나 다른 사람들에게 경쟁상대의 부정적 이미지 심기를 통해서 경쟁상대를 폄하하는 행동으로 나타날 수 있다. 또는 경쟁상대를 직접 만나서 자신의 파트너와 접촉하지 않도록 위협하는 행동을 나타낼 수도 있다.

2) 질투에 영향을 미치는 요인들

질투는 개인차가 매우 심한 심리적 경험이다. 연인관계에서 질투를 많이 하는 사람도 있고 그렇지 않은 사람도 있다. 어떤 사람이 질투를 많이 할까? 어떤 요인들이 질투에 영향을 미치는 것일까? 질투는 개인의 특성과 연인관계의 특성에 따라 달라지는 것으로 알려져 있다.

(1) 개인의 특성

다양한 성격 요인이 질투에 영향을 미친다. 실증적 연구에 따르면, 신경과민성이나 외향성과 같은 성격특성이 질투 반응과 밀접한 관계를 지닌다. 그러나 질투에 가장 강력한 영향을 미치는 개인적 요인은 애착 유형이다. 관계 불안이 질투를 유발하기 때문이다.

불안 애착 유형에 속하는 사람일수록 질투를 더 많이 경험한다(Bunnk, 1997; Guerroro, 1998; Sharpsteen & Kirkpatrick, 1997). 불안 애착의 연인들은 파트너가 다른 이성과 접촉하는 것을 더 심각한 배신 행위로 평가하고 더 강렬한 정서적 질투를 경험한다(Kruger et al., 2013; Muise et al., 2014). 그러나 이들은 질투 감정을 표현하거나 보복하는 데 주저하는 경향이 있다. 질투를 표현하더라도 소극적인 행동(파트너에게 우울하거나 슬픈 모습을 보이는 것)을 나타내는 경향이 있다. 그 대신 파트너를 관찰하거나 감시하는 행동은 더 많이 나타낸다. 이들은 자존감이 낮을 뿐만 아니라 파트너가 떠나갈지 모른다는 버림받음의 두려움이 강하기 때문에 파트너의 문제행동에 정면으로 대응하기보다 관찰이나 감시와 같은 간접적인 행동을 통해서 의심과 불안을 나타낸다.

회피 애착 유형에 속하는 사람들은 다른 사람들이 믿기 어려운 존재라는 믿음을 지닌다. 따라서 이들은 다른 사람과의 유대관계에 커다란 기대를 하지 않는 대신 자신을 독립적인 존재로 여기며 자율성을 중시하는 경향이 있다. 이들은 관계 위협에 둔감하며 경쟁상대에 대해서 의심이나 걱정을 덜 한다. 또한 관계에 대한 믿음이 부족하기 때문에 파트너의 배신에 대한 걱정을 덜 할 뿐만 아니라 질투 감정을 덜 느낀다. 회피 애착의 사람은 관계를 보호하는 질투 행동을 덜 나타내기 때문에 관계가 손상되는 부정적인 결과를 초래할 가능성이 더 높다.

(2) 관계의 특성

질투는 개인의 특성뿐만 아니라 관계의 특성에 의해서 영향을 받는다. 관계 만족도와 헌신은 연인관계에 대한 의심과 회의를 방지하는 효과를 지닌다. 현재의 관계에 만족하는 사람일수록 파트너의 외도에 대한 의심과 걱정을 덜 한다. 그러나 관계 만족도가 높은 부부는 낮은 부부보다 배우자의 명백한 외도 증거에 대해서는 더 강렬한 질투 반응을 보였다. 헌신을 많이 한 사람일수록, 배우자의 외도에 대해서 더 부정적인 감정반응을 보였다.

관계 불확실성은 연인관계의 미래에 대해서 확신하기 어려운 정도를 의미한다. 실증적 연구에 따르면, 연인들은 관계 불확실성이 높을수록 더 많은 질투 감정을 느끼고 더 간접적인 질투 행동을 나타냈다. 연인관계의 미래가 불확실하다고 느끼는 사람들은 파트너의 외도 가능성에 더 촉각을 곤두세우고 더 부정적인 감정을 보고했다.

연인의 친밀감 정도도 질투에 영향을 미친다. 질투는 중간 정도의 친밀감 단계에서 가장 흔하게 나타난다. 연인관계는 중간 정도의 친밀감이 형성될 때 가장 불안정하기 때문이다. 달리 말하면, 가벼운 마음으로 데이트하는 초기 단계에서 둘만의 독점적 연인관계로 발전하는 중간 과정 동안 갈등을 가장 많이 겪을 뿐만 아니라 질투 감정도 가장 많이 경험한다(Aune et al., 1994).

3) 질투 유발 행동

연인은 종종 파트너가 질투하도록 유도하는 행동을 나타낸다. 질투는 경쟁상대의 출현으로 인해서 유발되지만 파트너의 의도적인 행동에 의해서 유발될 수도 있다. 이처럼 파트너의 질투를 불러일으키는 다양한 행동을 질투 유발 행동(jealousy evoking behavior)이라고 한다. 질투 유발 행동은 연인관계를 강화하기 위한 것이지만 관계를 악화시켜 파탄으로 몰아갈 수 있다.

(1) 질투 유발 행동의 유형

질투 유발 행동은 특정한 목표를 성취하기 위해서 파트너에게 질투를 유발하려는 의도로 나타내는 전략적 행동을 의미한다. 파트너로 하여금 경쟁상대의 존재와 매력을 인식하게 함으로써 관계에 대한 위협을 느끼게 하여 파트너의 생각, 감정, 행동을 변화시키려는 것이다.

한 실증적 연구(White, 1981)에 따르면, 84%의 연인들이 질투 유발 행동을 했다고 보고했다. 질투 유발 행동은 다양한 방식으로 나타날 수 있는데, 다음과 같은 다섯 가지 유형으로 구분할 수 있다. ① 파트너에게 과거의 연인관계를 이야기하기, ② 경쟁상대에게 호감을 표시하거나 경쟁상대에 의해 유혹받은 경험을 이야기하기, ③ 현재 다른 사람과 맺고 있는 관계를 파트너에게 이야기하기, ④ 다른 사람과 데이트하거나 성적인 접촉을 하기, ⑤ 경쟁상대의 존재에 대해서 거짓말하기다.

파트너에게 질투를 유발하는 전략은 크게 다음의 세 가지 유형으로 나눌 수 있다. 첫째, 거리두기 전략으로서 이전과 달리 파트너와의 접촉을 줄임으로써 파트너가 애정과 헌신에 의문을 갖도록 유도하는 방법이다. 둘째, 유혹하기 전략으로서 다른 이성을 유혹하는 행동을 통해서 외도가 일어날 수 있음을 암시하는 방법이다. 셋째, 대안적 관계 알리기 전략으로서 과거의 연인관계를 다시 시작하거나 다른 사람과 연인관계를 맺을 수 있음을 암시하는 방법이다. 실증적 연구(Wade & Weinstein, 2011)에 따르면, 남자와 여자 모두 거리두기 전략이 다른 두 전략보다 더 효과적이라고 응답했다. 거리두기는 애정과 헌신이 약해졌음을 암시하기 때문에 파트너에게 질투를 유발하는 가장 안전하고 효과적인 방법으로 여기는 듯하다.

(2) 질투 유발 행동의 동기

연인은 왜 질투 유발 행동을 하는 것일까? 질투 유발 행동을 하는 동기는 다양하지만 다음의 다섯 가지로 구분할 수 있다(White, 1981; Whitson & Mattingly, 2010). 첫째, 자존감을 높이기 위한 것으로서 인정 욕구와 관련되어 있다. 자신이 다른 이성에게 사랑을 받을 수 있는 존재라는 것을 파트너에게 보여 주기 위한 것이다. 둘째, 현재의 연인관계를 시험하기 위한 것으로서 친밀감을 증가시키거나 관계의 강도를 확인하기 위한 것이다. 즉, 파트너와의 관계에 대해 불확실성을 느끼거나 확신하지 못할 때, 파트너가 질투 유발 행동에 어떤 반응을 나타내는지 알아보기 위한 것이다. 셋째, 파트너가 제공하는 보상을 증가시키기 위한 것이다. 예컨대, 경쟁상대가 특별한 선물을 했다거나 자신에게 강렬한 애정 표현을 했다고 언급함으로써 파트너의 보상적 행동을 이끌어 내는 것이다. 넷째, 보복하기 위한 것으로서 파트너가 자신에게 질투를 느끼게 만들었을 때 그에 대한 보복으로 질투 유발 행동을 할 수 있다. 다섯째, 파트너를 처벌하기 위한 것으로서 파트너에게 고통을 주기 위해서 질투 유발 행동을 할 수 있다.

이와 같은 질투 유발 행동의 동기는 두 가지 집단으로 묶어 이해할 수 있다. 하나는 관계적 보상 동기로서 파트너의 긍정적인 보상 행동을 유발하여 자신과의 관계에 더 헌신하도록 만들기 위한 것이다. 다른 하나는 관계적 복수 동기로서 파트너로부터 받은 불쾌 감정을 되돌려 주기 위한 것이다. 이러한 동기의 질투 유발 행동은 연인관계에 부정적인 영향을 미치는 경우가 흔하다.

질투 유발 행동의 결과는 긍정적일 수도 있고 부정적일 수도 있다. 긍정적인 결과는 파트너와의 관계가 확고하다는 것을 재확인하고 파트너로부터 더 큰 헌신과 더 많은 친밀감을 이끌어 냄으로써 연인관계를 강화하는 것이다. 그러나 질투 유발 행동은 파트너에게 불쾌감을 느끼게 하여 관계 갈등을 유발함으로써 관계를 손상시키는 결과를 초래할 수 있다(Fleischmann et al., 2005).

3. 외도의 심리학

낭만적 사랑은 두 남녀의 독점적인 관계 경험이다. 결혼은 헌신의 사회적 약속으로서 부부 사이에서만 애정과 섹스를 나누겠다는 서로의 약속을 의미한다. 그러나 결혼, 동거, 연애 관계에 있는 사람이 파트너가 아닌 다른 사람과 사랑을 나누는 경우가 드물지 않다. 우리 사회는 배우자가 아닌 사람과 애정 관계를 형성하는 것을 외도(外道), 불륜(不倫), 혼외정사(婚外情事), 간통(姦通), 바람피움과 같은 다양한 용어로 지칭하고 있다. 여기에서는 비교적 중립적인 용어인 '외도'라는 용어를 사용할 것이다. 외도는 연인관계를 붕괴시키는 가장 중요한 요인이다.

1) 외도의 유형

외도란 무엇을 의미하는 것일까? 외도를 명확하게 정의하는 것은 쉽지 않다. 많은 부부나 연인들이 외도의 정의를 놓고 갈등하는 경우가 많다. 한 사람은 파트너의 특정 행위를 외도라고 의심하거나 확신하면서 분노하지만, 파트너는 오해라며 억울해하는 경우가 많다.

외도(infidelity)는 부부 또는 연인으로 배타적인 애정 관계를 맺고 있는 사람이 파트너가 아닌 다른 이성과 애정을 나누거나 성적 행위를 하는 모든 경우를 의미한다. 외도 연구자들은 외도를 다음의 세 가지 유형으로 구분하고 있다(Kinsey et al., 1948; Thompson, 1984).

정서적 외도(emotional infidelity)는 배우자가 아닌 다른 이성과 정서적 애정이나 친밀감을 형성하는 경우로서 서로 진한 농담을 나누며 유혹하는 것, 데이트하며 은밀한 시간을 보내는 것, 손을 잡거나 팔짱을 끼는 친밀한 행동을 하는 것, 비밀을 공유하는 것, 사랑에 빠지는 것을 포함한다. 최근에 흔히 보고되고 있는 컴퓨터-매개 외도는 대표적인 정서적 외도에 속한다. 컴퓨터나 SNS의 매개를 통한 외도에서는 높은 수준의 자기 공개와 정서적 유대가 이루어지지만 성적 접촉은 이루어지지 않는다.

성적 외도(sexual infidelity)는 파트너가 아닌 다른 이성과 다양한 성적 행위(키스, 애무, 구강 성교, 성기 성교 등)를 하는 경우를 뜻한다. 성적 외도는 하룻밤의 우발적 섹스(one night stand)뿐 아니라 단기간 교류한 사람과 성적인 관계를 맺는 것을 포함한다. 미국 대학생의 경우, 남자의 48%와 여자의 33%가 하룻밤의 섹스 경험이 있다고 보고했다(Paul et al., 2000). 그중에서 49%는 섹스 대상과 이후에 만나지 않았으며, 26%는 그 당시에 다른 사람과 연인관계에 있었다고 보고했다.

정서적 외도와 성적 외도는 각기 독립적으로 일어날 수 있고 함께 일어날 수도 있다. 성적 외도는 대부분 자기 공개 수준이 낮고 단기간 지속되는 반면, 정서적 외도는 여러 해 동안 지속되며 높은 수준의 자기 공개가 일어나는 경향이 있다. 혼합형 외도(combined infidelity)는 정서적 친밀감 속에서 성관계를 나누며 정서적 외도와 성적 외도가 함께 일어나는 경우를 의미한다.

외도의 중요한 특징은 다른 이성과의 관계를 파트너에게 비밀로 한다는 점이다. 그래서 외도는 속이는 행위(cheating)이며, 파트너와의 신뢰를 깨뜨리는 배신 행위라고 할 수 있다. 과연 연인은 인간관계와 사생활의 모든 것을 서로에게 알리고 공유하고 있을까? 그것이 가능하며 바람직한 것일까? 부부라 하더라도 각자의 사생활을 모두 알릴 수 없을 뿐만 아니라 배우자가 불쾌하게 여길지 모르는 정보는 이야기하지 않는 경향이 있다. 특히 배우자가 예민하여 사소한 일에 대해 의심하거나 정서적으로 과잉 반응을 보이는 경우에는 부부 사이에 비밀이 늘어날 수 있다. 대부분의 연인은 외도의 정의에 미치지 못하는 행위들(예: 매력적인 이웃이나 이성 동료에게 과잉 친절을 베풀거나 추파를 던지는 일)을 하지만 이러한 사실을 배우자에게 비밀로 하는 경우가 많다. 이러한 경우를 사소한 외도 행위(micro-cheating)라고 한다.

인터넷은 현대의 연인들에게 새로운 도전이 되고 있다. 인터넷을 통해서 새로운 사람을 만나고 유혹하고 성적인 대화를 나누는 사람 중에는 기혼자가 많다. 최

근에는 배우자 몰래 인터넷을 통해 다른 이성과 정기적으로 접속하며 정서적 친밀
감을 형성하거나 성적인 대화나 음란물을 공유하는 은밀한 행동을 나타내는 인터
넷 외도가 주목을 받고 있다. 인터넷 외도는 온라인 외도, 사이버 외도, 사이버 섹
스와 같은 다양한 용어로 불리고 있다.

2) 남자와 여자의 외도

모든 사회가 외도를 부도덕한 것으로 억제하고 있지만 동서고금을 막론하고 외
도는 매우 흔한 현상이다. 남자의 50%와 여자의 20~40%가 외도를 한다(Knox et
al., 2000). 또 다른 연구자료(Laumann et al., 1994)에 따르면, 여자의 20%가 외도를
하고, 남자는 두 배인 40%가 외도를 한다. 연애를 하는 사람의 30~40%와 결혼한
사람의 18~20%가 최소한 한 번 이상의 성적 외도를 했다고 보고했다.

일반적으로 남자가 여자보다 더 자주 외도를 한다. 또한 남자는 결혼 후에 더 빨
리 외도를 시작하며 더 많은 파트너와 외도를 하는 경향이 있다. 그러나 최근에는
외도의 성차가 줄어들고 있다. 40세 미만의 젊은 층에서는 외도의 성차가 줄어들
고 있다는 연구결과가 보고되고 있다(Akins et al., 2001; Whisman et al., 2007). 남자
와 여자의 외도 비율이 비슷하다는 보고도 있다. 30세 이하의 기혼자 중에서 외도
를 했다고 보고한 남자는 10%였고, 여자는 11%였다. 특히 부부관계가 불행한 경
우에는 여성의 외도 비율이 더 높다는 연구결과(Brand et al., 2007)도 존재한다.

남자와 여자는 추구하는 외도 유형이 다르다. 남자는 성적 외도를 추구하는 반
면, 여자는 정서적 외도를 추구하는 경향이 있다. 378명의 기혼자를 대상으로 조
사한 연구(Thompson, 1984)에 따르면, 남자는 우연한 섹스(casual sex)를 추구하고,
여자보다 성적 외도를 더 많이 하며, 더 많은 혼외애인을 두고 있었다. 반면, 여자
는 정서적인 애착 관계를 추구하며, 남자보다 더 적은 혼외애인을 두고 있었다. 여
러 연구결과를 종합하면, 남자는 성적 외도를 추구하는 반면, 여자는 정서적 외도
를 추구한다. 남자는 정서적 친밀감 없이 혼외섹스를 하지만, 여자는 성적 행위

없이 정서적 애정을 중시하는 혼외연애를 하는 경향이 있다(Glass & Wright, 1985; Thompson, 1984).

3) 외도하는 이유

외도는 매우 위험한 모험이다. 외도는 가정불화와 이혼의 가장 주된 원인이기 때문이다. 사람들은 외도가 위험할 뿐만 아니라 때로는 치명적인 대가를 치러야 한다는 것을 알고 있다. 특히 기혼자는 더욱 그러하다. 그럼에도 불구하고 많은 사람이 외도를 하는 이유는 무엇일까? 어떤 동기로 외도를 하는 것일까?

사람들이 외도하는 동기는 매우 다양하고 복잡하다. 글래스와 라이트(Glass & Wright, 1992)는 외도에 관한 연구 문헌과 임상 자료를 분석하여 외도의 17가지 동기를 추출했다. 이들은 실증적 자료에 근거하여 17가지 동기를 네 유형으로 구분했다.

첫째 유형은 성적 호기심으로서 새로운 성 경험에 대한 호기심과 더불어 성적인 즐거움과 흥분을 추구하는 동기를 의미한다. 이러한 유형에는 '성적 실험이나 호기심을 위해서' '성적 흥분을 위해서' '성적 관계를 즐기기 위해서' '새로움과 변화를 위해서' '재미를 위해서' '성적 박탈감이나 좌절감의 위로를 얻기 위해서'와 같은 동기가 포함된다. 성적 호기심은 남자들이 외도하는 가장 중요한 동기로 나타났다.

둘째 유형은 정서적 친밀감으로서 지적인 대화, 공감과 이해를 통해 자신이 존중받는 친밀한 관계를 추구하는 것이다. 이러한 동기에는 '지적인 교제를 위해서' '나의 문제와 감정을 이해하는 누군가를 얻기 위해서' '동반자 관계를 위해서' '존중받기 위해서' '자신감과 자존감을 증진하기 위해서'가 포함되었다. 특히 현재의 연인관계에서 애정 욕구를 충족시키지 못하거나 현재의 파트너로부터 무시당하는 느낌을 받는 사람들은 정서적 친밀감을 느끼기 위해 외도하는 경향이 있다. 정서적 친밀감은 여자의 경우 가장 중요한 외도의 동기로 나타났다.

셋째 유형은 낭만적 사랑으로서 뜨거운 사랑을 경험해 보려는 동기를 의미한다. 이러한 동기로는 '다른 사람과 사랑에 빠져서' '사랑과 애정을 다시 한 번 경험해 보기 위해서' '다른 사람들이 나를 매력적인 존재로 여긴다는 것을 확인하기 위해서'와 같은 이유가 포함되었다.

넷째는 앞에서 제시한 세 가지 유형에 포함되지 않는 다양한 동기를 포함한다. 예컨대, '배우자에게 복수하기 위해서' '나의 경력과 승진을 위해서' '젊게 느끼기 위해서'와 같은 이유가 포함되었다. 현재의 파트너에게 분노를 느끼는 사람들은 파트너에게 복수하기 위해서 외도를 하기도 했다. 또는 승진과 같은 혜택을 얻기 위해서 더 높은 직위나 권력을 지닌 사람과 외도하는 경우도 있다.

최근의 한 연구(Omarzu et al., 2012)에서는 현재 외도를 하고 있는 남녀 77명(23~63세)을 대상으로 외도의 이유와 정서적 결과를 조사했다. 외도의 이유는 다음의 네 가지 유형으로 분류되었다. 첫째는 성적인 이유로서 '현재의 관계에서 성적으로 만족하지 못해서'(26.3%)와 '새로운 성적 경험을 하고 싶어서'(6.8%)였으며, 둘째는 정서적인 이유로서 '다른 사람과 정서적 친밀감과 인정을 얻고 싶어서'(18.9%), '현재의 관계에서 정서적으로 만족하지 못해서'(18.6%)였다. 셋째는 사랑과 관련된 것으로서 '다른 사람과 새로운 사랑에 빠져서'(5.2%), '배우자와의 사랑이 식어서'(2.6%)였으며, 넷째는 동기적인 것으로서 '호기심을 충족시키기 위해서'(18.9%)와 '파트너에게 복수하기 위해서'(3.1%)였다.

또한 이 연구자들은 외도의 정서적 결과를 긍정 정서와 부정 정서로 나누어 분석했다. 외도로 인해 경험한 긍정 정서로는 자신이 소중하게 여겨지는 느낌과 자존감 증가(48.6%), 행복감(27.4%), 사랑(24.0%), 성적인 만족감(19.2%), 우정과 친밀감(19.2%), 활기와 살아있다는 느낌(18.5%), 새로운 경험을 하며 성장하고 있다는 개방감과 열린 마음(12.5%)의 순서로 나타났다. 외도로 인한 부정 정서로는 죄책감, 부끄러움 또는 수치심(29.5%), 외도의 기대에 미치지 못하는 실망감(29.5%), 외도가 발각되는 것과 현재 파트너로부터 버림받을 것에 대한 불안(17.1%), 질투심(8.9%), 우울감(7.5%)의 순서로 나타났다.

4) 외도에 영향을 미치는 요인들

어떤 사람들이 외도를 하는 것일까? 외도를 촉진하는 요인은 무엇일까? 여러 연구결과를 종합하면, 외도를 하는 사람들의 특징은 현재의 연인관계에 대한 만족도가 낮고, 파트너와의 유대가 약하며, 섹스에 대한 강한 흥미와 허용적인 태도를 지니고, 파트너 외의 다른 이성과 접촉할 기회가 많은 것이다.

(1) 현재 관계의 불만족

현재의 연인관계에 대한 불만족은 외도와 밀접하게 연관되어 있다(Brown, 1991; Vaughn, 1986). 특히 남자의 외도는 부부관계의 성적 불만족과 관련되는 반면 (Maykovich, 1976), 여자의 외도는 부부관계에서 불공정한 대우를 받고 있다는 인식과 연관되어 있다(Prins et al., 1993).

결혼생활이 불만스럽다고 누구나 외도를 하는 것은 아니다. 외도가 발각될 경우에 치러야 하는 부담과 위험은 매우 크다. 외도가 알려지면, 배우자로부터 격렬한 비난, 신체적 학대, 경제적 지원의 철회를 당할 수 있을 뿐만 아니라 이혼하게 될 수도 있다(Pittman, 1989). 따라서 사람들은 외도를 통해서 얻는 보상과 그 대가로 치러야 할 비용을 저울질하며 계산하게 된다.

현재의 결혼생활을 통해서 얻는 것이 많고 외도의 부담이 클수록 외도는 억제된다. 그러나 부부관계 만족도가 낮고 결혼생활을 통해 얻는 보상이 적을 경우에는 외도 가능성이 높다. 그 극단적인 예는 공개적 외도로서 불행한 결혼생활을 끝내도록 배우자를 유도하기 위해서 공개적으로 외도하는 경우다.

(2) 개인의 성격과 태도

현재의 연인관계에 불만을 지닌 사람들이 모두 외도를 하는 것은 아니며, 현재의 관계에서 특별한 불만이 없는 사람도 외도를 한다. 외도를 하는 사람들은 다른 이성과 접촉하면서 외도에 빠지기 쉬운 경향성을 지닌다. 이러한 외도 경향성은 성격, 애착유형, 가치관과 관련되는 것으로 알려져 있다.

52개국(10개 종교)의 1만 6,362명을 대상으로 외도와 성격특성의 관계를 조사한 연구(Schmitt, 2004)에 따르면, 우호성과 성실성이 낮은 사람들이 성별에 상관없이 외도를 많이 하는 것으로 나타났다. 우호성이 낮은 사람들은 호전적이고, 자기주 장을 잘하며, 자신의 욕구 충족을 위해서 다른 사람의 감정을 무시하는 경향이 있 다. 성실성이 낮은 사람들은 나태한 삶을 영위하는 경향이 있으며, 여유롭고 사소 한 것에 개의치 않는 시원스러운 점이 매력적이지만, 책임감이 부족하여 신뢰할 만한 인간관계를 유지하기 어렵다. 또한 외향성이 높은 남자들과 신경과민성이 높은 여자들이 외도를 더 많이 하는 것으로 나타났다.

애착 유형은 외도와 밀접하게 관련되어 있다. 성별에 따라서 애착 유형과 외도 의 관계가 다르다. 여성의 경우는 불안 애착 유형에 속하는 사람들이 더 자주 외도 하고 더 많은 남자와 외도하는 것으로 나타났다(Bogaert & Sadava, 2002; Stephan & Bachman, 1999). 이러한 여자들은 다른 사람과의 친밀한 관계를 맺으려는 욕구가 강할 뿐만 아니라 성적 매력을 더 강하게 나타낸다(Hazan & Shaver, 1987). 반면, 남 자의 경우에는 회피 애착 유형에 속하는 사람들이 외도를 많이 하는 것으로 나타 났다. 회피 애착 유형의 남자들은 하룻밤 정사와 같이 친밀감이 낮은 상태에서 성 적 외도를 더 많이 하는 것으로 나타났다.

성에 대해서 허용적 태도를 지닐수록 외도 가능성이 높다. 성에 대해 보수적인 태도를 지닌 사람들은 친밀하고 헌신하는 연인관계에서만 성행위를 해야 한다고 믿는 반면, 허용적인 태도를 지닌 사람들은 사랑 없이도 섹스가 가능하다고 생각 할 뿐만 아니라 우연한 성 경험이 더 많으며, 미래에 원하는 연인의 수도 더 많은 것으로 나타났다(Barta & Kiene, 2005; Ostovich & Sabini, 2004).

(3) 환경적 요인

외도는 이성과 접촉할 기회가 많은 사람에게서 더 흔하게 나타난다. 직장은 잠 재적 파트너의 접촉을 제공하는 주된 원천이다. 출장이나 야근이 많은 직업, 이성과의 접촉이 많은 직업, 동료 중 이성의 비율이 높은 부서나 직업을 지닌 사람은 외도의 기회와 가능성이 더 높다(Wiederman, 1997). 또한 대도시의 거주자들은 소도시의 거주자보다 외도의 가능성이 더 높다. 대도시는 소도시보다 잠재적 파트너가 더 많고 익명성이 더 높기 때문에 다른 사람들에게 발각되지 않는 채로 외도할 기회가 더 많다. 또한 대도시의 거주자들이 성에 대해서 더 허용적인 태도를 지니는 경향이 있다.

4. 이별의 심리학

사랑은 식물과 같아서 잘 돌보며 가꾸어야 성장한다. 사랑은 친밀감, 열정, 헌신의 세 영양소를 잘 공급해야 성장한다. 이러한 영양소가 결핍되면 사랑은 시들기 시작한다. 더구나 연인 간의 갈등과 질투 그리고 외도는 미움과 분노를 유발하여 사랑을 말라 죽게 만든다.

사랑은 발전시키기도 어렵지만 잘 유지하는 것은 더욱 어렵다. 그래서 많은 연인이 사랑을 잘 지키지 못하고 이별한다. 연인이 이별하는 과정은 단순하지 않다. 연인은 어떤 과정을 통해서 이별할까? 이별 과정에서 어떤 일들이 벌어지고 어떤 후유증을 남기는 것일까?

1) 사랑의 붕괴 과정: 사랑은 어떻게 무너지는가?

연인관계가 발전하는 과정이 다양하듯이, 연인관계가 붕괴하는 과정도 매우 다양하다. 뜨겁게 사랑했던 연인들이 헤어지는 이유도 다양할 뿐만 아니라 헤어지는 방식 역시 매우 다양하다. 연인관계를 종결하는 방식에 따라서 두 사람의 정서적 반응과 후유증이 다르다. 연인관계의 종결은 두 사람 모두에게 아픔과 슬픔을 수반할 뿐만 아니라 때로는 상대방의 저항과 분노를 유발할 수 있다.

연인관계는 다양한 이유와 과정을 통해 종결될 수 있다.

(1) 관계 종결에 이르는 단계

연인이 관계 종결에 이르는 과정은 크게 4단계로 구분할 수 있다(Kayser, 1993, 1996). 첫 번째 단계는 밀월 단계로서 서로의 매력에 흠뻑 빠져 파트너의 욕구를 충족시키기 위해 최선을 다하며 두 사람 모두 달콤한 행복을 맛보는 시기다. 그러나 이러한 허니문(honeymoon) 시기는 오래 지속되지 않는다.

두 번째 단계는 실망 단계로서 연인의 상호작용 과정에서 조금씩 실망과 좌절을 경험하며 불만이 축적되는 시기를 의미한다. 이 시기에 연인은 상대방과 관계가 변하기를 기대하면서 실망과 불만을 감내하며 관계를 유지한다.

세 번째 단계는 갈등 단계로서 서로의 좌절과 불만을 표현하면서 상대방을 비난하고 행동 변화를 요구하는 시기다. 이 단계는 관계의 지속 여부를 결정하는 중요한 시기다. 연인이 서로의 욕구를 충족시키기 위한 적절한 노력을 기울이면 관계가 개선될 수 있다. 그러나 갈등의 책임을 상대방에게 전가하고 비판하거나 강압적으로 상대방의 변화를 요구하는 파괴적 의사소통이 이루어지면, 연인은 상처를 주고받으며 고통스러운 시기를 보내게 된다. 이 단계에서 고통을 더 심하게 경험하는 사람이 관계 종결을 요구할 수 있다.

그러나 대부분의 연인은 곧바로 관계를 종결하기보다 서로 거리를 두면서 네 번째 단계인 냉담과 무관심의 단계로 넘어간다. 이 단계는 상대방의 변화 가능성을 포기하고 관계 개선 노력을 중단하면서 서로 거리두기를 하는 시기다. "사랑의 반대는 미움이 아니라 무관심이다."라는 말이 있듯이, 냉담과 무관심의 시기가 길어지면 친밀감과 애정이 퇴색할 뿐만 아니라 연인관계의 필요성을 느끼지 못하게 되면서 두 사람 모두 관계 종결을 원하는 쌍방적 종결로 나아가게 된다.

덕(Duck, 1982)에 따르면, 연인관계는 4단계를 통해서 해체된다. 첫째는 심리내적 단계(inner psychic phase)로서 현재의 관계에 불만을 느끼면서 마음속으로 고민하는 단계다. 둘째는 양자 논의 단계(dyadic phase)로서 연인이 관계 불만과 종결에 대해 논의하며 협상하는 단계를 의미한다. 이러한 논의 단계에서 관계 문제와 불만이 개선되지 못하면 관계 종결에 이르게 된다. 셋째는 사회적 단계(social phase)로서 자신이 알고 있는 주변 사람들에게 관계 종결을 공개적으로 알리는 단계다. 마지막은 회고적 단계(retrospective phase)로서 종결된 연인관계를 되돌아보며 후회하거나 반성하는 과정을 의미한다. 이 단계에서는 종결된 관계를 복구하여 연인과 재결합하려는 시도가 이루어질 수도 있다.

(2) 관계 종결 단계와 대화 내용

갈등 단계로부터 냉담과 무관심의 단계를 지나 관계 종결로 나아가는 과정에서 연인들은 점진적으로 변화하는 상호작용 패턴을 나타낸다. 미국의 인간관계 연구자인 냅(Knapp, 1978; Knapp & Vangelisti, 2005)은 연인관계가 해체되는 과정을 5단계로 나누고 각 단계에서 나타나는 전형적인 의사소통 패턴을 제시했다.

첫 단계는 분리(differentiating)가 이루어지는 단계로서 두 사람의 차이가 현저하게 증가하는 시기를 뜻한다. 이 시기에는 전형적으로 "나는 그런 요란한 모임에 가기 싫은데." "가끔 당신 생각을 이해하기 어려워." "당신은 나와 너무 다른 것 같아."와 같은 내용의 대화가 이루어진다.

두 번째는 거리두기(circumscribing)의 단계로서 데이트 간격이 늘어날 뿐만 아니라 연인들 간의 대화가 줄어들고 교환되는 정보도 축소된다. 이 단계에서는 "친구들과의 여행은 잘 다녀왔어?" 또는 "오늘은 자기랑 같이 식사하기 어렵겠는데, 어쩌지?"와 같은 대화가 나타난다.

세 번째는 연인이 관계 개선을 위해 더 이상 새로운 시도나 노력을 하지 않는 정체 (stagnating) 단계다. 이 단계에서는 연인이 데이트 중에 침묵하는 시간이 늘어나고, "지금은 별로 할 말이 없는데, 무슨 말을 해야 해?" "우리는 서로가 무얼 말하려는지 잘 알고 있잖아."와 같은 내용의 대화가 이루어진다.

네 번째는 회피(avoiding)의 단계로서 연인은 대화나 의사소통을 회피하는 현상이 증가하면서 애정이 퇴색된다. 이 시기에 연인은 "나 너무 바빠서 당신을 언제 만날 수 있을지 모르겠네." 또는 "내가 잠시 당신 곁에 떠나 있더라도 당신이 이해해 줘."와 같은 대화 내용을 교환한다.

마지막은 종결(terminating)의 단계로서 연인은 관계 종결을 공개적으로 논의하면서 연인관계에서 공식적으로 벗어나게 된다. 이 시기의 대화에서는 전형적으로 "이제 우리 헤어지는 게 좋겠어." "나에게 연락하려고 애쓰지 않아도 돼." "우리 좋은 친구로 지내기로 해."와 같은 말들을 주고받는다.

(3) 관계 종결의 유형

연인들은 다양한 이유로 이별할 뿐만 아니라 다양한 방식으로 이별한다. 연인들이 관계 종결에 이르는 방식은 다음의 네 가지 유형으로 구분할 수 있다(Kressel et al, 1980).

첫째, 갈등 공개형으로서 관계 갈등에 대해서 솔직하게 이야기하면서 관계 종결에 대한 공개적 논의를 통해 헤어지는 경우다. 이 유형은 두 사람이 관계 종결에 합의하면 신속하게 이별에 이를 수 있기 때문에 돌연 종결형(sudden death)이라고 할 수 있다.

둘째, 애정 쇠퇴형으로서 연인이 서로에 대한 흥미와 애정을 상실한 상태에서 거리를 두며 지내다가 관계 종결에 이르는 경우를 의미한다. 이 유형은 상당한 시간을 두고 서서히 이별에 이르는 점진적 종결형(fading away)에 가깝다.

셋째, 갈등 혼란형으로서 연인이 관계 문제와 종결에 관해서 많은 대화를 하지만 마음이 오락가락하면서 결정을 내리지 못한 채 많은 갈등과 혼란을 겪는 경우를

말한다. 연인 중 한 사람이 이별을 원하지 않는 경우가 많으며 관계의 회복과 악화
가 반복된다. 이 유형에 속하는 연인은 짧은 이별과 재결합이 반복되는 불안정한
관계 속에서 천국과 지옥을 오가는 정서적 혼란을 겪으며 이별에 이르게 된다.

넷째, 자폐형으로서 관계 종결을 원하지만 파트너와 공개적 논의를 하지 않은 채
내면적으로 갈등하면서 망설이는 과정이 지속되는 경우를 뜻한다. 연인관계를 청
산하고 혼자 지내는 외로움에 대한 두려움이 크거나 더 나은 대안적 관계가 나타
날 때까지 관계 종결을 미루는 연인이 이 유형에 속할 수 있다.

2) 연인관계를 종결하는 전략: 이별의 기술

사랑을 잘 나누는 것도 중요하지만, 사랑을 잘 마무리하는 것은 더욱 중요하다.
이별의 과정에서 상처를 주고받는 일이 많기 때문이다. 미국의 인간관계 연구자
인 레슬리 백스터(Leslie Baxter, 1984)는 연인관계의 이별을 겪은 19~29세의 남녀
97명을 대상으로 이별 과정을 면밀하게 조사했다. 그녀에 따르면, 연인관계의 이
별은 [그림 10-5]와 같이 여러 과정을 통해서 다양한 방식으로 진행된다.

(1) 연인관계의 종결 과정
연인관계의 종결 과정은 관계 문제의 발생으로부터 시작된다. 연인관계의 종결
이 시작되는 첫 단계는 관계 문제가 발생하는 단계로서 관계 문제가 점진적으로
누적되는 경우와 치명적인 사건이 갑자기 발생하는 경우로 구분될 수 있다.

두 번째 단계는 관계 종결을 결정하는 단계로서 연인 중 한 사람만 관계 종결을
원하는 경우도 있지만 두 사람 모두 종결을 원하는 경우도 있다. 관계 종결 의도가
일방적인지 아니면 쌍방적인지에 따라 이후의 과정이 달라진다. 일방적 종결의
경우, 관계 종결을 원하는 사람이 종결 행동을 시작하는 단계로 진행된다. 이러한
단계에서 종결 희망자는 자신의 종결 의사를 상대방에게 전달하는 방식이 직접적
일 수도 있고 간접적일 수도 있다. 종결 의사의 전달 방식에 따라 종결과정이 현저

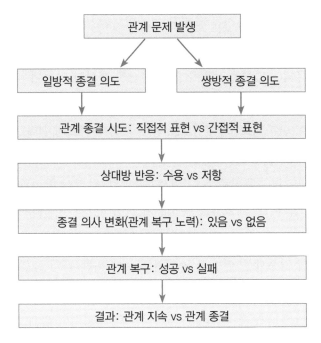

[그림 10-5] 관계 문제로부터 관계 종결에 이르는 과정

하게 달라진다.

　세 번째 단계는 종결 의사 표현에 대해서 상대방이 최초의 반응을 보이는 단계다. 직접적 표현이든 간접적 표현이든, 이 단계에서는 종결 의사 표현에 대해서 상대방이 종결 의사를 순순히 수용하느냐 아니면 저항하느냐가 중요하다. 종결 의사를 상대방이 수용하면 원만하게 관계 종결에 이르게 되지만, 상대방이 저항하게 되면 종결과정은 복잡해진다.

　관계 종결에 저항하는 파트너는 흔히 자신의 잘못을 사과하거나 관계 개선을 약속하면서 관계 유지를 원한다. 이처럼 상대방의 저항에 부딪힌 종결 희망자는 관계 종결 의사의 관철과 포기 사이에서 갈등하게 된다. 종결 희망자가 종결 의사를 계속 강하게 주장할 경우, 상대방이 저항을 포기하면 관계 종결에 이를 수 있지만, 파트너가 강력하게 저항하면 종결과정에서 심각한 갈등에 휩싸일 수 있다.

　이와 달리, 종결 희망자는 파트너의 저항에 직면하여 종결 의사를 포기하고 파트너와 함께 관계를 복구하려는 노력을 기울일 수 있다. 이처럼 관계를 유지하는 경우, 관계 복구의 노력이 성공할 수도 있고 실패할 수도 있다. 관계 복구 노력이 성공적으로 진행되어 만족스러운 수준으로 관계 개선이 이루어지면, 연인관계는 지속된다. 그러나 관계 복구 노력이 실패하여 관계 갈등이 재발하면, 다시 관계 종결을 위한 과정이 반복되고, 최종적으로 관계 종결에 이르게 된다.

연인 두 사람이 모두 종결을 원하는 경우에는 어떻게 의사소통을 하느냐에 따라 종결 과정이 달라진다. 종결을 위한 의사소통은 직접적인 방식과 간접적인 방식으로 구분될 수 있다. 종결 의사를 솔직하게 직접적으로 표현하느냐 아니면 모호하게 간접적으로 표현하느냐에 따라 종결 과정이 달라진다.

쌍방적 종결의 경우에는 일방적 종결의 경우에 비해 관계 종결에 대한 저항이 적다. 그러나 쌍방적 종결의 경우에도 논의 과정에서 한 사람 또는 두 사람 모두 마음을 바꾸고 관계 복구를 시도할 수 있다. 특히 직접적인 의사소통보다 간접적인 의사소통을 하는 경우에는 관계 복구 시도가 더 많이 이루어질 수 있다. 그러나 관계 복구 노력의 성공 여부에 따라 연인관계는 지속될 수도 있고 종결될 수도 있다.

(2) 이별 전략

일방적 종결의 경우, 종결 희망자는 관계 종결 의사를 파트너에게 어떤 방식으로 표현하고 전달하느냐 하는 것이 중요하다. 백스터(1984)에 따르면, 관계 종결 의사의 표현은 직접적 방식과 간접적 방식으로 구분할 수 있다.

직접적 표현은 관계 종결 선언과 관계 문제 논의로 이루어질 수 있다. 관계 종결 선언은 관계가 종결되었음을 기정사실로 분명하게 선언하고 타협의 여지가 없음을 확고하게 전달하는 방법이다. 예컨대, 전화를 이용하여 파트너에게 더 이상 만나기 싫으며 다시 만나지 말자고 일방적으로 통보하는 것이다. 관계 문제 논의는 현재의 관계에서 경험하는 문제점을 구체적으로 지적하면서 관계 유지가 어려움을 이야기하는 것이다. 예컨대, 최근에 잦은 갈등과 언쟁이 발생하고 있을 뿐만 아니라 서로 다른 욕구를 지니고 있기 때문에 파트너의 욕구에 맞추기 어렵다고 이야기하는 것이다. 백스터의 연구에서는 일방적 종결을 원했던 연인 중 24%가 직접적 표현을 했으며, 이들 중 73%는 관계 종결 선언을 했고, 27%는 관계 문제 논의를 했다.

간접적 표현은 다음의 세 가지 유형으로 나눌 수 있다. 첫째는 점진적 철수로서 연인관계로부터 서서히 멀어지는 것이다. 예컨대, 너무 일거리가 많고 바쁘다는 핑계를 대면서 만남을 줄이거나 회피하는 것이다. 둘째는 소극적 관계 유지로서 더 이상의 관계 증진을 추구하지 않으면서 현재의 관계를 소극적으로 유지하는 것이다. 예컨대, 주로 공개적인 상황에서만 만나 이야기를 나누고, 친밀한 애정 표현을 하지 않으며, 친구 관계로 돌아가자고 말하는 것이다. 셋째는 희생 요구로서 파트너가 관계 유지를 위해서 더 많은 희생을 하도록 만드는 것이다. 예컨대, 약속을 어기거나 파트너가 싫어하는 행동을 하는 것이다. 백스터의 연구에서 일방적 종결을 원했던 연인 중 76%가 간접적 표현 방법을 사용했으며, 이들 중 66%는 점진적 철수를 했고, 22%는 소극적 관계 유지를, 나머지 12%는 희생 요구의 방법을 사용했다.

윌모트와 동료들(Wilmot et al., 1985)은 다양한 관계 종결 방법을 요인분석하여 크게 세 유형, 즉 직접적인 언어적 표현, 간접적인 언어적 표현, 비언어적 회피로 구분했다. 이들의 연구에 따르면, 관계 종결 방법은 직접성 대 간접성이 가장 중요한 차원으로 나타났다. 종결 이전의 연인관계가 친밀했을수록 간접적 전략보다 직접적 전략을 사용하는 경향이 있었으며, 간접적인 전략을 사용하는 경우에는 상대방 역시 비슷하게 간접적인 반응을 나타냈다. 또한 일방적 종결은 쌍방적 종결보다 더 부정적인 정서 반응을 유발했으며, 직접적인 언어적 표현을 사용한 연인들이 종결 방법에 대해서 후회를 더 많이 하는 것으로 나타났다.

에머스와 하트(Emmers & Hart, 1996)는 청년 남녀 118명을 대상으로 연인과 이별 과정에서 나타내는 특징적 행동을 면밀하게 조사했다. 관계 종결을 원해서 떠나가는 사람이 가장 흔하게 나타내는 행동은 ① 연락 중단하기나 파트너와의 접촉

줄이기, ② 관계 유지를 위한 파트너의 부담 증가시키기(의도적으로 불쾌하게 행동하기, 사소한 일에 화내기), ③ 애정 표현 줄이기, ④ 가족이나 친구에게로 관심 돌리기, ⑤ 흔적 지우기(사진이나 선물 치우기), ⑥ 자주 가던 장소 피하기의 순서로 나타났다.

반면에 파트너가 관계 종결을 원해서 남겨지는 사람이 나타내는 주된 행동은 ① 가족이나 친구에게로 관심 돌리기, ② 자기 마음 바라보기(혼자 시간 보내기, 관계에 대해 반성하기), ③ 연락 중단하기와 파트너와 접촉 줄이기, ④ 관점 바꾸기(이별을 긍정적으로 생각하기, 새로운 생활로 전환하기), ⑤ 자책하기(자신에게 실망하기, 우울해하기, 관계의 부정적 측면에 대해 생각하기), ⑥ 바쁘게 살기, ⑦ 평소보다 많이 먹기로 나타났다(Emmers & Hart, 1996). 남겨지는 사람이 떠나가는 사람보다 이별 과정에서 자기 자신에게 초점을 맞추며 반성을 더 많이 하는 경향이 있다(Duck, 1982).

3) 관계 종결에 대한 저항 행동

연인관계를 종결하는 과정은 순탄하지 않다. 사랑하는 사람과 이별하는 것은 고통스러운 일이다. 특히 파트너로부터 일방적인 관계 종결을 통보받는 연인은 강렬한 고통을 느낄 뿐만 아니라 관계 종결에 강력하게 저항할 수 있다. 백스터(1984)에 따르면, 연인 중 12%는 파트너의 관계 종결 의사에 저항을 나타냈다.

저항은 두 가지의 방식으로 나타났다. 한 가지 방식은 혜택 지향적 저항(reward-oriented resistance)으로서 종결 희망자가 원하는 행동을 하겠다는 약속을 통해서 종결 의사를 바꾸도록 요청하는 것이다. 예컨대, 상대방이 종결 희망자에게 앞으로 더 잘할 것이니 관계를 지속하자고 애원하는 것이다. 다른 방식은 손실 지향적 저항(cost-oriented resistance)으로서 종결 희망자에게 위협을 하거나 피해를 주겠다며 저항하는 것이다. 예컨대, 다른 사람들에게 종결 희망자에 관한 나쁜 소문을 흘리거나 왕따를 시키도록 만들겠다고 위협하는 것이다.

(1) 애착 유형

관계 종결의 저항은 애착 유형과 관련된 것으로 알려져 있다. 불안 애착 유형에 속하는 사람들은 관계 종결을 받아들이지 못하고 저항하는 경향이 있다. 불안 애착 유형의 소유자들은 연인관계에서 유대와 융합을 원하기 때문에 관계에 헌신을 많이 하고, 파트너와의 이별을 힘들어하는 '달라붙는' 유형의 사람들이다. 이들은 자신에 대한 부정적 견해를 지니고 있기 때문에 연인관계를 먼저 종결하지 않으며, '차이는 사람' 또는 '버림받는 사람'이 되는 경우가 많다(Hindy et al., 1989).

불안 애착의 소유자들은 실연을 더 충격적이고 고통스러운 것으로 느낀다 (Feeney & Noller, 1992). 이들은 분리불안이 높고, 파트너와의 관계 종결에 대해서 심한 고통을 느낄 뿐만 아니라 우울, 분노, 질투, 후회, 외로움과 같은 부정 정서를 더 많이 경험한다.

불안 애착의 소유자는 회피 애착의 소유자와 연인이 되는 경우가 흔했으며, 동일한 애착 유형을 지닌 사람과 연인이 되는 경우는 드물었다(Kirkpatrick & Davis, 1994). 이러한 현상은 사람들이 자신의 내적 작동 모델을 입증할 사람을 연인으로 선택하는 경향 때문인 듯하다. 관계가 시작되는 초기 단계에서 불안 애착의 소유자는 자기에 대한 부정적 견해와 타인에 대한 긍정적 견해를 지니기 때문에 그와 반대로 자신에 대한 긍정적 견해와 타인에 대한 부정적 견해를 지닌 회피 애착의 소유자와 심리적 궁합이 잘 맞을 수 있다. 그러나 관계가 지속되는 과정에서 불안 애착의 연인은 친밀감과 유대감을 느끼기 위해서 회피 애착의 연인에게 매달리고, 독립성을 좋아하는 회피 애착의 연인은 불안 애착의 연인을 불편하고 부담스럽게 느낄 수 있다. 이러한 연인들이 이별하고 나면, 불안 애착의 소유자는 회피 애착의 파트너를 감정 표현이 부족하고 친밀한 관계를 회피하는 독립적인 사람이라고 회고한다.

(2) 거부 민감성

연인관계의 종결을 원하는 파트너에게 저항하며 폭력을 행사하는 사람들이 있다. 이러한 사람들의 특징 중 하나는 거부 민감성(rejection sensitivity)이 높다는 점이다. 다우니와 동료들(Downey et al., 2000)에 따르면, 거부 민감성이 높은 사람들은 거부당할 것에 대한 예상과 걱정을 많이 하고 파트너의 거부 단서에 과도하게 주의를 기울이기 때문에 자신이 거부당했다고 생각할 가능성이 높다. 거부 민감성이 높을수록 파트너의 관계 종결 의사에 더 강렬한 고통과 불안을 경험한다.

거부에 대한 반응은 애착 유형에 따라 다르다. 회피 애착의 연인은 관계 불안이 상승하지만, 연인관계에 대한 투자를 줄이는 방식으로 대처하면서 관계로부터 철수한다. 반면, 불안 애착의 연인은 파트너와 더 높은 친밀감을 추구하면서 관계에 대한 투자를 늘리고, 관계에 더 집착한다. 그러나 파트너가 관계 종결 의사를 표현할 경우에 이들은 거부에 대해 강렬한 고통을 느낄 뿐만 아니라 데이트 폭력과 같은 공격적 행동으로 반응하는 경향이 있다.

요약하면, 거부 민감성이 높고 회피 애착 유형에 속하는 연인은 파트너의 관계 종결 의사에 쉽게 동의하면서 관계로부터 철수하지만, 내면적으로는 오랜 기간 관계 상실의 아픔을 경험하게 된다. 반면, 거부 민감성이 높고 불안 애착 유형에 속하는 연인은 파트너의 관계 종결 의사에 강렬하게 저항하면서 매달리거나 공격적인 행동을 나타낼 수 있다.

4) 관계 종결의 후유증

"사랑이 오는 것은 보이지 않는다. 가는 것만 보인다."라는 영국의 시인 오스틴 돕슨(Austin Dobson)의 말처럼, 연인관계는 고통스러운 과정을 통해서 종결된다. 사랑을 잃는 것, 즉 실연(失戀, romantic break-up)은 아프고 고통스럽다. 많은 경우, 실연은 마음의 상처를 남기며 그 상처는 쉽게 아물지 않는다.

실연의 상처는 쉽게 아물지 않는다.

(1) 실연에 대한 반응

최근에 96개국의 남녀 5,705명을 대상으로 시행된 대규모 연구(Morris et al., 2015)에 따르면, 조사대상의 75%가 실연 경험을 했으며, 그중 75%는 여러 번의 실연 경험을 했다. 또한 실연을 경험한 사람들은 정서적 반응(분노, 불안, 우울, 공포, 무감각, 집중 곤란, 무기력)과 신체적 반응(식욕 변화, 체중 변화, 면역 저하, 불면, 공황 증세)을 경험했다. 실연의 후유증은 관계 종결의 원인과 과정, 그리고 개인의 심리적 특성에 따라 다르며, 우울증과 같은 정신장애로 이어질 수도 있다.

실연한 사람들은 실연의 아픔(heartbreak)이라고 불리는 다양한 심리적·신체적 반응을 나타낸다. 파트너로부터 거부를 당한 사람은 거부한 사람에 비해서 더 많은 우울감과 자존감 저하를 경험할 뿐만 아니라 더 많은 반추와 반성을 한다. 특히 청년의 경우, 실연은 우울증과 불안장애를 비롯한 심리적 장애를 유발하는 계기가 될 수 있다. 실연은 우울증의 첫 발병에 영향을 미치는 가장 흔한 촉발사건으로 알려져 있다.

실연 후 경험(post-breakup experience)을 조사한 연구(Barbara & Dion, 2000)에 따르면, 대학생들은 다섯 가지 유형의 반응을 보고했다. ① 파트너에 대한 부정적 생각, ② 실연의 고통, ③ 관계 종결에 대한 후회, ④ 새로운 관계를 시작하는 것의 어려움이었고, ⑤ 관계에 대한 반성과 긍정적 변화였다.

(2) 실연 후 적응과 성장

실연한 사람들은 실연의 아픔을 달래기 위해서 어떻게 대처할까? 한 연구 (Lagrand, 1988)에 따르면, 실연한 사람들이 대처하는 방법은 친구와 이야기 나누기, 슬픔과 분노 표현하기, 바쁘게 살기, 새로운 연인관계 추구하기, 실연을 경험한 사람과 대화하기, 종교에 관심 갖기, 상담자 만나기, 실연의 긍정적 측면 발견하기와 같이 다양했다. 실연 후 적응에 가장 중요한 것은 실연의 고통에 대한 개인의 대처방식이다.

실연의 이유에 대해서 나름대로 명료한 이해를 지니는 것은 실연 후 적응에 도움이 된다(Yildirim & Demir, 2015). 대부분의 경우, 실연한 사람들은 종결된 연인관계에 대해서 곰곰이 생각하면서 실연의 책임 소재를 찾고, 실연의 이유를 나름대로 이해하려고 노력한다(Duck, 2007). 연인관계가 와해된 이유와 원인을 잘 이해하는 것은 중요하다. 관계가 와해된 이유를 이해하지 못하면 과거의 잘못으로부터 교훈을 배우지 못하고 새로운 연인관계에서 동일한 잘못을 반복할 수 있기 때문이다. 실연 이유에 대한 명료한 해답을 얻지 못하면 실연이 미해결과제로 남아서 마음에 자꾸 침투할 뿐만 아니라 후회, 분노, 불안, 죄책감과 같은 부정 감정을 경험하게 된다. 또한 실연 이유에 대한 명료한 이해를 갖지 못하면 연인관계에 대한 통제감이 저하되어 미래의 연인관계에 대한 두려움과 어려움을 겪을 수 있다. 그러나 과거 연인과의 관계에 대해서 너무 많은 시간을 들여 생각하는 것은 현실 적응을 저해하고 적응 기간을 지연시킬 수 있다(Saffrey & Ehrenberg, 2007).

사회적 지지를 추구하는 것은 실연의 아픔을 회복하는 데 도움이 된다. 실연은 중요한 인간관계를 상실하는 것이기 때문에 공허함과 외로움을 유발한다. 또한 연인관계는 자기개념의 발달에 중요하기 때문에, 실연한 사람은 파트너가 없는 상태에서 자기개념을 재구성해야 한다. 이러한 상황에서 주변 사람들로부터 사회적 지지를 얻는 것은 외로움과 상실감을 이겨 내고 유대감을 재확인하는 기회가 된다. 또한 연인관계를 종결하는 과정에서 주변 사람들로부터 조언을 얻는 것도 실연 후 적응에 도움이 된다. 실연한 사람의 사회적 환경은 실연 후 적응에 영향을 미치는 중요한 요인이다. 가족을 비롯하여 가까운 사람들과 멀리 떨어져 생활하는 사람은 실연 후 적응에 더 많은 어려움을 겪게 된다(Moller et al., 2003).

　새로운 연인을 사귀는 것도 실연 후 적응을 돕는 것으로 알려져 있다. 한 실증적 연구(Knox et al., 2000)에서 실연 이후에 새로운 연인을 갖게 된 사람은 실연의 고통을 덜 느꼈다. 실연 이후에 새로운 연인관계를 맺은 사람은 그렇지 않은 사람에 비해서 외로움과 공허감을 덜 느끼고, 이전의 관계에 대한 반추 사고를 덜 했으며, 현실적인 적응을 더 잘했다(Saffrey & Ehrenberg, 2007). 그러나 실연의 고통에서 벗어나기 위해 신중한 고려 없이 성급하게 새로운 연인관계를 맺으면, 관계 갈등이 재현되어 실연의 고통을 다시 겪을 수 있다.

　"아픈 만큼 성장한다."라는 말이 있듯이, 실연의 아픔은 개인의 성장을 촉진하는 기회가 될 수 있다. 실연을 통해서 고통과 부적응의 늪에 빠질 수도 있지만, 배움과 성장의 밑거름이 될 수도 있다. 실연 후 성장(growth after romantic break-up)은 실연의 아픈 경험을 통해서 개인적 성장을 이루는 과정을 의미한다. 실연한 사람은 과거의 연인관계와 실연의 원인을 성찰하면서 사랑에 대한 좀 더 성숙한 관점을 형성하게 된다. 연인에 대한 과도한 의존성, 부적절한 의사소통 방법, 부정 감정의 충동적 표현, 갈등에 대한 미숙한 해결 방법 등에 대한 반성과 개선의 노력이 이루어질수록 더 많은 성장을 이룰 수 있다. 한 실증적 연구(Perilloux & Buss, 2008)에 따르면, 여자가 남자보다 실연 후 성장을 더 많이 하는 경향이 있다.

제11장
낭만적 사랑의 빛과 그림자

1. 좋은 사랑

좋은 사랑은 행복의 가장 중요한 원천이다. 이성과의 낭만적 사랑은 청년기 초기부터 가장 중요한 관심사로 떠오른다. 좋은 사랑을 발전시켜 잘 유지하는 것은 성인기의 행복에 매우 중요하다. 과연 '좋은 사랑'이란 어떤 것일까? 어떻게 사랑하는 것이 좋은 사랑일까? 좋은 사랑과 나쁜 사랑은 어떻게 다를까? 좋은 사랑을 하기 위해서는 어떻게 해야 할까?

행복과 불행이 그러하듯이, 사랑의 좋고 나쁨은 주관적인 것이다. 좋은 사랑과 나쁜 사랑을 구별하는 절대적 기준은 존재하지 않는다. 사람마다 연인관계에서 추구하는 가치가 다를 뿐만 아니라 연인관계의 경험에 대한 평가도 주관적이기 때문이다. 그러나 연인을 고통과 불행으로 몰아가는 사랑도 있고, 행복과 성장으로 이끄는 사랑도 있다. 사랑을 연구하는 궁극적인 이유는 사람들이 좋은 사랑을 통해 행복한 삶을 누리도록 돕기 위함이다. 사랑이 행복에 영향을 미치는 매우 중요한 요인이기 때문이다. 심리학자들은 좋은 사랑의 평가 기준으로 '관계 만족도'와 '관계 지속성'에 주목하고 있다.

1) 연인관계 만족도

관계 만족도(relationship satisfaction)는 현재의 연인관계에 대한 주관적 평가로서 파트너와의 관계에서 다양한 욕구와 기대가 충족되는 정도를 뜻한다. 좋은 사랑은 연인 두 사람 모두가 파트너와 연인관계에 대해서 만족하는 사랑이라고 할수 있다. 심리학자들은 연인관계의 만족도를 측정하기 위한 다양한 척도를 개발했다. 좋은 사랑의 이해를 돕기 위해서 가장 널리 사용되는 세 가지 척도를 간략히 살펴본다.

(1) 2인 적응 척도

2인 적응 척도(Dyadic Adjustment Scale)는 서로 다른 개성을 지닌 두 남녀가 연인관계에 적응하는 정도를 측정하는 도구로서 스패니어와 동료들(Spanier, 1976; Spanier & Thompson, 1982)에 의해 개발됐다. 이 척도는 동거하는 연인이나 부부가 경험하는 관계의 질을 평가하기 위한 것으로서 32문항으로 구성되어 있으며, 관계 만족도와 의견 일치도를 측정하고 있다.

관계 만족도(dyadic satisfaction)는 연인관계의 긍정적 측면과 부정적 측면을 측정하고 있다. 긍정적 측면을 측정하는 문항에는 '우리는 모든 게 잘 돌아간다.' '파트너에게 키스한다.' '함께 웃는다.' '좋은 생각을 교환한다.' '야외활동을 같이 한다.' '어떤 주제에 대해서 차분하게 토론한다.' '함께 하는 프로젝트가 있다.' '우리의 관계가 오래 지속되기를 간절히 바란다.'가 있다. 반면, 부정적 측면을 측정하는 문항에는 '자주 싸운다.' '서로의 신경을 건드린다.' '최근에 성관계를 하지 않았다.' '최근에 서로에게 애정 표현을 하지 않았다.' '싸운 후에 집을 나간다.' '배우자에게 거짓말을 한다.' '관계 종결을 고려하고 있다.'가 있다.

의견 일치도(dyadic consensus)는 두 사람이 공동생활의 15개 영역에서 의견이 일치하는 정도를 평가한다. 평가하는 생활 영역에는 인생 목표, 여가활동, 종교, 친구, 성관계, 행동규범, 함께 하는 시간의 양, 주된 결정, 집안일, 진로 결정, 재정 문제가 있다. 이 척도는 각 영역에서 두 사람의 의견이 일치하는 정도를 6점 척도(1점: 항상 일치 ~ 6점: 항상 불일치)로 평정하게 한다.

(2) 관계 평가 척도

헨드릭(Hendrick, 1988)은 연인관계에 대한 전반적인 만족도를 측정하는 관계 평가 척도(Relationship Assessment Scale: RAS)를 제작했다. 이 척도는 연인이 다음에 제시된 7개의 문항에 대해서 7점 척도로 평가하게 되어 있다.

- 당신의 파트너는 당신의 욕구를 얼마나 잘 충족시켜 주고 있나요?
- 전반적으로, 당신은 현재의 연인관계에 얼마나 만족하고 있나요?
- 대다수 사람의 연인관계에 비해서, 당신의 연인관계는 얼마나 좋다고 생각하나요?
- 현재의 연인관계는 당신이 처음 지녔던 기대에 어느 정도나 부합하나요?
- 당신은 당신의 파트너를 얼마나 사랑하고 있나요?
- 당신의 연인관계에는 얼마나 많은 문제들이 존재하나요?
- 당신은 현재의 연인관계를 맺게 된 것을 얼마나 자주 후회하나요?

(3) 연인관계의 질 척도

플레처와 동료들(Fletcher et al., 2000)은 좋은 사랑에 대한 이론적 관점에 근거하여 연인관계의 질을 평가하는 척도(Global Perceived Romantic Relationship Quality)를 개발했다. 이들에 따르면, 좋은 사랑은 6개의 측면, 즉 ① 친밀감(자유롭고 편안한 연결감), ② 열정(로맨틱한 감정과 강렬한 성적 활동), ③ 헌신(연인관계를 위해 시간과 노력을 투자하는 정도), ④ 신뢰(파트너를 믿고 의지하는 정도), ⑤ 애정(파트너를 좋아하고 소중하게 여기는 정도), ⑥ 만족(연인관계에서 행복감을 느끼는 정도)으로 구성된다. 이러한 6개 측면은 서로 연관성을 지니지만 상당히 독립적인 것으로 나타났다. 이 척도는 6개의 측면을 측정하는 18문항으로 구성되어 있으며, 각 측면을 측정하는 문항 일부를 제시하면 다음과 같다.

- 당신은 현재의 연인과 얼마나 친밀하나요?
- 당신은 현재의 연인에게 얼마나 열정을 느끼나요?
- 당신은 현재의 연인관계에 얼마나 헌신하고 있나요?
- 당신은 현재의 연인을 얼마나 신뢰하나요?
- 당신은 현재의 연인을 얼마나 사랑하나요?
- 당신은 현재의 연인관계에 얼마나 만족하나요?

2) 연인관계의 지속성

좋은 사랑의 특성 중 하나는 지속성이다. 만족스러운 연인관계는 오래도록 지속된다. 그러나 관계 만족도가 지속성을 보장하는 것은 아니다. 관계 지속성 (relationship maintenance)은 연인관계가 오랜 기간 안정적으로 유지되는 정도를 의미한다. 좋은 사랑은 오래도록 유지되는 안정된 사랑이라고 할 수 있다.

러스벌트(Rusbult et al., 1998)는 연인관계의 지속성을 측정하는 투자 모델 척도 (Investment Model Scale)를 개발했다. 이 척도는 제9장에서 소개한 헌신의 투자모델에 근거하고 있다. 헌신의 투자 모델에 따르면, 연인관계의 지속성은 관계 만족도, 대안적 관계의 질, 투자 크기에 의해서 결정된다.

투자모델 척도는 관계 지속성에 영향을 미치는 세 요인과 헌신 수준을 평가하고 있다. 각 요인을 평가하는 일부 문항을 소개하면 다음과 같다.

- 관계 만족도를 평가하는 문항
  - 나는 우리 관계에 만족감을 느낀다.
  - 우리 관계는 다른 사람들의 관계보다 더 좋다.
  - 우리 관계는 나의 이상에 가깝다.

– 우리 관계는 나를 행복하게 해 준다.

• 대안의 질을 평가하는 문항

– 파트너가 아닌 다른 사람에게 강한 매력을 느끼고 있다.

– 현재의 파트너가 아닌 다른 사람과의 관계가 나의 이상에 더 가깝다.

– 현재의 파트너가 아닌 다른 사람이 나에게 매력을 느끼고 있다.

– 다른 사람과의 관계에서 친밀감이나 열정에 대한 나의 욕구가 더 잘 충족될
  것이다.

• 투자 크기를 평가하는 문항

– 나는 우리 관계가 끝나면 잃게 될 많은 것을 우리 관계에 투자해 왔다.

– 내 생활의 많은 측면(예: 취미, 여가활동)이 내 파트너와 연결되어 있고, 만약
  관계가 깨지면 이러한 모든 것을 잃게 될 것이다.

– 우리는 서로에 관한 많은 비밀을 공유하고 있다.

– 나의 파트너와 헤어지게 되면, 친구나 가족 구성원과의 관계에서 어려움을
  겪을 것이다.

• 헌신 수준을 평가하는 문항

– 나는 우리 관계가 매우 오랜 기간 계속되기를 원한다.

– 나는 파트너와의 관계를 유지하는 데 헌신하고 있다.

– 나는 파트너와 강한 연결감을 느끼고 있다.

– 나는 우리 관계가 종결되더라도 크게 힘들어하지 않을 것이다. (역채점 문항)

3) 좋은 사랑의 조건

심리학자들은 연인관계를 평가하는 다양한 척도를 통해서 좋은 사랑의 공통적

특징을 연구해 왔다. 좋은 사랑을 나누는 연인관계의 주된 특징을 소개하면 다음
과 같다.

- 두 사람의 연인 모두 파트너와의 관계에 대해서 만족한다.
- 연인관계가 큰 갈등 없이 오래도록 안정된 상태로 잘 유지된다.
- 연인은 관계에서 서로 비슷한 정도로 혜택을 누리며 고통을 분담한다.
- 연인은 함께 해야 할 선택이나 결정을 큰 갈등 없이 원만하게 해결한다.
- 연인은 갈등이 생기더라도 관계를 악화시키지 않는 방향으로 해결한다.
- 연인은 서로의 행복과 성장을 위해 지원한다.
- 연인은 파트너와 함께하는 것이 혼자 살아갈 때보다 더 많은 혜택과 행복을
  준다고 생각한다.

  좋은 사랑의 가장 큰 특성은 연인 모두의 행복과 성장을 촉진한다는 점이다. 좋
은 사랑은 연인 모두의 심신 건강을 증진할 뿐만 아니라 개인적 성장과 사회적 성
공을 지원한다. 커플치료자들은 연인이 한 팀이 되어 서로의 행복과 성장을 위해
잘 기능하는 관계를 건강한 연인관계로 여긴다(Baucom et al., 2008).

  건강한 연인은 어렵고 힘든 시기에 파트너를 지지하는 버팀목이 될 뿐만 아니라
어떤 결정을 하거나 문제상황에 대처할 때 건설적으로 의사소통하고, 즐거운 활동
에 함께 참여하며, 상대방의 긍정적 행동에 보답하면서 서로를 긍정적으로 인식한
다. 건강한 관계는 파트너의 심리적 성장, 각자의 경력 발달과 성취, 신체적 건강
과 행복을 지원한다.

  애착 이론의 관점에서 보면, 좋은 사랑은 연인이 서로의 안전 기지이자 피난처
가 되어 주는 것이다. 안정된 연인관계는 성취와 성장을 위해서 사회적 활동을 하
는 안전 기지의 역할을 한다. 특히 성숙한 연인은 고난과 역경의 시기에 서로에게
위로와 지지를 제공하는 피난처가 되어 준다. 사랑의 중요한 기능은 개인이 고통
을 받을 때 파트너로부터 따뜻한 위로와 든든한 지지를 받으며 다시 일어서는 것

이다. 건강하고 성숙한 연인은 좋은 사랑을 통해서 서로에게 안전 기지와 피난처
가 되어 부정 정서의 조절을 돕고 서로를 가치 있는 존재로 여김으로써 자존감의
기반을 제공할 뿐만 아니라 사회적 활동에 전념할 수 있도록 지원한다.

　사회교환 이론의 관점에서 보면, 건강한 연인은 상호의존 관계 속에서 서로의
다양한 욕구를 잘 충족시킨다. 사랑의 가치는 두 남녀가 한 팀이 됨으로써 혼자 살
아갈 때보다 더 행복해지는 것이다. 남자와 여자의 강점을 결합하여 시너지 효과
를 내는 동시에 서로의 단점을 보완하며 함께 행복과 성장으로 나아가는 것이다.
형평 이론에서 제시하고 있듯이, 건강한 연인은 연인관계에서 얻는 혜택의 균형을
이룬다. 두 사람 모두가 균등하게 혜택을 누리는 윈-윈 게임을 하는 것이 좋은 사
랑이다. 이러한 다양한 혜택을 누리는 좋은 사랑을 통해서 연인은 높은 관계 만족
도를 경험할 뿐만 아니라 관계를 오래도록 지속하게 된다.

2. 아픈 사랑과 나쁜 사랑

　좋은 사랑을 하는 것은 결코 쉽지 않다. 사랑을 하는 사람은 많지만, 좋은 사랑
을 하는 사람은 드물다. 사랑하면서 아픔과 상처를 경험하는 사람이 많다. 개성이
다른 두 남녀의 연인관계에서 갈등은 피할 수 없는 것이다. 그러나 〈너무 아픈 사
랑은 사랑이 아니었음을〉이라는 대중가요도 있듯이, 심한 고통과 상처를 주는 연
인관계는 나쁜 사랑이다.

1) 아픈 사랑: 관계 상처와 관계 통증

　연인은 상호작용하며 상처를 주고받는다. 제10장에서 소개했듯이, 연인관계에
는 사랑을 위협하는 많은 요인이 존재한다. 의견 불일치에 의한 관계 갈등, 이상적
기준과의 괴리 감소를 위한 파트너 조절, 서로의 의견을 관철하기 위한 힘겨루기,

사회적 교환에 대한 불만, 그리고 질투나 외도와 같은 사건은 '관계 상처'와 '관계 통증'을 유발하게 된다.

(1) 관계 상처

관계 상처(relational hurt)는 연인관계에서 경험하는 아픔과 고통을 의미하며 가해 사건에 의해서 생겨난다(Vangelisti, 1994, 2006). 가해 사건(hurtful event)은 상대방에게 정서적 고통과 심리적 상처를 주는 구체적인 행동이나 사건을 의미한다. 미국의 의사소통 연구자인 반젤리스티(Vangelisti, 1994)는 연인관계에서 발생하는 가해 행위를 다음과 같이 아홉 가지 유형으로 분류했다. ① 부정적인 정보 공개(예: "너는 내 삶에서 최우선이 아니야."), ② 부정적 평가(예: "너와 사귄 것은 내 인생 최대의 실수야."), ③ 비난(예: "너는 위선자야."), ④ 부당한 지시(예: "내 곁에서 사라져. 나를 혼자 내버려 둬."), ⑤ 소망 표현(예: "나는 너와 함께 아무것도 하고 싶지 않아."), ⑥ 충고(예: "그런 친구랑 헤어져."), ⑦ 조롱(예: 특히 신체적 특징을 비웃는 행위), ⑧ 위협(예: "다시 그 사람과 만난다면, 우리는 끝이야."), ⑨ 속임(예: 거짓말을 하거나 약속을 지키지 않는 일)이다.

호주의 심리학자인 피니(Feeney, 2004)는 대학생을 대상으로 연인으로부터 상처를 입은 가해 사건을 조사하여 다섯 가지의 범주로 구분했다. 첫째는 적극적 분리(active disassociation)로서 자신에 대한 흥미와 애정이 사라졌음을 분명하게 표현하는 파트너의 행동을 의미하며, 관계 결별이나 헌신의 철회를 뜻하는 다양한 행동이 포함된다. 둘째는 소극적 분리(passive disassociation)로서 파트너의 계획, 활동, 대화, 중요한 결정에서 자신을 무시하거나 제외하는 것을 말한다. 셋째는 비판(criticism)이며 자신의 행동, 외모, 특성에 대해서 파트너가 부정적인 언어적 표현을 하는 것이다. 넷째는 외도(infidelity)로서 파트너가 다른 이성과 정서적·성적 접촉을 하는 것이다. 다섯째는 기만(deception)으로서 파트너가 거짓말을 하거나 자신과의 약속이나 신뢰를 깨뜨리는 행동이다. 가장 큰 상처를 입은 사건은 외도였으며 적극적 분리, 기만, 소극적 분리, 비판의 순서로 나타났다. 물론 각 범주에 속하는 사건의 강도와 빈도가 피해자의 상처 경험에 영향을 미치게 된다.

파트너의 가해 행위는 언어적 또는 비언어적 행동으로 나타날 수 있다. 하지 말아야 할 행동을 하는 것뿐만 아니라 해야 할 일을 하지 않는 것도 가해 행위가 될 수 있다. 연인은 파트너가 자신의 욕구를 충족시키고 행복을 보호해 줄 것으로 기대한다. 이러한 욕구와 기대가 무참히 좌절되었을 때 연인은 상처를 입는다. 관계 상처는 파트너의 가해 행동에 의한 것일 수도 있지만 피해자의 과도한 기대와 해석에 의해서 초래된 민감한 반응일 수도 있다.

불안 애착 유형을 지니거나 자존감이 낮고 거부 민감성이 높은 사람은 연인관계에서 관계 상처를 더 많이 경험한다. 특히 파트너의 가해 행위로 인해서 거부당했다는 생각과 함께 자존감이 낮아지고 무력감을 경험할수록 관계 상처를 더 강하게 경험한다. 이러한 현상은 연인관계가 불안정할수록 더욱 뚜렷하다.

가해 행위가 관계에 미치는 영향은 파트너의 의도성, 파트너의 후회, 파트너와 피해자의 행동에 의해서 달라진다. 파트너가 의도적으로 가해 행위를 했다고 생각할수록 부정적 영향이 증가하는 반면, 파트너가 자신의 행위를 후회하고 있다고 인식하거나 파트너가 보상 행동(예: 사죄, 선물, 개선 약속)을 나타낼수록 부정적인 영향은 감소한다.

반면, 피해자의 거리두기 행동은 부정적인 영향을 미친다. 파트너와의 접촉 회피로 인해서 파트너가 후회하고 있음을 인식할 기회를 잃을 뿐만 아니라 고통스러운 상황에서 파트너의 위로와 지지를 받지 못하기 때문이다. 그러나 거리두기는 관계 갈등을 일시적으로 완화하는 효과를 지니기도 한다. 감정이 격해졌을 때 거리두기를 통해서 자신의 감정을 누그러뜨리는 것은 관계 갈등의 악화를 예방할 수 있다.

(2) 관계 통증

서로에게 깊은 상처를 주고받는 '전쟁 같은 사랑'을 하는 연인들이 있다. 이들은 세 가지의 공통적 특징을 지닌다. 첫째, 갈등을 반복적으로 경험한다. 둘째, 갈등에 대처하는 의사소통 방식이 파괴적이다. 셋째, 갈등에 대처하는 파괴적 패턴이 악순환을 이루며 주기적으로 반복된다. 이러한 연인관계의 악순환적 갈등은 관계 통증으로부터 시작된다. 관계 통증(relational pain)은 친밀한 관계에서 경험하는 심리적인 아픔, 즉 다양한 부정 정서(실망, 모욕감, 수치감, 질투심, 혐오감, 분노 등)를 의미한다. 관계 통증은 세 가지 원천, 즉 현재의 갈등, 과거의 갈등, 원가족과의 갈등으로부터 생겨난다(Sells et al., 2009).

첫째, 관계 통증은 연인이 갈등하는 현재의 사건에 의해서 유발된다. 관계를 위협하거나 관계의 의무를 위반하는 것과 같은 현재의 사건이 불안이나 분노와 같은 부정 감정을 유발하게 된다. 예컨대, 관계 종결을 요구하거나 외도하는 것과 같이 연인관계를 위협하는 사건이나 일방적 희생을 요구하는 이기적 행위는 관계 통증을 유발하게 된다.

둘째, 관계 통증은 현재의 관계에서 겪은 과거 경험에 의해서 강화된다. 관계 갈등은 연인관계를 위협했던 과거의 경험에 의해서 악화된다. 반복적 갈등을 겪는 연인은 논쟁할 때 "당신은 항상 ~" 또는 "내가 ~할 때마다"와 같은 표현을 사용한다. 이처럼 과거에 아픔을 유발했던 유사한 사건이나 좌절 경험에 의해서 현재의 사건으로 인한 아픔이 강화된다.

셋째, 관계 통증은 원가족과의 관계에서 입은 상처에 의해 더욱 강화된다. 예컨대, 어린 시절에 부모로부터 부당한 차별을 받거나 버림을 받은 상처가 있는 사람은 현재의 연인관계에서 파트너의 부당한 행동이나 관계 위협에 더 강렬한 아픔을 경험하고 격렬한 반응을 나타낼 수 있다. 이러한 관계 통증은 현재의 파트너에 의한 것이 아니기 때문에 특히 위험하다. 파트너의 입장에서 보면 상대방이 느끼는 관계 통증과 그로 인한 분노가 과도하고 부당하기 때문이다. 원가족과의 관계에서 오래전에 경험한 심리적 상처는 현재 파트너의 가해 행위에 의해 되살아나 더욱 강렬한 통증과 분노를 유발할 수 있다. 이처럼 다른 인간관계에서 입은 과거의 상처가 현재의 관계에 미치는 전이 효과(transference effect)는 개인이 인식하기 어렵다. 그래서 개인은 자신이 겪는 관계 통증을 현재 파트너의 탓으로 돌리게 된다.

2) 나쁜 사랑: 역기능적 연인관계

좋은 사랑은 연인 두 사람 모두의 행복과 성장을 촉진한다. 그러나 나쁜 사랑은 연인 중 한 사람 또는 두 사람 모두를 불행하게 만들 뿐만 아니라 사회적 적응과 성장을 저해한다. 이처럼 불행과 부적응을 초래하는 연인관계는 역기능적이라고 할 수 있다. 연인이나 부부가 나타내는 역기능적 관계는 다음과 같은 유형으로 나타날 수 있다.

(1) 불안정한 사랑: 강렬한 갈등과 애증으로 얽힌 사랑

사랑하는 사람에게 강렬한 애정과 분노의 감정을 반복적으로 경험하며 깊은 상처를 주고받는 연인들이 있다. 이들은 파트너에게 과도하게 집착할 뿐만 아니라 파트너의 사랑에 강렬한 기쁨과 행복감을 느끼지만, 파트너의 실망스러운 행동에 대해서는 지나치게 강렬한 분노를 느끼며 공격적 행동을 나타낸다. 그야말로 '전쟁 같은 사랑'을 하는 경우라고 할 수 있다.

불안정한 사랑을 하는 사람은 '사랑 아니면 미움'이라는 흑백논리적 사고의 틀을 지니고 있어서 매력을 느끼는 이성을 이상화하며 숭배하듯이 강렬한 사랑을 표현하지만, 파트너에게 실망하면 파트너를 평가절하하면서 강렬한 분노를 표출한다. 이러한 사람들의 강렬한 분노는 상대방이 자신을 버리고 떠날지 모른다는 강렬한 불안과 공포에 의한 것이다. 상대방이 관계를 떠나려 하면, 이들은 상대방이 떠나지 못하도록 무모한 행동을 하거나 상대방에게 피해를 주는 공격적 행동을 나타낼 수 있다.

🖋 너를 위해

−채정은 작사, 신채홍 작곡, 임재범 노래−

어쩜 우린 복잡한 인연에
서로 엉켜 있는 사람인가 봐
나는 매일 네게 갚지도 못할 만큼
많은 빚을 지고 있어
연인처럼 때론 남남처럼
계속 살아가도 괜찮은 걸까
그렇게도 많은 잘못과 잦은 이별에도
항상 거기 있는 너

(중략)

내 거친 생각과 불안한 눈빛과
그걸 지켜보는 너
그건 아마도 전쟁 같은 사랑
난 위험하니까 사랑하니까
너에게서 떠나 줄 거야
너를 위해 떠날 거야

(2) 착취적 사랑: 파트너를 조종하고 이용하는 사랑

착취적 사랑은 이기적 욕구를 충족시키기 위해서 연인관계를 맺고 파트너를 이용하거나 착취하는 경우를 뜻한다. 착취적 사랑을 하는 사람은 성적 욕구를 충족시키거나 경제적 목적을 위해서 상대방을 유혹하고 조종하며 이용한다. 착취적 사랑의 경우에는 연인 중 한 사람은 가해자가 되고 상대방은 피해자가 된다. 상대방에게 헌신하지 않으면서 자신의 쾌락과 이익을 위해 연인관계를 맺는 유희적 사랑은 착취적 사랑에 속할 수 있다. 착취적 사랑을 하는 사람은 가스라이팅을 통해서 상대방을 조종하면서 자신의 욕구와 이익을 추구한다.

특히 자기애적 성향(narcissism), 반사회적 성향(psychopathy), 타인을 조종하는 권모술수적 교활성(machiavellianism)을 지닌 사람은 연인관계에서 착취적 사랑을 할 수 있다. 이러한 세 가지 성격특성은 심리학에서 성격의 검은 삼인조(dark triad)라고 불린다. 이러한 성격특성을 지닌 사람은 무한한 성공과 권력, 사회적 지위를 추구할 뿐만 아니라 자신의 목적을 위해서 수단과 방법을 가리지 않으며 비윤리적인 행동도 주저하지 않는다. 이들은 사회적 관계에 능란하고 교활할 뿐만 아니라 성적 매력을 풍기며 다른 사람을 조종하는 능력이 탁월하기 때문에 연인관계에서 파트너를 착취하는 '나쁜 남자' 또는 '나쁜 여자'가 될 수 있다.

(3) 의존적 사랑: 파트너에게 착취를 당하는 사랑

의존적 사랑은 파트너에게 지나치게 의존하고 순종하면서 희생하는 경우를 의미한다. 의존적 사랑을 하는 사람은 자존감이 낮고 의존 성향이 높으며 파트너의 통제에 순응하는 순진성을 지닌다. 자존감이 낮고 애정 결핍감을 지닌 사람은 칭찬이나 돌봄을 통한 상대방의 조종에 쉽게 상대방을 신뢰하고 헌신하게 된다. 특히 중요한 선택과 결정을 혼자 내리지 못하고 파트너에게 과도하게 의지하는 의존성 성격의 소유자가 착취적 사랑의 희생자가 되기 쉽다.

의존성 성격의 소유자는 의존하는 사람으로부터 버림받는 것에 대한 불안을 지니기 때문에 착취를 당함에도 불구하고 희생과 헌신을 하며 파트너와의 관계를 지속한다. 특히 착취적 사랑을 하는 파트너를 만날 경우에 이들은 일방적으로 이용당하고 결국에는 버림을 당해 고통과 상처를 받게 된다.

(4) 통제적 사랑: 파트너에 대한 지배적 사랑

통제적 사랑은 연인 중 한 사람의 관계 권력이 너무 강해서 파트너에게 지배적인 행동을 나타내는 경우를 뜻한다. 통제적 사랑을 하는 사람은 파트너에게 애정을 느끼지만 파트너에 대한 이상적 기준이 너무 높아서 파트너의 행동을 개선하도록 지나치게 요구한다. 파트너가 자신의 통제에 순응하지 않으면 관계를 떠나거나 제공되는 혜택을 축소하겠다고 위협하며 압박한다.

통제적 사랑을 나타내는 사람의 파트너는 자율성이 침해되고 자존감의 손상을 경험하지만 상대방에 의해 제공되는 경제적·사회적 혜택을 포기하지 못해 불만스러운 관계에 계속 머물 수 있다. 그러나 이들은 은밀하게 대안적 관계를 추구하며 그러한 대안이 나타나면 연인관계의 종결을 원하게 된다. 이러한 유형의 역기능적인 사랑은 재력과 권력을 가진 사회적 저명인사의 연인관계나 부부관계에서 흔히 발견된다.

(5) 무책임한 사랑: 자유로운 영혼의 사랑

무책임한 사랑은 연인 중 한 사람이 관계에 머물지 못하고 개인적 활동을 위해서 일방적으로 떠났다가 돌아오는 일이 반복되는 경우를 의미한다. 무책임한 사랑은 다른 이성을 추구하지 않는다는 점에서 유희적 사랑과 다르며, 이기적 목적을 위해 파트너를 이용하지 않는다는 점에서 착취적 사랑과 다르다. 무책임한 사랑은 성취를 중시하는 일중독자나 구속을 싫어하는 자유로운 영혼의 소유자에게서 흔히 나타난다. 파트너를 사랑하지만 파트너의 동의 없이 일방적으로 행동한다는 점에서 무책임하다고 할 수 있다. 이러한 사람의 파트너는 빈번한 일시적 이별을 겪으며 홀로 지내는 시간을 견뎌야 할 뿐만 아니라 자신의 바람을 무시하고 일방적으로 행동하는 파트너에게 불만과 분노를 경험할 수 있다.

3. 사랑의 정신병리학

사랑은 두 사람이 함께 만들어 가는 것이다. 두 남녀의 강점과 약점이 얽히면서 사랑이 펼쳐진다. 나쁜 사랑은 연인 모두 또는 한 사람의 심리적 문제에 의해 나타날 수 있다. 나쁜 사랑은 정신병리와 연결되어 있는 경우가 많다. 나쁜 사랑은 정신병리에 의해 유발될 수도 있고 정신병리를 유발할 수도 있다.

1) 사랑중독

　사랑도 지나치면 병이 될 수 있다. 미국의 심리학자인 수스만(Sussman, 2010)은 사랑에 대한 과도한 집착으로 인해서 가정생활과 직장생활에서 부적응이 나타내는 경우를 사랑중독(love addiction)이라고 지칭했다. 사랑중독을 나타내는 사람은 사랑이 마력을 지니고 있어서 모든 현실적 문제를 이겨 낼 수 있다고 믿는다. '나는 당신 없이 살 수 없다.' '당신의 사랑이 없으면 나는 아무것도 아니다.' '당신은 나를 구원하는 축복이다.' '나는 항상 당신만을 생각하고 있다.'와 같은 생각에 빠져 사랑에 강박적으로 집착한다. 사랑중독은 섹스중독과 함께 나타날 수 있지만 항상 그러한 것은 아니다.

　사랑중독은 물질중독과 매우 유사한 특성을 지닌다. 사랑중독을 나타내는 사람은 다음과 같은 일곱 가지의 특징을 나타낸다(Sussman, 2010).

- 자신이 원하는 사랑의 정서적 만족을 얻기 위해 지나치게 많은 시간을 투여한다.
- 사랑 추구 행동을 계속하려는 강렬한 충동을 느끼며, 그러한 행동을 중단하면 외로움, 절망감, 두통과 같은 고통을 경험한다.
- 사랑 추구 행동은 의도한 것보다 더 오랜 기간 계속되며, 관계가 깨진 후에는 오랜 기간 사랑의 대상을 그리워하거나 쫓아다닌다.
- 사랑 추구 행동을 조절하려고 노력하지만 계속 실패한다. "다시는 사랑하지 않을 거야."라고 말하지만 관계가 종결되면 즉시 다른 관계를 시작하며, 항상 연인관계를 맺고 있다.
- 사랑의 상실을 회복하기 위해 새로운 사랑을 시작하고 유지하는 데 많은 시간을 투자한다.
- 사랑 추구 행동으로 인해 중요한 사회적·직업적 활동에서 부적응을 나타낸다. 사랑의 관계를 추구하기 위해 학업, 직업, 가족에 대한 의무를 무시하고

사회적 활동을 포기한다.

• 사랑 추구 행동으로 인해 신체적·심리적 문제가 반복적으로 발생함에도 불구하고 그러한 행동을 계속한다. 사랑중독으로 경제적 문제나 우울증을 겪으면서도 새로운 사랑의 대상을 찾아 나선다.

미국의 경우, 전체 인구의 5~10%가 사랑중독의 문제를 지니는 것으로 추정되고 있다(Timmreck, 1990). 사랑중독은 초기에 쾌락적 감정과 강박적 사고로 시작되고, 사랑의 대상에 대한 합일의 갈망으로 발전하며, 그러한 갈망에 집착하여 적응기능이 저하되는 결과를 초래하는 반복적인 패턴을 나타낸다.

브라질의 심리학자인 소피아와 동료들(Sophia et al., 2007, 2009)은 개인이 조절할 수 없는 상태로 사랑에 집착하는 경우를 병적 사랑(pathological love)이라고 지칭했다. 병적 사랑은 파트너가 불쾌감을 느낄 정도로 파트너에게 과도한 관심과 돌봄을 반복적으로 나타내는 것이 특징이다. 이러한 행동을 스스로 조절하지 못하기 때문에 사랑을 하게 되면 과거에 소중하게 여겼던 다른 욕구를 희생시킨다. 병적 사랑은 사랑중독과 매우 유사하며, 집착적 사랑 또는 강박적 사랑의 극단적 형태라고 할 수 있다.

사랑중독은 애착 유형과 밀접하게 관련되는 것으로 알려져 있다(Feeney & Noller, 1990). 특히 불안 애착의 소유자는 독립성이 부족하고 관계에 의존하면서 관계에 헌신하려는 욕구를 지닌다. 이들은 연인을 이상화하는 경향이 있고, 사랑에 극단적으로 집착하는 대신 다른 인간관계를 추구하지 않는 경향이 있다.

사랑중독은 사랑이 시작되는 초기 단계에서 열정을 촉발하는 신경학적 요인이 영향을 미치는 것으로 추정되고 있다. 정상적인 경우, 사랑의 초기에는 도파민과 같은 신경전달물질이 열정과 강박적 사고를 촉발하지만 관계가 지속되면 그러한 화학물질의 분비가 감소하면서 우애적 사랑으로 변하게 된다. 사랑중독을 나타내는 사람은 사랑의 초기 단계에서 경험하는 쾌락적 보상과 신경화학적 반응을 지속적으로 유발하기 위해서 연인을 주기적으로 바꾸는 것으로 여겨지고 있다(Fisher,

2004; Sussman & Ames, 2008). 매스미디어도 사랑중독에 기여할 수 있다. 대중가요, 드라마, 영화, 연애소설, 웹툰은 강렬한 갈망, 강박적 집착, 연인에 대한 극단적 의존과 같은 사랑중독의 특성을 전파하고 있기 때문이다.

2) 가스라이팅: 은밀한 조종과 착취

최근에 연인관계에서 이용당하고 학대당하는 여성들이 늘어나는 것으로 보고되고 있다(Rogers & Follingstad, 2014). 학대(abuse)는 상대방에 대한 통제력과 지배력을 강화하기 위해서 의도적으로 상대방에게 위협, 공포, 굴욕을 주는 신체적·심리적 공격 행동을 의미한다. 특히 정서적 학대는 상대방에 대한 조종, 비판, 무시, 위협을 나타내는 심리적 학대로서 상대방의 정체성, 자신감, 가치감을 손상시킨다. 가해자는 학대 행동을 조언이나 충고라고 위장하지만 지속적인 학대는 피해자에게 깊은 심리적 상처를 남긴다. 헤이스와 제프리스(Hayes & Jeffries, 2015)는 파트너를 순종적으로 만들고 떠나가지 못하도록 만들기 위한 폭력 행위를 '로맨틱 테러리즘(romantic terrorism)'이라고 지칭하기도 했다.

가스라이팅(gaslighting)은 은밀한 학대와 착취의 한 유형으로 주목받고 있다(McGregor & McGregor, 2014; Welch, 2008). 가스라이팅은 연인관계에서 파트너에 대한 통제력과 옳고 그름에 대한 판단력을 장악하려는 가해자(gaslighter)와 그러한 사람에게 의존하면서 애정을 얻기 위해 현실 판단을 맡기는 피해자(gaslightee) 간의 상호작용을 의미한다(Stern, 2007).

◆ 가스라이팅이라는 용어의 유래가 된 〈가스등〉 ◆

가스라이팅은 1938년에 패트릭 해밀턴이 연출한 스릴러 연극 〈가스등(Gas Light)〉에서 유래된 용어로서 정신적 학대를 의미한다. 이 연극은 1944년에 잉그리드 버그만이 주연한 동명의 영화를 통해 널리 알려지게 되었다.

이 영화의 줄거리는 세계적인 오페라 가수인 앨리스가 살해된 뒤 그녀의 유일한 조카이자 상속녀인 폴라가 그레고리와 사랑에 빠지면서 시작된다. 그레고리와 결혼한 폴라는 앨리스로부터 물려받은 집에서 신혼 생활을 시작하는데, 그레고리는 갖가지 구실을 붙여 폴라의 외출을 막으면서 그녀를 정신이상자로 몰아가기 시작한다.

영화 〈가스등〉의 포스터

그레고리의 정체는 앨리스의 살인범이며 앨리스가 지니고 있던 유명한 보석을 가로채기 위해서 폴라에게 접근한 것이다. 그레고리는 교묘한 속임수를 사용하여 폴라가 자신의 기억력과 판단력을 믿지 못하는 무기력한 상태로 몰아가면서 폴라를 마음대로 조종한다. 그러나 앨리스의 팬이었던 런던 경찰 브라이언의 도움으로 폴라는 결국 모든 진실을 깨닫고 자신의 삶을 되찾는다.

가스라이팅의 가해자는 다양한 전략을 구사한다. 예컨대, 가해자는 피해자에게 잘못된 정보를 제시하거나 죄책감과 수치심을 유발하여 피해자 스스로 자신의 기억과 판단을 신뢰하지 못하게 만듦으로써 현실적·도덕적 판단을 가해자에게 위임하도록 유도한다. 가해자는 피해자가 느끼는 혼란을 명료하게 해결하는 전지전

능한 존재로 자신을 제시하여 자신에게 의존하도록 만든다. 또는 피해자로 하여
금 '우리는 사랑에 흠뻑 빠져 제정신이 아니다.'라고 믿게 만듦으로써 비상식적인
판단과 행동을 하게 한다. 이처럼 가해자는 악의적 의도를 숨긴 채 애정 어린 조언
과 충고를 하는 것처럼 위장함으로써 피해자가 가해자에게 의존하며 추종하도록
유도한다.

가스라이팅의 가해자는 자기애성, 반사회성, 권모술수적 교활성의 성격특성을
지니는 경향이 있다. 반면, 가스라이팅의 피해자는 순진성, 낮은 자신감, 높은 자
기회의감, 정서적 의존성, 불확실함에 대한 인내력 부족의 성격적 특성을 지닌다
(Simon, 2010; Stout, 2006; Welch, 2008). '양의 탈을 쓴 늑대', 즉 내면적 공격성을 숨
긴 채 호의적 행동을 나타내는 가해자의 은밀한 조종에 잘 넘어가는 사람이 피해
자가 된다. 가해자는 피해자의 성격적 약점을 예리하게 포착하여 이용한다. 가스
라이팅은 연인관계를 극단적인 지배와 의존의 관계로 유도하는 일종의 학대 행위
이며 피해자에게 심각한 심리적 상처를 남기게 된다.

미국의 심리학자이자 정신분석가인 로빈 스턴(Robin Stern, 2007)은『그것은 사
랑이 아니다(The Gaslight Effect)』라는 책을 통해서 가스라이팅을 사회에 널리 알리
는 데 기여했다. 그녀에 따르면, 가스라이팅에 대처하기 위해서는 자신의 경험 신
뢰하기, 다른 사람과의 경계 유지하기, 친한 사람들과 관계 유지하기가 중요하다.
연인관계에서 상대방이 자신을 조종하는 것처럼 느껴지면 가스라이팅을 당하고
있는 것은 아닌지 의심해 보아야 한다. 만약 자신이 가스라이팅의 피해자라고 생
각하면, 상대방과 거리를 두면서 상황을 객관적으로 판단할 수 있는 전문가나 제
삼자의 도움을 받는 것이 필요하다. 무엇보다 중요한 것은 자신의 삶에 대한 주인
의식을 갖는 것이다.

3) 데이트 폭력과 스토킹

데이트 폭력이 사회적인 문제로 주목받고 있다. 데이트 폭력(dating violence)은

연인관계에서 파트너에게 언어적·육체적 폭력을 사용하여 고통과 손상을 주는 행위를 뜻한다. 데이트 폭력은 경미한 수준(물건 던지기, 밀치기, 붙잡기 등)부터 심각한 수준(발로 차기, 구타하기, 무기 사용하기 등)까지 다양한 방식으로 나타날 수 있다. 미국의 경우, 연인 중 21~45%가 데이트 폭력을 당한 경험이 있는 것으로 조사되었다(Lewis & Fremouw, 2000).

(1) 데이트 폭력

일반적으로 남자가 여자보다 연인관계에서 분노를 더 잘 느끼고 자신의 성적 욕망을 강요하기 위해 폭력을 더 많이 행사한다. 심각한 형태의 데이트 폭력은 관계 종결을 원하는 여성 파트너에게 저항하는 남자에게서 흔히 나타난다. 다우니와 동료들(Downey et al., 2000)에 따르면, 데이트 폭력은 거부 민감성과 밀접하게 관련되어 있다.

앞 장에서 살펴보았듯이, 거부 민감성은 상대방으로부터 거부당할 것에 대한 예상과 걱정을 많이 하고 상대방의 거부 단서에 과도한 주의를 기울이는 성격특성을 말한다. 거부 민감성이 높은 사람들은 연인관계에서 자신이 거부당했다고 인식하는 경향이 있다. 이러한 사람들은 파트너의 관계 위협이나 거부 행동에 대해서 강렬한 고통, 분노, 질투의 감정을 경험한다.

거부 민감성은 불안정 애착과 밀접하게 연결되어 있다. 회피 애착 유형에 속하는 사람은 거부의 아픔을 느끼지 않기 위해서 친밀한 관계를 회피하면서 연인관계에 많은 투자를 하지 않는다. 반면, 불안 애착 유형에 속하는 사람은 거부당하지 않기 위해서 파트너에게 강하게 집착하면서 연인관계에 많은 투자를 한다.

특히 파트너가 관계 위협을 하거나 관계 종결을 선언할 경우에 거부 민감성이 높은 사람일수록 더 큰 고통을 경험하고 더 많은 충격을 받는다(Feeney & Noller, 1992). 그러나 파트너의 관계 위협이나 관계 종결에 대한 반응은 애착 유형에 따라 현저하게 다르다. [그림 11-1]에서 보여 주듯이, 회피 애착의 소유자는 관계에 대한 투자를 줄이면서 관계로부터 철수하는 반면, 불안 애착의 소유자는 파트너에

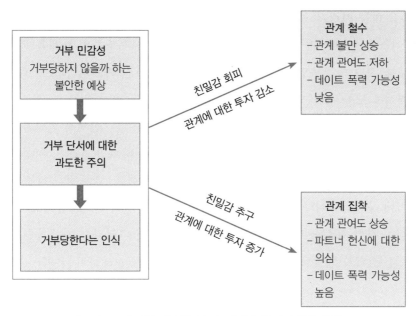

[그림 11-1] 거부 민감성이 높은 사람의 두 가지 반응 방식

게 더욱 집착하면서 관계에 대한 투자를 증가시킨다. 특히 불안 애착의 소유자가 연인관계에 많은 투자를 한 경우에 파트너가 계속 거부하면 강렬한 분노를 느끼며 데이트 폭력과 같은 공격적인 반응을 나타낼 가능성이 높다(Downey et al., 2000).

(2) 스토킹

관계 종결에 저항하는 방법은 다양하다. 그중 하나는 관계 종결을 선언한 파트너를 지속적으로 따라다니거나 사생활을 침범하는 스토킹(stalking)이다. 스토킹은 원하지 않는 전화 걸기나 선물 보내기에서부터 미행하며 따라다니기와 위협하기에 이르기까지 다양한 형태로 나타난다. 미국의 경우, 여성의 8%와 남성의 2%가 스토킹을 경험한 것으로 보고되었다. 스토킹을 하는 가장 흔한 가해자는 관계를 종결한 과거의 연인이었다.

스토킹은 연인관계 발달 과정의 두 시점, 즉 합의된 연인관계가 생겨나기 이전과 합의된 연인관계가 종결된 이후에 흔히 나타난다. 연인관계가 종결된 이후에

스토킹을 하는 사람은 연인관계를 재형성하거나 상대방을 조종하려는 욕구를 지닌다. 이들은 우연을 가장하여 과거의 연인과 접촉을 시도하며 관계를 복구하려는 의도를 지니는 경우도 있지만, 자신을 버리고 떠나간 과거의 연인을 괴롭히려는 공격적 의도를 지니는 경우도 있다.

스토킹을 나타내는 사람은 과거의 연인관계에서 언어적·신체적 폭력을 행사한 경력이 있다(Coleman, 1997). 한 연구(Roberts, 2002)에 따르면, 34%의 여성들이 과거의 연인으로부터 스토킹을 당한 적이 있다고 보고했다. 스토킹을 하는 사람들은 과거에 물질남용이나 폭력의 경력이 있고, 관계 형성의 어려움을 겪으며, 질투와 의심이 강한 특성을 지니고 있었다. 부부관계에서 나타나는 가정폭력은 과거의 스토킹 경력과 연관되어 있는 것으로 입증되었다(Burgess et al., 1997).

4) 병적 질투: 망상적 질투와 오셀로 증후군

질투가 과도하거나 부적절한 행동으로 표출되면 연인관계를 훼손할 수 있다. 정상적 질투는 연인관계를 보호하는 기능을 하지만, 병적 질투(pathological jealousy)는 연인관계를 손상시킬 뿐만 아니라 정신장애를 유발하거나 극단적 경우에는 폭행과 살인으로 이어져 비극적인 결과를 초래할 수 있다.

(1) 망상적 질투

질투의 가장 병적인 형태는 망상적 질투다. 망상적 질투(delusional jealousy)는 배우자나 연인이 부정을 저질렀다는 망상을 지니는 경우다. 망상(delusion)은 합당한 근거 없이 확고하게 집착하는 부적응적 믿음으로서 그러한 믿음과 상반되는 증거가 있음에도 불구하고 결코 변화되지 않는 것이 특징이다. 망상적 질투를 나타내는 사람은 사소한 단서로부터 비약적인 추론을 통해 배우자가 다른 이성과 외도했다고 확신하면서 배우자를 의심하고 공격한다. 망상적 질투는 망상장애(delusional disorder)의 한 유형으로서 대표적인 예는 의처증과 의부증이다. 망상적 질투를 나타내는 사람은 망상과 관련된 생활영역 이외에는 기능적인 손상이 없으며, 현저하게 이상하거나 기괴한 행동을 나타내지 않는다.

질투가 무서운 것은 현실적 판단력을 약화시킨다는 점이다. 파트너를 의심의 눈으로 보면 모든 것이 수상하게 보인다. 특히 열등감이 많고 거부 민감성이 높은 사람은 파트너가 다른 사람을 좋아하는 것에 대한 의심과 걱정에 강박적으로 매달린다. 파트너의 속마음은 알 수 없기 때문에 상상에 의해 파트너의 외도 가능성을 떠올리며 의심하게 된다. 이러한 상상은 자신의 생각을 실제 사건처럼 경험하는 사고-사건 융합(thought-event fusion)에 의해서 파트너가 실제로 외도한 것과 같은 강렬한 감정을 촉발할 수 있다. 그 결과, 파트너를 과도하게 추궁하고 감시하며 일거수일투족을 통제하거나 분노를 표출하며 공격하면 연인관계는 파국적인 결말을 맞게 된다.

(2) 오셀로 증후군

망상적 질투의 가장 대표적인 예는 오셀로 증후군(Othello syndrome)이다. 오셀로 증후군은 명확한 증거 없이 배우자의 불륜을 의심하고, 그로 인해서 자신이 피해를 입고 있다고 생각하는 심리적 증상을 의미한다. 오셀로 증후군은 셰익스피어의 4대 비극 중 하나인 〈오셀로(Othello)〉에서 유래한 명칭이다.

◆ 〈오셀로〉의 줄거리 ◆

이탈리아의 도시국가인 베니스를 무대로 펼쳐지는 〈오셀로〉는 원제가 〈베니스의 무어인 오셀로의 비극(The Tragedy of Othello, the Moor of Venice)〉으로서 무어인 장군 오셀로의 비극적인 이야기다. 오셀로는 흑인이라는 태생적 한계를 극복하고 베니스공화국의 장군이 된 인물이다. 베니스 귀족의 딸인 데스데모나는 오셀로를 사랑하게 되어 아버지의 반대를 무릅쓰고 오셀로와 결혼한다. 그런데 오셀로의 부하인 이아고는 자신이 갈망하던 부관 자리를 캐시오에게 빼앗기자 간계를 꾸며서, 오셀로로 하여금 데스데모나가 캐시오와 몰래 부정을 저지르고 있다는 의심을 하게 만든다. 오셀로는 아내를 사랑하는 만큼 의심이 커지고, 질투에 눈이 멀어 온갖 질투 망상에 시달리던 오셀로는 결국 아내를 목 졸라 살해하고 만다. 그러나 모든 진실이 이아고의 아내인 이밀리아에 의해 밝혀지고, 오셀로는 데스데모나의 결백을 알 게 된다. 진실이 밝혀지자 오셀로는 자책감에 시달리다가 자살함으로써 비극적인 결말을 맞 게 된다.

사랑을 집어삼키는 녹색 눈의 괴물, 질투

〈오셀로〉는 망상적 질투에 관한 비극적인 이야기다. 망상적 질투는 '너무 사랑하기에 의심 하게 되는' 심리적 장애로서 연인관계를 집어삼키는 녹색 눈의 괴물이다. 〈오셀로〉에는 이아 고가 오셀로에게 "아, 각하, 질투를 조심하세요. 녹색 눈의 괴물입니다(Oh, my lord, beware of jealousy. It is a green-eyed monster)."라고 말하는 유명한 대사가 나온다.

　　망상적 질투는 흔히 내면적으로 열등감을 감추고 있는 사람이 자신에게 과분한 연인을 만나 집착적인 사랑을 하게 되면서 연인을 잃지 않을까 하는 불안을 느끼 면서 함께 싹트는 연인의 외도에 대한 의심과 질투로부터 시작된다. 영국의 작가 인 로버트 버튼(Robert Burton)이 말했듯이, "질투하는 사람은 의심이 증오로 발전 하고, 증오는 광포로 이어져 살인과 절망으로 진행한다." 망상적 질투의 증오는 연 인과 경쟁상대뿐만 아니라 연인을 도운 주변 사람에게 확대될 수 있으며, 절망감 으로 인한 자살을 유발할 수 있다.

오셀로 증후군은 남자에게 더 흔한 것으로 보고되고 있지만 남녀 비율이 비슷하다는 연구결과도 있다. 그러나 남자가 오셀로 증후군을 나타낼 경우에 폭력을 행사할 가능성이 높아서 더 치명적인 결과를 초래한다. 최근의 연구(Dobash et al., 2009)에서는 남자에 의한 연인 살해의 30%가 질투와 관련된 것으로 나타났다.

5) 나쁜 사랑으로 이끄는 성격장애: 나쁜 남자와 나쁜 여자

연인 중 한 사람이 성격장애를 지니는 경우에는 연인관계가 나쁜 사랑으로 흘러갈 수 있다. 성격장애(personality disorder)는 개인의 성격 자체가 특이하여 대인관계를 비롯한 삶의 전반에서 부적응을 나타내는 경우를 의미한다(권석만, 2013). 성격장애는 어린 시절부터 서서히 발전하며 보통 사람과 다른 독특한 사고방식과 감정반응을 나타낼 뿐만 아니라 욕망 충족 방식과 대인관계에서 부적응적인 패턴을 나타낸다. 성격장애는 다양한 하위유형으로 구분되는데, 여기에서는 연인관계에 영향을 미칠 수 있는 몇 가지의 성격장애를 간단히 살펴본다.

자기애성 성격장애는 흔히 '왕자병' 또는 '공주병'으로 불리는 성격적 문제의 극단적 형태로서 지나친 자기중심성과 특권의식이 특징이다. 이러한 성격장애를 지닌 사람은 자신이 매우 특별한 존재라고 생각하며, 미래에 대한 거창한 꿈을 지니고, 다른 사람으로부터 칭찬과 찬양을 받으려는 경향이 강하다. 의존적인 사람은 이러한 사람의 거창한 포부와 자신감에 매력을 느껴 연인관계를 맺을 수 있다. 그러나 자기애성 성격장애를 지닌 사람은 이기적인 목적을 위해 파트너를 이용하고 착취하거나 파트너에게 일방적인 희생을 요구한다.

반사회성 성격장애는 사회의 윤리나 규범을 무시하면서 폭력이나 사기와 같은 불법적 행동을 반복적으로 나타내는 경우를 말한다. 이러한 성격장애를 지닌 사람은 자신의 욕구 충족을 위해서 수단과 방법을 가리지 않고 무모한 행동을 할 수 있다. 매력을 느끼는 사람의 사랑을 얻기 위해 강렬한 애정 표현을 하며 적극적인 구애 행동을 하지만, 자신의 뜻대로 되지 않으면 폭력을 사용하며 위협할 수 있다.

이들은 반복적인 거짓말과 폭력, 문란한 성생활, 채무 불이행, 직업의 부적응을 나타낼 수 있으며, 착취적 사랑을 하거나 데이트 폭력을 나타낼 가능성이 높다.

성격장애는 남녀 모두에게 나타날 수 있지만, 자기애성 성격장애와 반사회성 성격장애는 남자에게 더 흔하다. 이러한 성격장애를 지닌 남자는 연인관계에서 '나쁜 남자'가 될 수 있다. 이와 대조적으로, 경계선 성격장애와 연극성 성격장애는 여자에게 더 흔하게 나타나며, 연인관계에서 '나쁜 여자'로 행동할 수 있다.

경계선 성격장애는 강렬한 애정과 분노가 교차하는 불안정한 대인관계가 특징이다. 이러한 성격장애를 지닌 사람은 사랑의 감정을 느끼는 사람을 이상화하면서 강렬한 애정을 표현하며 급속하게 연인관계를 발전시킨다. 그러나 이들은 연인으로부터 버림받는 것을 두려워하기 때문에 파트너에게 집착하면서 강렬한 애정을 요구한다. 이러한 요구가 좌절되면, 돌변하여 파트너를 평가절하하며 강렬한 분노를 표출하거나 자해와 같은 극단적인 행동을 나타낸다. 이들은 연인관계가 불안정해지면 심한 정서적 동요를 나타내며 폭음이나 약물 남용, 문란한 성생활, 자살 시도와 같은 충동적 행동을 나타낼 수 있다.

연극성 성격장애는 다른 사람의 관심을 끌려는 욕구가 매우 강하여 자신의 감정을 극적인 방식으로 과장해 표현하는 것이 특징이다. 이러한 성격장애를 지닌 사람은 원색적인 화려한 외모로 치장하며 이성에게 유혹적인 행동을 나타내는 경향이 있다. 노출이 심한 옷차림새를 하거나 이성에게 호감을 나타내며 접근하기 때문에 성적 매력을 지닌 사람으로 느껴질 수 있다. 그러나 이러한 행동은 다른 사람의 관심을 끌기 위한 것으로서 상대방에 대한 진지한 애정의 표현이 아니다. 연극성 성격장애를 지닌 사람은 여러 명의 이성과 애매한 관계를 형성하여 오해와 갈등을 일으키는 경우가 많다.

이 밖에도 역기능적 연인관계를 나타낼 수 있는 여러 가지 성격장애가 존재한다. 의존성 성격장애는 다른 사람에게 지나치게 의존하거나 보호받으려는 욕구가 특징이다. 이러한 성격장애를 지닌 사람은 관계 초기에는 부드럽고 나긋나긋한 순종적인 행동을 나타내기 때문에 매력적으로 느껴질 수 있지만, 관계가 진행되면 과도하게 의존하며 지지와 돌봄을 요구하여 부담스러운 존재로 여겨질 수 있다. 강박성 성격장애는 완벽주의, 성취지향성, 인색함을 특징적으로 나타내는 성격장애다. 이러한 성격장애를 지닌 사람은 성실한 모범생의 모습을 나타내어 호감이 느껴질 수 있으나, 자신의 생활방식을 완고하게 고집하는 경향이 있어서 파트너에게 많은 참견과 요구를 하여 갈등을 겪을 수 있다. 편집성 성격장애는 다른 사람을 불신하며 의심하는 것이 특징이며, 파트너의 의도를 부정적으로 왜곡하여 갈등을 유발하거나 과도한 질투를 나타낼 수 있다.

6) 아픈 사랑으로 인한 정신장애

강렬한 감정이 개입되는 낭만적 사랑은 정신건강에 강력한 영향을 미친다. 사랑에 빠진 사람은 연인에게 강렬하게 집착하기 때문에 관계 위협을 느낄 때마다 강렬한 불안을 경험한다. 실연을 하는 경우에는 강렬한 좌절감과 상실감을 겪게 된다. 이처럼 아픈 사랑은 다양한 정신장애를 유발할 수 있다.

(1) 실연 외상 증후군

실연은 인생에서 경험하는 충격적인 사건 중 하나다(Chung et al., 2003; Fisher, 2004). 실연의 후유증은 실연의 원인과 관계 종결 과정에 따라 충격의 강도와 지속 기간이 다르다. 실연한 사람은 대부분 우울, 분노, 죄책감, 수치심, 자책과 후회, 자존감 저하를 나타낼 뿐만 아니라 일상생활의 의욕 상실, 미래에 대한 절망감, 수면 패턴의 혼란, 학업적 또는 직업적 기능의 손상, 다양한 신체적 증상을 나타낼 수 있다.

미국의 정신과의사인 리차드 로스(Richard Rosse, 1999)는 실연한 사람들이 나타내는 후유증을 상세히 묘사하면서 실연 외상 증후군(love trauma syndrome)이라는 용어를 사용했다. 실연 외상 증후군은 사랑이 끝나고 난 후에 나타나는 일련의 심각한 증상들을 의미한다. 이러한 증상은 오랜 기간 지속되고 삶의 여러 영역(학업,

직업, 대인관계 등)에서 부적응적 결과를 초래한다.

실연 외상 증후군은 네 가지의 핵심 증상(4A)으로 구성된다. 첫째는 정서적 각성(Arousal)으로서 과민성, 짜증, 불면증과 같은 불안 증상을 의미하고, 둘째는 회피(Avoidance)로서 실연의 충격을 떠올리게 하는 단서들을 회피하는 행동을 뜻한다. 셋째는 자동적 회상(Automatic remembering)으로서 과거의 사랑과 관련된 기억과 생각이 자동적으로 의식에 침투하는 것이며, 넷째는 정서적 무감각(emotional Anaesthesia)으로서 실연 이후에 다시 사랑의 감정을 경험하는 능력이 감퇴하는 것을 의미한다.

실연 외상 증후군은 6개월에서 2년까지 지속되는 경향이 있다. 실연 외상 증후군은 유형 1과 유형 2로 구분되기도 하는데, 유형 1은 예측하지 못한 갑작스러운 실연에 의해 갑자기 증후군이 나타나는 경우이며, 유형 2는 불안정한 연인관계에서 관계 종결의 신호가 나타나 실연이 예측되면서 점진적으로 증후군이 나타나는 경우다. 때로는 실연 후 상당한 시간이 흐른 뒤에 증후군이 나타나는 지연형도 있다. 실연 외상 증후군은 우울증을 비롯하여 알코올이나 약물 남용과 같은 다양한 정신건강 문제로 발전할 수 있다.

(2) 우울증과 불안장애

실연은 우울증과 불안장애를 비롯한 정신장애를 유발할 수 있다. 청년의 경우는 더욱 그러하다. 20대의 청년에게 우울증이 처음 발병하는 가장 흔한 계기는 실연이다. 우울증(depression)은 사랑하는 사람을 상실한 후에 경험하는 대표적인 심리적 장애로서 우울한 기분이 지속되면서 일상생활의 흥미나 의욕이 저하되는 것이 특징이다. 우울증 상태에서는 부정적이고 비관적인 생각이 증폭되어 자신이 열등하고 무가치한 존재로 여겨지는 자기비하적인 생각을 떨치기 어렵다. 불면증을 비롯한 수면 곤란, 식욕의 감소나 증가로 인한 체중 변화, 소화불량이나 두통과 같은 신체적 증상이 나타날 수 있다. 우울증이 심한 경우에는 자해 행동이나 자살 시도를 할 수도 있다. 우울증은 매우 고통스러울 뿐만 아니라 학업이나 직업 영역의 부적응을 초래하지만 심리치료나 약물치료를 통해 잘 회복될 수 있는 심리적 장애다.

　연인은 관계가 불안정하게 흔들리거나 파트너에게 버림받을 위험을 인식하면 심한 불안을 느끼게 된다. 불안은 위험이나 위협에 대한 심리적 반응으로서 연인 관계의 위기 상황에서 겪는 강렬한 불안은 불안장애(anxiety disorder)로 이어질 수 있다. 불안장애는 다양한 증상으로 나타날 수 있다. 지속적인 불안과 과도한 걱정을 나타내는 범불안장애, 갑자기 죽을 것 같은 강렬한 불안이 엄습하는 공황장애, 연인과의 일시적 이별에도 심한 불안을 경험하는 분리불안 장애와 같은 다양한 형태로 나타날 수 있다.

　연애 과정에서 경험하는 불안이나 좌절감을 해소하기 위해 특정한 물질이나 행동에 집착하게 되면 여러 유형의 중독 장애에 빠져들 수 있다. 예컨대, 인터넷 게임에 과도하게 집착하는 게임 장애, 지나치게 많은 술을 자주 마시는 알코올 중독, 음식에 집착하는 음식 중독이나 폭식 장애를 나타낼 수 있다. 이 밖에도 사랑의 갈등과 상처는 거의 모든 정신장애를 촉발하는 계기가 될 수 있다.

4. 아픈 사랑의 치유: 관계 복구와 커플치료

　사랑은 똑바로 자라지 않는다. 우여곡절을 겪으며 성장한다. 연인관계에서 갈등은 피할 수 없는 일이다. 갈등을 겪으면 일시적으로 사랑이 손상될 수 있다. 친밀감과 열정이 차갑게 식고 헌신마저 흔들린다. 연애하면서 파트너와의 이별을 고려해 보지 않은 연인은 거의 없다. 사랑을 키우기 위해서 중요한 것은 일시적으로 손상된 관계를 복구하는 것이다.

1) 관계 복구

　처음부터 온전한 물건은 없다. 또한 사용하다 보면 손상되기 때문에 수리하고 복구해서 사용해야 한다. 사랑도 마찬가지다. 건강하고 성숙한 연인은 일시적으로 손상된 사랑을 복구하여 이전의 상태로 되돌리는 능력을 지닌다. 연인은 크고 작은 갈등으로 소원해진 관계를 복구하기 위해서 다양한 노력을 기울인다. 이처럼 손상된 관계를 정상적으로 되돌리기 위한 다양한 노력을 관계 복구(relationship repair)라고 한다. 여러 번의 관계 복구 노력에도 불구하고 관계가 개선되지 않을 때, 연인은 이별을 결심하게 된다. 관계 복구의 성공 여부는 어떤 방식의 복구 노력을 기울이느냐에 의해 결정된다.

(1) 관계 복구와 자기조절

성공적인 관계 복구를 위해서는 자신의 감정을 조절하는 것이 중요하다. 파트너와 갈등할 때, 연인들이 흔히 취하는 행동은 파트너에게 맞대응하여 공격하거나 파트너를 멀리하는 것이다. 이러한 본능적인 반응은 관계를 악화시키는데, 이러한 반응을 성깔 반응(grit response)이라고 한다(Simpson & Overall, 2014).

악화된 관계를 복구하기 위해서 가장 중요한 것은 성깔 반응을 조절하여 건설적인 반응으로 전환하는 자기조절이다. 갈등에 대처하는 최선의 방법은 자신의 성깔을 조절하면서 침착한 태도로 자신이 우려하는 것을 알리고 문제해결을 위해 노력하는 동시에 상대방의 성깔 반응을 관대하게 용서하는 것이다. 그러나 자기조절은 실천하기 쉽지 않다. 공격해 오는 파트너에게 복수하려는 충동을 다스리는 것이 매우 어렵기 때문이다. 자기방어를 위한 본능적인 성깔 반응과 복수의 충동을 잘 억제하는 것이 자기조절의 핵심이다.

관계 복구를 위해서는 자기조절을 통해 파트너의 변화를 이끌어 내는 것이 중요하다. 자신의 성깔 반응을 조절하면서 관계 개선 행동을 나타냄으로써 파트너의 분노와 부정 정서를 감소시킬 수 있어야 관계 복구로 이어질 수 있다. 저명한 커플 치료자인 가트맨(Gottman, 1994)에 따르면, 한 사람의 자기조절 반응이 파트너의 부정 감정을 감소시켜야 관계 복구가 가능하다. 요컨대, 관계 복구의 성공 여부는 개인의 자기조절 행동에 대해서 파트너가 어떻게 반응하느냐에 따라 다르다.

(2) 파트너 달래기

연인이 갈등을 겪으면서 두 사람 모두 흥분해서 상대방을 비난하고 공격하면 연인관계는 손상된다. 특히 불안정 애착 유형에 속하는 사람은 연인관계에서 갈등을 겪을 때 파괴적 행동을 나타내기 쉽다. 불안 애착의 소유자는 갈등을 거부당하는 것으로 여기면서 심한 불안과 분노를 느끼는 반면, 회피 애착의 소유자는 파트너와 거리를 두면서 회피하게 된다. 이러한 반응은 관계 갈등을 심화시켜 관계 종결을 초래할 수 있다. 그러나 파트너가 불안정 애착의 연인이 경험하는 부정 감정을 누그러뜨리는 행동을 나타내면, 관계 손상을 예방할 수 있다.

미국의 심리학자인 제프리 심슨(Jeffrey Simpson)은 연인 중 한 명이 파트너의 불안과 흥분을 누그러뜨리기 위해 나타내는 행동을 파트너 달래기(partner buffering)라고 지칭했다(Simpson et al., 2007; Simpson & Overall, 2014). 연인관계의 위기 상황에서 불안을 덜 느끼는 사람이 달래기 행동을 통해서 파트너의 불안을 누그러뜨리면서 좀 더 건설적인 행동으로 유도하는 것이 중요하다. 심슨에 따르면, 달래기 행동은 파트너의 애착 유형에 따라 적절하게 시도되어야 성공적인 효과를 거둘 수 있다.

파트너가 불안 애착 유형에 속하는 경우에는 파트너가 사랑과 지지를 받고 있다는 확신을 느끼게 하는 달래기 행동이 효과적이다. 한 실증적 연구(Tran & Simpson, 2009)에 따르면, 갈등 상황에서 거부당했다고 생각하며 강한 불안과 분노를 경험하는 불안 애착의 소유자에게 파트너가 수용과 애정을 표현하는 달래기 행동(예: 공격하거나 보복하려는 충동 억제하기, 애정을 표현하며 상대방 진정시키기, 정서적 지지 제공하기, 소망과 욕구 충족시켜 주기, 문제 해결을 위해 적극적으로 노력하기)을 했을 때 더 긍정적인 결과가 나타났다. 이러한 달래기 행동에 대해서 불안 애착의 소유자는 자신이 수용받는다는 인식과 함께 긍정 정서와 안전감을 느끼며 더 건설적인 행동을 나타냈다.

이와 대조적으로, 회피 애착의 소유자에게는 자율성과 독립성을 허용하는 달래기 행동이 더 효과적이다. 회피 애착의 소유자는 갈등 상황에서 자신의 자율성이 침해당했다는 생각으로 인해 강한 분노와 회피적인 행동을 나타냈다. 이때 파트너가 자율성을 존중하는 달래기 행동(예: 자율성을 침해하지 않는 부드러운 표현 사용하기, 상대방의 입장 존중해 주기, 상대방의 건설적 노력과 장점 인정하기, 구체적인 문제해결 방안 제시하기)을 나타내는 경우에 회피 애착의 소유자는 분노와 회피행동을 덜 나타내며 건설적인 행동을 나타냈다(Overall et al., 2013).

파트너 달래기 행동은 불안정 애착 유형에 속하는 연인과의 관계를 보호하는 데 중요한 역할을 한다. 중요한 점은 관계 위협의 불안을 경험하는 상대방에게 적절한 달래기 행동을 통해서 안전감(felt security)을 회복하도록 돕는 것이다. 안전감을 회복하면 불안이 완화되면서 자신의 감정을 더 잘 조절하고 더 건설적으로 행동하게 된다. 불안정 애착의 연인이 긍정적으로 변함에 따라 연인 모두의 관계 만족도가 개선될 수 있다.

유명한 정신분석가인 칼 메닝거(Karl Menninger)의 말처럼, "사랑은 사람들을 치유한다. 사랑을 받는 사람, 사랑을 주는 사람 할 것 없이." 불안정 애착의 소유자는 관계 갈등 상황에서 성깔 반응을 통해 관계를 악화시키기 때문에 반복적으로 실연을 겪으며 사랑의 상처를 입게 된다. 그러나 불안정 애착의 소유자라 하더라도 건강하고 성숙한 파트너를 만나서 그 사람의 달래기 행동을 통해 안전감을 회복하면 긍정적인 관계 경험을 할 수 있다. 사랑의 기술은 갈등 상황에서 자신의 성깔 반응을 조절하면서 파트너의 애착 유형에 적절한 달래기 행동을 통해 파트너의 불안을 누그러뜨리고 안전감을 회복시켜 긍정적인 관계의 선순환으로 유도하는 것이다.

2) 커플치료

연인의 반복적인 관계 갈등을 개선하는 가장 대표적인 방법은 커플치료(couple therapy)다. 커플치료는 두 사람의 연인을 대상으로 그들이 겪고 있는 갈등과 문제를 해결하는 전문적인 심리치료를 의미한다. 부부를 대상으로 하는 경우에는 부부치료(marital therapy)라고 불리기도 한다. 커플치료의 목표는 연인이나 부부가 현재

겪고 있는 관계 문제를 해결할 뿐만 아니라 미래의 갈등을 예방하고 스스로 해결하는 능력과 기술을 육성하여 관계 만족도와 안정성을 증진하는 것이다.

커플치료는 관계 갈등의 원인을 이해하고 해결하는 방식에 따라 매우 다양한 방법이 존재한다. 현재 가장 널리 적용되고 있는 대표적인 커플치료는 인지행동적 커플치료, 정서초점적 커플치료, 정신역동적 커플치료다(Baucom et al., 2006).

(1) 인지행동적 커플치료

인지행동적 커플치료(Cognitive Behavioral Couple Therapy: CBCT)는 20회 이내에 진행되는 단기 치료로서 커플의 관계를 악화시키는 부정적인 행동과 인지를 긍정적으로 변화시키는 데 초점을 맞추고 있다. 불행한 커플은 의사소통과 문제 해결의 기술이 부족할 뿐만 아니라 부정적인 행동을 높은 빈도로 주고받는다. 이들은 파트너가 나타내는 행동의 부정적 측면에 선택적으로 주의를 기울이고, 그러한 행동의 동기를 부정적인 것으로 돌리며, 그로 인해서 부정적 행동으로 보복하는 악순환에 빠져 있다. 또한 이들은 욕구의 좌절로 인한 일차적 고통에 부적응적으로 대응함으로써 이차적 고통을 만들어 낸다. 커플의 관계는 개인의 행동이 파트너의 행동에 영향을 미치는 상호적 순환과정으로 이루어진다.

CBCT 치료자는 먼저 커플의 행동을 변화시키는 데 초점을 맞춘다. 커플이 파트너에 대한 긍정적 행동을 증가시키고 부정적 행동을 감소시키도록 돕는다. 이를 위해서 치료자는 커플이 그동안 관계 갈등으로 인해서 파트너에게 하지 않았던 긍정적 행동을 증가시키도록 격려할 뿐만 아니라 관계 기술 훈련을 통해서 새로운 긍정적 행동을 하도록 돕는다.

CBCT는 커플의 부정적 행동과 감정에 영향을 미치는 인지에 주목한다. 어떻게 생각하느냐에 따라 행동과 감정이 달라지기 때문이다. 불행한 커플은 파트너의 행동을 부정적인 방향으로 해석함으로써 불쾌한 감정을 느끼고 부정적으로 행동한다. CBCT 치료자는 커플로 하여금 상호작용 과정에서 갖게 되는 생각을 관찰하게 하고, 그러한 생각이 관계에 미치는 영향을 깨닫게 하고, 인지적 재구성을 통해서 부정적 생각을 좀 더 긍정적인 것으로 바꾸도록 돕는다. 인지적 재구성(cognitive restructuring)은 연인관계에 부정적인 영향을 미치는 인지적 요인들을 발견하고 그 적절성과 장단점을 평가함으로써 좀 더 건설적인 방향으로 인지를 변화시키는 치료기법을 의미한다.

CBCT는 여러 연구에서 커플의 갈등을 감소시키고 관계 만족도를 증진하는 것으로 보고되었다. CBCT를 받은 33~67%의 부부는 부부 문제가 개선되어 부부관계에 고통을 느끼지 않는 수준으로 변화했다고 응답했으며, 이러한 긍정적인 변화는 6~12개월 이후에도 지속되었다(Baucom et al., 2008).

(2) 정서초점적 커플치료

정서초점적 커플치료(Emotion Focused Couple Therapy: EFCT)는 애착 이론의 관점에서 커플 문제를 이해하고 정서적 경험에 초점을 맞추어 치료한다(Greenberg & Johnson, 1988; Johnson & Greenberg, 1985). EFCT의 목표는 커플이 자신의 애착 욕구를 인식하고 서로의 애착 욕구를 충족시키는 방향으로 상호작용 패턴을 변화시키는 것이다.

건강한 연인관계는 안정된 애착과 유대감에 근거한다. 안정된 유대감은 개인이 고통을 느낄 때 파트너가 얼마나 옆에서 적절한 정서적 위로와 돌봄을 제공하느냐에 달려 있다. 파트너의 긍정적 행동을 통해 경험하는 안전감은 정서 조절을 증진할 뿐만 아니라 자신을 가치 있는 존재로 여기는 자존감의 기반이 된다.

커플의 관계 문제는 애착 불안과 연결되어 있다. 관계 갈등에 의해 일차적으로 유발되는 정서적 경험을 일차 정서(primary emotion)라고 한다. 일차 정서인 애착 불안은 애착 대상으로부터 거부당하거나 버림받을지 모른다는 두려움이며, 혼자 남겨지는 외로움에 대한 공포를 포함한다. 이러한 일차 정서는 애착 대상이 떠나가지 않고 자신을 사랑해 주기를 바라는 간절한 소망에 대한 위협과 좌절을 반영한다.

일차 정서는 그러한 고통과 두려움을 유발한 애착 대상에 대한 분노를 유발한다. 이처럼 일차 정서에 의해 유발된 정서를 이차 정서(secondary emotion)라고 한다. 이차 정서는 분노와 적개심으로 이루어지며 공격 행동을 유발한다. 연인은 갈등을 겪을 때 일차 정서인 애착 불안보다 이차 정서인 분노를 경험하면서 공격 행동으로 표출한다. 분노 표출은 파트너와의 관계를 악화시켜 애착 욕구를 더욱 좌절시키는 결과를 초래하게 된다.

EFCT는 커플로 하여금 관계 갈등을 증폭시키는 악순환의 상호작용 패턴을 인식시키고 서로의 애착 욕구를 좀 더 잘 충족시킬 수 있는 건설적인 행동을 하도록 돕는다. EFCT는 4단계를 통해 진행된다. 첫 번째 단계에서는 커플의 관계 패턴을 평가한다. 커플의 문제를 악화시키는 정서적 요인과 표현 방식을 정밀하게 평가하여 악순환의 상호작용 패턴을 분명하게 포착한다. 두 번째 단계에서 치료자는 커플의 갈등을 증폭시키는 악순환의 상호작용 패턴을 약화하거나 해체하는 데 초점을 맞춘다. 세 번째 단계에서는 커플이 새로운 긍정적인 상호작용 패턴을 형성하도록 돕는다. 네 번째 단계에서는 새롭게 형성한 상호작용 패턴이 견고하게 유지되도록 지원한다.

EFCT 치료자는 커플이 경험하는 정서에 초점을 맞춘다. 정서는 개인의 애착 욕구를 이해하는 창문이자 커플의 친밀감과 애정을 증가시키는 수단이기 때문이다. 커플로 하여금 정서 표현을 촉진하여 파트너와의 의사소통을 증진함으로써 커플의 관계가 긍정적으로 재구성되도록 돕는다. EFCT는 커플의 관계 문제를 해결하는 데 효과적인 것으로 보고되었다. 특히 트라우마를 겪은 커플의 문제를 치료하는 데 유용한 것으로 알려져 있다.

(3) 정신역동적 커플치료

커플의 관계 갈등에는 각자가 의식하지 못하는 과거의 무의식적인 갈등이 얽혀 있는 경우가 많다. 커플의 갈등은 현재의 문제뿐만 아니라 각자가 과거에 경험한 심리적 문제와 연결되어 있다. 과거 경험에 뿌리를 두고 있는 무의식적 갈등을 해결하지 못하면, 커플의 관계 갈등은 악화될 가능성이 높다. 정신역동적 커플치료

(psychodynamic couple therapy)는 커플 문제의 이면에 존재하는 각자의 무의식적 갈등과 두 사람의 역기능적 역동을 깨닫게 함으로써 역기능적 관계에서 벗어나도록 돕는다. 다양한 방식의 정신역동적 커플치료가 존재하며, 그 대표적인 방법이 통찰-지향적 커플치료다.

통찰-지향적 커플치료(Insight Oriented Couple Therapy: IOCT)는 개인의 관계 문제가 과거에 뿌리를 두고 있으며 어린 시절에 경험한 관계 상처에 근거하고 있다고 가정한다(Snyder & Wills, 1989). 커플의 관계 문제는 개인이 과거의 관계에서 경험한 상처와 그러한 상처로부터 자신을 보호하기 위해 형성한 방어기제와 밀접하게 관련되어 있다. IOCT 치료자는 개인이 현재의 커플 관계에서 경험하는 부정 감정과 행동 방식이 과거의 고통스러운 경험에 의해서 어떻게 영향을 받고 있는지, 그리고 그 당시에는 적응적이었던 대처방식이 현재의 관계에서 친밀감과 욕구 충족에 어떤 부정적 영향을 미치는지 깨닫도록 돕는다. 이러한 치료적 작업을 정서적 재구성(affective reconstruction)이라고 한다.

커플 문제는 현재의 관계에서 겪는 스트레스와 그에 대처하는 방식에 의해 영향을 받을 뿐만 아니라 근원적으로 과거의 관계에서 입은 상처와 부정 정서에 의해서 영향을 받는다. IOCT 치료자는 정서적 재구성 작업을 통해서 커플로 하여금 파트너에 대한 부정 감정과 그 근원을 깨닫도록 도움으로써 과거와 현재의 관계 경험을 구별하여 파트너에 대한 부정 정서를 감소시킬 뿐만 아니라 커플 관계에서 정서적 만족을 증가시키는 좀 더 건설적인 방법을 실천하도록 돕는다. IOCT는 과거의 상처 경험이 현재 관계에 미치는 부정적 영향에 대한 통찰에 초점을 맞추는 정신역동적 커플치료다.

The Psychology of Love

제4부
신과 인간 간의 사랑

The Psychology of
Love

제12장
하나님과 인간 간의 종교적 사랑

1. 종교적 사랑과 애착 욕구

사랑은 인간관계의 경험이다. 그러나 사랑은 사람이 아닌 존재와의 관계에서도 경험될 수 있다. 인간은 국가, 민족, 이념, 예술품, 반려동물과 같이 사람이 아닌 다양한 대상과 관계를 맺고 강렬한 애착을 경험할 수 있다. 가장 많은 사람이 강렬한 사랑을 경험하는 애착 대상은 신(神)이다. 신과 인간 간의 사랑, 즉 종교적 사랑은 매우 깊고 강렬하다. 많은 사람이 신과의 관계에서 감동적인 사랑의 감정을 경험할 뿐만 아니라 신에 대한 깊은 신뢰와 헌신을 나타낸다. 모든 종교에는 신을 위해 목숨을 바친 많은 순교자가 존재한다.

1) 종교의 기원

인간 사회에는 다양한 종교가 존재한다. 세계 인구의 약 80%에 해당하는 사람들이 종교를 믿는 것으로 추정되고 있다. 한국갤럽의 2021년 조사에 따르면, 한국인의 40%(남성 34%, 여성 56%)가 종교를 믿고 있다. 종교별로는 개신교 신자(17%)

가 가장 많으며 다음으로 불교 신자(16%)와 천주교 신자(6%)가 많은 것으로 나타났다. 종교마다 신봉하는 신이나 초월적 존재가 다르지만, 대부분의 종교는 인간의 애착 욕구를 충족시키기 위한 신앙체계를 갖추고 있다(Granqvist & Kirkpatrick, 2016; Kirkpatrick, 1992).

종교는 어떻게 생겨났을까? 신이란 어떤 존재일까? 인간은 어떻게 신을 믿게 되었을까? 종교의 기원에 대해서는 여러 가지 추측이 존재한다. 유명한 『황금가지 (The Golden Bough)』의 저자 제임스 프레이저(James Frazer)는 종교가 주술에서 시작하여 진화했다고 주장한다. 주술은 자연 현상이 인간의 소망대로 일어나도록 유도하기 위한 일정한 형식의 행위로서 나중에 종교로 이어졌다는 주장이다. 인류학자인 에드워드 타일러(Edward Tylor)는 눈에 보이지 않는 정령에 대한 믿음과 그와 관련된 행위가 종교로 발전했다는 견해를 제시했다.

인류학자인 로버트 마레트(Robert Marett)에 따르면, 종교는 자연의 모든 것에 어떤 비인격적인 힘이 스며들어 있다는 믿음과 여러 가지 의례를 통해 그러한 힘과 관계를 맺으려는 행위로부터 시작되었다. 이러한 초기 형태의 종교는 자연에

인간 사회에는 다양한 종교가 존재한다.

인격성을 부여하는 정령 신앙으로 발전했으며, 다음에 인격성이 더욱 강화되어
여러 신을 믿는 다신교로 진전되었고, 그다음에는 유일신교로 진화했다. 자연을
움직이는 '눈에 보이지 않는 거대한 힘'을 상정하고 그에 맞서기보다 그러한 힘과
우호적인 관계를 맺고 달램으로써 심리적 안전감을 확보하려는 것이 종교라는 주
장이다.

　독일의 신학자이자 종교학자로서 『성스러움의 의미(*The Idea of the Holy*)』를 저
술한 루돌프 오토(Rudolf Otto)에 따르면, 종교는 경외감이라는 정서적 경험에서
기원한다. 인간은 거대하고 강력한 존재 앞에서 자신의 미미함과 무력함을 절실
하게 경험하면서 두려움과 위압감을 느끼는 동시에 성스러움과 거룩함을 느끼는
경외감을 경험하게 된다. 이처럼 전율과 황홀이 복합된 성스러움의 감동적인 정
서 체험, 즉 누미노제(Numinose)가 종교의 본질이라는 것이다. 인간에게 성스럽고
거룩한 경외감을 느끼게 만드는 거대한 존재가 바로 신이다.

2) 인간과 맺는 사랑의 한계

　종교는 인간의 애착 욕구와 밀접한 관계를 지니고 있다. 애착 이론에서 제시하
고 있듯이, 인간은 다른 존재와 애착 관계를 맺어 돌봄과 보호를 받으려는 근본적
인 욕구를 지닌다. 특히 무력한 유아는 부모에게 매달리며 돌봄과 보호를 이끌어
낸다. 유아는 위험한 세상에서 생존하기 위해 부모와 근접성을 유지하면서 부모
를 안전 기지와 피난처로 삼아 세상을 탐색하며 성장한다. 부모와 떨어지면 분리
불안을 느끼며 부모와의 재결합을 강렬하게 추구한다. 유아에게 부모는 애정과
돌봄을 제공하는 동시에 세상의 위험으로부터 보호해 주는 강력한 수호자다.

　인간은 아동기에는 부모와의 애착 관계 속에서 성장하고 청년기에 접어들면 이
성과 애착 관계를 맺으며 낭만적 사랑을 경험한다. 인간은 다른 사람과의 관계 형
성을 통해 애착 욕구를 충족시킨다. 그러나 인간과 맺는 애착 관계는 몇 가지의 치
명적인 문제점을 지니고 있다.

우선, 인간관계는 불안정하다. 부모든 연인이든 다른 사람과 맺는 관계는 시간과 상황에 따라 불안정하게 변한다. 친밀한 인간관계에는 필연적으로 갈등이 존재하며 한때 뜨거웠던 사랑도 미움으로 변할 뿐만 아니라 관계가 종결되기도 한다. 또한 인간은 죽을 수밖에 없는 유한한 존재이기 때문에 언젠가는 사별하게 된다.

인간은 아무리 친밀한 관계라 하더라도 항상 함께 다닐 수 없다. 인간은 여러 사람과 관계를 맺을 뿐만 아니라 다양한 개인적 활동을 하기 때문에 항상 곁에 있을 수 없다. 따라서 갑작스러운 곤경에 처했을 때 사랑하는 사람으로부터 도움을 받을 수 없다. 인간관계를 통해서는 애착 대상과 항상 함께하려는 근접성의 욕구를 충족시킬 수 없다.

인간관계의 치명적인 한계는 자연재해와 같은 거대한 위협 앞에서는 도움이 되지 않는다는 점이다. 인간은 지진이나 쓰나미와 같은 자연재해, 전쟁과 테러, 질병과 노화 그리고 죽음 앞에서 너무나 무력하다. 이처럼 거대한 위협 앞에서는 다른 사람으로부터 돌봄과 보호를 받을 수 없다. 지혜로운 현자나 강력한 힘을 지닌 영웅도 죽음의 앞에서는 무력한 존재일 뿐이다. 인간은 다른 사람과의 세속적인 애착 관계를 통해서는 거대한 위협으로부터 보호받을 수 없다는 것을 뼈저리게 깨닫게 된다.

3) 애착 대상으로서의 신

인간은 거대한 위협 앞에서 누구에게 의지해야 할까? 죽음이 다가올 때 누구에게 도움을 요청해야 할까? 어떤 존재가 인간을 거대한 위협과 죽음으로부터 구원할 수 있을까? 필요는 창조의 어머니다. 이러한 절박한 필요에 대한 인간의 창조적 해결책이 바로 신(神)이다.

인간은 모든 위험으로부터 자신을 안전하게 보호할 수 있는 강력한 능력을 지닌 초월적 존재를 추구하게 되었다. 인간보다 더 지혜롭고 강력할 뿐만 아니라 위험에 처할 때마다 언제든 자신을 지켜 줄 수 있도록 시간과 공간을 초월한 존재를 간절히 원하게 되었다. 모든 위험으로부터 자신을 보호할 수 있는 전지전능함을 지닐 뿐만 아니라 자신에게 돌봄과 보호를 제공하려는 호의적인 사랑을 지니는 초월적 존재를 추구하게 되었다. 그러한 초월적 존재가 바로 신이다.

인간은 신에게 깊고 강렬한 종교적 사랑을 갈구한다.

신은 인간의 애착 욕구를 충족시킬 수 있는 이상적인 대상이다. 불완전하고 변덕스러운 인간과의 사랑을 대체할 수 있는 이상적인 애착 대상이 바로 신이다. 신의 개념은 종교의 발전 과정을 통해서 인간의 애착 욕구를 잘 충족시킬 수 있는 형태로 발달했다.

최근에 종교심리학자들은 종교의 기원과 본질을 이해하기 위해서 애착 이론에 주목하고 있다. 종교는 신이라는 강력한 애착 대상을 제시하고 있으며 인간은 신과 애착 관계를 형성함으로써 안전감을 느끼며 삶의 동력을 얻는다. 이런 점에서 애착 이론은 다양한 종교적 현상과 체험을 이해할 수 있는 이론적 바탕으로 여겨지고 있다. 미국의 심리학자인 리 커크패트릭(Lee Kirkpatrick)과 스웨덴의 심리학자인 페르 그랑크비스트(Pehr Granqvist)를 중심으로 애착 이론의 관점에서 종교적 체험을 설명하려는 심리학적 연구가 활발하게 진행되고 있다. 서구사회에서 이루어진 종교심리학의 연구는 대부분 기독교를 대상으로 진행되었다. 이 책의 제4부에서는 기독교를 중심으로 신과 인간 간의 종교적 사랑을 살펴볼 것이다.

2. 기독교의 사랑: 하나님과 인간 간의 사랑

기독교는 유일신인 여호와 하나님(또는 하느님)을 신봉하는 아브라함 계통의 종교다. 아브라함 계통의 종교는 구약성서에 나오는 종교지도자 아브라함에 기원을 두고 유일신을 신봉하는 여러 종교를 의미한다. 기독교는 특히 예수 그리스도의 가르침과 행적을 본받고 그를 구세주 메시아로 믿으며 따르는 종교다. 기독교는 크게 개신교와 가톨릭교회로 구분되며, 개신교에는 장로회, 감리회, 침례회를 비롯한 수많은 교파가 존재한다. 기독교는 하나님, 예수, 성령을 하나로 여기는 삼위일체론에 근거하고 있다.

기독교는 현재 세계적으로 가장 많은 사람이 믿고 있는 종교로서 신자 수가 모든 교파를 합쳐 세계적으로 약 24억 명에 달하는 것으로 추정되고 있다. 기독교는 인류 역사에 가장 큰 영향을 미친 종교일 뿐만 아니라 서양의 사회와 문화에 깊은 영향을 미쳤다. 우리나라에서도 기독교의 영향력은 강력하다. 2022년 현재 개신교의 신자 수는 국내 인구의 약 20%로서 약 1,030만 명에 해당하며, 가톨릭 신자까지 포함하면 기독교의 신자 수는 약 1,500만 명에 달한다. 이렇게 많은 사람이 기독교를 믿는 이유는 무엇일까? 기독교가 수많은 사람의 마음을 끌어당기는 이유는 무엇일까?

1) 하나님에 대한 인간의 사랑

기독교는 사랑을 최고의 가치로 여기는 종교다. 성경에는 하나님과 인간 간의 사랑이 여러 곳에서 표현되고 있다. 요한복음 3장 16절(우리말 성경, 하용조 편, 2010)에는 "하나님께서 세상을 이처럼 사랑하셔서 독생자를 주셨으니 이는 그를 믿는 사람마다 멸망하지 않고 영생을 얻게 하려는 것이다."라고 표현되어 있다. 이 밖에도 "내가 너희에게 새 계명을 준다. 서로 사랑하라. 내가 너희를 사랑한 것 같이 너희도 서로 사랑하라."(요한복음 13장 34절) 또는 "두려워하지 마라. 내가 너와 함께 있다. 걱정하지 마라. 나는 네 하나님이다. 내가 너를 강하게 하고 너를 도와주겠다. 내 의로운 오른손으로 너를 붙들어 주겠다."(이사야 41장 10절)와 같이 인간에 대한 하나님의 사랑이 표현되어 있다.

하나님에 대한 인간의 사랑 역시 뜨겁고 강렬하다. 시편 13장 5~6절에는 "나는 주의 변함없는 사랑을 믿습니다. 내 마음이 주의 구원을 기뻐합니다. 주께서 내게 은혜를 베푸셨으니 내가 여호와를 찬송할 것입니다."라는 구절이 있다. 특히 하나님을 찬양하기 위해서 부르는 찬송가에는 하나님에 대한 사랑이 잘 표현되어 있다.

🖊 그 크신 하나님의 사랑(새찬송가 304장)

1절
그 크신 하나님의 사랑 말로 다 형용 못하네
저 높고 높은 별을 넘어 이 낮고 낮은 땅 위에
죄 범한 영혼 구하려 그 아들 보내사
화목제로 삼으시고 죄 용서하셨네

(후렴) 하나님 크신 사랑은 측량 다 못하네
영원히 변치 않는 사랑 성도여 찬양하세

2절
괴로운 시절 지나가고 땅 위의 영화 쇠할 때
주 믿지 않던 영혼들은 큰소리 외쳐 울어도
주 믿는 성도들에게 큰 사랑 베푸사
우리의 죄 사했으니 그 은혜 잊을까

3절
하늘을 두루마리 삼고 바다를 먹물 삼아도
한없는 하나님의 사랑 다 기록할 수 없겠네
하나님의 크신 사랑 그 어찌 다 쓸까
저 하늘 높이 쌓아도 채우지 못하리

새찬송가 299장 〈하나님 사랑은〉의 가사는 다음과 같다. "하나님 사랑은 온전한 참 사랑, 내 맘에 부어 주시사 충만케 하소서. 내 주님 참 사랑 햇빛과 같으니, 그 사랑 내게 비추사 뜨겁게 하소서. 그 사랑 앞에는 풍파도 그치며, 어두운 밤도 환하니 그 힘이 크도다. 하나님 사랑은 온전한 참 사랑, 내 맘과 영에 채우사 새 힘을 주소서." 이러한 찬송가에는 기독교 신자가 하나님에 대해서 지니는 깊고 강렬한 사랑이 잘 표현되어 있다.

하나님과 기독교 신자의 관계를 잘 보여 주고 있는 표현 중 하나는 '알코올 중독자들(Alcohol Anonymous: AA)' 모임에서 사용하는 12단계 회복 프로그램의 내용이다(Granqvist et al., 2010).

우리는 우리가 무력하다는 것을 인정한다. 우리의 삶을 통제할 수 없음을 인정한다. 우리는 우리보다 위대한 존재가 우리를 건강한 삶으로 되돌릴 수 있음을 믿는다. 우리는 우리의 삶을 하나님의 돌봄에 의지하기로 결정한다. 우리는 기도와 명상을 통해 하나님과의 접촉이 증진되도록 노력한다.

AA는 알코올 중독자들이 알코올 중독에서 벗어날 수 있도록 서로의 경험을 나누며 지원하는 집단 공동체다. 앞에서 제시한 문구는 알코올 중독자들이 알코올 중독에서 벗어나기 위해 지녀야 할 12가지의 기본 자세 중 일부다. 자신의 무력함을 인정하고 하나님에게 전적으로 의지하면서 하나님의 돌봄을 통해 알코올 중독으로부터 벗어나려고 노력하는 것이다. AA는 기독교 신앙이 강한 미국에서 만들어진 단체로서 하나님의 도움에 의지하고 있으며 종교적 색채를 희석시키기 위해 하나님 대신 '위대한 힘(the Higher Power)'이라는 용어를 사용하기도 한다.

2) 애착 대상으로서 하나님의 속성

기독교 신앙의 핵심은 유일신 하나님과 인격적 관계를 맺는 것이다. 전지전능한 하나님 아버지와 애착 관계를 형성함으로써 하나님이 모든 위험과 죽음으로부터 구원해 줄 것이라는 믿음과 소망을 갖는 것이다. 종교심리학자들(Granqvist & Kirkpatrick, 2016)에 따르면, 기독교 신자가 하나님과 맺는 관계는 어린아이가 부모와 맺는 애착 관계와 매우 유사하다.

인간은 무지하고 무능한 존재로 세상에 던져진다. 무지하고 무력한 존재인 어린아이가 복잡하고 위험한 세상에서 생명을 유지하기 위한 생존전략은 '자신보다 더 지혜롭고 더 유능한 존재(wiser and stronger being)'에게 의존하며 애착하는 것이다. 이러한 애착 대상은 항상 자신의 곁에 있는 존재로서 자신이 위험에 처했을 때 보호와 도움을 제공할 수 있는 호의적이고 유능한 존재여야 한다.

어린아이는 애착 대상인 부모와 가까이 있으려는 근접성(proximity)을 추구한다. 좋은 부모는 어린아이가 위험에 처할 때마다 언제든지 도움을 제공할 수 있는 가용성(availability)을 지닌 존재일 뿐만 아니라 어린아이가 처한 위험을 민감하게 인식하여 적절한 도움을 제공하는 지혜롭고 유능한 존재여야 한다. 어린아이에게 있어서 부모는 위험으로부터 보호받는 피난처이자 안전감을 느끼는 안식처이며, 험난한 세상으로 다시 나아갈 수 있는 안전 기지의 역할을 한다.

그러나 부모는 모든 위험으로부터 보호해 줄 수 있는 이상적인 존재가 아니다. 어린 시절에는 부모가 모든 것을 알고 모든 것을 해결해 주는 전지전능한 존재로 여겨진다. 그러나 어린아이는 점차 성장하면서 부모의 한계를 인식하고 실망하게 된다. 부모도 자신과 마찬가지로 지식과 능력의 한계를 지닌 불완전한 존재일 뿐이며 강력한 위험으로부터 자신을 보호할 수 없다는 것을 깨닫게 된다. 또한 부모와의 관계는 시간과 상황에 따라 변덕스럽게 변하기 때문에 부모가 항상 자신에게 돌봄을 제공할 것이라는 믿음을 지니기도 어렵다.

전지전능한 존재인 하나님을 형상화한 모습

기독교는 하나님이라는 초월적 존재를 제시함으로써 인간의 근본적인 딜레마에 대한 해결책을 제공하고 있다. 애착 이론의 관점에서 보면, 하나님은 인간이 원하는 이상적인 애착 대상의 조건을 잘 갖추고 있다.

첫째, 하나님은 천지를 창조한 모든 존재의 근원이며 모든 인간의 근원적 아버지다. 둘째, 하나님은 모든 것을 알고 있는 전지성(全知性, omniscience)의 존재로서 모르는 것이 없는 무소부지(無所不知)의 속성을 지닌다. 셋째, 하나님은 모든 것을 행할 수 있는 전능성(全能性, omnipotence)을 지닌 존재로서 무소불능(無所不能), 즉 행할 수 없는 것이 없다. 넷째, 하나님은 모든 곳에 존재하는 편재성(偏在性,

omnipresence)의 존재로서 안 계신 곳이 없는 무소부재(無所不在)의 속성을 지닌
다. 다섯째, 하나님은 무한한 사랑의 자비성(慈悲性, omnibenevolence)을 지닌 존재
로서 모든 인간을 사랑하며 독생자를 이 세상에 보내어 영생의 구원을 얻게 하려
는 선한 의도를 지니고 있다.

애착 이론의 관점에서 보면, 하나님은 애착 대상으로서의 완벽한 조건을 갖추고
있다(Kaufman, 1981). 우선, 하나님은 전지전능한 존재로서 완전한 돌봄과 보호를
제공할 수 있다. 하나님은 전지한 존재로서 인간 개개인의 고통과 필요를 정확하
게 포착하는 민감성(sensitivity)을 갖추었을 뿐만 아니라 전능한 존재로서 인간의
고통과 필요에 적절한 돌봄을 제공하는 반응성(responsiveness)을 나타낼 수 있다.
하나님은 모든 곳에 존재하기 때문에 인간이 언제든지 접촉하여 도움을 요청할 수
있다. 무엇보다 중요한 것은 이처럼 전지전능한 하나님이 인간을 사랑한다는 점
이다. 하나님은 자신을 믿고 따르는 인간에게 항상 완전한 돌봄과 보호를 제공하
며 죽음으로부터 구원하려는 사랑의 마음을 지닌다. 이런 점에서 하나님은 육신
의 부모가 해결해 주지 못하는 모든 소망을 충족시켜 줄 수 있는 이상적인 애착 대
상이다. 인간은 이러한 하나님과 애착 관계를 형성함으로써 모든 불안을 이겨 내
고 죽음에서 벗어날 수 있는 구원의 희망을 지닐 수 있다.

3) 하나님과 인간의 애착 관계

기독교 신앙은 하나님과 신자 간의 애착 관계에 기초하고 있다. 기독교 신자는
기도와 명상을 통해 하나님과의 접촉을 추구하고, 고난과 역경의 시기에는 하나님
에게 위로와 도움을 요청하며, 하나님을 든든한 지지자로 여기며 세상을 활기차게
살 수 있는 것이다. 하나님과 인간 간의 사랑에는 애착 관계의 네 가지 특징인 근
접성 유지, 피난처, 안전 기지, 분리 고통의 요소가 잘 포함되어 있다.

(1) 하나님과의 근접성 추구

애착의 가장 중요한 특성은 어린아이와 부모가 근접성을 유지하는 것이다. 기독교 신자는 하나님과의 근접성을 추구한다. 하나님은 무소부재한 존재이기 때문에 신자는 항상 하나님과 함께 있다는 느낌을 지닐 수 있다. 기독교는 신자가 하나님과의 근접성을 체감할 수 있는 다양한 장치를 갖추고 있다.

정기적인 예배에서 목회자의 설교와 찬송을 통해 하나님의 존재를 각인시키는 작업이 주기적으로 이루어진다. 또한 교회는 하나님을 상징하는 조형물(예수상, 십자가상, 성화 등)을 갖추고 있다. 하나님의 말씀과 예수의 행적을 담고 있는 성경은 하나님과의 근접성을 추구하는 매우 중요한 도구다. 신자는 성경, 십자가 목걸이나 반지, 묵주 등을 지니고 다니며 하나님과의 근접성을 재확인할 수 있다.

기도는 하나님과의 접촉을 추구하는 행위다.

하나님과의 근접성을 추구하는 중요한 종교적 행위는 기도(prayer)다(Reed, 1978). 기도는 하나님과의 소통이며 하나님과 친밀한 관계를 맺으려는 신앙 행위다. 관상 기도와 명상 기도를 통해서 하나님의 이미지를 떠올리거나 하나님과 교류하며 하나님의 존재를 재확인할 수 있다. 마치 어린아이가 놀이를 하다가 어머니의 존재를 확인하기 위해서 가끔 돌아보거나 어머니 가까이에 와서 확인하고 다시 놀이터로 돌아가듯이, 기도는 애착 대상인 하나님의 존재를 재확인하고 하나님과의 관계를 재경험하는 행동이라고 할 수 있다. 위험에 처한 아이가 부모에게 달려가 도움을 요청하듯이, 기독교 신자는 곤경에 처했을 때 하나님에게 도와 달라고 기도할 뿐만 아니라 미래의 소망이 이루어지게 해 달라고 기도한다. 어린아이는 부모와의 근접성을 추구하기 위해서 울기, 팔 벌리기, 매달리기, 소리 지르기와 같은 다양한 애착 행동을 나타낸다. 기독교 신자가 절실한 마음으로 통성 기도를 하는 모습은 위험에 처한 어린아이가 절박하게 부모를 부르며 근접성을 추구하는 애착 행동과 유사하다.

(2) 피난처로서의 하나님

기독교 신자에게 하나님은 고난과 역경의 시기에 피난처의 역할을 한다. 마태복음 11장 28절에 "수고하고 무거운 짐을 진 모든 사람은 다 내게로 오라. 내가 너희를 쉬게 할 것이다."라고 표현되어 있듯이, 하나님은 고통받는 사람에게 위로와 돌봄을 제공한다.

어린아이는 위험에 처하면 부모에게 돌아가 피난처로 삼는다(Bowlby, 1969). 어린아이는 다음과 같은 세 가지의 위험 상황에서 애착 대상에게 접근하여 돌봄을 요청한다. 첫째는 위험에 처해 불안과 공포를 느끼는 상황이고, 둘째는 질병, 상처, 피로와 같이 육체적인 나약함을 경험하는 상황이며, 셋째는 부모와 떨어져 분리불안을 느끼는 상황이다. 한 실증적 연구(Hood et al., 1996)에 따르면, 이와 비슷하게 기독교 신자는 다음과 같은 세 가지 상황에서 하나님을 찾는 경향이 있다.

첫째, 고난과 역경에 부딪혔을 때 하나님을 찾는다. 프로이트가 지적했듯이, 종교는 보호받고 안전감을 느끼려는 욕구에 뿌리를 두고 있다. "포탄이 쏟아지는 전쟁의 참호 속에는 무신론자가 존재하지 않는다."는 말이 있듯이, 전쟁터의 군인은 기도를 자주 한다. 종교에 귀의하는 일은 매우 심한 정서적 고통이나 위기를 겪을 때 흔히 일어난다.

둘째, 심각한 질병이나 부상을 당했을 때 하나님에 대한 접근성이 증가한다. 신체적 질병에 대처하는 공통적인 대처 방법은 기도하는 것이다. 심각한 질병에 걸린 환자는 하나님으로부터 위로와 보살핌을 받을 뿐만 아니라 고통스러운 시기를 견딜 수 있는 인내와 용기를 얻는다(O'Brien, 1982). 종교는 환자가 만성 질병을 견

더 내는 데 도움이 되는 것으로 알려져 있다.

셋째, 인간관계의 상실을 경험할 때 하나님을 찾는다. 사랑하는 사람과 사별한 사람은 종교에 더 의지하고 더 많이 기도한다. 특히 부모와 사별하거나 연인과 이별하는 상실 경험은 종교적 회심의 계기가 되는 것으로 알려져 있다. 그 이유는 사랑하는 사람의 상실 사건이 애착체계를 활성화시켜 애착 행동을 촉발하기 때문이다. 또한 사별이나 이혼을 겪은 사람은 상실한 애착 대상을 대체하기 위해서 하나님을 새로운 애착 대상으로 삼는 경향이 있다.

(3) 안전 기지로서의 하나님

기독교 신자는 하나님을 안전 기지로 여긴다. 하나님은 전지전능할 뿐만 아니라 모든 곳에 존재하기 때문에 신자는 자신이 원할 때마다 하나님과 함께할 수 있다고 믿는다. "내가 죽음의 그림자가 드리운 골짜기를 지날 때라도 악한 것을 두려워하지 않는 이유는 주께서 나와 함께 계시기 때문입니다. 주의 지팡이와 막대기가 나를 지키시고 보호하십니다."라는 시편 23장 4절처럼, 기독교 신자는 하나님이 자신을 지켜 주는 안전 기지가 되어 줄 것으로 믿는다.

하나님과의 애착 관계는 불안과 공포를 완화하는 기능을 한다. 자신이 원할 때마다 애착 대상과 함께할 수 있다고 믿는 사람은 그렇지 않은 사람에 비해 불안과 공포를 덜 느낀다. 한 실험 연구(Granqvist et al., 2012)에서 참가자들에게 하나님이라는 단어를 매우 짧은 순간 제시했을 때에도 그렇지 않을 때보다 안전감이 증가하는 것으로 나타났다. 하나님은 무소부재할 뿐만 아니라 전지전능한 존재이기 때문에 신자가 언제나 안전감을 느끼는 안전 기지의 역할을 하는 완벽한 애착 대상이다(Kaufman, 1981).

(4) 분리 고통

어린아이가 부모와 분리되면 고통을 느끼듯이, 기독교 신자는 하나님과의 분리를 고통으로 경험한다. 기독교 신자는 신앙생활을 하면서 하나님과 이전에 경험했던 유대감을 느낄 수 없을 때 고통을 경험한다. 기독교에서는 이러한 경험을 '광야 경험' 또는 '영혼의 어두운 밤'이라고 지칭하고 있다. 광야 경험은 하나님의 존재를 느낄 수 없거나 하나님으로부터 버림받았다는 느낌을 의미한다. 잘 알려진 예는 십자가에 매달린 예수가 "내 하나님, 내 하나님, 어째서 나를 버리셨습니까?"(마태복음 27장 46절)라고 울부짖은 것이다.

한 실험 연구(Birgegard & Granqvist, 2004)에서 기독교 신자들에게 "하나님이 나를 버렸다."라는 문장을 제시하여 하나님과의 분리를 암시했을 때 하나님과 더 가까워지려는 욕구가 증가했다. 하나님은 불멸의 존재이기 때문에 하나님과 분리된다는 것은 미래의 심판에서 지옥에 떨어지는 것을 의미할 수 있다. 여러 신학 체계에서는 지옥의 본질을 하나님과 분리되는 것으로 여기고 있다.

3. 하나님의 이미지: 부성애와 모성애

기독교 신자에게 하나님은 마음속에 내재화된 애착 대상으로 존재한다. 신자는 기도나 명상을 할 때 마음속에 존재하는 하나님의 심상(image)을 떠올린다. 과연 기독교 신자들은 하나님에 대해서 어떤 이미지를 지니고 있을까? 신자들은 어떤 하나님 이미지를 떠올리며 기도나 명상을 하는 것일까? 하나님의 이미지는 아버지와 같은 남성적인 모습일까 아니면 어머니와 같은 여성적인 모습일까? 종교심리학자에 따르면, 기독교 신자들은 하나님에 대해서 각기 다른 이미지를 지니며 그에 따라 신앙생활도 달라진다.

1) 하나님의 부성적 이미지

기독교의 원조인 유대교는 아버지 중심의 가부장적 사회에서 발달한 종교로서 신봉하는 신의 부성과 남성성이 강조되고 있다. 무엇보다 '하나님 아버지(God the

Father)'라는 신의 명칭에서부터 부성과 남성성을 부각하고 있다. 또한 하나님 아버지는 계율에 복종하는 것을 요구하는 권위적인 존재다. 이러한 기독교의 하나님은 천지를 창조한 우주의 근원으로서 전지전능한 존재이지만 엄격하고 권위적인 부성적 이미지가 강하다. 아래의 그림에서 볼 수 있듯이, 러시아 화가인 빅토르 바스네초프(Viktor Vasnetsov: 1848~1926)의 작품에는 하나님의 부성적 이미지가 잘 묘사되어 있다.

하나님의 부성적 이미지를 잘 표현한 빅토르 바스네초프의 작품 〈God the Almighty〉

현대의 페미니즘 신학자들은 기독교에서 하나님을 남성대명사로 지칭하는 것에 대해서 비판하고 있다. 고대 종교의 신들은 모성적 인물인 경우가 많았다. 구약성경에서 하나님은 창조주이자 전지전능한 권능을 지닌 강력한 존재이지만 계율을 어긴 자에게는 징벌을 가하는 무서운 부성적 존재로 묘사되고 있다. 부성적 존재는 인간의 애착 욕구를 충족시키는 데 한계가 있다. 인간은 따뜻하고 부드러운 모성적 사랑을 갈망하는 애착 욕구가 있기 때문이다. 애착 연구에서 밝혀졌듯이, 어린아이에게 있어서 가장 중요한 애착 대상은 아버지가 아니라 어머니다.

2) 하나님의 모성적 이미지

기독교 신자들은 하나님을 어머니의 이미지로 심상화하기도 한다. 영국의 은 둔 수도자이자 신비주의 저술가인 노리치의 줄리안(Julian of Norwich: 1342~1416) 은 『하나님 사랑의 계시(Revelations of Divine Love)』라는 책에서 하나님과 예수 그 리스도에 대한 16가지 환상 경험을 모성적인 언어로 기술하고 있다. 그녀는 하나 님을 부성적 이미지와 모성적 이미지가 혼재된 모습으로 남성 용어와 여성 용어를 번갈아 사용하며 묘사하고 있다. 특히 가장 비참한 죄인까지 품으시는 하나님의 사랑과 온유함을 강조하면서 교회를 '어머니'로 표현하고 있으며, 하나님의 사랑 을 나타내기 위해서 여러 곳에서 모성적 언어를 사용하고 있다(McGrath, 2017).

> 내가 환상 중에 보니, 하나님께서 우리의 아버지 되심을 기뻐하십니다. 또한 우리의 어머니 되심을 기뻐하십니다. 나아가 주님은 우리의 참 남편이 되셔서, 우리 영혼을 당 신께서 사랑하시는 신부로 맞으심을 기뻐하십니다. 이에 더해 그리스도께서 우리의 형 제 되시고 구주 되심을 기뻐하십니다.

> 주님은 본래 존재하는 것들의 참 아버지이며 어머니이십니다…… 우리는 사랑이신 어머니께 겸손히 우리의 아픔을 아뢸 수 있고, 그러면 그분은 당신의 고귀한 피를 우리 에게 부어 주시고, 우리 영혼을 부드럽고 온유하게 다듬으시며, 시간이 흘러 우리를 온 전한 아름다움으로 회복시켜 주십니다…… 이처럼 우리의 생명은 예수의 창조되지 않 은 예지와 아버지의 전능하신 능력과 성령의 지극히 높고 탁월한 선하심을 통해 우리 의 참 어머니이신 예수 안에 세워졌습니다…… 우리 영혼들이 볼 때 하늘에 계신 우리 어머니는 아름답고 다정하시고, 또 하늘에 계신 우리 어머니께서 보실 때 은혜 입은 자 녀들은 귀하고 사랑스러우며, 자녀로서 마땅히 지녀야 할 온갖 좋은 성품을 갖춰 온유 하고 겸손합니다.

성경에도 하나님의 사랑을 모성애에 비추어 묘사하는 부분이 여러 곳에 존재한다. 예를 들면, 이사야 49장 15절에 "어머니가 자기의 젖먹이를 어떻게 잊겠느냐? 자기 태에서 낳은 아들을 어떻게 가엾게 여기지 않겠느냐? 혹시 그 어머니는 잊어버려도 나는 너를 잊지 않겠다."라는 표현이 있다. 이사야 66장 11절의 "너희는 젖을 빠는 것처럼 그 위로하는 품에서 만족할 것이고 젖을 깊이 빠는 것처럼 그 넉넉함에 기뻐할 것이다."와 이사야 66장 13절의 "어머니가 자기 아이를 위로하듯이, 내가 너희를 위로하겠다. 그러면 너희가 예루살렘에서 위로를 받을 것이다."라는 표현은 하나님의 사랑을 모성애와 같은 것으로 묘사하고 있다.

미국의 기독교 신자들을 대상으로 하나님의 이미지를 조사한 연구(Roof & Roof, 1984)에서는 하나님의 남성적 이미지가 강하지만, 여성적 이미지를 떠올리는 사람도 적지 않았다. 개신교 신자들의 61%가 하나님을 아버지로 여겼지만, 25%의 신자들은 하나님을 어머니로 떠올렸다. 가톨릭 신자를 대상으로 조사했을 때는 하나님의 일차적 이미지는 창조자(18.4%)가 가장 많았고, 다음으로 치유자(15.4%), 구원자(14.1%), 아버지(13.6%), 친구(13.4%), 왕(10.7%), 주인(10.2%), 심판자(9.7%), 연인(9.3%), 해방자(8.8%), 어머니(5.4%), 배우자(3.8%)의 순서였다. 이 연구에서 전통적이지 않은 하나님의 이미지(배우자, 어머니, 연인)를 제외하고 요인분석을 했을 때, 하나님의 이미지는 두 개의 요인으로 묶였다. 하나는 다섯 개의 일반적 이미지(창조자, 치유자, 친구, 구원자, 아버지)로 구성되는 '치유자' 요인이었고, 다른 하나는 네 개의 덜 일반적인 이미지(주인, 왕, 심판자, 해방자)로 이루어진 '왕' 요인이었다(Nelson et al., 1985). 하나님을 왕보다 치유자로 여기는 사람들이 많다는 것은 미국인의 경우 하나님을 심판하는 권위적 인물로 여기기보다 치유하는 지지적 인물로 여긴다는 것을 의미한다. 이 연구에서 특히 여자들은 하나님을 더 지지적인 존재로 여기는 경향이 있었다.

하나님의 일차적 이미지는 지식, 힘, 권능, 정의, 권위, 모범, 법, 질서의 속성을 지니는 아버지의 이미지다. 그러나 하나님의 이미지는 신자의 성별과 나이 그리고 교파에 따라 다르다. 가톨릭 신자인 청소년과 대학생을 대상으로 조사한 결과,

하나님의 아버지 이미지가 강했지만, 청소년이 대학생으로 성장하면 특히 여자의 경우 하나님의 이미지는 더 모성적인 방향으로 변했다(Vergote et al., 1969). 또한 48명의 대학생을 대상으로 조사한 결과 27명은 하나님을 '하늘에 계신 아버지'로, 14명은 '하늘에 계신 어머니'로, 그리고 26명은 '하늘에 계신 부모'로 여겼다(Foster & Keating, 1992).

성 역할 정체감 이론에 따르면, 사람들은 남자든 여자든 자신이 남성적 측면과 여성적 측면을 모두 지닌다고 믿는다. 개인마다 그 정도가 다르지만, 하나님의 남성적 이미지와 여성적 이미지는 배타적인 것이 아니다. 투사 이론에 따르면, 사람들은 자신의 성 역할 정체감을 하나님에게 투사하여 남성적 또는 여성적 이미지로 표상할 수 있다. 282명의 가톨릭 신자를 대상으로 한 연구(Lambert & Kurpius, 2004)에서, 신자들은 여성적 성 역할 정체감이 높을수록 하나님을 여성적인 존재로 보려는 경향이 높았다. 남자와 여자 모두 여성적 성 역할 정체감이 높은 사람일수록 하나님을 여성적 속성(아름다운, 위로하는, 연민이 많은, 부드러운, 희생적인, 경청하는, 사랑하는, 평화로운, 순수한 등)을 지닌 존재로 여기는 경향이 있었다.

3) 예수의 양성적 이미지

기독교는 예수(Jesus)의 출현으로 인해 유대교로부터 분리된 종교다. 유일신인 여호와 하나님을 똑같이 신봉하지만 예수를 구세주로 인정하느냐의 여부에 따라 유대교, 기독교, 이슬람교로 나뉘게 되었다. 기독교는 예수를 하나님의 독생자이자 구세주로 인정한다는 점에서 다른 종교와 구분된다. 기독교가 세계 종교로 발전할 수 있었던 이유 중 하나는 예수가 몸소 실천한 사랑 때문이다. 예수의 중요한 공헌 중 하나는 하나님의 부성적 이미지를 보완하여 모성적 이미지를 추가한 것이다. 예수는 가난하고 고통받는 사회적 약자들과 함께하면서 그들을 위로하며 사랑을 실천했을 뿐만 아니라 모든 인간의 죄를 대신하여 십자가에 매달리는 희생적 사랑을 보여 주었다. 고통받는 자녀를 위로하고 희생하는 것은 모성애의 핵심이다.

인간이 지은 모든 죄를 대신 짊어지고 속죄하기 위해서 십자가에 매달려 극심한 고통을 겪으며 기꺼이 목숨을 바친 예수의 희생적 사랑은 많은 사람에게 깊은 감동을 준다. 예수는 하나님의 외아들로서 이 세상에 육신의 몸으로 와서 인간의 곁에 머물며 사랑의 정신을 강조하다가 모든 인간의 죄를 대속하기 위해 십자가에 못 박혀 자신을 희생하였을 뿐만 아니라, 죽음으로부터 부활하여 천국에서 영생할 수 있음을 보여 주었다. 예수가 모범적으로 보여 준 사랑의 정신은 후대의 제자와 신자들에게 이어지며 부성애와 모성애를 통합한 기독교로 발전했다.

모성적 이미지를 지니고 있는 예수와 마리아의 모습

위의 그림에서 볼 수 있듯이, 예수는 남성이지만 온유하고 희생적인 모성적 이미지로 표현되고 있다. 가톨릭교회에서는 하나님과 예수뿐만 아니라 성모(聖母) 마리아를 예배의 대상으로 삼으며 모성적 이미지를 부각시키고 있다. 가톨릭 신자들은 개신교나 유대교 신자들에 비해서 여성의 성 역할에 대해서 더 호의적인 태도를 지니며 하나님에 대한 모성적 이미지를 더 많이 지니는 경향이 있다(Baker & Terpstra, 1986).

여러 종교의 신들은 남성과 여성의 이중적 속성을 지니며 서로 보완적인 역할을 담당한다. 유일신교에서는 다면적 신의 속성들이 하나의 남성 신으로 통합된다(Schoenfeld & Mestrovic, 1991). 하나님이 아버지 이미지와 어머니 이미지 중 어느

쪽에 더 가까운가의 문제는 기독교인을 대상으로 한 많은 실증적 연구에서 다양한 결과가 도출되었다. 이 물음에 대한 가장 합리적인 결론은 하나님의 이미지에는 아버지와 어머니의 속성이 혼합되어 있다는 것이다(Vergote & Tamayo, 1981).

4) 삼위일체론의 통합적 이미지

초기 기독교의 교부신학자들이 고심했던 문제 중 하나는 하나님과 예수의 관계다. 기독교는 하나님을 믿는 종교인가 아니면 예수를 믿는 종교인가? 하나님과 예수는 동일체라는 주장과 부자 관계의 서로 다른 존재라는 주장이 대립했다. 치열한 논쟁 끝에 결국 성부(하나님), 성자(예수), 성령(하나님과 예수의 영)은 서로 구별되면서도 본질은 같다는 삼위일체론이 승리했다.

삼위일체론은 신학적 논쟁과 정치적 판단의 결과물이지만 이성적이고 합리적인

성부, 성자, 성령의 삼위일체를 표현한 그림

관점에서 보면 이해하기 쉽지 않다. 인간의 몸으로 태어나 십자가에 매달려 죽은 예수가 어떻게 세상 만물의 창조자이자 주재자인 하나님과 동격이라는 것인가?

삼위일체론은 기독교 신학자들이 고심한 결과물인 듯하다. 신학자 자신과 신자들의 종교적 경험에 근거하여 하나님과 예수의 관계를 이상적인 형태로 정립한 것이다. 삼위일체론은 논리적 관점에서 보면 이해하기 어렵지만 심리학의 관점에서 보면 인간의 심성에 적합한 매우 절묘한 해결책이다. 삼위일체론은 인간이 하나님을 이상적인 애착 대상으로 여기도록 만드는 통합적 속성을 제시하고 있다. 인간의 심리적 세계는 결코 논리적이거나 합리적이지 않다. 낭만적 사랑이 그러하듯이, 인간은 애착 욕구를 충족시키기 위해 합리성을 무시하거나 초월할 수 있다.

애착 이론의 관점에서 보면, 삼위일체론은 하나님, 예수, 성령을 하나의 애착 대상으로 통합함으로써 인간의 애착 욕구를 효과적으로 충족시키는 심리적인 기능을 하고 있다. 성부(聖父) 하나님은 천지창조자로서 전지전능한 존재이지만 엄격하고 권위적인 부성적 이미지가 강할 뿐만 아니라 너무 추상적인 존재여서 친밀감을 느끼기 어렵다. 성자(聖子) 예수는 따뜻하고 부드러운 사랑의 정신을 강조했을 뿐만 아니라 모든 인간의 죄를 대신 짊어지고 십자가에 매달리는 희생적인 모성적 이미지를 지니고 있다. 또한 예수는 인간의 몸을 지니고 이 세상에서 생활했던 역사적 인물로서 친밀감을 느낄 수 있는 장점을 지닌다. 성령(聖靈)은 비물질의 영적 존재로서 시간과 장소를 초월하여 모든 인간과 교감을 나눌 수 있는 무소부재의 속성을 지닌다. 이러한 속성을 보여 주기 위해서 성령은 비둘기로 상징되는 경우가 많으며, 불이나 바람으로 표현되기도 한다.

삼위일체론은 안전감을 제공하는 애착의 핵심적 특성을 하나의 애착 대상으로 통합하고 있다. 기독교 신자는 전지전능한 하나님 아버지와의 관계를 든든한 안전 기지로 삼고, 온유하고 희생적인 사랑을 보여 준 예수와의 관계를 피난처로 여기며, 언제나 근접성을 유지할 수 있는 성령과 소통하면서 고난과 역경이 많은 세상에서 안전감을 느끼며 살아갈 수 있는 것이다. 달리 말하면, 삼위일체론을 통해서 신자는 하나님의 부성적 이미지와 예수의 모성적 이미지를 통합하여 부모의 온전한 사랑을 체험할 수 있게 된 것이다. 또한 성령을 통해서 부모의 온전한 사랑을 언제 어디서든 체험할 수 있게 된다. 삼위일체론은 다양한 욕구와 이해관계를 지닌 신자들을 하나로 통합시키는 효과도 지니고 있다. 심리학의 관점에서 보면, 기독교는 인간의 애착 욕구를 가장 성공적으로 충족시킬 수 있는 애착 대상과 신앙체계를 갖추고 있는 종교라고 할 수 있다. 기독교 신자들은 하나님을 아버지로 모시는 형제자매로서 가족애를 느끼는 대가족을 이루는 셈이다. 하나님과 인간 간의 종교적 사랑은 부모와 자녀 간의 가족적 사랑과 유사한 점이 많다.

4. 일신교와 다신교의 애착 대상

현재 지구상에 존재하는 종교는 일신교(一神敎)와 다신교(多神敎)로 구분할 수 있다. 기독교와 같이 하나님만을 유일한 신앙대상으로 삼는 일신교도 있고, 힌두교와 같이 다양한 지위와 능력을 지닌 여러 신을 신앙의 대상으로 삼는 다신교도 있다.

1) 애착 대상의 수: 일신교와 다신교

애착 이론에 따르면, 어린아이는 여러 명의 대상과 애착 관계를 맺을 수 있다. 대부분 어머니가 가장 일차적인 애착 대상이다. 그러나 아버지 역시 중요한 애착 대상이 된다. 일부일처제의 가족제도에서는 어머니뿐만 아니라 아버지와도 애착 관계를 형성하는 것이 아이의 생존에 중요하다.

어린아이의 입장에서 보면, 어머니는 피부를 맞대고 체온을 나눌 뿐만 아니라 늘 가까이에서 자신의 다양한 욕구를 충족시키며 돌봄을 제공하는 가장 중요한 애착 대상이다. 어머니는 따뜻하고 부드러운 촉감과 지속적인 돌봄을 제공하는 온유한 사랑의 원천이다. 그러나 어머니는 맹수나 다른 사람의 공격과 같은 심각한 물리적 위험으로부터 자녀를 보호할 수 있는 신체적 저항 능력이 부족하다. 따라서 아이는 강력한 신체적인 힘을 지닌 아버지에게도 애착함으로써 다양한 위험으로부터 보호받을 수 있다.

아이에게 아버지는 심리적으로 편안하고 따뜻한 존재는 아니지만 곤경에 처했을 때 보호와 지원을 받을 수 있는 강력한 존재로서 든든한 사랑의 원천이 된다. 어린아이가 따뜻하고 부드러운 돌봄을 제공하는 어머니뿐만 아니라 강력한 위험으로부터 보호받을 수 있는 아버지를 주된 애착 대상으로 삼는 것이 생존에 유리했을 것이다.

대가족의 경우, 아이는 부모뿐만 아니라 할아버지, 할머니, 삼촌, 고모나 이모, 연상의 형제자매들과 애착 관계를 형성할 수 있다. 어머니와 아버지로부터 일시적인 미움을 받거나 그들이 부재할 경우에는 할아버지나 할머니 또는 다른 가족 구성원과 애착 관계를 통해서 돌봄을 받을 수 있다. 이처럼 아이는 어머니와 아버지를 중심으로 한 애착 관계를 형성하지만 여러 가족 구성원과 다양하고 복잡한 애착 관계를 맺는다.

아이는 다수의 대상과 애착 관계를 맺을 수 있으며 애착의 강도와 심리적 근접성에 따라 애착 대상은 위계적 구조를 지닌다. 성인도 여러 사람과 애착 관계를 형성하지만 애착 대상의 수나 관계 패턴은 사람마다 다르다. 한 사람과의 관계에 집중하여 강렬한 애정을 추구하는 사람도 있고, 여러 사람과의 관계를 맺고 필요에 따라 적절한 돌봄을 추구하는 사람도 있다.

종교도 신봉하는 신의 수나 속성에 따라 다양한 형태를 지닌다. 종교가 발달한 문화적 배경의 특성에 따라 여러 신들이 하나로 통합되어 일신교로 발전하기도 하고, 하나의 신이 여러 형태로 분화되어 다신교로 발전하기도 했다. 대표적인 일신교는 기독교를 비롯한 아브라함 계통의 종교다. 성경의 구약에 나오는 종교지도자 아브라함은 하나님 이외의 우상 숭배를 거부한 최초의 유일신 신봉자로서 유일신 신앙의 효시로 여겨지고 있다. 아브라함 계통의 종교로는 유대교, 기독교, 이슬람교, 바하이교 등이 있다.

십계명의 첫 번째는 "하나님 이외의 다른 신을 섬기지 말라."는 것이다. 유난히 고난이 많았던 유대 민족의 경우에는 유일신 야훼에 대한 신앙을 통해 민족의 단결을 강화하며 희망을 지닐 수 있었을 것이다. 종교지도자뿐만 아니라 정치지도자들 역시 하나의 신을 신봉하는 종교가 정치적 분열을 방지하고 다양한 정치세력을 통합하는 데 유리했을 것이다.

2) 불교의 애착 대상

불교는 2500년 전 인도 북부지역에서 활동했던 석가모니가 창시한 종교로서 자신과 세상에 대한 집착을 끊음으로써 모든 고통에서 벗어나는 해탈을 추구한다. 불교는 초월적인 존재인 신을 가정하지 않은 무신론적 종교로서 인간의 애착 욕구를 경계한다. 석가모니는 임종하면서 제자들에게 '자등명 법등명(自燈明 法燈明)'이라는 말을 남겼다. 자기 자신과 진리를 등불로 삼을 뿐 어떤 것에도 의존하지 말라는 것이다. 모든 것이 인연화합의 연기(緣起)에 의해 생성되는 무상(無常)한 것이므로 어떤 것에도 집착하지 말라는 것이 불교의 핵심적 가르침이다.

(1) 불교의 불상 숭배

초기 불교에서는 석가모니의 유언에 따라 불상을 만들지 않았다. 석가모니는 자신을 개인적으로 숭배하는 것을 금했기 때문에 사후 수백 년 동안 불상이 존재하지 않았다. 기원 전후에 간다라 지방에서 불교 신자들이 그리스 문명과 접촉하면서 불상을 만들기 시작했다. 그리스 신들의 조각상처럼 석가모니의 형상을 불상으로 만들어 예배의 대상으로 삼기 시작했다.

인간의 애착 욕구를 충족시키지 못하는 종교는 많은 사람의 호응을 받지 못할 뿐만 아니라 오래도

간다라 지역에서 발견된 초기 불상

록 존속하기 어렵다. 석가모니의 가르침이 매우 고귀한 것임에도 불구하고 불교
가 종교로서 생명력을 유지하기 위해서는 인간의 애착 욕구를 충족시킬 수 있는
장치가 필요했다. 대승불교에 이르러 석가모니가 불상으로 제작되어 숭배의 대상
이 되었을 뿐만 아니라 다불사상(多佛思想)에 의해 다수의 부처와 보살을 신앙의
대상으로 삼게 되었다.

(2) 삼신불 사상

불상은 종류가 매우 많지만 가장 중요한 것은 석가모니불, 비로자나불, 아미타
불이다. 불교는 깨달음을 추구하는 종교로서 깨달은 자를 부처(Buddha)라고 지칭
한다. 불교의 교리가 발달하면서 세 종류의 부처를 숭배하는 삼신불(三身佛) 사상
이 출현하게 되었다. 삼신불 사상에 따르면, 숭배의 대상은 우주의 진리 자체를 상
징하는 법신불(法身佛), 석가모니와 같이 인간의 몸으로 태어나 진리를 몸소 체험
하여 증명한 응신불(應身佛), 그리고 미래의 세계에 나타나 중생을 돕는 보신불(報
身佛)로 구분할 수 있다.

불교의 삼신불 사상은 기독교의 삼위일체론과 유사한다. 비로자나불(毘盧舍那佛)
이라고 지칭되는 법신불은 모든 것을 존재하게 하는 근원적 진리로서 기독교의 하
나님과 유사한다. 비로자나불의 불상은 한쪽 손으로 다른 손의 집게손가락을 감

왼쪽부터 비로자나불, 석가모니불, 아미타불

아쥐고 있는 형태를 취하는 것이 특징이다. 대표적인 응신불인 석가모니불(釋迦牟尼佛)은 석굴암의 본존불처럼 오른손으로 땅을 가리키고 있으며 육체적 존재로 이 세상에 현현한 예수 그리스도와 같은 의미를 지닌 존재라고 할 수 있다. 아미타불(阿彌陀佛)이라고 불리는 보신불은 사람이 죽으면 가게 되는 극락세계를 관장하는 상상 속의 부처로서 이 불상은 손가락으로 동그라미를 만들고 있다.

이 밖에도 다불사상을 통해 다양한 상징적 의미를 지닌 많은 부처와 보살이 숭배의 대상이 되었다. 예컨대, 약사불(藥師佛)은 모든 육체적 질병에서 구제하고 치유하는 의사 부처라고 할 수 있으며, 이 불상은 약병이나 약함을 들고 있다. 미륵불(彌勒佛)은 미래에 인간 세상에 나타나 중생을 구제하는 부처를 뜻하며, 기독교에서 제시하는 미래의 구세주를 의미한다. 불교사찰에는 삼존불이 모셔져 있는 경우가 많은데, 삼존불을 구성하는 조합은 다양하다. 예컨대, 조계사 대웅전에는 아래의 그림에서 보듯이 아미타불, 석가모니불, 약사불의 삼존불(三尊佛)을 모시고 있으며, 손의 모습과 위치에 의해서 구별된다.

조계사의 삼존불. 왼쪽부터 아미타불, 석가모니불, 약사불

(3) 관세음보살의 모성적 이미지

불교 사찰에는 불상뿐만 아니라 관세음보살, 문수보살, 보현보살, 지장보살과
같은 다양한 보살상이 모셔져 있다. 대부분 불상은 좌우에 두 명의 보살을 거느리
며 삼존불을 이룬다. 예를 들어, 석가모니불은 문수보살과 보현보살을 좌우에 대
동하는 경우가 많다. 보살은 석가모니를 돕는 역할을 하며 머리에 관을 쓴 모습으
로 형상화된다.

보살(菩薩)은 대승불교에서 추구하는 이상적인 인간상으로서 스스로 깨달음을
이룰 능력이 있음에도 불구하고 부처가 되기를 유보하고 이 세상에 머물면서 모든
중생을 깨달음의 세계로 인도하기 위해 헌신하는 존재를 의미한다. 다양한 보살
중에서 가장 대표적인 것은 관세음보살이다.

관세음보살의 여성적 이미지

관세음보살(觀世音菩薩)은 자비의 화신으로 중생을 구제하는 보살이며 여성적인
모습으로 형상화된다. 관세음보살은 중생의 모든 고통을 듣고 보며 보살핀다는
의미로 천 개의 손과 천 개의 눈을 가진 존재로 형상화되며 천수천안관세음보살
(千手千眼觀世音菩薩)이라고 불리기도 한다. 자녀를 잘 양육하는 어머니는 민감성
과 반응성을 지니듯이, 관세음보살이 지니는 천 개의 눈과 천 개의 손은 중생이 겪
는 곤경을 신속하게 인식하는 민감성과 적절한 돌봄을 제공하는 반응성을 상징하

고 있다. 남성적 이미지로 형상화되는 대부분의 불상과 달리, 관세음보살상은 모성애를 나타내는 여성적 이미지로 표현된다.

동북아시아에는 아미타불과 관세음보살을 숭배하는 정토 신앙이 존재한다. 우리나라에서는 원효대사에 의해 전파된 염불인 '나무아미타불 관세음보살'이 널리 퍼져 있다. 나무아미타불 관세음보살은 미래의 극락세계를 관장하는 아미타불과 현재의 인간 세상에서 곤경을 도와주는 관세음보살에게 의지한다는 의미를 담고 있다. 염불(念佛)은 숭배 대상의 이름을 암송하고 상상함으로써 숭배 대상과의 연결감을 느낄 뿐만 아니라 심리적인 위로를 얻을 수 있는 불교의 대표적인 종교 행위라고 할 수 있다.

불교는 기본적으로 무신론적 종교이지만 불교 신도들의 애착 욕구에 부응하기 위해 다양한 부처와 보살을 숭배하는 다불 사상을 통해 다신론적 종교의 측면을 가지고 있다. 기독교의 성상과 마찬가지로, 불교에서도 다양한 부처와 보살을 시각적 이미지로 형상화한 불상을 통해서 신도의 신앙을 강화하는 장치를 갖추고 있다.

3) 힌두교의 애착 대상

힌두교는 인도 신화를 바탕으로 하는 종교로서 세계 인구의 15%인 약 11억 6천만 명이 신봉하고 있다. 신자 수로는 기독교와 이슬람교에 이어 3위다. 대표적인 다신교 종교인 힌두교는 신의 수가 가장 많은 종교다. 다양한 민족과 지역의 토속 신앙이 융합되었기 때문이다.

힌두교에는 10만 명 이상의 신들이 존재하지만, 그 근간이 되는 것은 브라흐마, 비슈누, 시바라고 불리는 세 신이다. 힌두교 신자들은 세 신이 한 몸이지만 역할에 따라 다른 모습으로 세상에 나타난다고 믿는다. 우주의 최고 원리를 창조할 때는 브라흐마 신의 모습으로, 우주의 질서를 유지할 때는 비슈누 신의 모습으로, 그리고 우주를 파괴할 때는 시바 신의 모습으로 나타난다고 믿는다. 힌두교는 이처럼 세 신이 하나의 몸을 이룬다는 트리무르티(Trimurti), 즉 삼신일체를 기본으로 하고 있다.

현대의 힌두교에서 실제 신앙의 대상이 되는 것은 비슈누와 시바뿐이며, 브라흐마는 철학적 우주관에서 중요한 역할을 담당할 뿐 숭배를 받은 일은 거의 없다. 브라흐마 신은 세상을 창조하는 순간 그의 역할을 끝냈기 때문에 현세의 인간 삶에는 개입하지 못한다고 믿기 때문이다.

힌두교의 주요 신. 왼쪽부터 브라흐마, 비슈누, 시바

비슈누는 브라흐마가 창조한 세상을 보호하고 유지하는 신을 의미한다. 악을 제거하고 정의를 회복하는 신으로서 인도인에게 인기가 많으며 현재의 문제를 해결해 주는 평화의 신으로 여겨지고 있다.

시바는 파괴의 신으로서 강력한 파괴 본능과 힘을 상징하며 인도에서 가장 인기가 많다. 그 이유는 시바 신이 고통으로 이끄는 과거의 업보를 파괴할 수 있을 뿐만 아니라 파괴가 있어야 새로운 창조가 가능하다고 믿기 때문이다. 시바 신의 도래는 새로운 세상의 창조를 의미하기 때문에 사회적 불평등이 심한 인도 사회에서 빈곤층일수록 시바 신에 대한 믿음이 강하다.

인도에는 여신숭배 전통이 이어져 오고 있다. 샥티는 최고의 여신으로서 최고 신의 배우자이며 여러 가지 모습을 지닌 여신으로 나타난다. 최고의 여신은 만물의 어머니인 대지, 모성, 사랑, 생식력의 개념과 연관되어 있다. 여신의 신봉자들은 샥티를 먹을 것을 제공하는 존재, 사랑과 헌신의 대상, 자애로운 보호자, 모든 것을 삼키는 시간, 죽음과 질병을 가져오는 근원으로 여긴다.

힌두교는 어떤 신을 숭배하느냐에 따라 크게 네 갈래의 분파로 나뉜다. 비슈누를 최고로 치는 비슈누파, 시바를 최고로 모시는 시바파, 여신들을 모시는 샥티파, 삼신일체를 한 신의 세 측면으로 보는 스마르타파다. 샥티파에는 삼신일체에 대응되는 세 여신이 있는데, 이들은 락슈미(비슈누의 아내), 파르바티(시바의 아내), 사라스바티(브라흐마의 아내)다. 그 외에도 두르가, 칼리, 마하샥티와 같은 많은 여신을 신봉한다. 힌두교에서는 여러 신들의 상호존중과 공존이 기본이며, 갈등이 없지는 않지만 숭배 대상의 다양성을 수용하고 있다. 힌두교도는 이러한 다양성 때문에 다른 종교에 대해서 관용을 지니며 각자의 믿음을 존중하는 태도를 지닌다.

힌두교도는 많은 신 중에서 자신의 선호와 필요에 따라 특정한 신을 믿는다. 비슈누와 시바가 가장 인기가 많은 신이며, 사람들은 하나의 신을 믿을 수도 있고 여러 신을 믿을 수도 있다. 힌두교도가 신봉하는 신 중에는 예수, 알라, 부처도 포함되어 있어 기독교에 귀의한 인도인들은 자신을 '예수를 믿는 힌두교인'으로 여긴다고 한다.

The Psychology of
Love

제13장
종교적 사랑의 발달 과정

1. 종교적 사랑의 시작: 종교적 회심

　종교적 사랑은 어떻게 시작되는 것일까? 추상적 존재인 신과의 애착 관계는 어떻게 형성되는 것일까? 기독교인의 경우, 어떤 과정을 통해서 하나님을 아버지로 받아들이는 기독교 신자가 되는 것일까? 종교인은 인생의 한 시점에서 특정한 종교에 귀의하기로 결심하는 심리적 변화를 경험하는데, 이를 종교적 회심(religious conversion)이라고 한다. 기독교 신자는 하나님을 아버지로 받아들이고 예수를 구세주로 영접하는 심리적 변화를 통해서 종교적 회심을 하게 된다.

1) 종교적 회심

　회심(conversion)은 '돌리다(turn)' 또는 '되돌아간다(return)'는 뜻의 어원을 지니고 있으며 어떤 대상이나 믿음을 향해 마음을 돌린다는 것을 의미한다. 기독교인의 경우, 종교적 회심은 하나님과의 종교적 사랑이 시작되는 출발점이다. 요한복음 3장 16절(우리말 성경, 하용조 편, 2010)에는 "하나님께서 세상을 이처럼 사랑하

서서 독생자를 주셨으니 이는 그를 믿는 사람마다 멸망하지 않고 영생을 얻게 하려는 것이다."라는 구절이 있다. 이처럼 하나님 또는 예수를 주님으로 받아들이며 애착 관계를 시작하는 심리적 과정이 종교적 회심이다.

종교적 회심은 사람마다 그 경험이 매우 다르기 때문에 명확하게 정의하기 어렵다. 종교와 영성에 대한 저명한 연구자인 케네스 파가멘트(Kenneth Pargament, 1996)는 종교적 회심을 심리적 고통에 대한 반응으로 성스러운 존재와의 동일시 과정에서 일어나는 자신에 대한 급격한 심리적 변화라고 정의했다. 이 정의에는 종교적 회심이 심리적 고통과 관련되어 있으며, 이러한 고통을 극복하기 위한 암중모색 과정에서 하나님과 같은 성스러운 초월적 존재와 유대관계를 형성함으로써 자신의 정체감이 급격하게 변화하는 과정이라는 의미를 함축하고 있다.

종교적 회심은 19세기 말부터 미국의 초기 심리학자들이 깊은 관심을 지녔던 연구주제다. 그 대표적인 심리학자는 스탠리 홀(Stanley Hall), 제임스 류바(James Leuba), 에드윈 스타벅(Edwin Starbuck), 윌리엄 제임스(William James)다. 특히 스타벅(1898)은 실증적인 방법을 통해서 개신교 신자들의 회심 경험을 집중적으로 연구했다. 그의 연구에 따르면, 종교적 회심은 나이와 깊은 관련성이 있는데, 10세부터 25세 사이의 청소년기에 회심이 주로 발생했다. 청소년기는 부모와의 애착 관계에서 벗어나 새로운 애착 대상을 추구하는 심리적 과도기로서 전통적 가치에 대한 저항과 정서적 동요를 경험하면서 새로운 정체감을 추구하는 시기다. 전도를 하는 사람들이 이 연령대의 젊은이들을 주된 대상으로 삼는 이유가 여기에 있다.

스타벅에 따르면, 종교적 회심은 죽음과 지옥에 대한 두려움, 도덕적 이상, 죄의식과 참회, 사회적 압력과 같은 다양한 동기에 의해서 이루어졌다. 회심하기 전에는 무가치감과 죄의식, 더 나은 삶에 대한 열망, 우울증, 절망감과 같은 심리적 고통을 경험했다. 그리고 종교적 회심을 한 이후에는 하나님 또는 예수에 대한 친밀감을 느낄 뿐만 아니라 새로운 자아가 탄생했다는 기쁨, 몸이 가벼워지는 경쾌한 기분, 소리 지르며 울고 싶은 정서적 감동, 평안하고 행복하다는 느낌을 경험했으며, 자기중심적 삶에서 타자 중심적 삶으로 전환되었다.

종교적 회심의 가장 대표적인 사례는 사도 바울(St. Paul)의 경우다. 그는 본래 기독교인을 박해하는 사람이었으며 회심하기 이전에는 사울이라는 이름을 지니고 있었다. 사울은 다메섹으로 가는 과정에서 하나님의 목소리를 듣는 경험을 통해 종교적 회심을 하고 열정적인 전도 활동을 통해 기독교의 발전에 핵심적인 기여를 했다. 바울의 경험은 사도행전 9장 3~6절에서 다음과 같이 기술되고 있다.

> "사울이 길을 떠나 다메섹 가까이 도착했을 때 갑자기 하늘에서 빛이 비춰 그를 둘러쌌습니다. 사울이 땅에 쓰러졌습니다. 그때 그는 '사울아, 사울아, 네가 왜 나를 핍박하느냐?'는 음성을 들었습니다. 사울이 '주여, 누구십니까?'라고 묻자 '나는 네가 핍박하는 예수다. 지금 일어나 시내로 들어가거라. 네가 해야 할 일을 일러 줄 사람이 있을 것이다.'라고 대답하였습니다."

종교적 회심의 초기 연구자들은 사도 바울의 경우처럼 종교적 회심이 성령과 같이 저항할 수 없는 외부적인 초자연적 힘에 의해서 갑작스럽게 일어나는 것으로 여겼다. 그러나 현대의 연구자들은 종교적 회심이 여러 가지 요인에 의해서 다양한 방식으로 일어나는 매우 복잡한 현상으로 간주하고 있다. 종교적 회심은 어떤 계기를 통해 갑자기 일어날 수도 있지만 오랜 기간 점진적인 과정을 통해 일어나기도 한다. 또한 집단의 사회적 압력에 이끌려 수동적으로 회심할 수도 있지만, 자발적인 의식적 판단에 따라 능동적으로 회심할 수도 있다.

현대의 연구자들은 종교적 회심을 기존의 신념과 다른 새로운 종교적 신념을 채택하는 과정이라고 좀 더 폭넓게 정의하고 있다(Jindra, 2014). 종교적 회심은 개인의 자발적 노력에 의해 합리적으로 이루어지는 능동적 과정인 동시에 여러 가지 상황적 또는 사회적 요인에 의해 영향을 받는 수동적 과정이기도 하다. 종교적 회심은 가난, 불안, 질병과 같은 고통스러운 결핍과 밀접하게 관련되어 있을 뿐만 아니라 가족, 친구, 교회, 지역공동체와 같은 사회적 네트워크에 의해서 영향을 받는

다. 종교적 회심은 심리적인 과정이지만 사회적·문화적·정치적·종교적 측면과
도 밀접하게 연결되어 있다. 요컨대, 종교적 회심은 개인이 능동적인 주체로서 다
양한 외부요인(예: 전도자, 종교집단 구성원, 영적 힘이라고 여기는 것)과 상호작용하
면서 일어나는 복잡한 심리적 과정이다.

종교적 회심은 개인의 인생에 커다란 영향을 미칠 수 있다. 미국의 종교심리학
자인 팔루치안과 동료들(Paloutzian et al., 1999)은 종교적 회심이 개인의 성격과 인
생에 미치는 영향을 탐색한 많은 연구자료를 분석했다. 이들에 따르면, 종교적 회
심은 개인의 성격을 구성하는 기본적인 특성(예: 내향성, 신경과민성, 성실성, 개방성,
우호성과 같은 성격의 5요인)이나 기질을 변화시키지는 못한다. 그러나 자기정체감
이나 인생의 의미와 같이 자기를 규정하는 성격 기능을 비롯하여 삶의 목표, 태도,
정서, 행동과 같은 중간 수준의 성격 기능에는 심오한 변화를 유발하여 인생을 변
화시킬 수 있다. 하지만 이러한 변화는 어떤 종교에 대해서 어떤 방식의 종교적 회
심이 이루어지느냐에 따라 다르다.

2) 종교적 회심의 다양성

낭만적 사랑이 시작되는 방식이 다양하듯이, 하나님과의 사랑이 시작되는 방식
도 다양하다. 종교적 회심은 갑자기 사랑에 빠지듯이 어떤 계기로 인해 급격하게
일어나기도 하지만 조금씩 점진적으로 진행되기도 한다. 개인의 자율적인 의사에
의한 능동적 회심이 흔하지만, 사회적 압력과 강요에 의한 수동적 회심도 있다. 이
밖에 종교적 회심 과정에 감정과 이성이 개입되는 정도, 심리적 위기와의 연관성,
회심 효과의 지속성 등에 따라 다양하게 구분된다.

기독교 신자들이 하나님을 처음 접하게 되는 경로는 다양하다. 모태신앙의 경
우처럼 기독교를 믿는 부모에게 태어나 어린 시절부터 자연스럽게 하나님에 대한
이야기를 접하는 사람도 있다. 또는 인생의 특정한 시점에서 다른 사람의 전도를
통해 하나님을 접할 수도 있다. 친구의 권유를 받거나 길거리의 전도자에 이끌려

가게 된 교회나 종교집단을 통해서 하나님을 접하게 되는 경우도 있다. 교회에서 종교지도자의 설교를 통해서 하나님에 대한 이야기를 접하게 되는데, 교파와 종교지도자의 특성에 따라 하나님은 다양한 방식으로 소개될 수 있다.

하나님에 대한 이야기를 접한다고 해서 모두 하나님과의 애착 관계가 시작되는 것은 아니다. 종교적 회심은 매우 다양한 요인들이 영향을 미치는 복잡한 심리적 현상이다. 미국의 사회학자인 로플랜드와 스코노프(Lofland & Skonovd, 1981)는 종교적 회심의 다양한 경험을 다섯 가지 측면(사회적 압력의 정도, 회심이 일어나는 기간, 정서적 흥분의 정도, 정서 경험의 내용, 믿음과 종교 참여의 선후 관계)에 근거하여 정밀하게 분석했다. 이러한 분석에 근거하여 종교적 회심을 〈표 13-1〉과 같이 여섯 가지의 유형으로 구분했다.

표 13-1 종교적 회심의 유형과 특성

특성 \ 유형	신비적 회심	지적 회심	실험적 회심	애정적 회심	부흥회 회심	강요적 회심
사회적 압력 정도	거의 없음	거의 없음	낮음	중간	높음	높음
발생 기간	짧음	중간	긺	긺	짧음	긺
정서적 흥분 수준	높음	중간	낮음	중간	높음	높음
정서 내용	경외감, 사랑, 공포	깨달음	호기심	애정	사랑, 공포	공포
믿음-참여 순서	믿음→참여	믿음→참여	참여→믿음	참여→믿음	참여→믿음	참여→믿음

첫째 유형은 신비적 회심(mystic conversion)으로서 갑작스러운 신비적 경험을 통해서 기독교인으로 전향하는 경우를 뜻한다. 그 대표적인 예는 앞에서 살펴본 사도 바울(St. Paul)의 경우다. 바울과 같이 신비적 회심을 한 사람은 흔히 환각 속에서 하나님의 존재를 체험하고 강렬한 정서와 심리적 변화를 경험하면서 '다시 태

어나는 느낌'을 갖게 된다. 윌리엄 제임스나 에드윈 스타벅과 같은 초기 심리학자들은 신비적 회심에 깊은 관심을 지녔는데, 그 이유는 19세기 후반과 20세기 초반의 미국 사회에 신비적 회심의 사례가 많았기 때문이다.

둘째 유형은 지적 회심(intellectual conversion)으로서 삶의 의미와 방향을 탐구하는 과정에서 지적인 깨달음을 통해 기독교를 자신의 종교로 받아들이게 된 경우다. 지적 회심은 개인적인 지적 탐구로부터 시작되는데, 독서, 강연, 신문, 영화, TV와 같은 다양한 매체를 통해서 깨달음을 얻게 되어 자발적으로 기독교에 관심을 지니고 하나님을 찾게 된 경우를 말한다.

셋째 유형은 실험적 회심(experimental conversion)으로서 종교에 대한 호기심을 지닌 사람이 탐색을 하기 위한 실험적 자세로 종교기관에 소속하거나 예배에 참여하는 경우를 의미한다. 이들은 탐색적 태도로 접근하지만 설교와 성경 공부를 통해서 점진적으로 기독교의 신념체계를 수용하게 된다. 이들의 회심 과정은 강렬한 감정이 개입되지 않으며 오랜 기간에 걸쳐 점진적으로 이루어진다.

넷째 유형은 애정적 회심(affectional conversion)으로서 전도하는 사람에 대한 애정과 유대감에 의해서 그 사람이 믿는 신념체계를 수용하는 경우를 뜻한다. 대인관계의 유대감은 종교적 회심을 유도하는 중요한 요인이 될 수 있다. 전도자와 친밀한 애착 관계를 맺게 된 사람이 하나가 되기 위해 전도자의 종교를 받아들이는 것이다. 이 경우에는 전도자의 사회적 압력이 존재하지만 호의적인 것으로 인식된다. 애정적 회심은 전도자에 대한 개인적 애정이나 강한 호감이 회심 과정에 중요하다는 점을 보여 준다.

다섯째 유형은 부흥회 회심(revivalist conversion)으로서 부흥회의 열광적인 분위기 속에서 부흥 강사의 설득을 통해 하나님을 받아들이는 경우다. 부흥회는 열정적인 설교와 더불어 정서적 흥분을 유발한다. 수련회 형식으로 며칠간 계속될 수도 있는데, 대부분 찬양하기, 기도하기, 손잡기, 집단적 친교활동 하기를 통한 정서적 열광과 감동의 소용돌이 속에서 하나님을 받아들이도록 집단적 압력을 가하면 이를 거부하기 어렵다.

여섯째 유형은 강요적 회심(coercive conversion)으로서 매우 드물게 특별한 상황에서 일어나는 회심의 경우다. 강요적 회심에는 흔히 세뇌, 사고 개조, 마인드 컨트롤, 강요적 설득과 같은 강력한 사회적 압력이 존재한다. 특정한 신념이나 교리를 반복적으로 제시하면서 받아들이도록 압박하거나 죄책감과 불안을 유발하며 위협을 가할 수 있다. 강요적 회심은 기도원이나 감옥과 같이 전도자에 의해 통제되는 상황에서 일어나는 경우가 흔하다.

3) 종교적 회심의 유도 방법: 신흥 종교의 전도 방법

모든 종교가 그러하듯이, 기독교 역시 전도 활동에 매우 적극적이다. 기독교 신자는 가능한 한 많은 사람을 하나님의 자녀로 인도해야 할 의무감을 느낄 뿐만 아니라 자신이 신앙을 통해 경험한 긍정적인 심리적 효과를 다른 사람에게 권유하려는 마음을 지니게 된다. 대부분의 종교기관은 전도사와 신자를 통해 주변 사람을 새로운 신자로 만들기 위한 노력을 기울일 뿐만 아니라 때로는 외국으로 선교사를 파견하여 전도활동을 하기도 한다.

미국의 사회학자인 존 로플랜드(John Lofland)는 신흥 종교(또는 신흥 종파)의 포교 방법에 깊은 관심을 지녔다. 신흥 종교는 후발주자이기 때문에 신자를 확보하기 위한 전도 활동에 매우 적극적이다. 대부분의 신흥 종교는 종교적 회심을 유도하기 위한 매우 체계적이고 정교한 전도 방법을 지니고 있다. 로플랜드(1977)는 1960년대에 미국에서 활동했던 기독교의 한 신흥 종파의 전도 방식을 분석하여 '월드 세이버(World-Saver)' 모델이라고 지칭했다. 월드-세이버 모델은 교리를 중심으로 한 이성적이고 논리적인 설득보다 '감정'에 초점을 맞추고 있으며, 다음의 5단계를 통해서 진행된다.

(1) 끌어들이기 단계

전도의 첫 단계는 끌어들이기(picking-up) 단계로서 잠재적인 신자에게 접근하여 종교모임으로 끌어들이는 것이다. 대부분의 신흥 종교는 대대적인 홍보를 하기보다 공공장소에서 우연한 접촉을 통해서 전도한다. 주된 전도 대상은 젊은이들이며 전도자는 종일 거리를 돌아다니면서 젊은이들에게 접근한다. 대학 캠퍼스는 젊은 사람들과 접촉하기 좋은 장소다. 도움이 필요한 사람을 돕거나 설문조사, 취업 상담, 재능기부와 같은 핑계를 통해 대상자에게 접근하여 관계를 형성한 후에 식사 모임이나 세미나와 같은 강연에 초대한다. 이때는 전혀 종교에 관한 이야기를 하지 않는다. 끌어들이기 전략은 주로 일대일 대면 접촉을 통해 주도면밀하게 진행된다. 이 단계의 목적은 공공장소에서 대상자를 물색해 신뢰감을 형성한 후에 집단적 모임에 참석하도록 유인하는 것이다.

(2) 고리 걸기 단계

두 번째는 고리 걸기(hooking) 단계로서 대상자를 종교단체에 끌어들여 호의적인 관계를 맺는 것이다. 식사나 강연 모임에 참석한 대상자는 매우 우호적인 태도로 환대하는 비슷한 또래의 신자들에게 둘러싸이게 된다. 이때 대상자는 옆자리에 앉은 한 사람의 '친구'에게 배정되는데, 이 친구와 또래 신자들은 대상자의 배경 정보를 미리 숙지한 상태에서 대상자에게 흥미를 나타내며 그의 장점에 대해서 칭찬한다. 대상자는 처음의 어색함과 경계심이 풀리면서 자신이 중요한 사람이 된 것처럼 느끼게 된다. 이처럼 우호적이고 친밀한 분위기 속에서 서서히 신흥 종교의 기본적인 교리를 소개하기 시작한다. 인류의 선을 위한 추구, 서로 사랑하기, 공동체 활동을 통한 사랑의 실천을 강조하며 대상자를 수련회나 주말 캠프에 초대한다. 이 단계의 목적은 대상자가 편안함과 동질감을 느끼도록 하여 다음 행사에 참석하게 하는 것이다.

(3) 격리하여 포위하기 단계

세 번째는 격리하여 포위하기(encapsulating) 단계로서 대상자를 외부 세상과 격리한 상태에서 기존 신자들과의 집단활동에 참여하게 함으로써 신뢰와 유대감을 형성하면서 교리를 구체적으로 소개하는 활동으로 이루어진다. 수련회나 주말 캠프는 대부분 외진 곳에서 진행되며 대상자를 외부세계와 차단한다. 이처럼 고립된 상태에서 이루어지는 수련회의 다섯 가지 핵심 전략은 주의력 흡인, 집단 초점화, 정보 차단, 피로, 논리적-포괄적 교리 제시다.

주의력 흡인(absorption of attention)은 아침부터 취침 전까지 빽빽한 일정을 통해 대상자가 다른 생각을 하지 못하도록 주의력을 통제하는 것이다. 집단 초점화(collective focus)는 대상자를 항상 집단과 함께 활동하게 함으로써 주의의 초점을 집단에 맞추게 하는 것이다. 정보 차단(exclusive input)은 휴대전화나 신문, 라디오, TV 등 외부 세상과 연결하는 모든 것을 차단하는 것이다. 피로(fatigue)는 대상자를 피곤하게 만들어 저항을 최소화하는 것이다. 마지막으로, 논리적-포괄적 교리 제시(logical, comprehensive cognition)는 대상자가 승복할 수 있도록 종교적 교리를 논리적이고 포괄적으로 소개하는 것이다. 대상자를 설득하기 위해서는 종교적 교리를 체계적이고 논리적으로 제시할 뿐만 아니라 세상의 모든 것을 설명할 수 있도록 포괄적으로 소개해야 한다. 또한 대상자가 기존의 믿음을 버리고 새로운 믿음을 받아들일 수 있도록 기존의 믿음에 대한 문제점을 최대한 부각하며 기존의 생각을 흔들어 놓는다.

"하나님은 천지를 창조한 존재로서 당신을 사랑하고 있으며, 당신을 구원하기 위해 독생자 예수를 이 세상에 보내 십자가에 희생하게 하였으니, 이 사실을 믿고 하나님과 예수님을 주님으로 받아들이기만 하면 당신은 구원을 받아 천국에서 영생을 누리게 될 것"이며 "구원과 영생의 축복을 누리려면 당신의 모든 것을 바쳐 하나님의 뜻에 따라 살아야 하며, 하나님의 뜻을 왜곡하는 다른 종교 집단과 결별하고 우리와 함께해야 한다."라는 메시지를 반복적으로 제시한다.

(4) 사랑해 주기 단계

네 번째는 사랑해 주기(loving) 단계로서 집단적으로 대상자에게 사랑을 표현함으로써 대상자가 교리를 받아들이고 종교집단에 참여하도록 만드는 과정이다. 집단은 노래, 기도, 돌봄을 통해 사랑을 표현하며, "우리는 당신을 사랑하며, 당신이 저항하지 않는다면 이러한 사랑을 계속 받게 될 것"이라는 메시지를 전달한다. 이처럼 대상자는 격리된 상태에서 기존 신자들에게 포위되어 사랑의 세례를 받으며 하나님과 교리를 수용하도록 집단적 압력을 받게 된다.

　인간은 누구나 사랑을 받으려는 욕구와 집단에 소속되려는 욕구를 지닌다. 가족과 주변 사람들로부터 사랑받지 못하고 어느 집단에도 소속감을 느끼지 못하는 사람은 사랑의 포위 작전에 넘어가기 좋은 대상이다. 수련회나 주말 캠프의 목적은 대상자에게 집단적으로 사랑의 폭탄 세례를 퍼부으면서 망설임과 의심을 떨쳐내고 그들과 같은 믿음을 갖도록 만드는 것이다. 이러한 모든 작업은 대상자가 십자가의 의미를 받아들임으로써 십자가는 사랑을 의미하며 사랑하는 일에 함께 참여하고 싶다는 욕구를 유발하기 위한 것이다. 대상자는 가족처럼 느껴지는 공동체에 소속되어 사랑의 폭탄 세례를 받으며 과거에 겪어 보지 못한 황홀한 행복과 유대감을 경험할 수 있다. 수련회 참가자 중 한 사람은 "호의적 사랑을 받았을 때, 나는 부채감을 느꼈을 뿐만 아니라 하나님을 즐겁게 해야 한다는 의무감을 느꼈다."고 회고했다. 로플랜드는 "사랑은 그 어떤 것보다 가장 강압적이고 가혹한 힘"이 될 수 있다고 언급하고 있다.

(5) 헌신하게 만들기 단계

　마지막은 헌신하게 만들기(committing) 단계로서 대상자가 종교단체의 구성원이 되어 종교활동에 참여하도록 만드는 과정을 뜻한다. 대상자는 며칠간 외부세계와 격리된 상태에서 집단생활을 하며 반복적인 교리 학습과 강렬한 사랑을 경험하면서 종교단체에 가입하고 공동활동에 참여하게 된다. 세상과 단절되어 깊이 몰입하는 경험(예: 사랑에 빠지는 것, 항해 여행, 군대 훈련소 경험, 교도소 생활)은 일상생활로 재진입하는 것을 어렵게 만든다. 현실 세계가 낯설게 느껴질 뿐만 아니라 만족스럽지 못하기 때문에 사랑과 지지를 제공하는 종교단체에 빠져들게 된다. 마치 약물중독에 빠진 사람처럼, 사랑과 유대감을 느낄 수 없는 현실 세계는 고통스럽게 느껴진다. 대상자는 종교단체의 구성원으로 살게 되며 종교단체를 위해 무보수로 일하거나 새로운 구성원을 포섭하는 전도 활동에 적극적으로 참여하게 된다. 일단 구성원이 되면, 엄격한 행동 강령이 주어지며 교리에 대한 의심은 배신이나 이단 행위로 규정된다. 점차 종교활동에 몰입하게 되면서 일반 사회와 점점 더 단절된 상태에서 전도 대상을 물색하러 돌아다닌다.

　　로플랜드에 따르면, 종교는 새로운 교리와 전도 방식을 통해서 분화된다. 이러한 분화 과정에서 신흥 종교의 창시자가 중요한 역할을 한다. 신흥 종교의 창시자는 기존의 교파와 다른 새로운 교리를 만들어 낼 뿐만 아니라 좀 더 효과적인 전도 방식을 개발하여 신자를 포섭해 나간다. 대부분의 전도 활동은 대상자와 '정서적 유대감 형성하기'와 '집중적으로 설득하기'를 중요하게 여기며, 특히 '격리하여 포위하기'와 '사랑해 주기' 과정을 정교하고 세련된 방식으로 전개한다.

2. 종교적 사랑의 개인차: 애착 유형

　　모든 사람이 종교를 믿는 것은 아니다. 신의 존재를 부정하는 사람도 있고, 집요한 전도와 사회적 압력에도 종교에 끌려가지 않는 사람도 있다. 또한 종교적 회심을 통해 기독교인이 되었더라도 항상 하나님과 안정된 관계를 유지하는 것도 아니다. 낭만적 사랑과 마찬가지로, 하나님과의 종교적 사랑도 개인차가 매우 심하다. 하나님과 맺는 관계의 질뿐만 아니라 관계의 안정성도 신자에 따라 현저하게 다르다. 하나님을 믿는 기독교인의 경우, 신자마다 하나님과의 관계 패턴이 다른 이유는 무얼까? 어떤 요인들이 하나님과의 관계 경험에 영향을 미치는 것일까?

1) 애착 유형과 하나님과의 관계

미국의 심리학자인 커크패트릭(Kirkpatrick, 1994; Kirkpatrick & Shaver, 1990)은 어린 시절의 애착 경험이 하나님과의 관계에 영향을 미친다고 주장했다. 어린아이가 부모와의 관계에서 경험한 애착 패턴은 성인기의 인간관계에 영향을 미칠 뿐만 아니라 하나님과의 관계에도 영향을 미친다는 주장이다. 미국의 정신분석가인 애너-마리아 리주토(Ana-Maria Rizzuto, 1979, 1982)는 방대한 사례 연구를 통해서 개인의 하나님 이미지가 아동기에 경험한 부모 이미지와 밀접하게 관련된다는 것을 발견했다. 아동기에 부모와 관계 경험을 통해서 형성한 내면적 표상은 하나님 이미지에 영향을 미칠 수 있다.

어린 시절의 애착 경험이 하나님과의 관계에 어떤 영향을 미치는 걸까? 애착 유형은 기독교 신앙과 어떤 관계를 맺고 있는 것일까? 애착 유형은 다음의 두 가지 경로를 통해서 기독교 신앙으로 이어질 수 있다.

2) 보상 가설: 하나님과의 관계로 이끄는 불안정 애착

어린 시절에 부모로부터 안정된 사랑을 받지 못한 사람일수록 더 강렬하게 하나님의 사랑을 추구할 수 있다. 애착 이론에 따르면, 만족스러운 애착 형성에 실패한 아동은 대체적인 애착 대상을 추구한다. 대체적인 애착 대상은 형이나 언니, 친인척, 교사와 같이 자신에게 호의적이고 유능한 존재이면서 관계 형성이 가능해야 한다. 이처럼 일차적 애착 대상과의 애착 형성에 실패한 사람들은 대체적인 애착 대상으로 하나님을 선택하게 된다는 주장이 보상 가설(compensation hypothesis)이다(Granqvist et al., 2010).

대체적 애착 대상은 일차적 대상에게서 좌절된 애착 욕구를 대리적으로 충족시켜 주는 보상적 경험을 제공할 수 있다. 하나님은 불안정 애착의 과거를 지닌 사람에게 보상적 역할을 할 수 있다. 특히 하나님은 고난과 역경의 시기에 고통을 완화하고 위로하는 대체적 애착 대상이 될 수 있다. 연인이 없는 사람들이 연애하는 사람들보다 종교에 더 많은 관심을 나타냈다(Granqvist & Hagekull, 2000). 또한 아동은 부모와 헤어지거나 아버지가 부재한 상황에서 하나님을 대체적 애착 대상으로 더 많이 선택했다(Dickie et al., 1997). 어린 시절에 학대나 방임의 양육 경험을 한 사람은 하나님과의 관계를 통해서 좌절된 애착 욕구를 표출하고 하나님과의 연결감과 충만한 애정을 경험하는 해리 상태, 즉 황홀한 성령 체험을 할 수 있다.

　　종교심리학의 연구는 대부분 기독교인을 대상으로 애착 유형과 종교적 회심의 관계를 탐색하고 있다. 종교적 회심은 진행 속도에 따라 급격한 회심과 점진적 회심으로 구분된다. 여러 연구에서 불안정 애착은 급격한 회심과 관련되는 것으로 나타났다(Granqvist & Kirkpatrick, 2004). 급격한 회심자는 점진적 회심자보다 애착의 불안정성이 현저하게 높았으며, 하나님과의 관계를 통해서 고통을 완화할 뿐만 아니라 하나님을 안전 기지와 피난처로 여기는 경향이 더 강했다. 또한 급격한 회심자는 다른 집단에 비해서 부모가 자신의 정서적 욕구에 둔감했다고 평가했다. 부모의 민감성을 낮게 평가한 사람일수록 연인과 실연하고 나서 하나님과의 관계를 추구하는 경향이 더 높았다.

　　아동기뿐만 아니라 연인관계에서 불안정한 애착 유형을 나타낸 사람은 갑작스럽게 종교적 회심을 하거나 종교적 이탈 행동을 나타내는 경향이 있다(Granqvist et al., 2010; Kirkpatrick, 2005). 4년의 추적 연구(Kirkpatrick, 1997)에 따르면, 연인관계에서 불안정 애착을 경험한 여성들은 하나님과 새로운 관계를 형성했으며, '다시 태어난 느낌'을 갖거나 방언과 같은 행동을 나타냈다. 특히 실연의 고통에서 벗어나려는 욕구가 강한 경우에 불안정 애착자들은 하나님과의 관계에 더 강렬하게 매달리는 경향을 보였다(Granqvist & Hagekull, 2003). 불안정 애착자는 안정 애착자들에 비해서 성인기에 종교적 신념을 더 자주 그리고 더 갑자기 바꾸는 경향이 있었다(Granqvist, 1998, 2003; Granqvist & Hagekull, 2001).

　　불안정 애착 유형을 지닌 사람, 즉 자신은 사랑과 돌봄을 받을 가치가 없다고 여기는 사람에게 하나님은 좋은 대체적 애착 대상이 될 수 있다. 우선, 하나님과의 관계는 위험성이 낮기 때문이다. 하나님은 비육체적 존재이기 때문에 상상을 통한 교류에서 좌절을 겪을 가능성이 낮다. 또한 하나님의 사랑은 무조건적으로 주어지는 것이며, 특정한 행위(예: 선행, 기도)를 통해서 하나님과의 관계를 강화할 수 있다.

불안정 애착의 소유자는 일반적으로 시간이 흐르면서 종교성이 증가하는데, 이러한 경향은 고통을 완화할 필요가 있는 힘든 상황에서만 그러하다. 고통을 감소시킬 필요가 줄어들면 종교성도 감소한다는 점이 실증적 연구에서 확인되었다 (Granqvist & Hagekull, 2003). 사람들과 새로운 친밀한 관계를 형성하면 하나님에 대한 관심과 헌신이 감소했다.

요컨대, 부모의 둔감성으로 인해 안정된 사랑을 받지 못한 불안정 애착의 소유자는 고통을 겪는 시기에 애착체계가 활성화되면서 대체적 애착 대상으로 하나님과의 관계를 추구할 수 있다. 특히 고통을 느끼는 시기에 자신을 위로해 줄 사람을 찾지 못하면, 하나님과의 관계가 고통을 완화하는 데 도움이 되기 때문이다. 이러한 관점은 '종교는 병든 영혼을 위한 것'이라는 견해와 일맥상통한다. 불안정 애착으로 인해 병든 영혼은 하나님과의 관계를 통해 안정 애착을 경험하면서 치유될 수 있다. 보상 가설에 따르면, 종교는 고통받는 영혼을 위한 것으로서 하나님과의 애착 관계는 치유적일 뿐만 아니라 성장을 촉진할 수 있다.

3) 대응 가설: 하나님과의 관계로 이끄는 안정 애착

어린 시절에 부모와 좋은 관계를 경험한 사람들이 하나님을 거부감 없이 더 잘 받아들일 수 있다. 보상 가설과는 반대로, 어린 시절에 만족스러운 애착 경험을 한 사람들이 하나님과의 유대관계를 더 추구한다는 주장이 대응 가설(correspondence hypothesis)이다. 대응 가설에 따르면, 종교적 경험의 개인차는 어린 시절의 애착 경험과 내적 작동 모델을 반영한다.

안정 애착을 경험한 사람은 자신과 타인을 긍정적으로 인식하는 내적 작동 모델을 지니기 때문에 하나님을 부모처럼 긍정적이고 지지적인 존재로 인식하면서 잘 받아들일 수 있다. 반면, 불안 애착을 경험한 사람은 하나님과의 관계에 더 강렬하게 집착하지만 불안정한 관계 유형을 나타낼 수 있고, 회피 애착을 경험한 사람은 하나님에게 거리감을 느끼며 접근하기 두려운 존재로 인식할 수 있다.

한 실증적 연구(Kirkpatrick & Shaver, 1992)에서 안정 애착은 하나님의 긍정적 이미지와 연관되는 것으로 나타났다. 안정 애착의 소유자는 불안정 애착의 소유자에 비해 하나님을 더 우호적인 존재로 인식했으며 기도를 더 많이 했다. 반면, 회피 애착의 소유자는 무신론적이거나 불가지론적인 입장을 취하는 경향이 있었다. 또한 성인기에 안정 애착을 경험한 사람은 하나님과의 관계를 더 긍정적인 것으로 인식했다(Kirkpatrick, 1998).

애착 유형은 시간이 흘러도 내적 작업 모델을 통해 지속될 뿐만 아니라 자녀의 양육에 영향을 미쳐 후속 세대에게 전달된다. 부모와 안정 애착을 경험한 사람은 부모의 종교적 신념을 받아들이는 경향이 높은 반면, 불안정 애착을 경험한 사람은 부모의 종교를 선택할 가능성이 낮다. 부모로부터 민감한 돌봄을 받은 사람은 그렇지 않은 사람보다 높은 종교성을 나타냈으며, 부모의 종교성이 높을수록 더욱 그러했다. 민감하고 반응적인 부모와의 경험은 하나님을 긍정적이고 친근한 존재로 느끼게 하는 반면, 거부적이거나 무관심한 부모와의 경험은 하나님을 접근하기 어려운 존재로 여기게 할 수 있다. 한 실험 연구(Birgegard & Granqvist, 2004)에 따르면, 안정 애착의 소유자는 애착 대상과의 이별을 암시했을 때 불안정 애착의 소유자에 비해서 하나님에 대한 관심이 더 높아졌을 뿐만 아니라 하나님을 안전 기지로 여기는 경향이 더 높았다. 또한 하나님과의 연결을 통해서 고통을 감소시키는 효과가 더 크게 나타났다. 안정 애착은 신앙적 성숙과 깊이 연관되어 있으며 세대를 통한 종교성 전이를 촉진하는 것으로 알려져 있다(Granqvist, 1998).

요컨대, 어린 시절에 부모와 좋은 관계 속에서 안정 애착을 맺은 사람들은 긍정적인 내적 작동 모델이 형성되어 이후의 삶에서 다른 사람뿐만 아니라 하나님에 대해서도 긍정적인 이미지를 지니고 좋은 관계를 형성할 수 있다. 또한 이들은 고난의 시기에도 애착 대상의 이미지를 활성화함으로써 고통을 조절할 수 있다.

보상 가설과 대응 가설은 모두 충분한 검증이 이루어진 상태가 아니며 추가적인 연구와 논의가 필요하다(Hall et al., 2009). 그러나 보상 가설과 대응 가설은 하나님과의 관계로 나아가는 두 가지 경로가 있음을 시사하고 있다.

3. 종교적 사랑의 심화 과정

종교적 회심을 한 사람들은 대부분 종교기관에 소속되어 하나님과의 관계를 심화시키며 신앙을 키워 나간다. 기독교 신자는 하나님이라는 추상적 존재를 구체화하고 이미지화하여 자신의 마음에 내면화한다. 종교적 사랑이 심화하는 과정은 하나님의 긍정적인 이미지를 확고하게 내면화하여 하나님과 함께하며 안전감을 경험하는 동시에 하나님으로부터 받은 사랑을 주변 사람들에게 베풀려고 노력하는 과정이라고 할 수 있다.

1) 종교적 사랑의 심화를 위한 다양한 장치

기독교는 신자가 하나님과의 관계를 심화하도록 돕는 다양한 장치를 갖추고 있다. 교회는 하나님이 머무는 상징적인 곳으로서 예배를 드릴 뿐만 아니라 정기적인 설교, 교리 교육, 신자들의 친교가 이루어지는 곳이다. 교회는 높은 첨탑과 거대한 건물로 만들어져 신자로 하여금 숭고하고 거룩한 느낌을 경험하도록 유도한다. 교회 안에는 하나님의 사랑을 상징하는 십자가, 십자가에 매달린 예수상, 성경의 중요한 장면을 묘사하는 성화 등을 통해서 하나님과 예수의 형상을 구체적인 이미지로 제시하고 있다.

6~8세기에 동유럽에서 일어난 성상 파괴 운동을 통해 논란이 되었듯이, 무한의 초월적 존재인 하나님을 구체적인 형상으로 만들어 숭배하는 것에 대한 찬성과 반대의 의견이 팽팽하게 대립했다. 그러나 치열한 논란을 통해서 하나님과 예수의

성상이 전도에 도움이 될 뿐만 아니라 신자의 신앙을 심화하는 데 도움이 되는 것으로 용인되고 있다. 애착 이론의 관점에서 보면, 성상이나 성화를 비롯한 기독교의 상징물들은 신자가 하나님을 구체적인 이미지로 내면화하는 데 도움이 될 수 있다.

성경은 하나님의 말씀과 예수의 행적을 담고 있는 신앙의 핵심적 바탕이다. 성경을 읽고 묵상하면서 하나님의 뜻을 이해하고 체험하는 것은 종교적 사랑을 심화하는 가장 중요한 방법이다. 하나님의 뜻을 체계적이고 통합적으로 이해하는 것은 쉬운 일이 아니다. 하나님은 2천 년 전에 독생자 예수를 인간 세상에 육화된 모습으로 보내어 자신의 뜻을 펼쳐 보였다. 예수의 행적이 성경에 기록되어 있지만, 여전히 하나님의 뜻과 성경의 의미를 충분히 이해하지 못하는 사람들이 많다.

종교지도자는 성경에 근거하여 하나님의 뜻을 전달하는 대변인이자 교육자로서 신자에게 강력한 영향을 미치는 존재다. [그림 13-1]과 같이, 신자는 목사나 신부와 같은 종교지도자를 통해서 하나님에 대한 이해와 이미지를 형성한다. 현실 세계에서 종교지도자는 하나님을 대신하여 신자들의 애착 욕구를 충족시키며 돌봄을 제공하는 역할을 한다. 물론 신자는 예배와 기도를 통해서 하나님과 직접적으로 소통하고 응답을 받을 수 있지만, 사실상 종교지도자의 설교를 통해서 하나

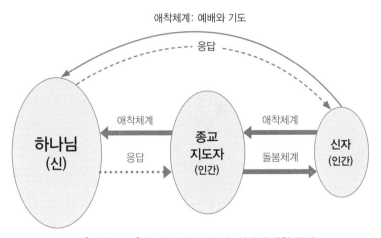

[그림 13-1] 하나님, 종교지도자, 신자의 애착 관계

님에 대한 믿음을 키워 나간다.

종교지도자마다 설교의 내용과 방식이 다르다. 차분하게 교리를 논리적으로 설명하는 설교자도 있지만, 열광적인 분위기 속에서 감정에 호소하는 설교자도 있다. 신자는 종교지도자의 설교방식이 자신의 욕구와 기대를 충족시키지 못하거나 종교지도자와의 관계가 만족스럽지 못할 때 다른 교회로 옮겨 가게 된다. 달리 말하면, 신자는 하나님과의 관계뿐만 아니라 종교지도자와의 관계를 통해서 신앙을 키워 나가게 된다. 이런 점에서 종교지도자는 신자가 성경의 의미를 이해하고 하나님의 이미지를 형성하는 데 중요한 역할을 하게 된다.

교회에서 이루어지는 정기적인 예배와 설교는 하나님에 대한 이해를 증진하고 하나님과의 관계를 심화시키는 중요한 활동이다. 또한 성대하게 진행되는 다양한 종교적 의식(예: 세례식, 부활절, 성탄절, 순례 여행, 금식기도)을 통해서 신자는 소속감과 참여의식을 느끼게 된다. 특히 신앙의 '형제자매'로 여기는 동료 신자들과의

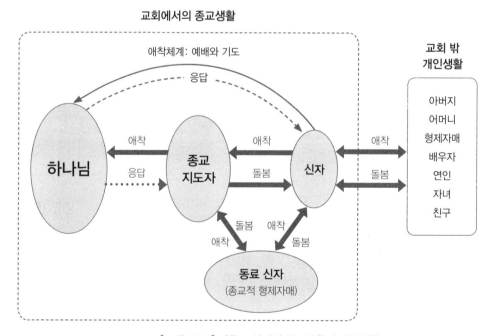

[그림 13-2] 기독교 신자의 종교생활과 개인생활

관계를 통해서 친밀감과 유대감을 느낄 뿐만 아니라 위로와 지지를 주고받을 수 있다.

[그림 13-2]에서 볼 수 있듯이, 신자는 교회를 통해 하나님, 종교지도자, 동료 신자들과 관계를 맺고 애착과 돌봄 행동을 주고받으며 애착 욕구를 충족시킨다. 특히 주된 애착 대상인 어머니, 배우자, 자녀와의 관계를 통해서 애착 욕구를 충족시키지 못하는 사람은 종교지도자나 교회 구성원과의 관계에 더욱 매달리게 된다.

신자는 교회생활뿐만 아니라 교회 밖에서 부모, 배우자나 연인, 형제자매, 친구, 동료들과도 관계를 맺으며 생활한다. 신자는 종교적 신념과 가치관에 따라서 교회생활과 개인 생활에 투자하는 시간과 헌신의 정도가 다르다. 보상 가설에 따르면, 교회 밖의 인간관계에서 애착 욕구의 좌절을 많이 경험하는 사람일수록 교회의 인간관계와 신앙생활에 더욱 몰두하게 된다.

행동체계 이론의 관점에서 보면, 신자의 신앙생활에는 다양한 행동체계가 관여한다. [그림 13-3]에서 볼 수 있듯이, 탐색체계가 활성화된 신자는 교회 밖의 세속적 활동에 몰두하면서 교회 생활에 대한 참여가 약화될 수 있다. 또한 신자는 종교지도자와의 관계에서 다양한 행동체계가 작동할 수 있다. 주로 애착체계와 돌봄체계가 작동하지만 서로의 견해나 이해관계가 충돌할 경우에는 권력체계가 개입

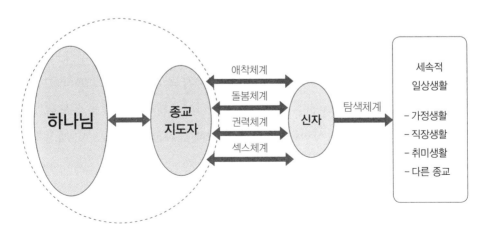

[그림 13-3] 종교지도자와 신자의 관계에 대한 행동체계 이론의 관점

할 수 있다.

종교지도자와 신자의 성별이 다를 경우에는 애착체계나 돌봄체계가 작동하는 과정에서 섹스체계가 함께 활성화되어 부적절한 관계로 발전할 수 있다. 드문 일이지만, 일부의 기성 교회와 사이비 종교집단에서 남성 종교지도자와 여성 신도 간의 부적절한 성관계나 성폭행 사건이 발생하는 이유가 여기에 있다. 교회에서 종교지도자와 신도들 간의 갈등이 많은 이유는 이처럼 여러 가지 행동체계가 복잡하게 관여하기 때문이다. 종교지도자는 신자들에게 올바른 종교적 믿음을 육성하고 하나님과의 관계를 심화하도록 지원하는 역할을 수행할 뿐만 아니라 다수의 신자들이 지니는 다양한 욕구도 충족시켜야 하는 매우 힘든 위치에 있다고 할 수 있다.

2) 기도의 유형과 종교적 사랑

기독교 신앙의 본질은 하나님과의 관계에 있다. 신자는 교회와 종교지도자의 도움을 받는 것이 필요하지만 하나님과의 인격적 교류를 통해서 하나님과의 관계를 더욱 깊고 견고하게 만드는 것이 가장 중요하다. 기도는 하나님과의 관계를 심화하는 가장 중요한 종교적 행위다.

하나님과의 관계를 심화하기 위해서는 기도를 자주 하는 것보다 기도하는 방식이 더 중요하다. 폴로마와 펜들톤(Poloma & Pendleton, 1991)은 기독교 신자들의 다양한 기도 행위를 조사하여 15가지 유형으로 분류하고 4개의 범주로 요약했다. 첫째 유형은 대화적 기도(colloquial prayer)로서 하나님에게 의사결정을 인도해 달라고 요청하는 것, 축복에 감사하는 것, 죄를 용서해 달라고 요청하는 것, 세상의 고통을 줄여 달라고 요청하는 기도가 포함된다. 둘째 유형은 간청적 기도(petitional prayer)로서 필요한 물질을 얻는 것, 시험에 합격하는 것, 질병이 치료되는 것을 요청하는 기도가 이 범주에 속한다. 셋째 유형은 의례적 기도(ritual prayer)로서 기도책을 읽는 것과 암기하고 있는 기도문을 반복하는 것이다. 넷째 유형은 명상적 기도

(meditative prayer)로서 하나님의 존재를 느끼며 시간을 보내는 것, 조용히 하나님에 대해서 생각하면서 시간을 보내는 것, 하나님을 숭배하고 찬양하는 시간을 보내는 것, 성경에 대해 성찰하며 시간을 보내는 것이 이러한 유형의 기도에 속한다.

　연구자에 따르면, 신자의 행복도는 기도하는 횟수보다 기도 방식과 더 밀접한 상관을 나타냈다. 하나님의 임재를 경험하는 명상적 기도는 하나님과의 친밀감을 증진할 뿐만 아니라 종교적 만족도와 더불어 삶의 의미를 깨닫는 실존적 행복을 증가시켰다. 대화적 기도는 신자의 정서적 행복을 증진했지만, 간청적 기도는 행복과 만족도를 반영하는 어떤 척도와도 상관이 없었으며, 의례적 기도는 부정 정서와 관련되는 것으로 나타났다.

　휘팅톤과 셰어(Whitington & Scher, 2010)는 기도를 여섯 가지 유형으로 구분하여 행복도와의 관계를 조사했다. 즉, 기도는 ① 찬양 기도(하나님을 숭배하고 찬양하는 기도), ② 감사 기도(긍정적 경험에 대해서 하나님에게 감사드리는 기도), ③ 수용 기도(하나님의 지혜와 안내를 수동적으로 기다리는 기도), ④ 간청 기도(하나님의 도움을 요청하는 기도), ⑤ 고백 기도(부정적 행동을 인정하고 용서를 비는 기도), ⑥ 의무 기도(예배 시간마다 의무적으로 해야 하는 기도)로 구분할 수 있다. 찬양 기도, 감사 기도, 수용 기도는 행복도와 긍정적인 관련성을 지니는 것으로 나타났다. 반면, 간청 기도, 고백 기도, 의무 기도는 행복도와 유의미한 관련성이 없거나 부정적인 상관을 나타냈다.

　기도할 때 떠올리는 하나님의 이미지가 신자의 행복에 영향을 미치는 것으로 나타났다. 연구자들(Bradshaw et al., 2008)에 따르면, 하나님에 대한 호의적 이미지(예: 사랑하는, 용서하는, 돌보는, 보호하는)를 지니는 사람일수록 삶의 만족, 주관적 행복, 부부관계 만족, 삶의 의욕이 더 높았다. 반면, 하나님에 대해서 부정적 이미지(예: 권위적인, 멀게 느껴지는, 무관심한, 심판하는)를 지니는 사람일수록 정신건강 문제를 더 많이 보고했다. 하나님을 따뜻하고 친밀한 존재로 여기며 기도하는 사람은 하나님을 안전 기지와 피난처로 여기기 때문에 삶의 행복도와 만족도가 증가할 수 있다.

3) 종교적 신앙의 발달단계

종교적 사랑은 낭만적 사랑과 마찬가지로 우여곡절을 겪으며 성장한다. 기도를 통해 하나님의 사랑을 체험하며 행복을 경험할 때도 있지만, 하나님과의 교류가 약화될 뿐만 아니라 하나님에 대해서 실망하며 하나님의 존재를 의심할 때도 있다. 종교지도자와 성경을 통해서 이해하고 있는 하나님의 존재를 일상생활에서 체험할 수 없을 때 신앙은 흔들리게 된다.

미국의 신학자이자 도덕 발달의 권위자인 제임스 파울러(James Fowler)는 1981년에 출간한 저서 『신앙의 단계(*Stages of Faith*)』를 통해서 신앙 발달 이론(faith development theory)을 제시했다. 그의 신앙 발달 이론은 피아제의 인지 발달 이론과 콜버그의 도덕 발달 이론에 근거하고 있다. 발달심리학자인 피아제(Piaget)에 따르면, 인간의 인지 발달은 일차원적 사고에서 다차원적 사고로, 구체적인 사고에서 추상적인 사고로, 자기-중심적 사고에서 타인-관점적 사고로, 그리고 국소적 사고에서 통합적 사고로 나아간다. 이러한 인지 발달과 함께 도덕 발달도 성숙한다. 콜버그(Kohlberg)는 피아제의 이론에 근거하여 좀 더 정교한 도덕 발달 이론을 제시했다. 그에 따르면, 인간은 보상과 처벌에 근거하거나 사회적 규범에 동조하는 선악 판단에서부터 점차 개인적인 판단기준에 따른 도덕 판단으로 나아가며, 최종적으로 인간의 평등과 존엄성을 중시하는 보편적인 도덕 판단의 단계로 발달한다.

파울러(Fowler, 1981; Fowler & Dell, 2006)는 신앙의 발달이 이러한 인지 발달과 도덕 발달과 함께 이루어지는 것으로 보았다. 그에 따르면, 신앙의 발달 수준은 6단계로 구분할 수 있다. 인간은 태어나면서부터 혼란스러운 세상에서 나름대로 질서를 발견하고 자신이 의지하며 살아갈 수 있는 체계적인 의미를 만들어 나가야 한다. 신앙은 사람이 자신의 삶과 세상에 대한 질서와 방향을 제시하는 '가치와 동력의 핵심(centers of value and power)'을 깨닫고 그에 헌신하는 삶의 방식이다.

(1) 신앙의 형성 단계

인지적으로 매우 미숙한 유아(0~2세)는 매우 원시적 형태의 신앙을 지닌다. 이 시기는 원초적-미분화된 신앙(primal undifferentiated faith)의 단계로서 유아는 부모와의 관계를 통해서 자신과 세상에 대한 원초적 믿음(신뢰 대 불신)을 형성한다. 언어 발달 이전의 모호한 경험이기 때문에 신앙이라고 부를 수 없는 원시적인 믿음의 단계이지만, 미래의 신앙을 발달시키는 심리적 초석을 마련하는 시기다.

신앙 발달의 1단계는 직감적-투사적 신앙(intuitive-projective faith)의 단계로서 3~7세의 아동은 환상과 현실을 구분하지 못하며 자기중심적인 초보적 신앙을 형성한다. 이 단계의 아동은 종교적인 이야기나 그림, 부모를 비롯한 다른 사람들의 영향에 의해 하나님에 대한 순진한 인식을 발달시킬 뿐만 아니라 옳고 그른 것에 대한 직감에 근거해서 초보적인 신앙을 발달시킨다.

2단계는 신화적-문자적 신앙(mythic-literal faith)의 단계로서 피아제의 구체적 조작기에 해당하는 7~12세의 아동은 구체적인 사례에 근거하여 논리적인 사고를 발달시킨다. 이 단계의 아동은 정의와 공정성에 대한 믿음을 형성하기 시작하며 도덕적 인과, 즉 선한 행위는 긍정적 결과를 가져오고 악한 행위는 부정적 결과를 가져온다는 것을 인식하게 된다. 특히 종교의 신화적 이야기를 은유적인 것으로 이해하지 못하고 문자 그대로 받아들여 오해하기도 한다. 성경의 내용을 문자 그대로 받아들이고 그 내용이 현실에서 실현되지 않으면 실망한다. 또한 하나님을 인간의 모습으로 형상화하여 내면화한다.

3단계는 연합적-관습적 신앙(synthetic-conventional faith)의 단계로서 청소년 초기에 시작하며 성인기까지 이어질 수 있다. 이 시기는 피아제의 형식적 조작기에 해당하며, 추상적 생각과 개념을 사용하여 하나님의 존재를 추상적인 것으로 인식할 수 있다. 종교집단과 종교지도자의 권위에 의해 강한 영향을 받으며 그에 동조하는 관습적인 신앙을 고수한다.

(2) 신앙의 성숙 단계

파울러(1981)에 따르면, 1~3단계는 나이와 함께 발달하는 인지 능력과 밀접하게 관련되어 있다. 대부분의 사람은 인지 발달과 함께 3단계에 이르지만, 이 단계에 고착되어 더 이상 발달하지 못한다. 3단계의 신앙은 도전받는 경우가 드물지만, 자신의 신앙과 상반되는 정보를 접하면 커다란 위협감을 느끼며 무시하려고 노력한다. 그러나 내면적인 갈등을 겪으면서 자신의 종교적 믿음을 상반되는 정보와 통합하려는 노력을 기울이기 시작한다.

4단계는 개인화된-성찰적 신앙(individuative-reflective faith)의 단계로서 흔히 20대 중반의 청년기부터 시작되며 신앙의 중요한 변화가 나타난다. 이 시기에는 지금까지 무비판적으로 받아들인 자신의 신념과 가치에 대해서 의문을 제기하면서 깊은 고민과 갈등을 경험하게 된다. 점차 자신의 신념과 가치에 대해 성찰하면서 자기만의 개인화된 신앙을 발달시키기 시작한다. 이 단계는 5~6단계로 나아가기 위한 전이단계로서 종교적 믿음이 좀 더 복잡한 형태로 발전할 뿐만 아니라 다른 종교나 신념에 대한 개방성이 증가한다. 과거에 종교적 권위에 동조했던 하나님 개념이 점차 해체되기 시작한다. 개인화되고 내면화된 신앙을 발달시키면서 하나님과 좀 더 진실한 관계로 나아간다.

5단계는 통합적 신앙(conjunctive faith)의 단계로서 중년기 또는 그 이후에 나타난다. 이 단계에서는 초월적 가치에 대한 역설적 모순과 신비성을 인정하게 된다. 이러한 인식을 통해서 관습적인 종교적 전통과 믿음을 넘어서는 신앙적 성숙을 이루게 된다. 진리는 어떤 특정한 기준에 의해 흑백논리로 규정할 수 있는 것이 아니라 다양한 관점에 의해 상대적으로 판단될 수 있는 것임을 인정하게 된다. 이처럼 신앙에 대한 다차원적 관점을 형성함으로써 다양한 주장의 모순을 수용하고 통합하면서 겸손한 신앙적 태도를 발달시키게 된다.

6단계는 보편화된 신앙(universalizing faith)의 단계로서 극소수의 사람만이 이 단계에 도달한다. 이 단계에 도달한 사람은 세상에서 통용되는 모든 차별을 뛰어넘어 모든 존재를 연민과 사랑의 대상으로 대하게 된다. 하나님 이미지는 인간의 모

종교적 성숙을 이룬 인물들. 왼쪽부터 마하트마 간디, 마틴 루서 킹, 테레사 수녀

습을 지닌 구체적인 형태에서 벗어나 세상 모든 것에서 하나님의 임재를 경험한다. 모든 존재는 하나님의 사랑에 의해 창조된 것으로서 무조건적인 사랑을 받을 자격을 지닌다. 자신과 다른 종교적 믿음에 대해서 저항감이나 거부감을 느끼지 않으며 깊이 이해받을 가치가 있는 것으로 존중한다. 이들은 자신이 깨달은 종교적 진리를 설파하고 실현하기 위해 노력한다. 하나님의 사랑과 정의를 구현하고 모든 생명에 대한 존중을 표현하기 위해서 고통스러운 사회적 상황을 변화시키려는 적극적인 행동을 비폭력적인 방식으로 실천하게 된다. 세상을 변화시키기 위한 이들의 노력은 기존의 사회적·종교적 가치와 충돌하기 때문에 고난을 받기도 한다. 파울러(1981)에 따르면, 이 단계에 도달한 대표적인 인물로는 마하트마 간디, 마틴 루서 킹, 테레사 수녀가 있다.

4) 종교적 성숙

종교적 사랑도 우여곡절 속에 발전하면서 성숙한다. 종교적 사랑이 성숙한다는 것은 무엇을 의미하는 것일까? 하나님과의 성숙한 사랑은 어떤 관계를 뜻하는 것일까? 종교적 성숙(religious maturity)은 관점에 따라 다양하게 정의될 수 있는 모호한 개념이다.

미국의 심리학자인 폴 프루이저(Paul Pruyser, 1976)는 기독교 신자의 종교적 성숙을 평가할 수 있는 일곱 가지 차원을 다음과 같이 제시했다. ① 일상생활에서 하나님의 존재를 자각하는 것, ② 하나님의 은총과 변함없는 사랑을 수용하는 것, ③ 자신의 부족함을 회개하면서 책임감을 느끼는 것, ④ 하나님의 인도와 방향 제시를 인식하는 것, ⑤ 종교기관에 참여하는 것, ⑥ 다른 사람들과 동료애를 경험하는 것, ⑦ 윤리적이고 인격적이며 친사회적으로 행동하는 것이다.

기독교의 신앙에는 부모-자녀 관계의 심리적 구조가 담겨 있다. 파울러가 제시한 신앙 발달 단계는 마치 신앙적 아이가 자라서 신앙적 어른이 되고 나아가 신앙적 부모로 성장하는 과정과 유사하다. 대부분의 신자는 종교기관에서 가르치는 관습적 신념과 가치에 집착하며 신앙의 모범생이 되기 위해 노력하는 3단계의 신앙적 청소년기에 머문다. 그러나 청소년이 분리-개별화 과정을 통해 성장하듯이, 4단계에서는 관습적 신앙에서 벗어나 개인화된 성찰적 신앙을 통해 신앙적 어른으로 성장한다. 5~6단계에서는 인생의 복잡성과 모순성을 통합하면서 열린 자세로 모든 것을 수용하며 사랑을 베푸는 신앙적 부모로 성숙한다.

신앙적 아이는 하나님을 부모로 여기면서 하나님에게 의지하고 돌봄을 요청하는 치사랑의 심리적 상태에서 간청적 기도를 많이 한다. 신앙적 어른이 되면 하나님을 안전 기지로 삼아 현실 세계의 다양성과 복잡성을 경험하면서 좀 더 독립적인 존재가 되어 대화적 기도를 통해 하나님과 소통한다. 인생의 우여곡절과 산전수전을 겪으며 신앙적 부모로 성숙하면 명상적 기도를 통해 하나님의 신성을 자신 안에서 발견하면서 하나님의 사랑을 많은 존재에게 베푸는 내리사랑을 실천한다. 하나님과의 종교적 사랑은 돌봄을 받는 치사랑에서 시작하여 돌봄을 베푸는 내리사랑으로 성장하는 것인지도 모른다.

4. 종교적 사랑의 갈등과 위기

하나님과의 종교적 사랑에도 우여곡절과 파란만장이 존재한다. 하나님과의 관계가 항상 만족스럽게 펼쳐지는 것은 아니다. 종교적 회심을 한 사람 중에는 하나님과의 관계를 단절하는 사람이 있을 뿐만 아니라 심지어 다른 종교로 개종하는 사람도 있다. 낭만적 사랑과 마찬가지로, 하나님과의 사랑에도 갈등과 위기가 존재한다. 이러한 갈등과 위기를 잘 극복하면 더욱 성숙한 사랑으로 발전할 수 있지만, 그렇지 못하면 하나님과의 관계가 약화되거나 해체될 수 있다.

1) 종교적 갈등

신앙생활을 하다 보면, 하나님의 존재에 대한 의심이 밀려오거나 자신의 신앙에 대해서 회의와 좌절감을 경험할 때가 있다. 특히 고통스러운 생활사건을 겪게 되면 다른 사람과의 관계뿐만 아니라 하나님과의 관계에 대해서도 회의와 갈등이 생길 수 있다. 예컨대, 심각한 질병으로 삶의 나락에 떨어졌다고 생각하는 신자는 하나님이 자신을 버렸다는 생각에 하나님에 대해서 실망이나 분노를 경험할 수 있다.

종교적 사랑에도 회의가 밀려올 때가 있다.

주요한 생활사건은 개인의 기본적인 가치와 세계관을 흔들고 무너뜨린다. 종교적 갈등(religious struggle)은 자신의 신앙에 대한 실망, 좌절, 회의, 불안, 저항을 의미하며 고통스러운 부정 정서를 유발한다. 최근에 미국의 심리학자인 파가멘트와 엑슬린(Pargament & Exline, 2021)은 기독교인이 경험하는 종교적 갈등을 여섯 가지 유형으로 나누어 제시했다.

첫째, 하나님에 대한 실망으로서 하나님에게 사랑받지 못하고 있다고 느끼거나 하나님으로부터 버림받거나 처벌받고 있다고 여기는 것을 의미한다. 하나님에게 열심히 기도하고 도움을 간청하지만, 실망스러운 일이 반복될 때 신자는 하나님에 대해 실망하게 된다. 이러한 실망과 좌절은 하나님에 대한 회의와 분노로 나타날 수 있다.

둘째, 마귀와 관련된 갈등으로서 사탄에 의해 공격받거나 괴로움을 당하고 있다고 느끼는 경험을 뜻한다. 자신에게 반복되는 고통스러운 사건들이 마귀나 사악한 영혼에 의해 유발되었다고 생각하거나 두려워하는 경험을 포함한다.

셋째, 의심과 관련 갈등으로서 종교적 신념에 대한 의심과 혼란을 경험하는 것이다. 기독교의 교리는 현대의 과학 지식과 양립하기 어려운 내용이 많다. 여러 가지 종교적 주제에 대해서 의문을 느낄 뿐만 아니라 종교적 교리 간의 괴리를 인식할 수 있다. 이러한 의문과 괴리가 해소되지 않으면 의심과 혼란 속에서 고통을 경험하게 된다.

넷째, 도덕적 갈등으로서 도덕적 기준에 미치지 못하는 삶에 대한 불안과 죄책감을 경험하는 것이다. 성경과 종교지도자에 의해 요구되는 높은 도덕적 기준과 헌신의 의무를 충분히 실천하지 못하고 있다는 자책감과 죄책감에 시달리는 경우를 말한다. 이러한 갈등을 경험하는 사람은 도덕적 기준과 규범을 준수하려고 애써 노력하지만 불완전한 자신의 모습에 자주 실망하면서 좌절감을 경험하게 된다.

다섯째, 궁극적 의미에 대한 갈등으로서 자신의 삶에 어떤 궁극적인 의미와 가치가 있는지에 대한 의문과 혼란을 경험하는 것이다. 이러한 갈등을 느끼는 사람은 과연 자신의 삶에 더 깊은 의미와 가치가 존재하는지에 대한 회의를 경험할 뿐만 아니라 자신의 삶이 무의미하고 무가치하게 느껴지는 좌절감과 불안으로 인해 고통받게 된다.

여섯째, 대인관계적 갈등으로서 종교와 관련된 사람과의 갈등을 의미한다. 종교지도자나 동료 신자들로부터 존중받지 못하고 무시당하거나 공격받는다고 느끼는 경우가 이에 해당한다. 이러한 대인관계적 갈등은 종교기관과 종교지도자에 대한 분노로 발전할 수 있으며, 때로는 신앙에 대한 회의로 확대될 수 있다.

종교적 갈등은 다양한 정신병리와 연관되어 있다. 종교적 갈등은 고통스러운 감정과 심리적 문제를 유발할 수 있다. 종교적 갈등은 정신건강 뿐만 아니라 신체건강에도 부정적인 영향을 미치며 사망 가능성을 높이는 것으로 보고되었다. 종교적 갈등은 정신병리를 유발할 수 있지만 정신병리에 의해서 유발될 수도 있다 (Pargament & Lomax, 2013).

2) 하나님 개념과 하나님 이미지의 괴리

미국의 심리학자인 루이스 호프만(Louis Hoffman, 2005)에 따르면, 종교적 갈등은 하나님 개념과 하나님 이미지의 괴리에 의해서 유발된다. 하나님을 어떤 존재로 이해하고 체험하는지에 따라 신앙은 다양한 발달 수준으로 구분할 수 있다. 하나님 개념(God concept)은 하나님에 대한 지적·개념적·신학적 이해를 의미하는 반면, 하나님 이미지(God image)는 하나님에 대한 정서적 경험을 뜻한다.

하나님 개념과 하나님 이미지는 서로 연결되어 있지만 그 구체적 내용과 형성과 정은 현저하게 다르다. 하나님 개념은 부모, 종교지도자, 성경, 책, 동료 신자를 통해 학습되는 것으로서 하나님에 대한 의식적인 이해를 말한다. 예컨대, 하나님은 천지를 창조한 전지전능한 존재로서 인간에게 무한한 사랑을 베푼다고 배운다. 예수는 하나님의 독생자로서 인간을 구원하기 위해서 모든 인간의 죄를 대신 짊어지고 십자가에서 돌아가신 희생적 사랑의 화신이라고 배운다.

기독교 신자는 하나님에 관한 추상적 개념을 구체적인 이미지로 경험하려는 경향이 있다. 이처럼 추상적인 것을 현실적이고 구체적인 것으로 인식하는 심리적 과정을 구상화(具象化, reification) 또는 물상화(物象化)라고 한다. 기독교 신자는 하늘에 계신 하나님이나 2000년 전에 오셨으나 하늘로 돌아가신 예수를 구체적이고 현실적인 존재로 체감하기 어렵다. 따라서 신자는 가까이에서 접할 수 있는 부모, 종교지도자, 존경하는 종교적 인물과의 관계 경험을 통해서 하나님 이미지를 발달시킨다.

예컨대, [그림 13-4]에서 볼 수 있듯이 기독교 신자는 종교지도자의 설교를 통해서 하나님 개념을 학습하지만, 종교지도자와의 관계 경험이나 종교지도자의 행동을 통해서 하나님 이미지를 형성한다. 종교지도자는 하나님의 뜻을 전달하는 대변인이자 하나님의 뜻을 실천하는 신앙의 모범이기 때문이다. 특히 젊은이들이나 미숙한 신앙을 지닌 신자일수록 더욱 그렇다. 이처럼 하나님 이미지는 가까이 접촉하는 실존 인물들과의 관계 경험을 통해서 형성되는 무의식적인 표상으로서 하나님에 대한 정서적 경험과 밀접하게 관련되어 있다.

신자는 하나님 개념과 하나님 이미지의 심한 괴리를 느낄 때 종교적 갈등을 겪게 된다. 예컨대, 하나님을 사랑을 베푸는 존재로 이해하고 열심히 기도했지만 불행한 일들이 반복되면서 하나님의 사랑을 체감할 수 없을 때 하나님의 존재를 의심하거나 자신의 잘못으로 여기며 죄책감을 느낄 수 있다. 또는 종교지도자가 설교를 통해 사랑을 강조하지만 실천하지 않거나 그와 상반된 행동을 할 때 신자는

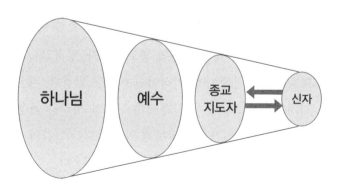

[그림 13-4] 하나님의 이미지 형성에 영향을 미치는 요인들

종교적 갈등을 겪게 된다. 또한 교회에서 중요한 직책을 맡는 사람이나 동료 신자와의 부정적인 관계 경험도 하나님 이미지에 부정적인 영향을 미칠 수 있다. 이처럼 종교지도자를 비롯하여 영향력을 지닌 종교적 인물이 하나님에 관해 말하는 것과 그들이 행동하는 것 사이의 괴리를 느낄 때 신자는 종교적 갈등을 경험할 수 있다. 특히 종교지도자의 위선적이고 가식적인 행위로 인한 실망감과 배신감은 하나님과 교회에 대한 회의와 분노로 이어질 수 있다. 이처럼 신자가 지니는 하나님 개념이 현실에서 벌어지는 경험과 일치하지 않을 때 종교적 갈등은 더욱 깊어지게 된다.

호프만(2005)에 따르면, 신앙의 발달은 하나님 이미지의 변화와 밀접하게 연결되어 있다. 파울러(1981)가 제시하고 있듯이, 신앙 발달의 3단계에 있는 신자들은 종교기관과 권위적 인물에 의해 강한 영향을 받으며 그들이 제시하는 전통적인 하나님 개념에 동조한다. 이러한 하나님 개념이 현실에서 벌어지는 경험과 일치하지 않을 때 하나님 이미지와 괴리가 증가하면서 종교적 갈등이 깊어지게 된다.

종교적 갈등이 반드시 부정적인 영향만을 미치는 것은 아니다. 신앙 발달의 3단계에서 4단계로 넘어가는 과정에서 신자는 대부분 심한 종교적 갈등을 겪는다. 삼위일체론은 하나님의 이미지에 혼란을 초래할 수 있다. 하나님, 예수, 성령을 하나의 이미지로 통합하는 것이 쉽지 않기 때문이다. 아버지와 아들을 하나의 이미지로 통합하고 부성적 이미지와 모성적 이미지를 하나로 통합하는 과정에서 분열과 혼란을 경험할 수 있다. 종교적 갈등과 고민이 깊어지면서 암중모색을 하는 과정에서 신앙의 다면성과 모순성을 수용하면서 좀 더 통합적인 신앙으로 발전하게 된다. 전통적인 하나님 개념이 해체되고 좀 더 포괄적이고 유연한 것으로 성숙하면서 하나님 이미지와의 괴리가 감소한다. 하나님 이미지는 인간적인 형태(예: 아버지와 아들, 남자와 여자)의 구체적이고 제한적인 이미지를 넘어서 세상 모든 것에 임재하는 보편적 하나님으로 확장된다. 이처럼 종교적 갈등은 5~6단계로 나아가는 촉진제가 될 수 있다.

그러나 종교적 갈등의 기간이 지나치게 길어지면 신앙에 대한 냉소적 태도가 형성되거나 신앙이 해체될 수 있다. 종교적 갈등이 심하거나 오래도록 계속되는 경우에는 목회 상담(pastoral counseling)의 도움을 받는 것이 필요하다. 종교적 신념에 대한 의심이나 그로 인한 실망과 불안은 결코 신앙이 잘못되고 있음을 의미하지 않는다. 이러한 종교적 갈등은 영적으로 성장하는 과정에서 겪는 필수적인 경험이다. 목회상담자는 신자가 경험하는 불편한 감정을 빨리 제거하려고 노력하기보다 이러한 감정의 의미를 잘 이해하도록 돕는 것이 중요하다. 파울러(1981)에 따르면, 신앙이 발달하는 전이 과정은 불편하고 고통스럽다. 불편과 고통을 빨리 제거하는 것은 영적 성장을 방해할 수 있다. 목회상담자는 신자가 경험하는 의문과 혼란에 대해서 해답을 제시하기보다 그러한 경험을 수용하면서 불확실성 속에서 긍정적인 변화를 기다리는 자세를 나타내는 것이 중요하다. 목회상담자는 해답을 제공하는 사람이 아니라 희망을 보여 주는 사람이 되어야 한다(Hoffman, 2005).

제14장

종교적 사랑의 빛과 그림자

1. 종교적 사랑의 긍정적 효과

낭만적 사랑이 행복의 중요한 원천인 동시에 불행의 주된 근원이듯이, 종교적 사랑도 마찬가지다. 종교가 소중한 것은 인간의 고통을 위로하고 희망을 제시함으로써 행복을 증진하는 기능 때문이다. 종교의 소중한 기능을 잘 활용하면 종교적 사랑은 행복의 가장 풍요로운 원천이 될 수 있다. 그러나 종교의 미궁 속에 잘못 빠져들면 불행의 나락으로 떨어질 수 있다.

1) 행복과 정신건강에 대한 긍정적 효과

종교는 인간의 행복과 정신건강에 긍정적인 영향을 미치는 것으로 보고되고 있다. 여러 실증적 연구에서 종교를 지닌 사람은 행복도가 높을 뿐만 아니라 정신적으로 건강한 삶을 살아가는 것으로 나타났다. 종교성이 높은 사람일수록 주관적 행복도, 삶의 질, 부부관계 만족도가 높을 뿐만 아니라 우울증, 불안장애, 약물중독과 같은 정신장애를 덜 경험하는 것으로 보고되었다(Pargament & Exline, 2021).

그러나 종교를 지녔다고 모두 행복도가 증가하는 것은 아니다. 올포트와 로스 (Allport & Ross, 1967)에 따르면, 종교 생활을 하는 주된 동기에 따라 행복도는 달라진다. 종교를 지닌 사람들은 주된 동기에 따라 크게 두 가지 유형으로 구분할 수 있다. 한 유형은 외재적 종교성(extrinsic religiosity)으로서 종교를 개인적 이익, 심리적 위안, 사교적 활동, 지위 향상 등을 위한 수단으로 접근하는 종교적 태도를 뜻한다. 다른 유형은 내재적 종교성(intrinsic religiosity)으로서 이해관계와 무관하게 인생의 의미와 목적을 추구하기 위해 접근하는 종교적 태도를 의미한다. 올포트와 로스(1967)는 두 가지 종교성을 측정하는 종교 동기 척도를 개발하여 실증적인 연구를 시행했다. 그 결과, 내재적 종교성은 긍정적인 정신건강과 연결되어 있었지만, 외재적 종교성은 편견, 독단적 태도, 죽음에 대한 두려움과 상관을 나타냈으며 이타성과는 상관을 보이지 않았다.

종교성을 종교적 태도나 신념보다 구체적인 종교적 행동으로 평가했을 때, 종교와 행복의 관계가 더 강하게 나타났다. 종교적 신념을 지니는 것보다 그러한 신념과 관련된 종교활동에 많이 참여할수록 행복도가 높았다. 조지와 동료들(George et al., 2000)에 따르면, 종교성과 행복의 관계를 가장 잘 예측하는 것은 기도나 예배와 같은 종교활동의 참여도였다.

기도하는 횟수보다 기도 방식이 행복도와 더 밀접하다. 명상적 기도와 대화적 기도는 종교적 만족도와 주관적 행복도를 증가시키는 반면, 간청적 기도나 의례적 기도는 행복도와 관계가 없거나 오히려 부정 정서와 관련되는 것으로 나타났다 (Poloma & Pendleton, 1991). 찬양 기도, 감사 기도, 수용 기도는 행복도와 긍정적인 관련성을 지니는 반면, 간청 기도, 고백 기도, 의무 기도는 행복도와 유의미한 관련성이 없거나 부정적인 상관을 나타냈다(Whitington & Scher, 2010).

기독교인의 경우, 하나님을 어떤 존재로 인식하느냐에 따라 행복과의 관계가 달랐다. 하나님을 사랑이 많고 관대하며 따뜻한 존재로 인식하는 사람들은 행복도가 높았다(Kirkpatrick & Shaver, 1992). 반면, 하나님을 엄격하고 처벌적인 두려운 존재로 인식하는 사람들은 심리적 스트레스의 정도가 높았다(Scheweb & Petersen,

1990). 또한 하나님을 문제해결 과정의 반려자로 인식하는 사람들은 하나님이 문제를 해결해 줄 것으로 여기며 더 긍정적인 정신건강을 나타냈다(Hathaway & Pargament, 1990).

이 밖에도 다양한 개인적 특성이 종교와 행복의 관계에 영향을 미친다. 예컨대, 종교는 남자보다 여자의 행복에 더 많은 영향을 미친다. 나이가 많을수록 종교와 행복의 관계가 강해진다. 또한 개인의 성격 특성에 따라 다르다. 외향적인 사람은 종교활동을 통해서 실존적 의미를 추구하기보다 사회적 혜택을 추구하는 외재적 종교성을 지니는 경향이 있다. 종교를 중요하게 여기는 사회일수록 종교가 주관적 행복에 더 강한 영향을 미친다.

2) 인간의 삶에 대한 종교의 순기능

종교는 인류 역사의 초기부터 인간의 삶에 매우 강력한 영향을 미쳤다. 특히 인간이 고통받을 때 위로와 돌봄을 제공하는 중요한 원천이었다. "수고하고 무거운 짐을 진 모든 사람들은 다 내게로 오라. 내가 너희를 쉬게 할 것이다."라는 마태복음 11장 28절의 표현처럼, 많은 사람은 종교를 통해서 커다란 위로를 받고 용기를 얻는다. 종교는 정서적 위로 기능뿐만 아니라 인간의 삶을 지원하는 여러 가지 순기능을 지닌다. 파가멘트와 로맥스(Pargament & Lomax, 2013)는 종교가 인간의 삶을 지원하는 다섯 가지 순기능을 다음과 같이 제시하고 있다.

(1) 자기조절 증진
종교는 인간의 자기조절을 돕는다. 종교는 바람직하지 않은 성적·공격적 충동을 통제하는 것을 돕는다. 종교는 인간의 충동 조절을 증진한다는 점에서 진화적으로도 순기능을 지니는 것으로 여겨지고 있다(McCullough & Willoughby, 2009). 여러 실증적 연구에서 종교는 행동적 절제를 증진하여 약물 중독, 범죄, 자살, 성적 문란을 감소시키는 효과를 나타냈다.

대부분의 종교는 친사회적이고 윤리적인 행위를 촉진하는 반면, 반사회적이고 폭력적인 행위를 억제하도록 권장한다. 존슨과 크루거(Johnson & Kruger, 2004)는 초자연적 처벌 가설(supernatural punishment hypothesis)을 통해서 종교를 지닌 사람들이 친사회적 행동을 더 많이 하는 이유를 설명하고 있다. 이 가설에 따르면, 하나님과 같은 초자연적인 존재가 개인의 행동을 항상 관찰하고 있으며 잘못하면 현생이나 사후생에서 처벌받는다는 믿음이 친사회적 행동을 촉진한다. 한 실증적 연구(Johnson, 2005)에서 하나님이 인간의 문제에 적극적으로 개입하고 있으며 도덕적 행위를 촉구한다는 믿음이 친사회적 행동을 증가시키는 것으로 나타났다.

(2) 정서적 위로와 지지

종교는 정서적 위로와 지지를 통해서 불안을 완화한다. 종교는 특히 고난과 역경을 견디며 이겨 내도록 지원하는 다양한 종교적 대처(religious coping) 방법을 제공하고 있다. 파가멘트와 동료들(Pargament, Feuille, & Burdzy, 2011)에 따르면, 종교를 지닌 사람들은 고난과 역경에 처했을 때 다음과 같은 대처 방법을 사용한다. ① 하나님과 더 강력한 연결감 추구하기, ② 하나님의 사랑과 지지 추구하기, ③ 분노하는 대신 하나님에게 도움 요청하기, ④ 문제 상황을 하나님의 뜻에 위탁하고 따르기, ⑤ 자신의 잘못에 대한 용서 구하기, ⑥ 자신의 문제에 대한 걱정을 멈추고 종교에 전념하기 등이다. 이러한 종교적 대처를 통해서 신자는 삶의 위기를 더 잘 견디며 극복할 수 있다.

교회는 고난과 역경에 처한 사람에게 사회적 지지를 제공한다. 종교를 지닌 사람은 삶의 위기에 처하면 교회 구성원의 위로와 돌봄을 추구한다. 한 실증적 연구(Soenke et al., 2013)에서 종교성이 높은 사람일수록 심각한 스트레스 사건을 겪더라도 우울을 덜 경험했다. 가족과 사별한 경우에도 부적응적인 사별 증후군을 덜 나타냈다. 또한 사후생에 대한 믿음은 죽음 불안을 완화할 뿐만 아니라 죽음 수용을 증진했다.

(3) 연결감과 소속감 증진

종교는 초월적 존재와의 연결감과 소속감을 제공한다. 하나님과의 애착 관계를 맺은 사람은 항상 하나님과 연결되어 있다는 유대감을 통해서 심리적 안전감을 경험할 수 있다. 또한 교회 활동에 참여함으로써 교회 구성원들과 연결감과 소속감을 느낄 수 있다. 종교행사에 자주 참여하는 사람일수록 더 많은 사람과 연결되어 있다고 느낄 뿐만 아니라 더 큰 사회적 지지를 받는다(Pargament & Cummings, 2010). 특히 사회적으로 소외된 사람은 하나님과 교회에 대한 소속감과 유대감을 통해서 더 많은 혜택을 얻는다.

종교는 사후생의 믿음을 통해서 사망한 사람과의 연결감을 증진하여 사별의 고통을 완화한다. 종교를 지닌 사람은 사별한 사람과의 지속적인 연결감을 경험한다. 소아암으로 자녀를 잃은 부모의 88%는 사망한 자녀와 지속적인 연결감을 느낀다고 보고했다(Sormanti & August, 1997).

(4) 삶의 의미 제공

종교의 가장 중요한 기능은 삶의 의미를 제공하는 것이다(Geetz, 1966). 종교는 인생의 궁극적 의미와 가치를 제시함으로써 삶의 목적의식을 제공할 뿐만 아니라 죽음에 대한 공포를 완화한다. 또한 종교는 사랑의 가치를 강조하고 도덕적 규범을 제시하여 사회적 질서와 안전에 기여한다. 많은 사람에게 종교를 믿는 이유를 조사한 연구(Clark, 1958)에서 가장 빈도가 높은 대답은 종교가 삶의 의미를 제공한다는 것이었다.

특히 종교는 고통스러운 사건에 대해서 긍정적인 의미를 발견하도록 돕는다. 종교는 이해할 수 없는 고통스러운 사건의 발생을 부정하는 것이 아니라 그러한 사건이 견딜 수 없는 것이라는 점을 부정한다(Geetz, 1966). 한 종단적 연구(Murphy et al., 2003)에 따르면, 자녀의 비참한 죽음을 겪은 부모들은 종교의 도움을 통해서 5년 후에도 자녀의 죽음에 대해 더 많은 의미를 발견했다. 또한 만성 통증을 겪는 환자들의 연구(Dezutter et al., 2011)에서 기도는 환자가 통증을 견디는

데 도움이 되었다. 기도는 통증의 심각도에 영향을 미치지는 못했지만 통증으로부터 긍정적인 의미를 발견하도록 도움으로써 통증에 대한 인내력을 증가시키는 것으로 나타났다.

(5) 영성 증진

종교는 영성을 증진한다. 영성(spirituality)은 다양하게 정의되지만 인생의 가장 궁극적인 가치와 의미를 추구하는 노력으로서 성스러운 것에 대한 개인적인 경험과 관련되어 있다. 대부분의 종교는 세속적인 일보다 성스러운 것을 더 소중한 것으로 여긴다. 미국의 심리학자이자 신학자인 폴 존슨(Paul Johnson, 1959)에 따르면, "종교적인 사람들이 가장 소중하게 추구하는 것은 '궁극적 그대(the ultimate Thou)'다." '궁극적 그대'는 이 세상 모든 것의 가장 근원적인 존재로서 우리가 교류할 수 있는 관계 대상을 의미한다.

종교는 영성을 증진하는 순기능을 지닌다.

영성은 궁극적 존재와의 연결감을 추구하는 것이다. 종교는 하나님과 같은 궁극적인 초월적 존재를 제시하고 그러한 존재와의 연결감을 경험하도록 돕는다. 영성이 높은 사람은 세속적인 가치에 덜 집착하기 때문에 현실의 고난과 역경을 더 잘 견디며 삶을 더 자유롭게 영위할 수 있다. 종교를 지닌 사람은 심각한 질병이나 트

마우마로 고통받을 때 영적인 태도를 통해서 힘든 시기를 더 잘 견딘다. 여러 번의 트라우마를 겪는 사람들의 73%는 종교를 통해 고통을 견뎌 냈을 뿐만 아니라 반복적인 트라우마에도 불구하고 자신의 종교를 유지하고 있었다(Falsetti et al., 2003).

3) 하나님과의 애착이 미치는 심리적 효과

애착 이론의 관점에서 보면, 종교의 가장 중요한 기능은 하나님 또는 초월적 존재와의 애착 관계를 통해서 심리적 안전감을 제공하는 것이다. 하나님과 안정된 애착 관계를 맺는 것, 즉 하나님을 안전 기지와 피난처로 여기는 것은 다양한 심리적 혜택을 제공한다. 고통과 역경의 시기에 전지전능한 하나님을 피난처로 여김으로써 보호받고 있다는 느낌과 함께 불안과 공포를 완화할 수 있다. 종교가 불안과 공포를 감소시킬 뿐만 아니라 문제 상황을 극복할 수 있는 자신감과 용기를 증진할 때 정신건강에 가장 긍정적인 영향을 미친다(Batson et al., 1993). 종교적 회심 연구(Starbuck, 1899)에 따르면, 심한 스트레스를 받는 시기에 갑작스러운 회심이 흔히 일어나는데, 이러한 회심 경험은 고통을 감소시킬 뿐만 아니라 스트레스 대처의 자신감을 증진하여 적어도 일시적으로 행복감을 증가시킨다.

종교는 안전 기지로 여길 만한 애착 대상이 부재하거나 불충분한 사람에게 가장 큰 도움이 된다. 예컨대, 주변에 믿을 만한 사람이 없어 심한 외로움을 느끼거나 현재의 부부관계나 가족관계에 실망하는 사람은 하나님과의 애착 관계를 통해서 가장 큰 도움을 받을 수 있다. 그러나 하나님과의 애착 효과는 어린 시절의 어머니와 맺은 애착 유형에 따라 달라질 수 있다. 하나님과의 관계를 통해 가장 많은 혜택을 받는 사람들은 과거에 어머니와 불안정 애착을 경험했지만 현재 하나님과 안정 애착을 맺고 있다고 느끼는 사람들이다. 달리 말하면, 이들은 과거에 부모로부터 사랑을 받지 못했지만 지금은 하나님으로부터 충만한 사랑을 받고 있다고 느낀다.

모든 기독교 신자가 하나님과 안정 애착을 경험하는 것은 아니다. 하나님에 대한 긍정적 이미지를 지니고 명상적 기도를 통해서 하나님을 마음에 내재화하는 것이 안정 애착에 중요하다. 한 실증적 연구(Kirkpatrick & Shaver, 1992)에 따르면, 하나님을 사랑이 많고 관대하며 따뜻한 존재로 인식할수록 행복도가 증가했다. 기도할 때 떠올리는 하나님의 이미지가 '사랑하는' '용서하는' '돌보는' '보호하는'과 같이 긍정적일수록 주관적 행복도가 더 높았다(Bradshaw et al., 2008). 이처럼 하나님을 따뜻하고 친밀한 존재로 여기면서 기도하는 사람은 하나님을 안전 기지와 피난처로 여기기 때문에 행복도와 삶의 만족도가 증가하게 된다.

종교가 정신건강에 미치는 효과는 하나님의 이미지와 밀접하게 연결되어 있다. 하나님을 엄격하고 처벌적인 두려운 존재로 인식할수록 심리적 스트레스의 정도가 높았다(Scheweb & Petersen, 1990). 또한 기도하면서 하나님에 대해 '권위적인' '심판하는' '멀게 느껴지는'과 같은 부정적 이미지를 떠올릴수록 정신건강 문제를 더 많이 보고했다(Bradshaw et al., 2008). 기독교인은 하나님이 자신의 행동을 항상 관찰하고 있으며 잘못을 범하면 처벌받는다는 믿음을 통해서 친사회적 행동이 촉진되지만, 하나님에 대한 권위적인 이미지를 지닌 사람들은 자연스러운 욕망을 더 많이 억제할 뿐만 아니라 도덕적 규범을 위배한 행동에 대해서 더 강한 죄책감을 느꼈다(Akinson & Bourrat, 2011; Johnson & Kruger, 2004).

종교와 정신건강의 관계는 다양한 변수가 개입하기 때문에 매우 복잡하다. 특히 하나님과 신자의 관계를 연결하는 종교지도자가 어떤 역할을 하느냐에 따라 종교가 정신건강에 미치는 영향은 현저하게 달라진다. 또한 개인의 종교적 태도에 따라 하나님과의 관계는 긍정적인 영향을 미칠 수도 있고 부정적인 영향을 미칠 수도 있다. 일반적으로 애착체계가 활성화되는 상황, 즉 스트레스가 많은 상황, 애착 대상이 부재한 상황, 사회적 안전망이 열악한 상황일수록 종교는 정신건강에 더 긍정적인 영향을 미친다. 유럽의 경우처럼 사회적 복지제도가 잘 되어 있는 환경에서 살아가는 사람은 종교에 대한 관심이 적다. 과거에 종교가 수행했던 기능을 국가의 복지제도가 대체하고 있기 때문이다. 애착 이론의 관점에서 보면, 성공적인 복지정책은 사람으로 하여금 안전감을 느끼게 만들기 때문에 하나님을 대체적 애착 대상으로 추구하는 종교성을 감소시킬 수 있다.

2. 종교와 정신병리

　종교는 개인과 사회에 긍정적인 영향을 미치지만 때로는 개인의 정신병리뿐만 아니라 사회적인 병리 현상을 초래할 수 있다. 특히 미성숙한 종교적 태도는 개인의 삶에 부정적인 영향을 미친다. 올포트(Allport, 1950)에 따르면, 미성숙한 종교적 태도는 믿음이 단순하고 미분화되어 있으며 광적이고 충동적이다. 미성숙한 종교적 태도를 지닌 사람은 편향적이고 경직된 종교적 신념에 집착할 뿐만 아니라 자신과 다른 믿음을 지닌 사람에 대한 참을성이 부족하며, 자신의 행동을 통제하는 능력이 부족하다. 종교적 사랑의 그림자는 지성의 결핍으로 인해 퇴행적 환상에 의존하면서 삶의 문제에 부적응적인 방식으로 대처하는 것이다(Pruyser, 1977). 건강하지 못한 영성의 특징은 통합성과 유연성이 부족하여 인생의 내적·외적 과제에 잘 대처하지 못하는 것이다(Pargament, 2007).

1) 종교적 망상

　윌리엄 제임스(William James, 1902)는 『종교적 경험의 다양성: 인간 본성에 대한 이해(*The Varieties of Religious Experience: A Study of Human Nature*)』를 발표하면서 종교와 '병든 영혼(sick soul)'의 관련성을 제시한 바 있다. 프로이트(Freud, 1907)도 종교적 의례 행위가 강박신경증과 유사한 속성을 지닌다고 보았다. 강박신경증을 지닌 사람들은 불안과 죄책감을 제거하기 위해서 나름대로 일정한 규칙성을 지닌 행동들을 반복한다. 세례와 같이 '죄 사함'을 의미하는 종교적 의례는 강박신경증 환자가 나타내는 행위와 유사하다는 것이다. 프로이트(1907)에 따르면, 강박신경증은 개인적인 종교이며, 종교는 보편적인 강박신경증이다.

　개인이 나타내는 정신병리는 종교적 경험과 밀접하게 관련되는 경우가 흔하다. 조현병과 같은 정신병을 나타내는 사람들은 발병 초기에 종교적 주제와 관련된 망상과 환각을 나타내는 경우가 있다. 정신병원에서는 종교적 과대망상이나 피해망상을 지닌 정신병 환자들을 드물지 않게 접할 수 있다. 이들 중에는 "나는 재림 예수다." "기독교 단체들이 나를 재림 예수로 옹립하려고 고난을 주면서 시험하고 있다." "천사와 악마의 전쟁이 벌어졌는데, 나의 행동에 따라 결과가 달라지기 때문에 어떻게 해야 할지 모르겠다."와 같은 망상을 집요하게 고집하거나 '수시로 계시를 전하는 하나님의 목소리'나 '사악한 생각을 주입하려는 사탄의 속삭임'이 들린다며 환청을 호소하는 환자들이 있다.

정신병(psychosis)의 가장 중요한 문제는 현실과 상상을 구별하지 못하는 것이다. 요즘 조현병이라고 불리는 정신분열증의 핵심 증상은 망상과 환각이다(권석만, 2013). 망상(delusion)은 자신과 세상에 대한 잘못된 믿음으로서 분명한 반증에도 불구하고 견고하게 고수하는 집요한 신념을 말한다. 망상의 주제는 매우 다양하며 그 내용에 따라 과대망상, 피해망상, 관계망상, 애정망상 등으로 구분된다. 과대망상은 자신이 매우 중요한 능력과 임무를 지닌 특별한 존재라는 망상이며, 피해망상은 정보기관이나 특정한 단체가 자신을 감시하며 피해를 주고 있다는 망상이다. 환각(hallucination)은 실제적인 자극이 없는 상황에서 어떤 소리나 형상을 지각하는 경험이며 소리를 듣는 환청과 형상을 보는 환시가 가장 흔하다.

기독교의 교리에는 강렬한 감정과 상상력을 자극하는 극적인 주제(천국과 지옥, 천사와 악마, 십자가의 고난과 희생, 부활과 영생, 재림의 약속, 심판과 구원, 종말론 등)가 많기 때문에, 극심한 고통을 겪는 사람은 자신의 심리적 갈등을 이러한 주제들과 연결하여 설명하려는 망상을 형성할 수 있다. 성령 체험의 과정에서 다양한 환각을 경험할 수 있는데, 이러한 환각의 의미를 잘못 확대해석하거나 왜곡하면 망상으로 발전할 수 있다. 종교적 망상을 지닌 환자들을 조사한 로우(Lowe, 1953)에 따르면, 이들이 나타내는 종교적 환상과 망상은 진정한 의미의 종교적 신비경험이라기보다 심각한 심리적 갈등과 불안을 반영하는 것이다. 또는 신앙의 위기와 종교적 갈등은 불안, 죄책감, 혼란감, 분노와 같은 강렬한 부정 감정을 유발하여 정신건강을 훼손할 수 있다.

미국의 병원 목사인 안톤 보이센(Anton Boisen: 1876~1965)은 젊은 시절에 조현
병으로 여러 번 정신병원에서 입원 치료를 받았던 사람으로서 회복한 이후에 자
신의 경험을 정리하여 책으로 출판하였다. 그에 따르면, 정신병은 극심한 혼란 상
태에서 인생의 궁극적인 목적과 의미를 통합하기 위해서 종교적인 해답을 추구하
는 과정에서 나타나는 현상이라고 주장했다(Walters, 1964). 정신병의 정서적 흥분
상태는 이러한 목적을 지닌 문제해결 과정이며 개인의 정신세계를 파괴할 수도 있
고 성장시킬 수도 있다. 연옥의 불을 통과해야 희망의 땅을 밟을 수 있듯이, 정신
병 상태를 잘 돌파하면 과거보다 더 창조적인 통합이 가능하다. 보이센은 정신병
에서 회복한 이후에 종교심리학을 공부하여 병원 목사로 활동했다.

2) 신경증적 성격과 종교 생활

종교적 교리와 신념체계는 인간의 신경증적 욕망과 갈등을 표현하는 좋은 도구
가 되기 쉽다. 현실에서 충족하지 못한 애착 욕구를 비롯하여 자기애, 권력, 공격
성의 욕구는 종교적 신념체계를 통해서 하나님, 종교지도자 또는 반대 세력에게
투사될 수 있다. 종교의 세계에 교리나 도덕적 문제로 인한 갈등과 분열이 많을 뿐
만 아니라 반대 세력을 잔혹하게 비난하고 공격하는 이유가 여기에 있다. 종교적
신앙이 개인의 적응기능을 훼손하거나 심리적 욕망의 부적응적 표현일 경우에는
병리적이라고 할 수 있다. 종교의 정신병리는 '이단'으로 여겨지는 사이비 종교집
단에서 더 흔하게 나타난다(Pruyser, 1977).

미국의 저명한 정신분석가인 윌리엄 마이스너(William Meissner, 1991)는 임상경험
에 근거하여 개인의 신경증적 성격이 부적응적인 종교 생활로 나타날 수 있다고 주
장했다. 그에 따르면, 다음의 다섯 가지의 신경증적 성격이 부적응적 종교 생활과
연결되어 있으며, 신경증적 성격의 병리가 심할수록 더 부적응적인 종교 생활로 나
타나게 된다.

(1) 히스테리적 성격

히스테리적 성격은 불편한 감정을 유발하는 내면적 욕구와 외부적 정보를 억압하거나 부인하는 것이 특징이다. 이러한 성격을 지닌 사람에게는 감정이 매우 중요하다. 감정에 근거하여 세상을 평가하고 자신의 행동을 결정한다. 이들은 전반적인 인상을 중시하며, 세부적인 사실적 지식이 부족하다. 다른 사람의 평가와 인정을 매우 중요하게 여기며, 종교지도자의 권위나 집단적 압력에 동조하는 경향이 강하다.

히스테리적 성격을 지닌 사람은 종교 교리를 정확하게 이해하는 것보다 강렬한 정서 경험(황홀경, 성령 체험, 방언, 계시나 환각을 동반하는 신비체험 등)을 유발하는 종교활동을 더 좋아한다. 이들은 종교적 신념체계의 지적이고 합리적인 측면을 중요하게 여기지 않는다. 종교지도자의 신념을 무비판적으로 받아들이며, 그러한 신념에 대한 도전을 받으면 심한 불안을 경험한다. 따라서 이들은 성경의 문자적 해석과 교회의 가르침을 전폭적으로 수용하는 근본주의 신앙으로 빠져들기 쉽다.

이러한 성격의 소유자는 불안을 유발하는 내면적 갈등을 외부적 요인에 투사하는 경향이 있다. 천사, 사탄, 영매, 영혼과의 소통에 대한 믿음을 통해서 내면적 욕구를 투사하거나 표현할 수 있다. 이들은 강렬한 정서적 흥분을 유발하는 사이비 종교에 매력을 느낄 수 있다. 또한 감정에 휘둘려 비합리적이고 충동적이며 일관성 없는 행동을 나타낼 수 있다. 예컨대, 충동적으로 과도한 헌금을 해서 경제적 곤란에 처하거나 과도한 신앙적 몰입으로 인해 직장과 가정에서 부적응을 나타낼 수 있다. 이들은 종교적 신념과 집단에 대한 집착이 매우 강해서 현실 생활의 중요한 일들을 하찮은 것으로 여길 수 있다. 특히 이러한 문제는 카리스마적인 종교지도자에 의해서 강화될 수 있다. 종교지도자에 대한 열광과 맹신은 히스테리적 성격의 문제를 나타내는 중요한 지표다. 카리스마적인 지도자는 이러한 사람들의 정서적 욕구를 충족시키며 영향력을 강화한다.

히스테리적 성격을 지닌 사람들은 종교행사의 정서적 분위기나 종교지도자에 대한 개인적 감정에 매우 예민하다. 이들은 교리적인 설교와 전통적인 예배를 통해 정서적 욕구를 충족시키지 못하기 때문에 여러 교회를 오가며 방황한다. 감정에 호소하는 사이비 종교에 이끌리지만 결국 만족하지 못하고 이탈하면서 우울감, 무력감, 절망감을 느끼거나 자살 시도를 할 수도 있다. 또한 이들은 정서적으로 이끌리는 종교지도자와 친밀한 정서적 유대를 형성하기 위해서 유혹적인 행동을 나타낼 수 있다. 종교지도자와 부적절한 관계를 맺을 수 있지만 결국 실망과 환멸로 이어져 우울감과 죄책감으로 고통을 받게 된다.

(2) 강박적 성격

강박적 성격의 특징은 경직성과 완고함이다. 이러한 성격을 지닌 사람은 자신의 믿음에 완고하게 집착하고 독단적이다. 완벽주의 성향을 지니기 때문에 정확하고 세밀한 것을 좋아하지만, 정답이 없는 대인관계와 정서적 영역에서는 어려움을 겪는다. 모호하거나 불확실한 주제에 대해서는 불안을 느끼고 결론을 내리지 못한 채 망설이거나 주저하는 경향이 있다. 강박적 성격의 소유자가 독단적인 태도를 나타내는 것은 이러한 회의적 태도와 관련되어 있다. 독단주의를 통해서 불안과 망설임을 회피할 수 있기 때문이다.

강박적 성격의 소유자는 올바른 정답을 찾는 일에 강박적으로 집착한다. 도덕적 권위에 절대적으로 복종하고 도덕적 규범의 정의로움에 집착하면서 독선주의적 태도를 나타내게 된다. 이들은 도덕적 완벽주의를 추구하기 때문에 계율이나 규범을 순종해야 할 의무로 여기며, "반드시 ~해야 한다." 또는 "절대 ~해서는 안 된다."는 말투를 자주 사용한다.

강박적 성격을 지닌 사람들의 종교 경험은 죄책감이 중심을 이룬다. 계율과 규범을 어기는 것에 대해서 심한 불안과 죄책감을 경험한다. 이들은 그러한 불안과 죄책감에서 벗어나기 위해 자신에게 엄격한 도덕성과 계율을 가혹할 정도로 요구한다. 또한 다른 사람에게도 도덕성과 계율 준수를 요구하며, 이를 위배하는 행위에 대해서 심한 불쾌감을 경험한다. 그러나 이들은 감정 표현의 어려움을 겪기 때문에 우회적인 방식으로 불쾌감을 표현하는 경향이 있다.

(3) 우울-피학적 성격

우울-피학적 성격은 무의식적인 열등감과 무가치감에 근거하고 있다. 이러한 성격을 지닌 사람의 특징은 다른 사람의 행복을 위해 자신을 희생하는 것이다. 이들은 자신의 죄에 대한 종교적 자각을 통해서 죄의식을 경험할 뿐만 아니라 자신이 지옥에서 영원한 처벌을 받을 운명이며 구원받을 자격이 없다는 생각을 통해서 무가치감과 열등감을 표현한다.

우울-피학적 성격의 소유자는 사랑을 위해 권력을 포기하면서 희생자의 위치를 선택한다. 고통은 사랑을 위해 지불해야 하는 대가다. 기독교 신앙을 지닌 사람은 십자가에 매달려 고통받은 예수와 자신을 무의식적으로 동일시한다. 이들은 예수처럼 고통받는 만큼 하나님에게 사랑받는다고 믿는다. 고통과 희생은 사랑을 얻기 위한 대가라는 피학증적 믿음을 지닐 뿐만 아니라 고통과 희생을 요구하는 인생의 행로를 찾아 나서거나 스스로 만들어 내는 경향이 있다. 이러한 피학증적 성향으로 인해 회개, 참회, 고해와 같은 종교적 속죄 행위에 몰두하며, 죄에 대한 처벌의 의미로 자신에게 육체적 고통을 부과하는 고행을 선택하기도 한다.

이러한 피학증적 행위는 하나님 앞에서 이기적 자기애를 내려놓은 진실한 자기부정과 다르다. 피학증은 자신의 내면에 존재하는 성욕이나 공격성에 대한 죄책감과 관련되기 때문이다. 희생자가 되는 것은 성욕과 공격성을 부정하고 방어하려는 무의식적인 노력이다. 우울-피학적 성격을 지닌 사람은 종교 생활을 하면서 힘들고 고통스러운 희생자의 역할을 떠맡는다. 그러나 이러한 역할을 하면서 내면적인 갈등을 겪을 뿐만 아니라 불필요한 자기학대로 이어져 우울증과 같은 심리적 문제를 나타낼 수 있다.

(4) 자기애적 성격

인간은 누구나 자신을 소중하게 여기는 자기애(narcissism)를 지닌다. 그러나 자기애가 지나쳐서 부적절한 특권의식을 지닐 뿐만 아니라 과도한 자기중심성과 공감 부족을 나타낼 경우는 병리적인 것으로 여겨진다. 자기애적 성격을 지닌 사람은 자신이 특별한 존경과 찬양을 받을 가치가 있는 매우 예외적인 특별한 존재라고 생각한다.

자기애는 병적인 종교적 행동을 유발하는 내면적 동기로 작용할 수 있다. 종교의 영역에서 자기애적 성격을 지닌 사람은 자신이 종교기관에서 특별한 위치에 있거나 하나님에 의해 특별한 축복과 사랑을 받고 있다고 믿는다. 이러한 특권의식은 종교적 차별과 편견으로 나타날 수 있다. 하나님의 모든 진리와 선함은 자신 또는 자신이 속한 종교집단에만 존재할 뿐 다른 집단에는 존재하지 않는다고 주장한다.

자기애적 성격의 소유자가 중요하게 여기는 특별한 지위와 권능은 하나님과의 연합을 통해서 성취될 수 있다. 이들은 '하나님이 우리 편인데 누가 우리에게 대항하여 승리할 수 있겠는가?'라는 낙관적인 생각을 지닌다. 많은 종교집단이 이러한 특권의식과 낙관적 감정을 유도한다. 광신적인 신자는 자신은 불행한 운명의 화살에 맞지 않는다고 믿는다. 하나님의 특별한 보호를 받는다고 믿기 때문이다. 그러한 믿음이 현실 세계에서 실현되지 않을 때, 고통스러운 실망과 우울증으로 나타날 수 있다.

종교지도자의 위치에 있는 사람 중에는 병리적인 자기애의 특징인 웅대한 자아상을 지니는 경우가 드물지 않다. 하나님의 뜻을 전하며 모든 세상 사람을 구원하는 매우 중요한 사명을 수행하고 있다고 생각할 뿐만 아니라 많은 신도로부터 존경과 추앙을 받으면서 자기애를 충족시킬 수 있기 때문이다. 더구나 다른 사람을 조종하는 능력이 탁월한 권모술수적 성격이나 사회적 법규를 지키지 않는 반사회적 성격을 함께 지닌 종교지도자는 자신의 이익을 위해 신자를 이용하거나 착취할 수 있다. 종교지도자 중에는 자신을 하나님이나 예수 그리스도와 동일시하는 사람이 드물지 않다.

(5) 편집적 성격

편집적 성격의 특징은 다른 사람에 대한 의심과 불신이다. 이러한 성격을 지닌 사람은 대인관계에서 매우 예민하고 다른 사람의 의도를 부정적인 것으로 의심하는 경향이 있다. 자신의 믿음이나 이익을 침해하는 다른 사람의 행동에 매우 민감하며 사소한 행동을 침소봉대하여 매우 강한 적개심을 느낀다. 이들은 지적인 주제에 대한 논쟁을 좋아하며 자신의 견해를 매우 치밀하게 주장하고 다른 사람의 주장을 예리하게 비판하는 탁월한 능력을 지닌다. 교리논쟁은 이들이 매우 좋아하며 깊이 관여하는 종교적 주제다. 이들은 상대방을 무시하거나 비난하면서도 상대방의 역공격에 대해서는 인내하지 못하고 강력한 공격 행동을 나타낼 수 있다.

편집적 성격의 소유자는 권위주의적 태도를 지닌다. 자신이 소속한 집단 내의 권위적인 종교지도자에게는 순종적이고 무비판적인 태도를 유지하지만, 이들에게 도전하거나 저항하는 집단 밖의 사람에게는 과도하게 비판적이고 공격적인 행동을 나타낸다. 이들은 종교적 믿음이나 도덕적 주제와 관련된 중요한 논쟁에 개입하여 과도하게 흥분하는 경향이 있다. '우리와 그들'이라는 대결 의식을 통해서 반대의견을 지닌 사람을 적으로 여기며 가혹하게 공격한다. 또한 자신의 종교지도자를 이상화하거나 찬양하고 지도자의 명확한 잘못과 약점을 철저하게 방어하려 한다. 종교지도자에 대한 맹목적 충성은 사이비 종교의 광신자에게서 흔히 나타난다.

편집적 성격을 지닌 사람의 종교적 경험은 사랑보다 미움에 의해서 영향을 받는다. 우울-피학적 성격의 소유자와 대조적으로, 이들은 권력을 위해서 사랑을 포기한다. 이들에게 악마는 매우 매력적인 개념이다. 왜냐하면 반대 세력을 하나님에게 대항하는 사악하고 파괴적인 악마로 규정함으로써 자신의 적개심과 공격성을 정당화할 수 있기 때문이다. 편집적 성격의 소유자는 정의롭고 전지전능한 하나님과의 동맹 의식을 통해서 반대 세력에 대한 적개심을 정당화하면서 무모한 공격을 감행하는 자신감을 얻는다.

3) 종교지도자의 종교 남용

종교는 지도자가 신자를 조종하여 착취하기 쉬운 구조를 지니고 있다. 종교의 신앙구조가 신자의 판단력을 무력화할 수 있기 때문이다. 기독교의 경우, 보이지 않는 하나님에 대한 믿음을 강조하면서 '하나님의 뜻'이라는 명분으로 신자의 상식과 이성적 판단을 무시할 수 있다. 또한 십일조나 헌금과 같은 재정적 기부를 통해 하나님의 은총을 받게 된다고 암시한다. 종교지도자는 종교의 이러한 특성을 이용하여 미묘한 방식으로 신자의 권리를 침해할 수 있다(Pretorius, 2013).

종교 남용(religious abuse)은 종교지도자가 자신의 지위를 이용하여 신자에게 해악을 끼치는 것을 의미한다(Blue, 1993; Enroth, 1992; Watts, 2011). 종교 남용은 신자에게 성적·정서적·영적 피해를 줄 수 있으며 마음에 깊은 상처를 남기게 된다. 종교지도자에 의한 종교 남용은 크게 권력 남용, 영적 학대, 성폭력으로 나타날 수 있다.

(1) 종교지도자의 권력 남용

대부분의 종교지도자는 많은 사람에게 하나님의 말씀과 사랑을 전달하려는 선한 뜻을 지니고 종교활동을 시작한다. 그러나 종교조직에서 지위가 상승함에 따라 권력감을 느끼게 된다. 권력을 갖는 것은 매우 기분 좋은 일이다. 종교지도자는 하나님의 뜻을 전달하고 신앙의 모델로 여겨지기 때문에 신자에게 강력한 영향력을 행사할 수 있을 뿐만 아니라 신자로부터 신뢰, 존경, 추앙을 받게 된다. 하나님의 은총을 받는 자신의 행위는 정의롭다고 믿기 때문에 권력 남용의 유혹에 빠지기 쉽다.

종교지도자의 권위는 하나님으로부터 위임받은 것이다. 종교지도자는 하나님에 대한 순종과 신자에 대한 봉사 의무를 지니는 하나님의 집사이자 종일 뿐이다. 권력 남용(power abuse)은 자신에게 부여된 권위와 권력을 부적절하고 부도덕한 방식으로 사용하는 것을 의미한다.

플란탁(Plantak, 2017)은 사례 분석을 통해서 권력을 남용하는 종교지도자의 특징을 다음과 같이 제시하고 있다. 이들은 마치 자신이 최종적 권위를 지녔으며 교회를 자신의 소유로 여기며 제왕과 같은 권력을 휘두른다. 교회의 부하직원이나 신자들에게 무리한 요구를 하거나 비인격적인 갑질 행동을 한다. 이들이 갑질 행동을 하는 이유는 권력을 계속 유지하려는 욕망 때문이다. 권력을 유지하기 위해서는 권력의 경쟁 상대를 제거하거나 도전하지 못하도록 통제해야 하기 때문이다. 이러한 행동의 기저에는 권력을 상실하는 것에 대한 불안과 두려움이 존재한다. 권위와 권력을 잃는 것이 이들에게는 무력감과 실패를 의미하기 때문이다.

종교지도자는 권력을 남용할 수 있다.

권력 의지가 강한 종교지도자는 교회를 성장시키기 위해 맹렬하게 노력한다. 교회가 성장함에 따라 교회조직이 비대해져 관리하기 어려운 상태에 이르면 민주적 절차를 무시하고 권력을 남용하게 된다. 비판받는 것을 좋아하는 사람은 없다. 그러나 종교지도자는 비판의 대상이 되기 쉽다. 따라서 자신의 결정에 도전하지 않고 순종하는 추종자에게 교회의 중요한 역할을 맡긴다. 아무도 도전하지 않는 상황에서 종교지도자는 건강한 판단력을 잃고 권력을 남용하게 된다. 또한 강력한 종교지도자는 항상 바쁘기 때문에 개인적 성찰과 영적인 성숙을 위한 시간을 갖지 못하게 되면서 영혼이 피폐해진다. 이로 인해서 종교지도자는 비윤리적 결정과 부도덕한 행동을 통해서 권력을 남용하게 된다. 종교단체마다 윤리강령이 존재하지만, 권력을 남용하는 종교지도자는 종교의 자유라는 명목으로 다른 기관의 개입을 거부하면서 자신의 행동을 합리화하는 경우가 많다.

(2) 종교적 가스라이팅과 영적 학대

자기애 성향이 강한 종교지도자는 의존 성향을 지닌 신자와 착취적인 관계를 형성할 수 있다. 신자는 카리스마를 지닌 종교지도자를 하나님이나 예수에 준하는 존재로 추앙하며 순종한다. 종교지도자 역시 신자들의 존경과 추앙을 받으면서 자신이 특별한 존재라고 여기며 무의식적으로 하나님이나 예수와 동일시할 수 있다. 특히 자기애 성향이 강한 종교지도자는 자신을 신격화하면서 신자에게 믿음과 헌신을 강요하게 된다.

자기애적 성격뿐만 아니라 권모술수적 교활성과 반사회성을 겸비한 종교지도자는 무조건적 신앙을 강조하면서 신자의 정신세계를 조종하고 통제할 수 있다. 이들은 종교적 교리와 신앙을 악용하여 신자의 판단력을 장악하는 종교적 가스라이팅(religious gaslighting)을 통해 신자를 이용하거나 착취할 수 있다. 종교적 가스라이팅은 일반 사회와 격리된 생활을 하는 종교공동체에서 더 흔하게 발생한다. 윤리적 감독체계가 존재하지 않는 사이비 종교에서는 종교지도자가 가스라이팅을 통해 신도를 경제적 또는 성적으로 착취하는 일이 드물지 않다.

종교지도자에 의한 성폭행(Sexual Abuse by Religious Authority: SARA)이 사회적 문제로 주목받고 있다. 성폭행의 가해자는 남성 종교지도자가 압도적으로 많을 뿐만 아니라 아동을 대상으로 부적절한 행위를 하는 경우가 많다. 성폭행을 당한 사람은 우울, 수치심, 불신감을 경험할 뿐만 아니라 우울증이나 외상후 스트레스 장애를 나타낼 수 있다. 성폭행 사실을 가족이 믿지 않거나 교회가 비밀로 숨김으로써 성폭행이 오랜 기간 이루어지다가 뒤늦게 알려지는 경우가 많다(McGraw et al., 2019).

신자는 종교지도자로부터 영적 학대(spiritual abuse)를 받을 수 있다. 특히 사이비 종교집단에서는 영적 학대가 드물지 않다. 워드(Ward, 2011)는 종교집단에서 영적 학대를 받은 사람들의 경험을 조사하여 이러한 종교집단의 여섯 가지 특징을 제시했다. 첫째, 종교지도자는 자신이 하나님으로부터 최고의 영적 권위를 부여받은 것으로 여긴다. 따라서 자신에게 순종하는 것은 하나님에게 순종하는 것이며, 자신에게 도전하는 것은 하나님에게 도전하는 것이라고 주장한다. 둘째, 신자의 신앙과 헌신은 성과나 실적(예: 전도 실적, 노동이나 헌금에 의한 경제적 성과)에 의해서 평가된다. 셋째, 영적인 위협을 통해서 신자를 조종한다. 자신에게 순종하지 않거나 집단을 떠나려는 신자를 배교자 또는 타락한 자로 매도하면서 하나님의 심판을 받을 것이라고 위협한다. 넷째, 신자가 느끼는 정서적 고통을 영적인 태만이나 잘못이라고 매도하면서 적절한 배려나 돌봄을 제공하지 않는다. 다섯째, 신도는 초기에 집단생활에 만족하지만 개인적 욕구가 억압되는 생활에 대한 불만과 갈등이 증가한다. 여섯째, 신자는 여러 가지 신체적·심리적 증상을 나타내게 된다. 워드(2011)에 따르면, 영적 학대를 하는 종교지도자의 특징은 자기애적 욕구를 만족시키기 위해 영성을 이용하며 자신의 내면세계에 대한 자각과 반성이 부족하다.

(3) 종교지도자와 신자의 관계에 영향을 미치는 행동체계

행동체계 이론의 관점에서 보면, 종교지도자와 신자의 관계에는 여러 가지 행동체계가 관여한다. 신앙의 초기 단계에는 종교지도자와 신자가 애착과 돌봄을 주고받으며 관계를 형성한다. 신자는 하나님뿐만 아니라 종교지도자에게 애착하게 되고, 종교지도자는 신자에게 신앙적인 돌봄을 제공한다. [그림 14-1]에서 볼 수 있듯이, 종교지도자와 신자의 관계에는 주로 애착체계와 돌봄체계가 관여하게 된다. 그러나 종교지도자와 신자가 상호작용하는 영역이 넓어지면서 점차 권력체계와 섹스체계가 개입할 수 있다.

종교지도자가 자신을 하나님이나 예수와 동일시함으로써 권력체계가 과잉활성화되면 권력을 남용하는 행위를 나타낼 수 있다. 또한 신자의 과도한 추종 행위는 종교지도자의 권력체계를 자극하여 권력을 남용하도록 유도할 수 있다. 그러나 종교지도자와 신자의 상호작용이 확대되면서 이해관계가 충돌하면 서로를 비난

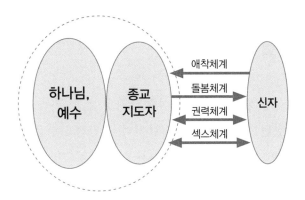

[그림 14-1] 종교지도자와 신자의 관계에 작용하는 행동체계들

하고 공격하는 투쟁의 관계로 변화될 수도 있다.

　부모와 자녀의 관계에는 주로 자녀의 애착체계와 부모의 돌봄체계가 관여하지만, 성인기의 남녀관계는 권력체계와 섹스체계가 추가적으로 개입하면서 더욱 복잡한 양상을 띠게 된다. 특히 남성 종교지도자와 여성 신자의 관계는 초기에는 부모-자녀 관계와 유사하지만 관계가 지속되면 성인 남녀의 관계처럼 복잡해질 수 있다. 남성 종교지도자와 여성 신자의 관계에서 애착체계와 돌봄체계가 강렬하게 활성화되면 섹스체계도 함께 촉발되어 부적절한 관계로 발전할 수 있다. 일부의 기성 교회와 사이비 종교집단에서 남성 종교지도자와 여성 신자 간의 부적절한 성관계나 성폭행 사건이 발생하는 이유가 여기에 있다. 종교지도자와 신자 간의 관계가 복잡한 이유는 이처럼 여러 가지 행동체계가 관여하기 때문이다.

　종교적 사랑에 있어서 종교지도자의 역할을 매우 중요하다. 신자가 하나님과 건강한 애착 관계를 형성하도록 안내할 뿐만 아니라 신자의 신앙이 발전하도록 지원하는 것이 종교지도자의 역할이자 의무다. 신자를 천국으로 인도해야 할 종교지도자가 자신의 인간적 욕망을 절제하지 못하면 신자를 고통의 골짜기로 몰아갈 수 있다. 깨어 있는 종교지도자와 신자들만이 하나님과의 사랑을 통해서 축복과 은총을 받을 수 있다.

3. 종교적 사랑의 의미와 가치

인간이 경험하는 사랑 중에서 종교적 사랑은 가장 넓고 깊다. 부모와 자녀 간의 사랑은 혈연으로 연결된 가족에 국한된 사랑이며, 낭만적 사랑은 제삼자의 개입을 허용하지 않는 두 연인만의 배타적 사랑이다. 그러나 종교적 사랑은 하나님과의 관계를 통해서 수많은 사람이 크고 깊은 사랑을 경험할 수 있다는 점에서 특별하다. 그러나 종교적 사랑에도 빛과 그림자가 존재한다. 하나님과 안정된 관계를 맺는 사람은 종교적 사랑의 가장 큰 혜택을 누릴 수 있지만, 개인의 신경증적 성격과 종교지도자의 종교 남용을 통해서 종교 생활이 더 고통스럽게 느껴질 수 있다.

1) 종교적 사랑의 의미

종교적 사랑은 초월적 존재와의 관계를 통해 인간관계에서 해결할 수 없는 근원적인 애착 욕구를 충족시키는 노력이라고 할 수 있다. 특히 세상이 어둡고 삶이 고통스러울 때, 종교적 사랑은 빛을 발한다. 고난과 역경에 처한 인간이 의지할 곳 없이 방황할 때, 종교적 사랑은 위로와 희망의 빛을 밝혀 주는 구원의 등대가 된다.

인간은 위기에 처하면 누군가를 부른다. 어린아이는 갑작스러운 위험에 처하면, 어머니를 소리쳐 부른다. 성인도 절체절명의 위기에 처하면 반사적으로 의존 대상을 부른다. 사람마다 위기 상황에서 부르는 대상이 다르다. 어떤 사람은 "아이고, 어머니!"라고 소리치고, 서양인은 흔히 "오 마이 갓(Oh My God)!"을 외치고, 불교신자는 "나무아미타불 관세음보살!"을 읊조린다. 위기에 처한 사람은 자신의 마음에 가장 소중하게 내면화한 애착 대상을 찾는다.

종교의 기원은 인간의 애착 욕구와 밀접한 관계를 맺고 있는 듯하다. 종교는 인간을 통해 충족시키지 못한 애착 욕구를 신이라는 강력한 상상적 존재를 통해 충족시키는 기능을 담당하고 있다. 애착 이론의 관점에서 보면, 신은 개인의 내면세

계에 자리 잡는 애착 대상으로서 언제든지 접촉할 수 있을 뿐만 아니라 안전 기지
와 피난처로 기능하며 안전감을 제공한다. 신에 대한 종교적 사랑은 인간관계에
서 경험할 수 없는 충만한 애착 경험을 제공한다.

인간은 '하나'에서 나와서 사랑을 찾아다니다 '하나'로 돌아간다. 인간의 감각기
관과 마음은 세상을 수많은 조각으로 나누어 인식하지만, 모든 것은 하나에서 나
와서 하나로 돌아간다. '일즉다 다즉일(一卽多 多卽一)', 즉 하나는 모든 것이고 모
든 것은 하나인지 모른다. 하나에 모든 것이 담겨 있고, 모든 것은 하나에 담길 수
있다. 하나에서 모든 것이 나오고 모든 것은 하나로 돌아가는지 모른다. 그 하나,
즉 일자(一者)는 전체로서의 우주와 자연 세계, 빅뱅 이전의 상태, 가이아(Gaia)로
불리는 우주적 지성 또는 공(空)의 세계로 불릴 수 있다.

모든 것의 궁극적 근원인 그 하나를 인격화하여 지칭하면 '하나님'이 된다. 기독
교의 관점에서 보면, 인간은 하나님으로부터 이 세상에 나와서 사랑을 나누다가
하나님의 세계로 돌아가는 존재다. 최선의 삶은 하나님과의 관계 속에서 예수처
럼 사랑을 실천하다가 하나님의 품으로 돌아가 영생을 누리는 것이다. 인간은 부
모의 품에서 따뜻하고 든든한 사랑을 추구하는 근원적인 애착 욕구를 지닌다. 심
리학의 관점에서 보면, 기독교는 인간이 부모의 이미지를 통해 자신의 근원이자
회귀처인 하나님과 인격적인 애착 관계를 형성함으로써 사랑을 나누는 삶을 살다
가 구원과 영생의 소망을 지니고 하나님에게 돌아가도록 지원하는 종교라고 할 수
있다.

2) 종교적 사랑의 가치

인간은 사랑을 먹고 자란다. 어린 시절에는 어머니와 아버지의 사랑을 먹고 자
란다. 어린아이는 어머니의 모성애와 아버지의 부성애가 균형 있게 제공되는 가
정에서 가장 건강하게 성장할 수 있다. 청소년으로 성장하면 이성과의 낭만적 사
랑을 추구한다. 애착 이론에 따르면, 개인이 어린 시절에 부모와의 관계에서 경험

한 사랑은 내면화되어 성인기의 낭만적 사랑뿐만 아니라 종교적 사랑에도 영향을 미친다.

사랑은 치유적이다. 사랑은 과거의 관계에서 입은 심리적 상처를 치유한다. 관계의 상처는 자신과 타인에 대한 부정적인 믿음이 되어 불행을 재생산한다. 좋은 사랑의 경험은 자신과 타인에 대한 긍정적 관점을 육성하여 과거의 상처를 치유한다.

부모와의 관계에서 상처를 입은 사람도 안정감 있는 연인과의 낭만적 사랑을 통해서 치유될 수 있다. 한편, 종교적 사랑은 수많은 사람의 상처를 회복시키는 거대한 치유 능력을 지닌다. 하나님과의 안정된 애착 관계는 인간관계에서 경험한 상처를 치유함으로써 자신과 타인에 대한 따뜻한 마음을 육성하는 치유적 효과를 지닌다. 하나님의 충만한 사랑을 경험한 사람은 다른 사람과 더 따뜻하고 안정된 관계를 맺을 수 있게 된다. 또한 부모로부터 안정된 사랑을 받은 사람이 자녀에게 안정된 사랑을 전해 줄 수 있듯이, 하나님과의 관계에서 충만한 사랑을 경험한 사람은 다른 사람에게도 커다란 사랑을 베풀 수 있다. 대부분의 종교적 성자들은 고통받는 모든 사람에게 무조건적인 커다란 사랑을 베푼 사람들이다.

가장 숭고한 사랑은 무조건적인 사랑이다. 인간이 이 세상에 존재하는 동안 할 수 있는 가장 가치 있는 일은 좋은 사랑을 많이 나누는 것이다. 인간이 경험하는 사랑은 '주고받는(give and take)' 교환 원리에 의해서 이루어지는 조건적 사랑이다. 조건적 사랑은 필연적으로 불만과 갈등 그리고 분노로 이어지게 된다. 줄 때는 받을 것을 기대하고 받을 때는 주어야 한다는 부담을 느끼는 조건적 사랑은 교환의 균형이 깨지면 언제든 흔들릴 수 있기 때문이다. 돌려받을 것을 기대하지 않고 베푸는 무조건적 사랑은 주는 사람이나 받는 사람 모두에게 가장 커다란 만족을 줄 뿐만 아니라 주는 사람과 받는 사람의 관계를 가장 잘 유지할 수 있게 해 준다.

사랑은 '내리사랑'이라는 말이 있다. 돌봄의 사랑은 강한 사람이 약한 사람에게 베푸는 것이다. 부모로부터 좋은 사랑을 받은 사람은 다른 사람에게 좋은 사랑을 베풀 수 있다. 하나님과의 관계는 가장 넓고 깊은 사랑의 원천이다. 하나님으로부터 큰 사랑을 받은 사람은 다른 사람에게 큰 사랑을 베풀 수 있다. 종교적 사랑은 하나님으로부터 받은 내리사랑의 경험을 통해서 세상 사람에게 내리사랑을 베푸는 것인지 모른다.

대부분의 종교는 사랑을 가장 높은 가치로 여긴다. 기독교뿐만 아니라 불교에서도 자비(慈悲)를 궁극적인 덕행으로 여긴다. 특히 불교에서는 '무주상보시(無住相報施)', 즉 베푼다는 생각에 머묾이 없이 베푸는 것을 가장 고귀한 선행으로 여긴다. 도움을 베푼다는 생각이 없을 뿐만 아니라 주는 사람과 받는 사람에 대한 구별도 없이 베푸는 보시가 가장 고귀하다. 무주상보시는 이기성과 자기중심성을 초월한 경지에서 할 수 있는 자기초월적 사랑이라고 할 수 있다. 기독교에서 강조하는 무조건적 사랑과 불교에서 최고의 선행으로 여기는 무주상보시는 우리가 모든 생명체에서 베풀 수 있는 가장 소중한 사랑인지 모른다. 프랑스 작가 알베르 카뮈(Albert Camus: 1913~1960)는 다음과 같은 말을 남긴 바 있다. "인생의 저녁에 이르면, 우리는 다른 사람을 얼마나 사랑했는가에 의해서 심판받게 될 것이다."

에필로그

•

사랑은 외로운 영혼의 연결

인생은 사랑의 역사다. 누구를 만나 어떤 사랑을 하느냐가 인생 드라마의 가장 주된 줄거리다. 돈과 권력, 성취는 좋은 사랑을 하기 위한 무대장치이자 배경일 뿐이다. 우리는 누구나 유일무이한 사랑을 펼치는 드라마의 주인공이다. 다만 우리의 사랑 드라마는 다른 사람이 관람할 수 있도록 무대에 올리지 않을 뿐이다. 사랑은 다른 사람에게 보여 주기 위한 것도 아니며 보여 줄 수 있는 것도 아니다. 사랑하는 사람들만이 오롯이 느낄 수 있는 매우 개인적이고 은밀한 체험이기 때문이다.

우리는 다른 사람의 삶을 통해서 간접적으로 인생을 배운다. 돈과 권력, 성취는 사회적 활동을 통해 추구될 뿐만 아니라 다른 사람에게 과시하기 위한 것이기 때문에 많은 사람에게 공개되어 알려진다. 우리는 다른 사람의 인생 드라마에서 공개되는 무대장치와 배경만 접할 수 있을 뿐 주인공의 영혼을 흔드는 사랑 드라마의 속사정은 알지 못한다. 그래서 사람들은 겉으로 드러나는 무대장치를 갖추는 일에 에너지를 쏟을 뿐 좋은 사랑을 하기 위한 마음의 준비에는 소홀하다. 아무리 무대가 훌륭하더라도 주인공이 사랑의 가치를 깊이 이해하지 못한다면 좋은 사랑을 나눌 수 있을까? 아무리 매력적인 파트너와 함께 무대에 오르더라도 주인공이 사랑을 나누는 기술을 갖추지 못한다면 좋은 사랑을 펼칠 수 있을까?

우리는 다른 사람의 삶을 알기 어렵다. 겉모습만 볼 수 있을 뿐 속마음은 알기 어렵다. 절친한 친구라 하더라도 서로의 사랑에 대해서 얼마나 솔직하게 공개할 수 있을까? 우리 사회에서 다른 사람의 삶을 가장 깊이 접할 수 있는 사람은 아마도 심리치료와 상담을 하는 심리전문가일 것이다. 내담자는 신뢰하는 심리전문가에게 도움을 받기 위해서 자신의 삶을 거의 모두 공개하기 때문이다. 심리전문가는 수십 시간 때로는 수백 시간의 만남을 통해 내담자가 고통받고 있는 삶의 문제와 그 배경이 되는 인생의 역사를 접하게 된다. 내담자들이 가장 빈번하게 그리고 가장 고통스럽게 호소하는 문제는 세 종류의 사랑과 관련되어 있다.

우리 인생은 발달단계마다 새롭게 펼쳐지는 세 종류의 사랑을 경험하는 희로애락의 드라마다. 사랑 드라마의 1막은 어린 시절에 부모와 혈연적 사랑을 나누며 시작한다. 어떤 부모를 만나 어떤 관계 경험을 하느냐는 우리 인생의 소중한 추억이 될 뿐만 아니라 이후에 펼쳐질 사랑 드라마의 디딤돌이 된다.

이성에 눈뜨는 사춘기부터 사랑 드라마의 2막이 새롭게 펼쳐지기 시작한다. 이성을 향한 뜨거운 사랑의 감정과 갈망이 우리 영혼을 뒤흔들면서 낭만적 사랑이라는 인생의 신세계가 열린다. 몸과 마음이 뜨겁게 소용돌이치는 놀라운 사랑의 경험을 하면서 천국과 지옥을 오가는 사랑 드라마가 우여곡절 속에 펼쳐진다. 첫사랑이 결혼으로 이어지는 경우가 있지만, 여러 명의 이성과 만남과 이별을 반복하며 파란만장한 사랑 드라마를 펼치는 사람도 있다.

결혼하여 자녀를 낳게 되면 사랑 드라마의 3막이 열린다. 꼬물거리는 어린 자녀를 향해 솟아오르는 혈연적 사랑의 놀라운 경험, 즉 '눈에 넣어도 아프지 않을' 헌신적인 내리사랑을 경험하게 된다. 성인기의 삶은 자녀를 양육하고 지원하는 일에 초점이 맞추어진다. 부모로서 자녀에게 향하는 사랑은 가장 끈질긴 것으로서 삶의 마지막 순간까지 이어지고 평생 일군 모든 것을 자녀에게 유산으로 넘겨주게 된다.

인생의 가을 중년기에 접어들면 사랑 드라마의 변화가 생겨난다. 자녀는 성장하여 슬하를 떠나고 배우자와의 사랑이 시들거나 갈등이 깊어지면서 새로운 사랑을 꿈꾸는 사추기(思秋期)가 시작될 수 있다. 중년기에는 배우자와 우애적 사랑을 다지며 이어가는 경우가 많지만, 혼외사랑을 추구하거나 이혼 또는 재혼을 하면서 사랑 드라마의 4막을 펼치는 사람들도 있다.

혈연적 사랑과 낭만적 사랑에 만족하지 못하거나 크게 실망한 사람은 인생의 한 시점에서 신과의 관계 형성을 통해 종교적 사랑을 경험할 수 있다. 특히 노년기에 는 종교적 사랑을 통해서 인생의 허무감을 이겨내는 위로와 지지를 얻을 수 있다. 이처럼 우리는 인생에서 세 종류의 사랑, 즉 혈연적 사랑, 낭만적 사랑, 종교적 사 랑을 경험한다. 세 종류의 사랑은 모두 빛과 그림자를 지니고 있으며 세월의 흐름 에 따라 변화한다. 우리 인생이 복잡한 듯하지만, 인생의 단계마다 세 종류의 사랑 을 어떻게 펼치느냐가 인생 드라마의 골격을 이룬다.

인간은 외로운 섬이다. 인생은 외로운 영혼이 타자와의 연결을 추구하며 방황하 는 과정이다. 이러한 삶의 과정에서 타자와의 연결을 성취한 영혼의 감격이 바로 사랑이다. 인생에서 사랑의 감격을 경험하는 것은 쉬운 일이 아니다. 영혼의 연결 은 두려움 없이 자신을 드러내고 거부감 없이 상대방을 수용하는 일이기 때문이다. 인간은 다른 사람의 평가와 거부를 두려워하기 때문에 자신의 진정한 모습을 드 러내지 못한다. 깊은 사랑을 통해 확고한 안전감을 느낄 때 비로소 인간은 자신의 진정한 모습을 드러낸다. 사랑이 감동적인 이유는 사랑하는 사람의 진정한 모습 을 접할 뿐만 아니라 자신의 진정한 모습을 드러낼 수 있기 때문이다. 위선의 가면 속에서 긴장하며 살아가는 인간이 비로소 사랑하는 사람 앞에서 가면을 벗고 자신 의 진정한 모습을 드러내는 것이다. 광대한 우주에서 외로운 두 영혼이 진정으로 연결되는 기쁨과 축복을 경험하는 것이다. 사랑은 인간의 심연에 가장 깊이 접근 하는 최고의 인간 이해 방법인 동시에 인생의 외로움과 허무감을 극복하는 최고의 치유 방법이다.

이 책은 많은 분의 도움을 통해 세상에 나올 수 있었다. 지난 25년간 변함없이 저술을 지원해 주신 학지사 김진환 사장님께 감사드린다. 특히『사랑의 심리학』

원고를 세심하게 다듬고 편집해 주신 학지사 유가현 과장님의 노고에 깊이 감사드린다. 사랑이라는 주제에 깊은 관심을 지니도록 사랑의 기쁨과 아픔을 맛보게 해주신 많은 분께도 감사의 마음을 전한다. 고통스러운 삶 속에서도 자녀에게 헌신하신 어머니의 깊은 사랑을 떠올리면 항상 가슴이 먹먹해진다. 이제는 맑은 정신을 잃었지만, 자녀에 대한 사랑의 끈을 놓지 않고 계시는 어머님께 이 자리를 빌려 감사와 사랑의 마음을 전해 드리고 싶다. 생의 초기에 부모의 돌봄을 받지 못한 마음의 상처를 안고 우여곡절의 삶을 살다 하늘나라로 돌아가신 아버님께도 사랑의 마음을 전한다. 일일이 거명할 수 없지만, 사랑의 소중함을 깨닫게 해 주신 모든 분께 머리 숙여 깊이 감사드린다.

참고문헌

권석만 (2013). 현대 이상심리학(2판). 학지사.

권석만 (2015). 현대 성격심리학. 학지사.

권석만 (2017). 젊은이를 위한 인간관계의 심리학(3판). 학지사.

류정희 등 (2018). 2018년 아동종합실태조사. 보건복지부/한국보건사회연구원.

민중서관 편집부 (2000). 국어사전. 민중서관.

염유식, 성기호 (2021). 2021년도 한국 아동 · 청소년 행복지수 국제비교연구 조사결과 보고서. 연세대학교 사회발전연구소.

이진화, 권민(2021). 코로나19 팬데믹 전후 청소년의 건강행태 비교: 2019~2020 청소년 건강행태 온라인조사를 이용한 2차 자료분석. 한국학교보건학회지, 34(3), 179-189.

정옥분, 정순화, 황현주 (2009). 애착과 발달. 학지사.

통계청 (2022). 2021년 혼인 · 이혼 통계. 통계청.

하용조 (편) (2010). 우리말 성경. 두란노서원.

홍숙기 (2011). 성격심리(하) (전면개정판). 박영사.

Agnew, C. R., Van Lange, P. A. M., Rusbult, C. E., & Langston, C. A. (1998). Cognitive interdependence: Commitment and the mental representation of close relationships. *Journal of Personality and Social Psychology, 74*(4), 939-954.

Ainsworth, M. D. S., Blehar, M., Waters, E., & Wall, S. (1978). *Patterns of attachment*. Erlbaum.

Akins, D. C., Baucom, D. H., & Jacobson, N. S. (2001). Understanding infidelity: Correlates in a national random sample. *Journal of Family Psychology, 15*, 735-749.

Akinson, Q. D., & Bourrat, P. (2011). Beliefs about God, the afterlife and morality support the role of supernatural policing in human cooperation. *Evolution and Human Behavior, 32*(1), 41-49.

Allport, G. W. (1950). *The individual and his religion: A psychological interpretation.* Macmillan.

Allport, G. W. (1955). *Becoming.* Yale University Press.

Allport, G. W., & Ross, J. (1967). Personal religious orientation and prejudice. *Journal of Personality and Social Psychology, 5,* 432–443.

Altman, I., & Taylor, D. A. (1973). *Social penetration: The development of interpersonal relationships.* Holt, Rinehart & Winston.

Altman, I., Vinsel, A., & Brown, B. B. (1981). Dialectic conceptions in social psychology: An application to social penetration and privacy regulation. In L. Berkowitz (Ed.), *Advances in experimental social psychology (Vol. 14)* (pp. 107–160). Academic Press.

Archer, J. (1999). *The nature of grief: The evolution and psychology of reaction to loss.* Routledge Press.

Aron, A., & Aron, E. N. (1986). *Love and the expansion of self: Understanding attraction and satisfaction.* Hemisphere.

Aron, A., & Aron, E. N. (1991). Love and sexuality. In K. McKinney and S. Sprecher (Eds.), *Sexuality in close relationships* (pp. 25–48). Erlbaum.

Aron, A., & Aron, E. N. (1996). Self and self-expansion in relationships. In G. J. O. Fletcher & J. Fitness (Eds.), *Knowledge structures in close relationships: A social psychological approach* (pp. 325–344). Lawrence Erlbaum.

Aron, A., Paris, M., & Aron, E. N. (1995). Falling in love: Prospective studies of self–concept change. *Journal of Personality and Social Psychology, 69,* 1102–1112.

Aune, K. S., Aune, R. K., & Buller, D. B. (1994). The experience, expression, and perceived appropriateness of emotions across levels of relationship development. *The Journal of Social Psychology, 134*(2), 141–150.

Bakan, D. (1966). *The duality of human existence: Isolation and communion in Wester man.* Beacon Press.

Baker D. D., & Terpstra, D. E. (1986). Locus of control and self-esteem versus demographic factors as predictors of attitudes toward women. *Basic and Applied Social Psychology, 7*(2), 163–172.

Barbara, A. M., & Dion, K. L. (2000). Breaking up is hard to do, especially for strongly "preoccupied" lovers. *Journal of Loss and Trauma, 5,* 315–342.

Barta, W. D., & Kiene, S. M. (2005). Motivations for infidelity in heterosexual dating couples: The roles of gender, personality differences, and sociosexual orientation. *Journal of Social and Personal Relationships, 22*(3), 339–360.

Bartholomew, K., & Horowitz, L. M. (1991). Attachment styles among young adults: A test of a four-category model. *Journal of Personality and Social Psychology, 61*(2), 226–244.

Batson, C. D., Schoenrade, P., & Ventis, W. L. (1993). *Religion and the individual: A social-psychological perspective.* Oxford University Press.

Baucom, D. H., & Epstein, N. (1990). *Cognitive-behavioral marital therapy*. Brunner/Mazel.

Baucom, D. H., Epstein, N. B., LaTaillade, J. J., & Kirby, J. S. (2008). Cognitive-behavioral couple therapy. In A. S. Gurman (Ed.). *Clinical handbook of couple therapy* (pp. 31-72). The Guilford Press.

Baucom, D. H., Epstein, N. B., & Stanton, S. (2006). The treatment of relationship distress: Theoretical perspectives and empirical findings. In A. L. Vangelisti & D. Perlman (Eds). *The Cambridge handbook of personal relationships* (pp. 745-765), Cambridge University Press.

Baumeister, R. F., & Bratslavsky, E. (1999). Passion, intimacy, and time: Passionate love as a function of change in intimacy. *Personality and Social Psychology Review, 3*(1), 49-67.

Baumeister, R. F., Bratslavsky, E., Finkenauer, C., & Vohs, K. D. (2001). Bad is stronger than good. *Review of General Psychology, 5*(4), 323-370.

Baumrind, D. (1991). The influence of parenting style on adolescent competence and substance abuse. *Journal of Early Adolescence, 11*(1), 56-95.

Baxter, L. A. (1984). Trajectories of relationship disengagement. *Journal of Social and Personal Relationships, 1*, 29-48.

Baxter, L. A., & Bullis, C. (1986) Turning points in developing romantic relationships. *Human Communication Research, 12*(4), 469-493.

Berg, J. H., & Clark, M. S. (1986). Differences in social exchange between intimate and other relationships: Gradually evolving or quickly apparent? In V. J. Derlega et al. (Eds), *Friendship and social interaction* (pp. 101-128). Springer-Verlag.

Berscheid, E. (1983). Emotion. In H. H. Kelley, E. Berscheid, A. Christensen, J. H. Harvey, G. Levinger, E. McClintock, L. A. Peplau, & D. R. Peterson (Eds.), *Close Relationships* (pp. 110-168), W. H. Freeman.

Berscheid, E., & Hatfield, E. (1969). *Interpersonal attraction*. Addision-Wesley.

Berscheid, E., & Hatfield, E. (1978). *Interpersonal attraction* (2nd ed.). Addision-Wesley.

Berscheid, E., & Hatfield, E. (1986). *Mirror, mirror: The importance of looks in everyday life*. State University of New York Press.

Birgegard, A., & Granqvist, P. (2004). The correspondence between attachment to parents and God: Three experiments using subliminal separation cues. *Personality and Social Psychology Bulletin, 30*(9), 1122-1135.

Birnbaum, G. E., & Reis, H. T. (2012). When does responsiveness pique sexual interest? Attachment and sexual desire in initial acquaintanceships. *Personality and Social Psychology Bulletin, 38*(7), 946-958.

Blos, P. (1967). The second individuation process of adolescence. *Psychoanalytic Study Child, 22*, 162-186.

Blos, P. (1979). *The adolescent passage*. International Universities Press.

Blue, K. (1993). *Healing spiritual abuse: How to break free from bad church experiences*. IVP.

Blum, H. P. (2016). Separation-individuation theory and attachment theory. *Journal of American Psychoanalytic Association*, *52*(2), 535-553.

Blumstein, P., & Schwartz, P. (1983). *American couples: Money, work, and sex*. William Morrow.

Bogaert, A. F., & Sadava, S. (2002). Adult attachment and sexual behavior. *Personal Relationships*, *9*, 191-204.

Boris, H. N. (1984). On the treatment of anorexia nervosa. *International Journal of Psychoanalysis*, *65*(4), 435-442.

Bowlby, J. (1969). *Attachment and loss: Vol. 1. Attachment*. Basic Books.

Bowlby, J. (1973). *Attachment and loss: Vol. 2. Separation: Anxiety and anger*. Basic Books.

Bowlby, J. (1980). *Attachment and loss: Vol. 3. Loss, sadness, and depression*. Basic Books.

Bowman, H. A., & Spanier, G. G. (1978). *Modern marriage*. McGraw-Hill.

Bradbury, T. N., & Fincham, F. D. (1990). Attributions in marriage: Review and critique. *Psychological Bulletin*, *107*(1), 3-53.

Bradshaw, M., Ellison, C. G., & Flannelly, K. J. (2008). Prayer, God imagery, and symptoms of psychopathology. *Journal of the Scientific Study of Religion*, *47*(4), 644-659.

Brand, R. J., Markey, C. M., Mills, A., & Hodges, S. D. (2007). Sex differences in self-reported infidelity and its correlates. *Sex Roles*, *57*, 1101-1109.

Brown, E. M. (1991). *Patterns of infidelity and their treatment*. Brunner/Mazel.

Bunnk, B. P. (1997). Personality, birth order and attachment styles as related to various types of jealousy. *Personality and Individual Differences*, *23*(6), 997-1006.

Burgess, A.W., Baker, T., Greening, D., et al., (1997). Stalking behaviors within domestic violence. *Journal of Family Violence*, *12*(4), 389-403.

Buss, D. M. (1989). Sex differences in human mate preferences: Evolutionary hypotheses tested in 37 cultures. *Behavioral and Brain Sciences*, *12*, 1-49.

Buss, D. M. (1991). Evolutionary personality psychology. *Annual Review of Psychology*, *42*, 459-491.

Buss, D. M. (2003). *The evolution of desire* (rev. ed.). Basic Book.

Buss, D. M., & Schmidt, D. P. (1993). Sexual strategies theory: An evolutionary perspective on human mating. *Psychological Review*, *100*, 204 -232.

Byers, E. S., & Demmons, S. (1999). Sexual satisfaction and sexual self-disclosure within dating relationships. *Journal of Sex Research*, *36*(2), 180-189.

Cacioppo, S., Bianchi-Demicheli, F., Hatfield, E., & Rapson, R. L. (2012). Social neuroscience of love. *Clinical Neuropsychiatry*, *9*(1), 3-13.

Caspi, A., & Herbener, E. S. (1990). Continuity and change: Assortative marriage and the consistence of personality in adulthood. *Interpersonal Relations and Group Processes, 58*(2), 250-258.

Cassidy, J., & Shaver, P. R. (Eds.) (2016). *Handbook of attachment: Theory, research and clinical applications.* The Guilford Press.

Christopher, F. S., & Cate, R. M. (1985). Premarital sexual pathways and relationship development. *Journal of Social and Personal Relationships. 2,* 271-288.

Chung, M. C., Farmer, S., et al. (2003). Coping with post-traumatic stress symptoms following relationship dissolution. *Stress and Health, 19,* 27-36.

Clark, W. H. (1958). How do social scientists define religion? *Journal of Social Psychology, 47,* 143-147.

Cohen, S., & Herbert, T. B. (1996). Health psychology: Psychological factors and physical disease from the perspective of human psychoneuroimmunology. *Annual Review of Psychology, 47,* 113-142.

Colarusso, C. A. (1990). The third individuation: The effect of biological parenthood on separation-individuation processes in adulthood. *The Psychoanalytic Study of the Child, 45,* 170-194.

Colarusso, C. A. (1998). Separation-individuation processes in middle adulthood: The fourth individuation. *Journal of Korean Psychoanalytic Study Group, 9*(2), 229-246.

Colarusso, C. A. (2000). Separation-individuation phenomena in adulthood: General concepts and the fifth individuation. *Journal of the American Psychoanalytic Association, 48*(4), 1467-1489.

Coleman, F. L. (1997). Stalking behavior and the cycle of domestic violence. *Journal of Interpersonal Violence, 12*(3), 420-432.

Coleman, S. (1977). A developmental stage hypothesis for nonmarial dyadic relationship. *Journal of Marriage and Family Counseling, 3,* 71-76.

Collins, N. L., & Feeney B. C. (2004) An attachment theory perspective on closeness and intimacy. In D. J. Mashek & A. Aron (Eds.), *Handbook of closeness and intimacy* (pp. 163-187). Erlbaum.

Collins, N. L., Ford, M. B., & Feeney, B. C. (2011). An attachment-theory perspective on social support in close relationships. In L. M. Horowitz & S. Strack (Eds.), *Handbook of interpersonal psychology: Theory, research, assessment, and therapeutic interventions* (pp. 209-231). John Wiley & Sons, Inc.

Cunningham, M. R., Barbee, A. P., & Druen, P. B. (1997). Social allergens and the reactions they produce: Escalation of love and annoyance in love and work. In R. M. Kowalski (Ed.), *Aversive interpersonal behaviors* (pp. 189-214). Plenum Press.

Davis, D., Shaver, P. R., & Vernon, M. L. (2004). Attachment style and subjective motivation for sex. *Personality and Social Psychology Bulletin, 30*(8), 1076-1090.

Davis, M. (1973). *Intimate relations.* Free Press.

Deci, E. L., & Ryan, R. M. (1985). *Intrinsic motivation and self-determination in human behavior.*

Plenum.

Dezutter, J., Wachholtz. A., & Corveleyn, J. (2011). Prayer and pain: The mediating role of positive re-appraisal. *Journal of Behavioral Medicine, 34,* 542-549.

Dickie, J. R., Eshleman, A. K., Merasco, D. M., Shepard, A., Wilt, M. V., & Johnson, M. (1997). Parent-child relationships and children's images of God. *Journal for the Scientific Study of Religion, 36*(1), 25-43.

Diener, E. (2001, Feb.). *Subjective well-being.* Address presented at the annual meeting of the Society for Personality and Social Psychology, San Antonio, TX.

Dinkmeyer, D., & McKay, G. (1996). *Raising a responsible child: How to prepare your child for today's complex world.* Fireside Books.

Dobash, R. E., Dobash, R. P., & Cavanagh, K. (2009). "Out of the blue": Men who murder an intimate partner. *Feminists Criminology, 4*(3), 194-225.

Downey, G., Feldman, S., & Ayduk, O. (2000). Rejection sensitivity and male violence in romantic relationship. *Personal Relationships, 7,* 45-61.

Duck, S. (Ed.). (1982). *Personal relationships IV: Dissolving personal relationships.* Academic Press.

Duck, S. (2007). *Human relationships.* Sage.

Edwards, J. N., & Booth, A. (1994). Sexuality, marriage, and well-being: The middle years. In A. S. Rossi (Ed.), *Sexuality across the life course* (pp. 233-259). The University of Chicago.

Egeland, P., & Sroufe, A. (1981). Developmental sequelae of maltreatment in infancy. *New Directions for Child Development, 11,* 77-92.

Emmers, T. M., & Hart, R. D. (1996). Romantic relationship disengagement and coping rituals. *Communication Research Reports, 13*(1), 8-18.

Endleman, R. (1989). *Love and sex in twelve cultures.* Psyche Press.

Enroth, R. (1992). *Churches that abuse.* Zondervan.

Eyberg, S. M., & Calzada, E. J. (1998). *Parent-Child Interaction Therapy: Treatment manual.* Unpublished manuscript, University of Florida.

Falsetti, S. A., Resick, P. A., & Davis, J. L. (2003). Changes in religious beliefs following trauma. *Journal of Trauma Stress, 16,* 391-398.

Feeney, B. C., & Collins, N. L. (2003). Motivations for caregiving in adult intimate relationships: Influences on caregiving behavior and relationship functioning. *Personality and Social Psychology Bulletin, 29*(8), 950-968.

Feeney, J. A. (2004). Hurt feelings in couple relationships: Towards integrative models of the negative effects of hurtful events. *Journal of Social and Personal Relationships, 21*(4), 487-508.

Feeney, J. A., & Noller, P. (1990). Attachment style as a predictor of adult romantic relationships. *Journal of Personality and Social Psychology, 58,* 281-291.

Feeney, J. A., & Noller, P. (1992). Attachment style and romantic love: Relationship dissolution. *Australian Journal of Psychology, 44*(2), 69-74.

Feeney, J. A., Noller, P., & Roberts, N. (2000). Attachment and close relationships. In C. Hendrick & S. S. Hendrick (Eds.), *Close relationships: A sourcebook* (pp. 185-201). Sage.

Felmlee, D. H. (1995). Fatal attraction: Affection and disaffection in intimate relationships. *Journal of Social and Personal Relationships, 12,* 295-311.

Felmlee, D. H. (1998). Fatal attraction. In B. H. Spitzberg & W. R. Cupach (Eds.). *The dark side of close relationships* (pp. 3-31). Routledge.

Fisher, H. (1991). *Anatomy of love: A natural history of mating, marriage, and why we stray.* W. W. Norton & Company.

Fisher, H. (1998). Lust, attraction, and attachment in mammalian reproduction. *Human Nature, 9,* 23-52.

Fisher, H. (2004). *Why we love: The nature and chemistry of romantic love.* Holt.

Fleischmann, A. A., Spitzberg, B. H., Anderson, P.A., & Roesch, S. C. (2005). Tickling the monster: Jealousy induction in relationships. *Journal of Social and Personal Relationships, 22*(1), 49-73.

Fletcher, G. J. O. (2002). *The new science of intimate relationships.* Blackwell.

Fletcher, G, J. O., Simpson, J. A., & Thomas, G. (2000). The measurement of perceived quality components: A confirmatory factor analytic approach. *Personality and Social Psychology Bulletin, 26*(3), 340-354.

Fletcher, G. J. O., Simpson, J. A., Thomas, G., & Giles, L. (1999). Ideals in intimate relationships. *Journal of Personality and Social Psychology, 76*(1), 72-89.

Foa, U. G. (1971). Interpersonal and economic resources. *Science, 171,* 345-351.

Foa, U. G., & Foa, E. B. (1980). Resource theory: Interpersonal behavior as exchange. In K. J. Gergen, M. S. Greenberg, & R. H. Willis (Eds.), *Social exchange: Advances in theory and research* (pp. 77-94). Plenum.

Foster, R. A., & Keating, J. P. (1992). Research note: Measuring androcentrism in the Western God-concept. *Journal for the Scientific Study of Religion, 31*(3), 366-375.

Fowler, J. W. (1981). *Stages of faith: The psychology of human development and the quest for meaning.* HarperCollins.

Fowler, J. W., & Dell, M. L. (2006). Stages of faith from infancy through adolescent: Reflections on three decades of faith development theory. In E. C. Roehlkepartain., P. E. King., L. Wagener., & P. L. Benson (Eds.). *The handbook of spiritual development in childhood and adolescence* (pp. 34-45). Sage Publications.

Francis, D., Diorio, J., Liu, D., & Meaney, M. J. (1999). Nongenomic transmission across generations of maternal behavior and stress responses in the rat. *Science, 286,* 1155-1158.

Freud, S. (1907). Obsessive acts and religious practices. In J. Strachey (Ed.), *The standard edition of the complete works of Sigmund Freud.* Hogarth Press.

Fromm, E. (1947). *Man for himself.* Holt, Rinehart & Winston.

Gable, S. L., Reis, H. T., Impett, E. A., & Asher, E. R. (2004). What do you do when things go right? The intrapersonal and interpersonal benefits of sharing good events. *Journal of Personality and Social Psychology, 87,* 228-245.

Gangestad, S. W., Garver-Apgar, C. E., Simpson, J. A., & Cousins, A. J. (2007). Changes in women's mate preferences across the ovulatory cycle. *Journal of Personality and Social Psychology, 92*(1), 151-163.

Geetz, C. (1966). Religion as a cultural system. In M. Banton (Ed.), *Anthropological approaches to the study of religion* (pp. 1-46). Tavistock.

George, L. K., Larson, D. B., Koenig, H. G., & McCullough, M. E. (2000). Spirituality and health: What we know, what we need to know. *Journal of Social and Clinical Psychology, 19*(1), 102-116.

George, C., Kaplan, N., & Main, M. (1984). *Adult attachment interview protocol.* Unpublished manuscript, University of California at Berkeley.

George, C., Kaplan, N., & Main, M. (1985). *Adult attachment interview protocol* (2nd ed.). Unpublished manuscript, University of California at Berkeley.

George, C., Kaplan, N., & Main, M. (1996). *Adult attachment interview protocol* (3rd ed.). Unpublished manuscript, University of California at Berkeley.

Glass, S. P., & Wright, T. L. (1985). Sex differences in type of extramarital involvement and marital dissatisfaction. *Sex Roles, 12,* 1101-1120.

Glass, S. P., & Wright, T. L. (1992). Justification for extramarital relationships: The association between attitudes, behaviors, and gender. *Journal of Sex Research, 29*(3), 361- 387.

Gordon, R. M. (2006). What is love? Toward a unified model of love relations. *Issues in Psychoanalytic Psychology, 28*(1), 25-31.

Gordon, T. (1975). *P.E.T.: Parental effectiveness training.* American Library.

Gottman, J. M. (1994). *What predicts divorce: The relationship between marital process and marital outcomes.* Lawrence Erlbaum.

Gottman, J. M. (1995). *Why marriages succeed or fail: And how you can make yours last.* Simon an Schuster.

Granqvist, P. (1998). Religiousness and perceived childhood attachment: On the question of compensation or correspondence. *Journal for the Scientific Study of Religion, 37,* 350-367.

Granqvist, P. (2003). Attachment theory and religious conversions: A review and a resolution of the classic and contemporary paradigm chasm. *Review of Religious Research, 45*(2), 172-187.

Granqvist, P., & Hagekull, B. (2000). Religiosity, adult attachment, and why "singles" are more religious. *International Journal for the Psychology of Religion, 10,* 111-123.

Granqvist, P., & Hagekull, B. (2001). Seeking security in the New Age: On attachment and emotional compensation. *Journal for the Scientific Study of Religion, 40,* 529-547.

Granqvist, P., & Hagekull, B. (2003). Longitudinal predictions of religious change in adolescence: Contributions from the interaction of attachment and relationship status. *Journal of Social and Personal Relationships, 20,* 793-817.

Granqvist, P., & Kirkpatrick, L. A. (2004). Religious conversion and perceived childhood attachment: A meta-analysis. *International Journal for the Psychology of Religion, 14,* 223-250.

Granqvist, P., & Kirkpatrick, L. A. (2016). Attachment and religious representations and behavior. In J. Cassidy & R. Shaver (Eds.), *Handbook of attachment: Theory, research, and clinical applications* (3rd ed.) (pp. 917-940). The Guilford Press.

Granqvist, P., Mikulincer, M., & Shaver, P. R. (2010). Religion as attachment: Normative processes and individual differences. *Personality and Social Psychology Review, 14*(1), 49-59.

Granqvist, P., Mikulincer, M., Gewirtz, V., & Shaver, P. R. (2012). Experimental findings on God as an attachment figure: Normative processess and moderating effects of internal working models. *Journal of Personality and Social Psychology, 103*(5), 804-818.

Greeley, A. M. (1991). *Faithful attraction: Discovering intimacy, love, and fidelity in American marriage.* Doherty.

Greenberg, L., & Johnson, S. (1988). *Emotionally focused therapy for couples.* The Guilford Press.

Greene, K., Derlega, V. J., & Mathew, A. (2006). Self-disclosure in personal relationships. In A. L. Vangelisti & D. Perlman (Eds.), *The Cambridge handbook of personal relationships* (pp. 409-427). Cambridge University Press.

Greitemeyer, T. (2009). Effects of songs with prosocial lyrics on prosocial thought, affect, and behavior. *Journal of Experimental Social Psychology, 45*(1), 186-190.

Guerrero, L. K. (1998). Attachment-style differences in the experience and expression of romantic jealousy. *Personal Relationships, 5*(3), 273-291.

Guerrero, L. K., & Afifi, W. A. (1993). *Coping with romantic jealousy: Accomplishing goals via communication.* Paper presented at the biennial meeting of the International Network on Personal Relationships, Milwaukee, WI.

Guerrero, L. K., Eloy, S. V., Jorgensen, P. F., & Andersen, P. A. (1993). Hers or his? Sex differences in the communication of jealousy in close relationships. In P. Kalbfleisch (Ed.), *Interpersonal communication in evolving interpersonal relationships* (pp. 109-132). Erlbaum.

Hall, T. W. Fukujima, A., Halcrow, S., Hill, P. C., & Delaney, H. (2009). Attachment to God and implicit spirituality: Clarifying correspondence and compensation models. *Journal of Psychology and Theology, 37*(4), 227-242.

Harlow, H. F. (1958). The nature of love. *American Psychologist, 13*(12), 673-685.

Harlow, H. F. (1962). The heterosexual affectional system in monkeys. *American Psychologist, 17*(1), 1-9.

Harlow, H. F., & Harlow, M. K. (1966). Learning to love. *American Psychologist, 54*(3), 244-272.

Hatfield, E., & Rapson, R. L. (1990). Passionate love in intimate relationships. In B. S. Moore & A. Isen (Eds.), *Affect and social behavior* (pp. 126-152). England Cambridge University Press.

Hatfield, E., & Rapson, R. L. (1993). *Love, sex, and intimacy: Their psychology, biology, and history.* Harper Collins.

Hatfield, E., & Sprecher, S. (1986). Measuring passionate love in intimate relations. *Journal of Adolescence, 9,* 383-410.

Hathaway, W. L., & Pargament, K. I. (1990). Intrinsic religiousness, religious coping, and psychosocial competence: A covariance structure analysis. *Journal for the Scientific Study of Religion, 29*(4), 423-441.

Hayes, S., & Jeffries, S. (2015). *Romantic terrorism: An auto-ethnography of domestic violence, victimization and survival.* Palgrave Macmillan.

Hazan, C., & Shaver, P. R. (1987). Romantic love conceptualized as an attachment process. *Journal of Personality and Social Psychology, 52,* 511-524.

Hendrick, C., & Hendrick, S. S. (1986). A theory and method of love. *Journal of Personality and Social Psychology, 50*(2), 392-402.

Hendrick, C., & Hendrick, S. S. (Eds.). (2000). *Close relationships: A sourcebook.* Sage.

Hendrick, S. S. (1988). A generic measure of relationship satisfaction. *Journal of Marriage and the Family, 50,* 93-98.

Hindy, C. G., Schwartz, J. C., & Brodsky, A. (1989). *If this is love, why do I feel so insecure?* Atlantic Monthly Press.

Hoffman, L. (2005). A developmental perspective on the God image. In R. H. Cox, B. Ervin-Cox, & L. Hoffman (Eds.), *Spirituality and psychological health* (pp. 129-147). Colorado School of Professional Psychology Press.

Hood, R. W., Jr., Spilka, B., Hunsberger, B., & Gorsuch, R. L. (1996). *The psychology of religion: An empirical approach* (2nd ed.). The Guilford Press.

Hrdy, S. (1999). *Mother nature: A history of mother, infants and natural selection.* Pantheon. (황의선 역, 〈어머니의 탄생〉, 사이언스 북스, 2010).

Hughes, M., Morrison, K., & Asada, K. J. K. (2005). What's love got to do with it? Exploring the impact of maintenance rules, love attitudes, and network support on friends with benefits relationships. *Western Journal of Communication, 69*(1), 49-66.

James, W. (1902). *The varieties of religious experience: A study of human nature.* Harvard University Press. (김재영 역, 〈종교적 경험의 다양성: 인간 본성에 대한 이해〉, 한길사, 2000).

Jankowiak, W. R., & Fischer, E. F. (1992). A cross-cultural perspective on romantic love. *Ethnology, 31*(2), 149-155.

Jindra, I. W. (2014). *A new model of religious conversion: Beyond network theory and social construction.* Brill.

Johnson, D., & Kruger, O. (2004). The good of wrath: Supernatural punishment and the evolution of cooperation. *Political Theology, 5*(2), 159-176.

Johnson, D. D. P. (2005). God's punishment and public goods: A test of the supernatural punishment hypothesis in 186 world cultures. *Human Nature, 16*, 410-446.

Johnson, P. (1959). *Psychology of religion.* Abingdon.

Johnson, S., & Greenberg, L. (1985). Emotionally focused marital therapy: An outcome study. *Journal of Marital and Family Therapy, 11*, 313-317.

Jones, E. E., Bell, L., & Aronson, E. (1972). The reciprocation of attraction from similar and dissimilar others: A study in person perception and evaluation. In C. G. Mc-Clintock (Ed.), *Experimental social psychology* (pp. 142-179). Holt, Rine-hart & Winston.

Jourard, S. (1964). *The transparent self.* Van Nostrand Reinhold.

Jourard, S. (1971). *Self-disclosure.* Wiley.

Karandashev, V. (2019). *Cross-cultural perspectives on the experience and expression of love.* Springer.

Karen, R. (1994). *Becoming attached: Unfolding the mystery of the infant-mother bond and its impact on later life.* Warner Books.

Kaufman, G. D. (1981). *The theological imagination: Constructing the concept of God.* The Westminster Press.

Kayser, K. (1993). *When love dies: The process of marital disaffection.* The Guilford Press.

Kayser, K. (1996). The marital disaffection scale: An inventory for assessing emotional estrangement in marriage. *American Journal of Family Therapy, 24*(1), 83-88.

Kelley, H. H., & Thibaut, J.W. (1978). *Interpersonal relations: A theory of interdependence.* Wiley-Interscience.

Keltner, D., Gruenfeld, D. H., & Anderson, C. (2003). Power, approach and inhibition. *Psychological Review, 110*, 265-284.

Kinsey, A., Pomeroy, W., & Martin, C. (1948). *Sexual behavior in the human male.* W. B. Saunders.

Kirkpatrick, L. A. (1992). An attachment-theory approach to the psychology of religion. *The International Journal for the Psychology of Religion, 2*(1), 3-28.

Kirkpatrick, L. A. (1994). The role of attachment in religious belief and behavior. In D. Perlman & K. Bartholomew (Eds.), *Advances in Personal Relationships* (Vol. 5)(pp. 239-265). Jessica Kingsley.

Kirkpatrick, L. A. (1997). A longitudinal study of changes in religious belief and behavior as a function of individual differences in adult attachment style. *Journal for the Scientific Study of Religion, 36*, 207-217.

Kirkpatrick, L. A. (1998). God as a substitute attachment figure: A longitudinal study of adult attachment style and religious change in college students. *Personality and Social Psychology Bulletin, 24*, 961-973.

Kirkpatrick, L. A. (2005). *Attachment, evolution, and the psychology of religion.* The Guilford Press.

Kirkpatrick, L. A., & Davis. K. E. (1994). Attachment style, gender, and relationship stability: A longitudinal analysis. *Journal of Personality and Social Psychology, 66*, 502-512.

Kirkpatrick, L. A., & Shaver, P. R. (1990). Attachment theory and religion: Childhood attachments, religious beliefs, and conversion. *Journal for the Scientific Study of Religion, 29*(3), 315-334.

Kirkpatrick, L. A., & Shaver, P. R. (1992). An attachment-theoretical approach to romantic love and religious belief. *Personality and Social Psychology Bulletin, 18*(3), 266-275.

Knapp, M. L. (1978). Social intercourse: From greeting to goodbye. Allyn & Bacon.

Knapp, M. L., & Vangelisti, A. L. (2005). Relationship stages: A communication perspective. In M. L. Knapp & A. L. Vangelisti (Eds.), *Interpersonal communication and human relationships* (pp. 151-158). Allyn & Bacon.

Knox, D., Zusman, M. E., Kaluzny, M., & Cooper, C. (2000). College student recovery from a broken heart. *College Student Journal, 34*, 322-324.

Knox, D., Zusman, M. E., Kaluzny, M., & Sturdivant, L. (2000). Attitudes and behavior of college students toward infidelity. *College Student Journal, 34*, 162-164.

Kressel, K., Jaffee, N., Tuchman, B., Watson, C., & Deutsch, M. (1980). A typology of divorcing couples: Implications for mediation and the divorce process. *Family Process, 19*, 101-116.

Kruger, D. J., Fisher, M. L., Edelstein, R. S., Chopik, W. J., Fitzgerald, C. J., & Strout, S. L. (2013). Was that cheating? Perceptions vary by sex, attachment anxiety, and behavior. *Evolutionary Psychology, 11*(1), 159-171.

Kuczynski, L. (Ed.). (2003). *Handbook of dynamics in parent-child relations.* Sage.

Kuczynski, L., Harach, L., & Bernardini, S. C. (1999). Psychology's child meets sociology's child: Angency, power and influence in parent-child relations. In C. Shehan (Ed.), *Through the eyes of the child: Revisioning children as active agents of family life* (pp. 21-52). JAI.

Lagrand, L. E. (1988). *Changing patterns of human existence: Assumptions, beliefs, and coping with the stress of change.* Charles C. Thomas Publisher.

Lambert, C. D., & Kurpius, S. E. R. (2004). Relationship of gender role identity and attitudes with images of God. *American Journal of Pastoral Counseling, 7*(2), 55-75.

Laumann, E. O., Gagnon, J. H., Michael, R. T., & Michaels, S. (1994). *The social organization of sexuality: Sexual practices in the United States.* The University of Chicago Press.

Le, B., & Agnew, C. R. (2003). Commitment and its theorized determinants: A meta-analysis of the investment model. *Personal Relationships, 10*(1), 37-57.

Lee, J. A. (1977). A typology of styles of love. *Personality and Social Psychology Bulletin, 3,* 173-182.

Lee, J. A. (1988). Love-styles. In R. J. Sternberg & M. L. Barnes (Eds.), *Psychology of love* (pp. 38-67). Yale University Press.

Leslie, G. R. (1982). *The family in social context* (5th ed.). Oxford University Press.

Lewis, S. F., & Fremouw, W. (2000). Dating violence: A critical review of the literature. *Clinical Psychology Review, 21*(1), 105-127.

Lofland, J. (1977). "Becoming a World-Saver" Revisited. *American Behavioral Scientist, 20*(6), 805-818.

Lofland, J., & Skonovd, N. (1981). Conversion motifs. *Journal of the Scientific Study of Religion, 20*(4), 373-380.

Lorenz, K. (1937). The companion in the bird's world. *Auk, 54,* 245-273.

Lorenz, K. (1950). The comparative method in studying innate behavior patterns. *Symposium for the Society for Experimental Biology, 4,* 221-268.

Lowe, W. L. (1953). Psychodynamics in religious delusions and hallucinations. *American Journal of Psychotherapy, 7,* 454.

Maccoby, E. E., & Martin, J. A. (1983). Socialization in the Context of the Family: Parent-Child Interaction. In P. H. Mussen & E. M. Hetherington (Eds.), *Handbook of child psychology: Vol. 4. Socialization, personality, and social development* (pp. 1-101). Wiley.

Mahler, M., Pine, F., & Bergman, A. (1975). *The psychological birth of the human infant.* Hutchinson.

Main, M., Hesse, E., & Kaplan, N. (2005). Predictability of attachment behavior and representational processes at 1, 6, 19 years of age: The Berkeley longitudinal study. In K. E. Grossman, K. Grossman, & E. Waters (Eds.), *Attachment from infancy to adulthood* (pp. 245-304). The Guilford Press.

Main, M., Kaplan, N., & Cassidy, J. (1985). Security in infancy, childhood, and adulthood: A move to the level of representation. *Monographs of the Society for Research in Child Development, 50*(1-2), 66-104.

Main, M., & Solomon, J. (1986). Discovery of a new, insecure-disorganized/disoriented attachment pattern. In M. Yogman & T. B. Brazelton (Eds.), *Affective development in infancy* (pp. 95-124). Ablex.

Main, M., & Solomon, J. (1990). Procedures for identifying infants as disorganized/disoriented during the Ainsworth Strange Situation. In M. T. Greenberg, D. Cicchetti, & E. M. Cummings (Eds.), *Attachment in the preschool years* (pp. 121-160). University of Chicago Press.

Main, M., & Weston, D. R. (1981). The quality of the toddler's relationship to mother and to father: Related to conflict behavior and the readiness to establish new relationships. *Child Development, 52*, 932-940.

Markus, H. R., & Kitayama, S. (1991). Culture and the self: Implications for cognition, emotion, and motivation. *Psychological Review, 98*, 224-253.

Maslow, A. H. (1968). *Toward a psychology of being.* Van Nostrand.

Maslow, A. H. (1971). *The farther reaches of human nature.* Viking.

Masterson, J. F. (1972). *Treatment of the borderline adolescent.* Wiley-Interscience.

Masterson, J. F. (1977). Treating the borderline patient in psychotherapy. *The Canadian Journal of Psychiatry, 22*(3), 109-116.

Maykovich, M. K. (1976). Attitudes versus behavior in extramarital sexual relations. *Journal of Marriage and the Family, 38*(4), 693-699.

McAdams, D. P., & Constantian, C. A. (1983). Intimacy and affiliation motives in daily living: An experience sampling analysis. *Journal of Personality and Social Psychology, 45*, 851-861.

McAdams, D. P., & Vaillant, G. E. (1982). Intimacy motivation and psychosocial adjustment: A longitudinal study. *Journal of Personality Assessment, 46*, 586-593.

McCullough, M. E., & Willoughby, B. L. B. (2009). Religion, self-regulation, and self-control: Associations, explanations, and implication. *Psychological Bulletin, 135*, 69-93.

McGrath, A. E. (2017). *Christian theology: An introduction* (6th ed.). John Wily & Sons. (김기철 역, 〈신학이란 무엇인가〉, 복 있는 사람, 2020).

McGraw, D. M., Ebadi, M., et al. (2019). Consequences of abuse by religious authorities: A review. *Traumatology, 25*(4), 242-255.

McGregor, J., & McGregor, T. (2014). *The sociopath at the breakfast table: Recognizing and dealing with antisocial and manipulative people.* Hunter House, Inc.

Meaney, M. J. (2001). Maternal care, gene expression, and the transmission of individual differences in stress reactivity across generations. *Annual Review of Neuroscience, 24*, 1161-1192.

Meissner, W. W. (1991). The phenomenology of religious psychopathology. *Bulletin of the Menninger Clinic, 55*(3), 281-298.

Meston, C. M., & Buss, D. M. (2007). Why humans have sex. *Archives of Sexual Behavior, 36*, 477-507.

Mikulincer, M. (2006). Attachment, caregiving, and sex within romantic relationships: A behavioral systems perspective. In M. Mikulincer & G. S. Goodman (Eds.), *Dynamics of romantic love: Attachment, caregiving, and sex.* The Guilford Press.

Mikulincer, M., & Goodman, G. S. (Eds.). (2006). *Dynamics of romantic love: Attachment, caregiving, and sex.* The Guilford Press.

Mikulincer, M., & Shaver, P. R. (2000). *Attachment in adulthood: Structure, dynamic and change.*

The Guilford Press.

Mikulincer, M., & Shaver, P. R. (2012). Attachment theory expanded: A behavioral systems approach. In K. Deaux & M. Snyder (Eds.), *The Oxford handbook of personality and social psychology* (pp. 467-492). Oxford University Press.

Mills, J., & Clark, M. S. (1982). Communal and exchange relationships. In L. Wheeler (Ed.), *Review of personality and social psychology* (pp. 121-144). Sage.

Mills, J., & Clark, M. S. (1994). Communal and exchange relationships: Controversies and research. In R. Erber & R. Gilmour (Eds.), *Theoretical frameworks for personal relationships* (pp. 29-42). Erlbaum.

Mills, J., & Clark, M. S. (2001). Viewing close romantic relationships as communal relationships: Implications for maintenance and enhancement. In J. Harvey & A. Wenzel (Eds.), *Close romantic relationships: Maintenance and enhancement* (pp. 13-25). Lawrence Erlbaum Associates Publishers.

Moller, N. P., Fouladi, R. T., McCarthy, C. J., & Hatch, K. D. (2003). Relationship of attachment and social support to college students' adjustment following a relationship breakup. *Journal of Counseling & Development, 81,* 354-369.

Mongeau, P. A., Ramirez, A., & Vorell, M. (2003, February). *Friends with benefits: An initial investigation of a sexual but not romantic relationship.* Paper presented at the Western States Communication Association, Salt Lake City, UT.

Mongeau, P. A., Serewicz, M. C. M., Henningsen, M. L. M., & Davis, K. L. (2006). Sex Differences in the Transition to a Heterosexual Romantic Relationship. In K. Dindia & D. J. Canary (Eds.), *Sex differences and similarities in communication* (pp. 337-358). Lawrence Erlbaum Associates Publishers.

Montoya, R. M., Faiella, C. M., Lynch, B. P., Thomas, S., & Deluca, H. K. (2015). Further exploring the relation between uncertainty and attraction. *Psychologia, 58,* 84-97.

Morris, C. E., Reiber, C., & Roman, E. (2015, July 13). Quantitative sex differences in response to the dissolution of a romantic relationship. *Evolutionary Behavioral Sciences.* Advance online publication.

Moss, B. F., & Schwebel, A. I. (1993). Defining intimacy in romantic relationship. *Family Relations, 42,* 31-37.

Muise, A., Christofides, E., & Desmarais, S (2014). "Creeping" or just information seeking? Gender differences in partner monitoring in response to jealousy on Facebook. *Personal Relationships, 21,* 35-50.

Murphy, S. A., Johnson, L. C., & Lohan, J. (2003). Finding meaning in a child's violent death: A five-year prospective analysis of parents' personal narratives and empirical data. *Death Studies, 27,*

381-404.

Nanda, S. (2019). *Love and marriage: Cultural diversity in a changing world.* Waveland Press.

Nelson, H. M., Neil H., Cheek, Jr., & Paul, A. (1985). Gender differences in images of God. *Journal for the Scientific Study of Religion, 24,* 396-402.

O'Brien, M. E. (1982). Religious faith and adjustment to long-term hemodialysis. *Journal of Religion and Health, 21*(1), 68-80.

Omarzu, J., Miller, A. N., Schultz, C., & Timmerman, A. (2012). Motivations and emotional consequences related to engaging in extramarital relationships. *International Journal of Sexual Health, 24,* 154-162.

Ostovich, J. M., & Sabini, J. (2004). How are sociosexuality, sex drive, and lifetime number of sexual partners related? *Personality and Social Psychology Bulletin, 30,* 1255-1266.

Overall, N. C., Simpson, J. A., & Struthers, H. (2013). Buffering attachment-related avoidance: Softening emotional and behavioral defenses during conflict discussions. *Journal of Personality and Social Psychology, 104*(5), 854-871.

Paloutzian, R. F., Richardson, J. T., & Rambo, L. R. (1999). Religious conversion and personality change. *Journal of Personality, 67*(6), 1047-1079.

Pargament, K. I. (1996). Religious methods of coping: Resources for the conservation and transformation of significance. In E. P. Shafranske (Ed.), *Religion and the clinical practice of psychology* (pp. 215-239). American Psychological Association.

Pargament, K. I. (2007). *Spiritually integrated psychotherapy: Understanding and addressing the sacred.* The Guilford Press.

Pargament, K. I., & Cummings, J. (2010). Anchored by faith: Religion as a resilience factor. In J. Reich., A. J., Zautra., & J. S. Hall. (Eds.) *Handbook of adult resilience* (pp. 193-212). The Guilford Press.

Pargament, K. I., & Exline, J. J. (2021). Religious and spiritual struggles and mental health: Implications for clinical practice. In A. Moreira-Almeida, B. P. Mosqueiro, & D. Bhugra (Eds.), *Spirituality and mental health across cultures* (pp. 395-412). Oxford University Press.

Pargament, K. I., Feuille, M., & Burdzy, D. (2011). The brief RCOPE: Current psychometric status of a short measure of religious coping. *Religions, 2,* 51-76.

Pargament, K. I., & Lomax, J. W. (2013). Understanding and addressing religion among people with mental illness. *World Psychiatry, 12,* 26-32.

Paul, E. L., McManus, B., & Hayes, A. (2000). 'Hook-ups': Characteristics and correlates of college students' spontaneous and anonymous sexual experiences. *Journal of Sex Research, 37,* 76-88.

Perilloux, C., & Buss, D. M. (2008). Breaking up romantic relationships: Cost experienced and coping strategies deployed. *Evolutionary Psychology, 6,* 164-181.

Pfeiffer, S. M., & Wong, P. T. P. (1989). Multidimensional jealousy. *Journal of Social and Personal Relationships, 6,* 181-196.

Pinsker, H., Nepps, P., Redfield, J., & Winston, A. (1985). Applicants for short-term dynamic psychotherapy. In A. Winston (Ed.), *Clinical and research issues in short-term dynamic psychotherapy* (pp. 104-116). American Psychiatric Association.

Pittman, F. (1989). *Private lies.* W. W. Norton & Co.

Plantak, Z. (2017). *Ethical analysis of abuses of power in Christian leadership: A case study of "Kingly Power" in the seventh-day adventist church.* Ph. D. Dissertation submitted to Andrew University.

Poloma, M. M., & Pendleton, B. F. (1991). The effects of prayer and prayer experiences on measures of general well-being. *Journal of Psychology and Theology, 19*(1), 71-83.

Prager, K. J. (1995). *The psychology of intimacy.* The Guilford Press.

Pretorius, S. P (2013). Religious cults, religious leaders and the abuse of power. *International Journal of Religious Freedom, 6*(1), 203-215.

Prins, K. S., Buunk, B. P., & VanYperen, N. W. (1993). Equity, normative disapproval and extramarital relationships. *Journal of Social and Personal Relationships, 10,* 39-53.

Pruyser, P. W. (1976). *The minister as diagnostician: Personal problems in pastoral perspective.* Westminster Press.

Pruyser, P. W. (1977). The seamy side of current religious beliefs. *Bulletin of the Menninger Clinic, 41,* 329-348.

Rathus, J. H., & Sanderson, W.C. (1999). *Marital distress: Cognitive behavioral interventions for couples.* Jason Aronson.

Reed, B. D. (1978). *The dynamics of religion: Process and movement in Christian churches.* Longman and Todd.

Reis, H. T., & Gable, S. L. (2003). Toward a positive psychology of relationships. In C. L. M. Keyes & J. Haidt (Eds.). *Flourishing: Positive psychology and the life well-lived* (pp. 129-159.). American Psychological Association.

Reis, H. T., & Patrick, B. C. (1996). Attachment and intimacy: Component processes. In H. T. Higgins & A. W. Kruglanski (Eds.), *Social psychology: Handbook of basic principles* (pp. 523-563). The Guilford Press.

Reis, H. T., & Shaver, P. (1988). Intimacy as an interpersonal process. In S. W. Duck (Ed.), *Handbook of personal relationships* (pp. 367-389). Wiley.

Richman, A. L., Miller, P. M., & Levine, R. A. (1992). Cultural and educational variations in maternal responsiveness. *Developmental Psychology, 28,* 614-621.

Rizzuto, A. M. (1979). *The birth of the living God: A psychoanalytic study.* University of Chicago

Press.

Rizzuto, A. M. (1982). The father and the child's representation of God: A developmental approach. In S. Cath, A. Gurwitt, & J. Ross (Eds.), *Father and child* (pp. 371-381.). Little, Brown.

Roberts, K. A. (2002). Stalking following the breakup of romantic relationships: Characteristics of stalking former partners. *Journal of Forensic Science, 47*(5), 18.

Rogers, M. J., & Follingstad, D. R. (2014). Women's exposure to psychological abuse: Does that experience predict mental health outcomes? *Journal of Family Violence, 29*(6), 595-611.

Roof, W. C., & Roof, J. L. (1984). Reviews of the Polls: Images of God among Americans. *Journal for the Scientific Study of Religion, 23*(2), 201-205.

Rosse, R. B. (1999). *The love trauma syndrome: Free yourself from the pain of a broken heart.* Perseus Publishing.

Rubin, H., & Campbell, L. (2012). Day-to-day changes in intimacy predict heightened relationship passion, sexual occurrence, and sexual satisfaction: A dyadic diary analysis. *Social Psychological and Personality Science, 3*(2), 224-231.

Rubin, Z. (1970). Measurement of romantic love. *Journal of Personality and Social Psychology, 16*(2), 265-273.

Rusbult, C. E. (1983). A longitudinal test of the investment model: The development (and deterioration) of satisfaction and commitment in heterosexual involvements. *Journal of Personality and Social Psychology, 45*(1), 101-117.

Rusbult, C. E., Martz, J. M., & Agnew, C. R. (1998). The Investment Model Scale: Measuring commitment level, satisfaction level, quality of alternatives, and investment size. *Personal Relationships, 5*, 357-391.

Rusbult, C. E., Olsen, N., Davis, J. L., & Hannon, P. A. (2001). Commitment and relationship maintenance mechanisms. In J. Harvey & A. Wenzel (Eds.), *Close romantic relationships: Maintenance and enhancement* (pp. 87-113). Lawrence Erlbaum Associates Publishers.

Ryff, C. D. (1989). Happiness is everything, or is it? Explorations on the meanings of psychological well-being. *Journal of Personality and Social Psychology, 6*, 1069-1081.

Saffrey, C., & Ehrenberg, M. (2007). When thinking hurts: Attachment, rumination, and postrelationship adjustment. *Personal Relationships, 14*, 351-368.

Scharf, M., & Mayseless, O. (2001). The capacity for romantic intimacy: Exploring the contribution of best friend and marital and parental relationships. *Journal of Adolescence, 24*, 379-399.

Scharff, D. E., & Scharff, J. S. (1991). *Object relations couple therapy.* Jason Aronson.

Scharff, J. S., & Scharff, D. E. (2008). Object relations couple therapy. In A. S. Gurman (Ed.). *Clinical handbook of couple therapy* (pp. 167-195). The Guilford Press.

Scheweb, R., & Petersen, K. U. (1990). Religiousness: Its relation to loneliness, neuroticism and subjective well-being. *Journal for the Scientific Study of Religion, 29*(3), 335-345.

Schmitt, D. P. (2004). The big five related to risky sexual behaviour across 10 world regions: Differential personality associations of sexual promiscuity and relationship infidelity. *European Journal of Personality, 18*, 301-319.

Schoenfeld, E., & Mestrovic, S. G. (1991). With justice and mercy: Instrumental-masculine and expressive-faminie elements in religion. *Journal for the Scientific Study of Religion, 30*(4), 363-380.

Schuhmann, E., Foote, R., Eyberg, S. M., Boggs, S., & Algina, J. (1998). Parent-Child Interaction Therapy: Interim report of a randomized trial with short-term maintenance. *Journal of Clinical Child Psychology, 27*, 34-45.

Sells, J., Beckenbach, J., & Patrick, S. (2009). Pain and defense versus grace and justice: The relational conflict and restoration model. *The Family Journal: Counseling and Therapy for Couples and Families, 17*(3), 203-212.

Shackelford, T. K., Schmitt, D. P., & Buss, D. M. (2005). Universal dimensions of human mate preferences. *Personality and Individual Differences, 39*(2), 447-458.

Sharpsteen, D. J., & Kirkpatrick, L. A. (1997). Romantic jealousy and adult romantic attachment. *Personality Processes and Individual Differences, 72*(3), 627-640.

Simon, G. (2010). *In sheep's clothing: Understanding and dealing with manipulative people.* Parkhurst Brothers, Inc.

Simpson, J. A., & Overall, N. C. (2014). Partner buffering of attachment insecurity. *Current Directions in Psychological Science, 23*(1), 54-59.

Simpson, J. A., Winterheld, H. A., Rholes, W. S., & Orina, M. M. (2007). Working models of attachment and reactions to different forms of caregiving from romantic partners. *Journal of Personality and Social Psychology, 93*(3), 466-477.

Snyder, D. K., & Wills, R. M. (1989). Behavioral versus insight-oriented marital therapy: Effects on individual and interspousal functioning. *Journal of Consulting and Clinical Psychology, 57*(1), 39-46.

Soenke, M., Landau, M. J., & Greenberg, J. (2013). Sacred armor: Religion's role as a buffer against the anxieties of life and the fear of death. In K. I., Pargament., J. E. Exling., & J. Jones (Eds.) *APA handbook of psychology, religion, and spirituality (Vol. 1)* (pp. 105-122). APA Press.

Sophia, E. C., Tavares, H., et al. (2009). Pathological love: Impulsivity, personality, and romantic relationship. *CNS Spectrums, 14*(5), 268-274.

Sophia, E. C., Tavares, H., & Zilberman, M. L. (2007). Pathological love: is it a new psychiatric disorder? *Revista Brasileira de Psiquiatria, 29*, 55-62.

Sormanti, M., & August, J. (1997). Parental bereavement: Spiritual connections with deceased children. *American Journal of Orthopsychiatry, 6*, 460–469.

Spanier, G. B. (1976). Measuring dyadic adjustment: New scales for assessing the quality of marriage and similar dyads. *Journal of Marriage and the Family, 38*, 15–38.

Spanier, G. B., & Thompson, L. (1982). A confirmatory analysis of the Dyadic Adjustment Scale. *Journal of Marriage and the Family, 44*(3), 731–738.

Sprecher, S. (2002). Sexual satisfaction in premarital relationships: Associations with satisfaction, love, commitment, and stability. *Journal of Sex Research, 39*(3), 190–196.

Sprecher, S., & Cate, R. M. (2004). Sexual Satisfaction and Sexual Expression as Predictors of Relationship Satisfaction and Stability. In J. H. Harvey, A. Wenzel, & S. Sprecher (Eds.), *The handbook of sexuality in close relationships* (pp. 235–256). Lawrence Erlbaum Associates Publishers.

Sprecher, S., & Felmlee, D. (2008). Insider perspectives on attraction. In S. Sprecher, A. Wenzel, & J. Harvey (Eds.), *Handbook of relationship initiation* (pp. 297–313). Psychology Press.

Stanley, S. M., & Markman, H. J. (1992). Assessment commitment in personal relationships. *Journal of Marriage and the Family, 54*, 595–608.

Stanley, S. M., Rhoades, G. K., & Whitton, S. W. (2010). Commitment: Functions, formation, and the securing of romantic attachment. *Journal of Family Theory & Review, 2*(4), 243–257.

Starbuck, E. D. (1898). *The psychology of religion: An empirical study of the growth of religious consciousness.* The Walter Scott Publishing Company.

Stephan, C. W., & Bachman, G. F. (1999). What's sex got to do with it? Attachment, love schemas, and sexuality. *Personal Relationships, 6*, 111–123.

Stern, R. (2007). *The Gaslight Effect: How to spot and survive the hostile manipulation others use to control your life.* Morgan Road Books. (신준영 역, 〈그것은 사랑이 아니다〉. 알에이치코리아. 2018).

Sternberg, R. J. (1986). A triangular theory of love. *Psychological Review, 93*(2), 119–135.

Sternberg, R. J. (1988). Triangulating love. In R. L. Sternberg & M. L. Barnes (Eds). *The psychology of love* (pp. 119–138). Yale University Press.

Sternberg, R. J. (1990). *A triangulating theory of love scale.* Department of Psychology, Yale University, New Haven. Manuscript.

Sternberg, R. J., & Grajek, S. (1984). The nature of love. *Journal of Personality and Social Psychology, 47*(2), 312–329.

Stout, M. (2006). *The sociopath next door: The ruthless versus the rest of us.* Harmony Books.

Sussman, S. (2010). Love addiction: Definition, etiology, treatment. *Sexual Addiction & Compulsivity, 17*, 31–45.

Sussman, S., & Ames, S. L. (2008). *Drug abuse: Concepts, prevention, and cessation.* Cambridge University Press.

Tennov, D. (1979). *Love and limerence.* Stein and Day.

Thibaut, J. W., & Kelley, H. H. (1959). *The social psychology of groups.* Wiley.

Thomas, A., & Chess, S. (1984). Genesis and evaluation of behavior. From infancy to early adult life. *American Journal of Psychiatry, 141,* 1-9.

Thomas, A., & Chess, S. (1986). The New York Longitudinal Study: From infancy to early adult life. In R. Plomin & J. Dunn (Eds.), *The study of temperament: Changes, continuities and challenges.* Erlbaum.

Thompson, A. P. (1984). Emotional and sexual components of extramarital relations. *Journal of Marriage and the Family, 46,* 35-42.

Tidwell, M., Reis, H. T., & Shaver, P. R. (1996). Attachment, attractiveness, and daily social interactions: A diary study. *Journal of Personality and Social Psychology, 71,* 729-745.

Timmreck, T. C. (1990). Overcoming the loss of a love: Preventing love addiction and promoting positive emotional health. *Psychological Reports, 66*(2), 515-528.

Tran, S., & Simpson, J. A. (2009). Prorelationship maintenance behaviors: The joint roles of attachment and commitment. *Journal of Personality and Social Psychology, 97*(4), 685-698.

Trommsdorff, G. (1985). Some comparative aspects of socialization in Japan and Germany. In I. Reyes Lagunes & Y. H. Poortinga (Eds.), *From a different perspective: Studies of behavior across cultures* (pp. 231-240). Swets & Zeitlinger.

Trommsdorff, G., & Kornadt, H. J. (2003). Parent-child relations in cross-cultural perspective. In L. Kuczynski (Ed.), *Handbook of dynamics in parent-child relations* (pp. 271-306). Sage.

Vaillant, G. E. (2012). *Triumphs of experience: The man of the Harvard Grant Study.* Harvard University Press.

Vangelisti, A. L. (1994). *Messages that hurt.* Routledge.

Vangelisti, A. L. (2006). Hurtful interactions and the dissolution of intimacy. In M. A. Fine & J. H. Harvey (Eds.), *Handbook of divorce and relationship dissolution* (pp. 133-152). Taylor & Francis.

van IJzendoorn, M. H. (1995). Adult attachment representations, parental responsiveness, and infant attachment: A meta-analysis on the predictive validity of the Adult Attachment Interview. *Psychological Bulletin, 117*(3), 387-403.

Vaughn, D. (1986). *Uncoupling: How relationships come apart.* Vintage.

Vergote, A., & Tamayo, A. (1981). *The parental figures and the representation of God: A psychological and cross-cultural study.* Mouton Publishers.

Vergote, A., Tomayo, A., Pasquali, L., Bonami, M., Pattyn, M., & Custers, A. (1969). Concept of God and parental images. *Journal for the Scientific Study of Religion, 8*(1), 79-87.

Veroff, J., Douvan, E., & Kulka, R. A. (1981). *The inner American: A self-portrait from 1957 to 1976.* Basic Books.

Wade, T. J., & Weinstein, A. B. (2011). Jealousy induction: Which tactics are perceived as most effective? *Journal of Social, Evolutionary, and Cultural Psychology, 5*(5), 231-238.

Waldinger, R. (2015). Lessons from the longest study on happiness. https://ecole-commercer.com/IMG/pdf/80_years_study_hapiness_harvard.pdf.

Walster, R., Walster, G. W., & Berscheid, E. (1978). *Equity: Theory and research.* Allyn & Bacon.

Walters, O. S. (1964). Religion and psychopathology. *Comprehensive Psychiatry, 5*(1), 24-35.

Ward, D. J. (2011). The lived experience of spiritual abuse. *Mental Health, Religion & Culture, 14*(9), 899-915.

Watts, J. T. (2011). *Recovering for religious abuse: 11 steps to spiritual freedom.* Howard.

Welch, B. (2008). *State of confusion: Political manipulation and the assault on the American mind.* St. Martin's Press.

Wellings, K., Field, J., Johnson, A.M., Wadsworth, J. & Bradshaw, S. (1994) *Sexual behaviour in Britain: The national survey of sexual attitudes and lifestyles.* Penguin Books.

Whisman, M. A., Gordon, K. C., & Chatav, Y. (2007). Predicting sexual infidelity in a population-based sample of married individuals. *Journal of Family Psychology, 21*, 320-324.

Whitchurch, E. R., Wilson, T. D., & Gilbert, D. T. (2011). "He loves me, he loves me not…": Uncertainty can increase romantic attraction. *Psychological Science, 22*(2), 172-175.

White, G. L. (1981). A model of romantic jealousy. *Motivation and Emotion, 5*, 295-310.

White, G. L., & Mullen, P. E. (1989). *Jealousy: Theory, research, and clinical strategies.* The Guilford Press.

Whitington, B. L., & Scher, S. J. (2010). Prayer and subjective well-being: An examination of six different types of prayer. *The International Journal for the Psychology of Religion, 20*, 59-68.

Whitson, D., & Mattingly, B. A. (2010). Waking the green-eyed monster: Attachment styles and jealousy induction in romantic relationships. *Psi Chi Journal of Undergraduate Research, 15*(1), 24-29.

Wiederman, M. W. (1997). Sexual behavior in Britain: The national survey of sexual attitudes and lifestyles. *Archives of Sexual Behavior, 26*(3), 332-337.

Wilmot, W. W., Carbaugh, D. A., & Baxter, L. A. (1985). Communicative strategies used to terminate romantic relationships. *Western Journal of Communication, 49*(3), 204-216.

Winnicott, D. W. (1953). Transitional objects and transitional phenomena: A study of the first not-me possession. *International Journal of Psychoanalysis, 34*, 89-97.

Yildirim, F. G., & Demir, A. (2015). Breakup adjustment in young adulthood. *Journal of Counseling & Development, 93*, 38-44.

Zeifman, D., & Hazan, C. (2008). Pair bonds as attachments: Reevaluating the evidence. In J. Cassidy & P. R. Shaver (Eds.), *Handbook of attachment: Theory, research, and clinical applications* (pp. 436-455). The Guilford Press.

그림 출처

1 https://www.cardinaldigitalmarketing.com/healthcare-resources/blog/marketing-101-tips-steve-jobs/

2 https://www.globalpiyasa.com/en/makale/steve-jobs-founder-of-apple-last-words-before-he-died_830

3 https://www.annualreviews.org/doi/pdf/10.1146/annurev.psych.093008.100318

4 http://www.elainehatfield.com/

5 https://www.pinterest.co.kr/pin/my-motherhood-paintings-144748575507426755/

6 https://www.pinterest.co.kr/pin/164592561372112571/

7 https://www.saatchiart.com/art/Painting-Mothers-Love/706081/2963155/view

8 https://www.catherinetrezek.com/blog/169121/a-fathers-love

9 https://www.pinterest.co.kr/reva75/a-fathers-love/

10 https://www.dureraum.org/bccre/mcontents/progMovView.do?rbsIdx=226&progCode=20160113001&contentsCode=20161009011

11 https://www.kindpng.com/imgv/TxRJRb_mother-and-child-smiling-hd-png-download/

12 https://www.psypost.org/2022/06/daughters-of-divorced-fathers-start-reproduction-earlier-than-daughters-of-dead-fathers-63284

13 https://www.parents.com/baby/feeding/baby-feeding-chart-how-much-and-when-to-feed-infants-the-first-year/

14 https://www.mom365.com/baby/baby-care/how-to-make-feeding-solid-foods-to-baby-more-fun

15 https://imbalancecolors.medium.com/how-harry-harlows-monkey-love-experiment-can-help-ux-designers-71d623ee4ade

16 https://totallyhistory.com/john-bowlby/

17 https://twitter.com/_maryainsworth

18 https://womanisrational.uchicago.edu/2020/12/08/mary-ainsworth-and-the-strange-situation/

19 https://totsfamily.com/okay-say-no-kids/

20 https://www.ebaumsworld.com/pictures/the-stupidest-trends-in-parenting/

21 https://ko.depositphotos.com/190358954/stock-photo-father-son-sitting-sofa-arguing.html

22 https://blog.kingscollege.qld.edu.au/how-to-argue-with-a-teenager

23 https://www.researchgate.net/profile/Mario-Mikulincer

24 https://feministvoices.com/profiles/margaret-mahler

25 https://www.goodhousekeeping.com/holidays/mothers-day/g20063468/mother-son-quotes/

26 권석만(2013), 335쪽.

27 권석만(2017), 284쪽.

28 https://www.aladin.co.kr/shop/wproduct.aspx?ItemId=14629040

29 http://www.incheontoday.com/news/articleView.html?idxno=1437

30 권석만(2017), 300쪽.

31 https://www.intelltheory.com/sternberg.shtml

32 https://www.marriage.com/advice/romance/romantic-love-messages-for-wife/

33 https://www.pinterest.co.kr/pin/719942690414598125/

34 https://bahaiteachings.org/do-we-need-a-world-religion-day/

35 https://www.christianmessenger.in/indian-christians-take-over-church-in-uk/

36 https://thelondonchristianradio.co.uk/news/churches-to-pray-for-persecuted-christians/

37 https://rethinkprayer.com/pray/world-prayers.html

38 https://www.learnreligions.com/making-up-missed-prayers-2004511

39 https://edition.cnn.com/2020/06/17/health/benefits-of-prayer-wellness/index.html

40 https://m.blog.naver.com/PostView.naver?isHttpsRedirect=true&blogId=coloring_kr&logNo=130174675122

41 https://www.britannica.com/biography/Mahatma-Gandhi

42 https://www.nytimes.com/2020/01/16/arts/mlk-day-events-new-york.html

43 https://m.blog.naver.com/mt_gold_/220656127094

44 https://www.ulc.org/ulc-blog/the-role-of-doubt-in-faith

45 https://www.hindustantimes.com/lifestyle/travel/soulful-enlightening-and-transcendental-the-rise-of-spiritual-tourism-101632305738557.html

찾아보기

인명

내용

저자 소개

권석만(權錫萬, Kwon, Seok-Man)

〈경력〉
서울대학교 심리학과 학사 및 석사(임상심리학 전공)
서울대학교병원 신경정신과 임상심리연수원 과정 수료
호주 퀸즐랜드대학교 철학박사(임상심리학 전공)
서울대학교 심리학과 교수(1993~현재)
서울대학교 대학생활문화원장 역임
사단법인 서울대학교출판문화원장 역임
한국임상심리학회장 역임
임상심리전문가(한국심리학회)
정신건강임상심리사 1급(보건복지부)

〈저서〉
『현대 이상심리학』(대한민국학술원 선정 우수도서)
『현대 심리치료와 상담 이론』(대한민국학술원 선정 우수도서)
『긍정심리학: 행복의 과학적 탐구』(대한민국학술원 선정 우수도서)
『인간의 긍정적 성품』(대한민국학술원 선정 우수도서)
『삶을 위한 죽음의 심리학』(대한민국학술원 선정 우수도서)
『현대 성격심리학』
『인간 이해를 위한 성격심리학』
『젊은이를 위한 인간관계의 심리학』
『이상심리학의 기초』
『이상심리학 총론』
『우울증』
『인생의 2막 대학생활』
『성격강점검사(CST)-대학생 및 성인용』(공저)
『성격강점검사(CST)-청소년용』(공저)

사랑의 심리학

-인간이 경험하는 세 종류의 사랑에 대하여-

The Psychology of Love
-About the Three Kinds of Love That Human Beings Experience-

2022년 12월 25일 1판 1쇄 인쇄
2022년 12월 31일 1판 1쇄 발행

지은이 • 권석만

펴낸이 • 김진환

펴낸곳 • ㈜ 학지사

　　　　　04031 서울특별시 마포구 양화로 15길 20 마인드월드빌딩

대표전화 • 02-330-5114　　팩스 • 02-324-2345

등록번호 • 제313-2006-000265호

홈페이지 • http://www.hakjisa.co.kr

페이스북 • https://www.facebook.com/hakjisabook

ISBN 978-89-997-2804-4　93180

정가 24,000원

출판미디어기업 학지사

간호보건의학출판 **학지사메디컬** www.hakjisamd.co.kr
심리검사연구소 **인싸이트** www.inpsyt.co.kr
학술논문서비스 **뉴논문** www.newnonmun.com
교육연수원 **카운피아** www.counpia.com